insel taschenbuch 1477

Benedetto Croce

Geschichte Europas im neunzehnten Jahrhundert

Benedetto Croce
Geschichte Europas im neunzehnten Jahrhundert

Aus dem Italienischen von
Karl Vossler und Richard Peters

Insel Verlag

Titel der italienischen Originalausgabe:
»Storia d'Europa nel secolo decimonono« (1932)
Umschlagabbildung: James Tissot, Ball an Bord
Um 1874. London, Tate Gallery

insel taschenbuch 1477
Erste Auflage 1993

Autorisierte Übersetzung nach der dritten italienischen Auflage
Vertrieb durch den Suhrkamp Taschenbuch Verlag
Umschlag nach Entwürfen von Willy Fleckhaus
Druck: Nomos Verlagsgesellschaft, Baden-Baden
Printed in Germany

1 2 3 4 5 6 – 98 97 96 95 94 93

Thomas Mann
zugeeignet

Soeben traf dein Denken mit dem meinen
In gleichem Schwunge sich, in gleichem Anblick,
Daß ich aus beiden e i n e n Ratschluß formte

Dante, Hölle, XXIII, 28–30

I
Die Religion der Freiheit

Als das napoleonische Abenteuer zu Ende ging und der geniale Despot von der Bühne, die er allein beherrscht hatte, abtrat, während seine Besieger sich zu Verständigungsversuchen zusammenfanden, um Europa in Ordnung zu bringen durch Wiederherstellung der alten Verhältnisse, durch zweckmäßige Verteilung der Länder, während sie nach einem Gleichgewicht und Ersatz für die mächtige und doch so hinfällige französische Vorherrschaft suchten: da flammten Hoffnungen auf und erhoben sich aus allen Völkern Forderungen der Unabhängigkeit und Freiheit. Und desto kräftiger, ungeduldiger brausten sie auf, je öfter sie zurückgewiesen und je länger sie niedergehalten wurden. Immer brachen neue Hoffnungen und gesteigerte Vorsätze aus allen Enttäuschungen und Niederlagen hervor.

In Deutschland und in Italien, in Polen sogar, in Belgien und Griechenland und in den fernen hispano-amerikanischen Kolonien kam es zu Volkserhebungen gegen die bedrückenden und bevormundenden fremden Herren. Teils waren es ganze, teils zerstückelte Nationen, die man in militärisch, diplomatisch und dynastisch verklammerte Staatengebilde zusammengesperrt oder zu Kleinstaaten auseinandergerissen hatte, und die sich dadurch behindert, geschwächt, ausgeschlossen von der ihnen gebührenden Mitwirkung am öffentlichen Weltleben und herabgesetzt in ihrer Würde vor den andern großen und geeinigten Nationen fühlten. In ihnen, wie auch in andern Völkern, in Spanien z. B., erwachte das Bedürfnis nach rechtlicher Sicherung, nach Teilnahme an der Verwaltung und Regierung durch Volksvertreter, wie man sie früher gehabt hatte und wieder haben wollte; Bedürfnis nach allerlei bürgerlichen Vereinigungen zu wirtschaftlichen, sozialen und politischen Zwecken, nach Rede- und Preßfreiheit, nach »Konstitutionen«, wie man damals sagte. Und wo man die Konstitutionen in Form einer »Charta« errungen hatte, wie in Frankreich, wollte man sie verbürgt und erweitert haben. Sogar dort, wo man seit langer Zeit stufenweise zur Volksvertretung gekommen war, wie in England, forderte man jetzt die Abschaffung überlebter Bindungen und Ungleichheiten, eine durchgehende Modernisierung

und Rationalisierung im Namen eines gelenkigeren breiteren Lebensstiles und Fortschrittes.
Bei den angedeuteten Verschiedenheiten der geschichtlichen Grundlagen und jeweiligen Lebensverhältnisse der Völker, wie auch ihrer Stimmungen und Gewohnheiten, waren die neuen Forderungen in den einzelnen Ländern mannigfaltig bemessen, durchgearbeitet und getönt. Hier z. B. stand als dringend im Vordergrund die Befreiung von der Fremdherrschaft und der nationale Zusammenschluß, dort die Errichtung des konstitutionellen an Stelle des absolutistischen Regimes, anderswo handelte es sich um einfache Reformen des Wahlsystems und Erweiterung der politischen Mitarbeit, während wieder woanders erst noch eine Volksvertretung geschaffen oder umgebaut werden mußte. In einem Land wie Frankreich, dem schon seine Vorfahren in der Revolution und unter dem Empire die bürgerliche Gleichheit und die religiöse Toleranz verschafft hatten, begann jetzt der Vorstoß neuer sozialer Schichten, um die Teilnahme an der Regierung zu erkämpfen, während man anderswo noch lange genug mit der Untergrabung öffentlicher und privater Vorrechte, feudaler Klassenunterschiede, alter Knechtschaftsformen und kirchlichen Zwanges zu tun hatte. Aber alle diese Forderungen, mochten sie noch so verschieden nach Dringlichkeit, Fortgeschrittenheit oder Rückständigkeit auftreten, hingen zusammen. Die einen zogen früher oder später die anderen hinter sich her und halfen wieder anderen, die nur erst in unbestimmter Ferne lagen, zur Geltung. Über allen schwebte, den gemeinsamen Geist, der in ihnen wirkte, zusammenfassend und verkündend, die Parole der Freiheit.
Gewiß, es war in der Geschichte der Völker kein neues Wort, so wenig wie in ihrer Literatur und Dichtung, so wenig wie in ihrer Rhetorik. Haben doch Griechen und Römer uns das Gedächtnis zahlreicher Freiheitshelden, Großtaten und Tragödien überliefert, Beispiele hochherzigen Verzichtes auf Gut und Leben um der geliebten Freiheit willen. Nach Freiheit hatten die Christen und später ihre Kirchen gerufen, nach Freiheit die mittelalterlichen Städte gegen die Kaiser und Könige, nach Freiheit die Feudalherren und Barone, wiederum gegen Könige und Kaiser, und diese ihrerseits gegen übermächtige Vasallen und souveränitätssüchtige Kommunen; nach Freiheit die Königreiche, die Länder, die Städte für ihre Ständevertretungen, Kapitel und Privi-

legien im Kampf gegen den Absolutismus, der sie hinwegzufegen drohte. Auch wurde der Verlust der Freiheit stets als die Ursache und das Anzeichen des Niedergangs in Kunst und Wissenschaft, im wirtschaftlichen und sittlichen Leben betrachtet: so im kaiserlichen Rom und im spanisch-päpstlichen Italien. Und hatte nicht eben jetzt die »Freiheit« Hand in Hand mit der »Gleichheit und Brüderlichkeit« das Gebäude des alten Frankreich und beinahe des ganzen alten Europa mit der Grundgewalt eines Erdbebens geschüttelt und niedergelegt? Noch saß der Schreck davon den Menschen in den Gliedern, und die Erwartung lag nahe, daß die Strahlenkrone der Freiheit darüber verblassen und ihren jugendlichen Reiz verlieren könnte. In der Tat, der Dreiklang »Freiheit, Gleichheit, Brüderlichkeit«, das »unsterblich starre Dreieck der Vernunft«, wie Vincenzo Monti es nannte, sank tief im Wert und wurde beinahe ein Gegenstand des Abscheus. Aber bald stieg die Freiheit allein am Horizont wieder auf und wurde begrüßt wie ein wunderfrischer Stern. Die jungen Geschlechter fühlten von ihrer Parole sich wieder ergriffen, als wäre jetzt erst mit ihr ein lebenspendender Begriff ihnen aufgegangen, der einen durchgehenden Sinn in Vergangenheit und Gegenwart und eine Bahn in die Zukunft wies.

Die Neuheit dieses Begriffes unter uralter Parole entging keineswegs dem Gefühl und noch weniger dem Nachdenken der damaligen Völker. So begann man alsbald über die Verschiedenartigkeit der neuen Freiheiten gegenüber denen der alten Griechen und Römer und der französischen Jakobiner sich Gedanken zu machen. Als einer der ersten warf Benjamin Constant dieses Problem auf und behandelte es in seiner Rede im Pariser Athenäum vom Jahr 1819. Es wurde seither oft wieder aufgenommen. Aber man verschob seinen Sinn ungebührlich durch die Gegenüberstellung antik-modern, wobei Griechenland, Rom und die Französische Revolution auf die eine Seite und die Gegenwart auf die andere zu stehen kamen – als ob in der Gegenwart nicht der ganze geschichtliche Verlauf der Vergangenheit fortwirkte als deren letzter, neuester Akt, als ob man mit einem schroffen Einschnitt den einheitlichen Lauf der Entwicklung zerstückeln dürfte! So lief die Erforschung des angeblichen Gegensatzes Gefahr, sich in abstrakte Formeln zu verirren und zwischen Individuum und Staat, zwischen bürgerlicher und politischer Freiheit, zwischen

Freiheit des einzelnen und der Freiheit aller, an der der einzelne seine Schranke finden soll, einen Abgrund aufzureißen. Bald schrieb man den Alten nur die politische ohne die zivile Freiheit zu, und den Modernen nur diese ohne jene, oder jene, d. h. die politische, nur im zweiten Grad, bald kehrte man diese Ansicht wieder um und fand bei den Alten eine größere Freiheit des Individuums gegenüber dem Staat als bei den heutigen Völkern. Solche Irrtümer kommen immer wieder vor, wenn man die Idee der Freiheit mit juristischen Unterscheidungen fassen will, die ja doch nur einen praktischen Sinn haben und sich auf einzelne, vergängliche Institutionen beziehen, nicht auf die Idee der Freiheit selbst, durch die sie umfaßt und überhöht werden.

Bemüht man sich um den Gehalt dieses geistesgeschichtlichen Begriffes, so findet man, daß das, was als neu an ihm empfunden wurde, nichts Geringeres war als ein neues Menschheitsbewußtsein, eine erweiterte und erhellte Ansicht des Lebens. Man war ja weder durch Zufall noch durch einen plötzlichen Sprung oder Flug dazu gekommen, sondern durch langwierige Erfahrungen, durch die Gedankenarbeit von Jahrhunderten, durch eine allmähliche Annäherung und Versöhnung von Himmel und Erde, Gott und Welt, Idee und Wirklichkeit, durch Vergeistigung des Realen und Verwirklichung des Idealen, durch Erfassung der unzertrennlichen Einheit, ja Identität des einen mit dem anderen. Und was von der Geschichte des Denkens und der Philosophie gilt, gilt zugleich für die gesamte Geschichte, für das politische, wirtschaftliche und sittliche Geschehen, denn es steht in Wechselwirkung mit jenem. Der Freiheitsgedanke bereitet sich also nicht nur in Plato, Aristoteles, Galilei, Descartes und Kant vor, sondern auch im Ringen Griechenlands gegen die Barbarei, in der Zivilisierung der Barbaren durch Rom und deren Umformung zu Römern, in der Christianisierung, in den Kämpfen zwischen Kirche und Kaiser, in den italienischen und niederdeutschen Städterepubliken, in der Renaissance und Reformation, in den Religionskriegen, in der englischen Volksvertretung, in der Gewissensbefreiung der englischen, holländischen und amerikanischen Sekten, in der Erklärung der Menschenrechte durch die letzteren und besonders durch die Französische Revolution, auch in den technischen Erfindungen und Fortschritten der Industrie, kurz in allen Errungenschaften und Ereignissen, die an dem

neuen Wirklichkeits- und Menschheitsbewußtsein mitgearbeitet und Gesetz und Norm in die Dinge selbst, Gott in die Welt verlegt hatten. Entscheidend wurde dabei die Wende des 18. zum 19. Jahrhundert, vermöge einer kritischen Schlichtung des Widerstreites zwischen Vernunft und Geschichte, die im Rationalismus der Aufklärung und der Französischen Revolution so heftig und für das geschichtliche Denken so abträglich geworden war. Die Versöhnung erfolgte mittels der dialektischen Methode, die das Unendliche vom Endlichen, das Positive vom Negativen nicht mehr trennte und das Vernünftige mit dem Wirklichen in einer neuen Idee der Geschichte zusammenführte und dem Wort unseres G. B. Vico erst seine volle Geltung gab; nämlich, daß das, was Plato mit seinem Idealstaat gemeint habe, im Grunde nicht mehr noch weniger sei als der Ablauf der menschlichen Dinge. Jetzt brauchte der Mensch sich nicht mehr von der Geschichte erdrückt zu fühlen, noch sich dagegen aufzulehnen, noch seiner Vergangenheit sich zu schämen. Er durfte sich als deren eigentlichen, unermüdlichen Urheber betrachten, in der Weltgeschichte so gut wie in seinem individuellen Leben. Die Geschichte erschien nun nicht mehr geistverlassen, noch an blinde Mächte preisgegeben, noch durch fremde Gewalten getragen oder ruckweise eingerenkt. Jetzt enthüllte sie sich als Werk und Aktualität des Geistes, und da Geist soviel ist wie Freiheit, als die Tat der Freiheit, als ihr ewiger positiver Moment, wie er in der zeiträumlichen Abfolge der Formen sich auswirkt, sie sinnvoll macht, und als die einzige Erklärung und Rechtfertigung des negativen Momentes der Unfreiheit, der Einschränkungen, Bedrückungen, Reaktionen, Tyranneien, die, wie wiederum unser Vico sagte, uns als Hindernisse erscheinen, im Grunde jedoch gute Gelegenheiten sind.
Diese Denkart des neuen Jahrhunderts blickte und schlug überall durch, lebte als Lied, Witz, Schlagwort und als Formel der Philosophen von Fach in aller Mund. Wohl hingen ihr noch Reste der alten Zeiten an. Nicht immer erschien sie in passenden Gewändern, oft verwickelte sie sich in Widersprüche, und trotzdem brach sie sich Bahn und überholte alles andere. Ja, man kann ihre Wirkung sogar an ihren Gegnern beobachten, bei Zaudernden, Rückständigen, bei Priestern und Jesuiten. Es liegt eine gewisse Ironie darin, daß die neue Geisteshaltung gerade dort, wo man es am wenigsten erwarten sollte, ihren Taufnamen empfing: in

Spanien, dem verschlossenen Lande des Mittelalters, der Scholastik, des Klerikalismus und Absolutismus. Dort wurde das Attribut »liberal« und sein Gegensatz »servil« geprägt. Eine gute Gelegenheit, um sich klarzumachen, daß die Philosophie eines Zeitalters keineswegs nur bei Philosophen oder gar nur bei den größten von ihnen zu finden ist. Nein, man kann und muß sie aus sämtlichen Kundgebungen der Zeit herauslesen, und manchmal findet sie sich bei den Fachphilosophen, und zwar bei den größten, auch gar nicht oder wenigstens nicht sonderlich greifbar. Sind doch auch sie nur einzelne. Wenn sie manchmal ihrer Zeit voraneilen, kann es ihnen doch auch wieder geschehen, daß sie Probleme und Lösungen ihrer eigenen Tage nicht in ihr System aufnehmen und statt dessen an veralteten und irrtümlichen Begriffen festhalten. Den großen Philosophen ist so wenig wie den übrigen Menschen ein fester Platz vorbestimmt und angewiesen, weder in der Vorhut noch Nachhut noch im Gros ihrer Zeitgenossen. Sie kämpfen bald da, bald dort. Die großen Philosophen von Athen z. B., diese edelsten Kinder der Freiheit, fühlten sich von den demokratischen Umtrieben ihrer Umgebung in ihrem harmonischen Empfinden gestört und konnten, da sie in ihrer naturalistischen Logik gefangen waren, der Wirklichkeit des selbsterlebten Lebens in ihren Theorien nicht gerecht werden. Das beste Beispiel für unseren Fall jedoch bietet der größte Denker des neuen Zeitalters, das wir schildern, Hegel. Keiner hatte so tief wie er das dialektische und historische Denken erfaßt und Geist und Freiheit in ihrer Identität erkannt, und dennoch verdienen gewisse seiner Tendenzen und politischen Lehren eher die Bezeichnung »servil« als »liberal«. Andere, philosophisch schwächere oder gar für unphilosophisch geltende Geister, wie Frau von Staël, sind ihm in dieser Hinsicht weit voran und vertreten die Denkart des neuen Zeitalters wesentlich besser.

Der Begriff der Geschichte als Geschichte der Freiheit fand seine unentbehrliche Ergänzung in der Freiheit als sittlicher Forderung. In der Tat war diese Forderung mit dem ganzen Kulturbewußtsein und Zivilisationsstreben zusammen groß geworden. Von der Freiheit als Vorrecht zu der Freiheit als Naturrecht und von dieser abstrakten Auffassung zu der geistigen Freiheit der konkreten Persönlichkeit war sie schrittweise emporgestiegen. Immer zwingender war die Forderung geworden. Aus dem Gedanken, daß das Gesetz des Seins auch das Gesetz des Sollens ist, bezog sie ihre Macht. Geleugnet konnte sie nur von denjenigen noch werden, die Sollen und Sein einander irgendwie entfremdeten, sei es, daß sie einer veralteten Jenseitsmetaphysik anhingen, sei es, daß sie die von ihnen selbst hervorgebrachte Entfremdung gar nicht gewahr wurden; so z. B. wenn sie behaupteten, durch die sittliche Forderung der Freiheit werde die Vertreibung des Bösen aus der Welt weder möglich noch wahrscheinlich gemacht, daher die Forderung denn auch keine wirklich sittliche sei. Dabei vergaßen sie, daß eine Sittlichkeit, die das Böse in seiner Idee zerstört, sich damit selbst auflöst, da sie doch nur aus dem Kampf gegen das Böse ihren Sinn, ihr wirkliches Leben und ihre Hoheit gewinnt. Andere hinwiederum beklagten, daß die Lehre des ewig sich erneuernden Kampfes uns Menschen das Glück und die Seligkeit des Friedens, wonach wir doch immer uns sehnen, ein für allemal versage. Dabei vergaßen sie, daß die Größe des modernen Denkens gerade in der Erhebung des Lebensgefühles aus der Idylle (und somit der Elegie) in das Drama und aus dem Behaglichen (und somit Pessimistischen) in das Tätige und Schöpferische liegt, d. h. in der Auffassung der Freiheit als einer stets erneuten, fortlaufenden Tat der Befreiung, einer ewigen Schlacht, in der es keinen Endsieg geben kann, weil dieser dem Tode aller Kämpfenden, d. h. aller Lebenden gleichkäme. Bedenkt man dies, so wird man unschwer auch mit anderen Einwänden fertig, die damals und in der Folgezeit vorgebracht und oft wiederholt wurden, z. B. daß dieses Freiheitsideal, kraft seiner Erhabenheit, nur für wenige, nicht für die große Menge tauge, für Auserlesene, nicht für die vielen, denn diese brauchen Vorschriften, Obrigkeit und Peitsche. Das Gegenstück zu dieser Behauptung wäre, scheint mir, ein Spruch, dessen Ungereimtheit auf der Hand liegt, nämlich, daß auch die Wahrheit nur für wenige, für die Mehrzahl aber der Irrtum, die Nichtwahrheit sich schicke: als ob die Wahrheit nicht ihre Expansionskraft in sich trüge und die Gemüter belebte und in dem Maße verwandelte, wie sie ihr zugänglich werden. Ein noch gewagterer Standpunkt möchte die politische Freiheit auf einige wenige Völker beschränkt wissen, denen sie unter ganz eigentümlichen Verhältnissen geworden sein soll, wie etwa den Engländern auf der Insel, oder gewissen edelblütigen, etwa deutschen Stämmen, die in ihren rauhen Wäldern diese

feine Pflanze gepflegt haben sollen. Durch derlei Behauptungen wird der Geist zu Materie erniedrigt und deterministisch mechanisiert. Die Tatsachen sprechen dagegen: die Engländer haben uns zwar viel gegeben, aber doch auch nicht wenig von den festländischen Freiheitslehren übernommen, und die Deutschen haben in ihren Wäldern die Sache der Freiheit eine geraume Zeit vergessen und der Untertänigkeit und der Autorität reichlich gehuldigt.
So lag es sehr nahe, das Ideal der neuen Generation kurzweg als das freiheitliche zu bestimmen. Konnte doch jeder Zusatz den Begriff nur trüben. Das Unrecht lag bei den Kühlen und Flachen, die darüber staunten und spotteten als über einen leeren Formbegriff und höhnisch fragten: Was ist denn nur diese Freiheit? Freiheit von wem, von was und wozu? Die Freiheit vertrug aber keine empirischen Eigenschaftsbestimmungen. Ihr Wesen ist das Unendliche, und dieses hindert sie keineswegs, von Fall zu Fall sich selbst zu begrenzen und in befreienden Taten sich einen jeweils besonderen Inhalt zu geben. Die vielbeliebte Unterscheidung von zweierlei Freiheiten, je nachdem man sie im Singular oder Plural nimmt, erweist sich als ein Widerspruch zwischen zwei abstrakten Größen, denn Freiheit in der Einzahl kann nur in vielfachen Freiheiten bestehen, in denen die eine freilich niemals ganz aufgeht. Nie erschöpft sie sich in den von ihr geschaffenen Einrichtungen. Darum kann man sie durch Einrichtungen und Gesetze auch nicht definieren, noch eine starre Verbindung zwischen ihr und jenen konstruieren. Einrichtungen und Gesetze sind geschichtliche Fakta, die nur nach geschichtlicher, nicht dogmatischer Notwendigkeit mit der Freiheit das eine Mal sich verbinden, das andre Mal sich von ihr lösen.
Die politischen Forderungen, wie wir sie in ihren Hauptstücken aufgezählt haben, bildeten damals sozusagen den historischen Körper der Freiheit, ihre blühende, jugendliche, neuerstandene, kraftstrotzende und unbekümmerte Leibhaftigkeit. Körper gewordene Geistigkeit war es und darum auch ein durchgeistigter Körper. Nur aus dem Ziel, nach dem er strebte, empfing er seinen Sinn: seelische Erweiterung, Vertiefung und Stärkung des menschlichen Zusammenlebens. Das Emporstreben der Nationalitäten trat dem abstrakten Humanitarismus der Aufklärer und jener Verschlossenheit entgegen, die noch ein Lessing, Schiller und Goethe für den Gedanken von Volk und Vaterland gezeigt hatten.

Die halbwache und dumpfe Fügsamkeit, mit der man fremdherrschaftliche Übergriffe hinzunehmen gewöhnt war, mußte einem volleren, helleren Menschentum weichen, der Wert der Persönlichkeit im einzelnen wie in Gruppen von gemeinsamer Abkunft, Vergangenheit, Anlage und Sitte, in historisch lebendigen oder zum Leben erwachenden Nationen mußte zur Geltung kommen. Es gab jedoch keine inneren Grenzen gegenüber immer weiteren und umfassenderen nationalen Gebilden, denn »Nation« ist ein historisch-geistiger Begriff, ist daher ewig im Werden – Nation ist nicht etwas Naturalistisch-Unveränderliches wie etwa die Rasse. Sogar die Ansprüche auf Hegemonie oder Primat, wie sie von Fichte für die Deutschen, von Guizot und anderen für die Franzosen, von Mazzini und Gioberti für die Italiener, von anderen schließlich für die Polen oder für die Gesamtheit der Slawen erhoben wurden, beruhten auf der Lehre, daß es ein Recht, ja eine Pflicht sei, an die Spitze der Völker zu treten, um für menschliche Bildung, Vollendung und geistige Größe den Weg zu bahnen. Die deutschen Nationalisten meinten, daß allerdings ihr Volk das auserwählte sei, aber doch nur deshalb, weil es kosmopolitisch, nicht ausschließlich national sei. Ebenso oder ähnlich dachten die anderen Anwärter auf Hegemonie. Von den neuen Verfassungen und Volksvertretungen erwartete man, daß sie fähigere, gesinnungsvollere Männer und Gruppen als bisher zu einer wirksamen, wetteifernden politischen Arbeit und Mitarbeit heranzögen. Mit der Pressefreiheit eröffnete sich ein Feld für den Tausch der Ideen, den Kampf der Leidenschaften, den Ausgleich der Interessen, die Beleuchtung der »Lage«, die Auseinandersetzung und Versöhnung der Meinungen. Die Presse sollte für die größeren Staaten, für Europa und die Welt ungefähr das bedeuten, was in den Stadtstaaten der Antike die Agora gewesen war. Man hoffte mittels des Systems der zwei großen Parteien, d. h. der Konservativen und Fortschrittlichen, bzw. der Gemäßigten und Radikalen, der Rechten und Linken, das Ungestüm der sozialen Bewegungen zu regulieren, revolutionäre Erschütterungen und Blutvergießen zu vermeiden, kurz, den Gegensatz der Interessen menschlich zu dämpfen. Mit liebevoller Sorge schützte man die lokalen Selbstverwaltungen gegen despotische Unitarismen und Zentralismen der Revolution, des Empire und der restaurierten absoluten Monarchien, denn die Gleich-

macherei ließ eine Verarmung und Austrocknung des Lebens befürchten, während örtliche Autonomien eine bessere Verwaltung und eine hoffnungsvolle Pflanzschule für staatsmännische Begabung versprachen. Die konstitutionellen Monarchien nach englischem Muster stellten eine glückliche Mitte dar zwischen den allzu historischen, absoluten Monarchien und den allzu unhistorischen Republiken. Sie empfahlen sich als »die« zeitgemäße Staatsform und wurden ja auch von Staatsmännern der alten Schule als eine republikanische, nicht mehr monarchische Form betrachtet. Auf der ganzen Linie war die Rückkehr zu alten Überlieferungen von dem Wunsch beseelt, das für die Neuzeit Brauchbare zu sammeln und wenigstens streckenweise alles zu erhalten, was ländliche Einrichtungen und Sitten, was alter Adel und Bauernstand, alter Kirchenglaube an lebensfähigen Werten noch besaßen. In Handel, Gewerbe und Industrie zerriß man hinderliche Zunftverbände, damit individuelle Initiative, Begabung, Findigkeit und Wetteifer die Flügel rühren könnten. Reichtum, gleichviel wer ihn erzeugte und besaß, erschien wünschenswert, kam er doch, so oder so, früher oder später, der ganzen Gesellschaft zugute. In dieser Weise ungefähr hoffte und handelte man im einzelnen und allgemeinen.
Gewiß, es konnte und mußte wohl eines Tages geschehen, daß diese oder jene liberale Einrichtung in der Folgezeit abstarb, andere sich abnützten, geändert oder gar umgeworfen und ersetzt werden mußten; ist es doch das Schicksal aller menschlichen Dinge, daß sie leben, sterben, sich wandeln, wieder aufleben oder starr und hinderlich werden. Aber die treibende Kraft in allen derartigen Änderungen, Anpassungen, Abschaffungen usw. blieb darum doch die Freiheit. Sie war es, die sich solchermaßen einen neuen, jugendlichen, kraftvoll aufwachsenden Körper bildete. In der strengen und weitblickenden Logik eines sich an das Wesentliche haltenden Freiheitsbegriffes stand nichts der Annahme entgegen, daß etwa das Zweiparteiensystem sich ändern, und nachdem die Gegensätze, die es hervorgebracht hatte, erledigt waren, sich umbilden konnte in mehrere bewegliche Gruppen, je nach den auftretenden Fragen, noch daß etwa die Selbstverwaltung einem wachsenden Bedürfnis nach Einheitlichkeit weichen müßte, oder daß die konstitutionellen Monarchien einer Republik Platz machten, oder daß aus Nationalstaaten solche mit mehreren Nationen oder vereinigte Staaten würden (d. h. Staaten mit einem

umfassenderen, etwa einem europäischen Nationalbewußtsein), oder daß man vom Freihandel zu einem gemäßigten oder beschränkten Schutzsystem überginge. Zunächst allerdings dachten die Liberalen von damals kaum an dergleichen Möglichkeiten und stellten sie gelegentlich auch in Abrede. Dennoch lagen diese Möglichkeiten innerhalb des Prinzips. Man muß sie sich vergegenwärtigen, wie ja nun auch wir, nach vielfacher Erfahrung und mehr als einhundertjähriger Denkarbeit, sie wirklich erkennen. Lassen wir es uns für die nachstehenden Betrachtungen dieser Frühzeit des Liberalismus gesagt sein: Im Keim erblicken wir – wie sollte es anders sein? – zugleich den Baum, der inzwischen aus ihm hervorgegangen ist und durch den allein es Tatsache wurde, daß der Keim kein Fehlgebilde, sondern eine gestaltende Kraft war. Auch lag es im Bereich der Möglichkeiten, daß der Fortschritt nicht geradlinig, sondern nach der bekannten Goetheschen Formel in Spiralen erfolgte, d. h., daß in gewissen Zeitwenden die freiheitlichen Mächte den reaktionären unterlagen und auf kürzere oder längere Dauer durch autoritäre Regierungen verdrängt wurden. Das Werk der Freiheit ging auch in diesen und an diesen vor sich und wurde nur stärker und weiser davon.
Freilich, dem Körper, den wir als einen vergeistigten bezeichnet haben, schleppte zuweilen ein ungeistiger und ungesunder Rest noch nach. Der Kult des nationalen Bewußtseins drohte durch trübe Apostel in Stolz und Herrschaftsgelüste mißleitet zu werden oder in eine dumpfe Wollust des Rassenhasses gegen andere Völker sich zu verschließen. Der Kult der Vergangenheit und des historischen Sinnes entartete leicht in albernen Götzendienst, die Verehrung für alte Religionen in pseudo-religiösen Feuereifer, die Freude am Bestand der heimischen Einrichtungen in konservative Leisetreterei, die Verfassungstreue in reformenscheue Zimperlichkeiten, der wirtschaftliche Liberalismus in Liebedienerei für diese oder jene mächtige Interessengruppe oder Gesellschaftsklasse usw. Solche Verirrungen und Schwächlichkeiten, Vorboten künftiger Übel, waren jedoch kaum zu trennen von dem Schwung und inneren Gewicht der neuen Forderungen und Einrichtungen. Sie vermochten den geistigen Adel und die ethische Kraft der freiheitlichen Bewegung kaum zu schmälern. Im Glanz ihrer Dichtung, im Panzer ihrer Logik und Wissenschaft ging diese ans Werk, die Welt zu erobern und zu beherrschen.

Dichter, Lehrer, Redner, Publizisten, Propagandisten, Apostel und Märtyrer bekräftigten den tiefen Ernst des neuen Glaubens, scharten sich um die neue Idee, die besten Kräfte strömten ihr zu, die Siegeszuversicht gehörte ihr, indes die alten Ideale verlassen dastanden oder spärlich und schwach verteidigt wurden. Nicht nur tatsächlich, auch theoretisch wurde nun der verhängnisvolle, kleinmütige Dualismus von Theorie und Praxis, Wissen und Leben, häuslicher und öffentlicher Tätigkeit widerlegt. Als ob man die Wahrheit erforschen und erklügeln könnte, ohne leidend, handelnd und gespannt sie zu erleben, als ob man den Menschen vom Bürger und den einzelnen von der Gesellschaft, die er bildet und die ihn bildet, trennen könnte! Die reinen Literaten, die zahmen und verträumten Denker, jene Intellektuellen und Wortkrämer, die sich in erhabener Bildlichkeit bewegten, aber die Mühe und Gefahr, zu der eine wirkliche Erhabenheit verpflichtet, scheuten und in knechtischer und höfischer Schmeichelei sich erniedrigten, verfielen jetzt der Verachtung. Bestellte Schriftstellerei, die vom Hof oder von der Regierung sich aushalten ließ, anstatt von der Öffentlichkeit sich Beifall, Lebensunterhalt und Lohn zu erringen, galt als tadelnswert. Aufrichtige Überzeugung, folgerichtige Charaktere, Übereinstimmung von Wort und Tat wollte man sehen. Der Begriff der persönlichen Würde kam wieder zur Geltung und damit eine neue, echte Aristokratie, streng und exklusiv, denn nun war sie freiheitlich, d. h. geistig geworden. Die Heldengestalt, die zum Herzen sprach, wurde der kämpferische Dichter, der Intellektuelle, der für seine Idee kämpft und stirbt. Diese Heroismen blieben kein schöner Traum, keine pädagogische Konstruktion, sie erschienen auf den Schlachtfeldern und Barrikaden durch ganz Europa hin leibhaftig. Im Gleichschritt mit den Predigern marschierten die Kreuzfahrer der Freiheit.

Betrachtet man die Gesamtheit dieser Züge des freiheitlichen Ideales, so kann man nicht umhin, es als eine Religion zu bezeichnen. Es war Religion, sofern man den Kern ins Auge faßt, der bei jeder Religion in einem Wirklichkeitsbewußtsein mit entsprechender Ethik besteht und das mythische Element beiseite läßt, durch das die Religionen in nebensächlicher Weise sich von den Philosophien unterscheiden. Das Wirklichkeitsbewußtsein und die entsprechende Ethik des Liberalismus war, wie wir gezeigt haben, aus dem dialektischen und historischen Denken hervorgegangen, und das genügte, um ihnen den Charakter einer Religion zu verleihen. Persönliche Götter, Mythen, Sagen, Dogmen, Riten, Opfer, Bußen, Priester, pontifikaler Prunk und was dergleichen mehr ist, haben mit dem Kern der Religion nichts zu tun. Zu Unrecht löst man sie von den alten Religionen ab und erhebt sie zu Erfordernissen einer jeden neuen Religion. Man schafft damit nur künstliche oder sogenannte Zukunftsreligionen, wie deren mehrere im Laufe des 19. Jahrhunderts ausgedacht wurden, die allesamt der verdienten Lächerlichkeit verfielen; denn es waren Nachahmungen und Karikaturen. Die Religion der Freiheit hingegen lieferte den Beweis ihrer Echtheit kraft eigener Formen und Einrichtungen, als etwas Gewachsenes, nicht Ausgeklügeltes und Programmäßiges. Hoffte sie doch anfangs noch mit den alten Religionen zusammenleben und ihnen gar hilfreich zur Seite stehen zu dürfen. In Wahrheit stand sie im Gegensatz zu ihnen, umfaßte sie und griff über sie hinaus. Sie hatte philosophische so gut wie religiöse Motive aus nächster und ferner Vergangenheit in sich aufgenommen, sie stellte neben und über Sokrates den menschlich-göttlichen Erlöser Jesus und trug und fühlte in sich die Erfahrungen des Heiden- und Christentums, der katholischen, augustinischen, kalvinischen und sonstigen Richtungen, deren beste Forderungen sie alle vereinigte und vertrat. In ihr läuterte, vertiefte und steigerte sich das religiöse Leben der Menschheit. Die Religion der Freiheit kannte keine chronologischen Ausgangspunkte und keine neuen Zeitalter, durch die sie von aller Vergangenheit glatt abgeschnitten gewesen wäre, wie etwa die christliche Kirche, der Islam und später die nationale Konvention, welche mit einem Dekret, das ihrer abstrakten Auffassung von Freiheit und Recht würdig war, wieder jene Kirchen und Sekten nachahmte und doch nicht hindern konnte, daß dieses nach einem gleichfalls abstrakt hingezogenen Leben schneller noch wieder vergessen als abgeschafft wurde. Das Wort der Wiedergeburt und Erneuerung der Zeiten klang überall aus ihr hervor, wie ein Gruß des Dritten Weltalters, des geistigen, das im 12. Jahrhundert Gioacchino da Fiore verkündet hatte und das jetzt für die menschliche Gesellschaft, die es so lange erwartet und vorbereitet hatte, begann.

II
Die gegnerischen Religionen

Der neuen Religion standen wetteifernd und feindlich andere gegenüber, die, obschon von der neuen teils ausdrücklich, teils in der Stille widerlegt und überflügelt, noch immer ihre Gläubigen hatten, Neubekehrte anzogen und beträchtliche geschichtliche Werte darstellten und gewissen geistigen Haltungen, wie sie immer wiederkehren, entsprachen.

In vorderster Reihe stand und mußte seiner Rolle gemäß der Katholizismus der römischen Kirche stehen als die geradlinigste Verneinung des freiheitlichen Ideals. Als solche fühlte, erkannte und setzte er sich diesem Ideal, kaum daß es hervortrat, schroff entgegen. Verneinend erhob und erhebt er noch heute seine laute Stimme durch Syllabus, Enzyklika, Predigt, Hirtenbrief aus Papstes oder Priesters Mund und handelt danach im praktischen Leben, immerzu, wenn man von flüchtigen und scheinbaren Zwischenspielen absieht. Der Katholizismus darf daher als Ur- und Vorbild aller übrigen Gegner des freiheitlichen Gedankens gelten. In der Unversöhnlichkeit seiner Feindschaft tritt der religiöse, glaubenseifrige Charakter des Gegensatzes zutage. Gegen die Denkart, die den Sinn des Lebens im Leben selbst erblickt und ihre Pflicht in der Bereicherung und Erhöhung dieses Lebens und den richtigen Weg dazu in der freien Initiative und Findigkeit der Individuen, führt der Katholizismus die Lehre ins Feld, daß der Sinn des Lebens im Jenseitigen liege, auf das dieses weltliche uns nur vorbereite, und daß es Pflicht sei, einem himmlischen Gott zu dienen, der durch seinen Stellvertreter auf Erden und durch seine Kirche uns den Glauben und die Aufgaben befehle. Mag diese autoritäre und jenseitige Lehre noch so folgerichtig in ihren Deduktionen, noch so straff im Vergleich mit anderen, ähnlichen, lockereren Weltanschauungen erscheinen: die eigentliche Folgerichtigkeit, die Übereinstimmung mit der Wirklichkeit geht ihr trotzdem ab. Die Wirksamkeit der katholischen Kirche im Lauf der Geschichte vollzieht sich zunächst im Dienst der geselligen Bildung, der Wissenschaft, der Sitte, der politischen und sozialen Ordnung, des Weltlebens und Fortschritts. In der Zeit ihrer Größe tritt diese Seite ihres Wirkens deutlich hervor. Damals hütete sie ein gut Teil der antiken Erbschaft, verteidigte die Gewissensfreiheit und das geistige Leben gegen die Barbaren und gegen materialistische Gewalttätigkeiten der Kaiser und Könige. Später jedoch ging ihr diese Rolle und die damit verbundene Führerschaft verloren. Von der Kultur, an der sie schöpferisch mitgearbeitet hatte, wurde sie überholt und sank zur Hüterin absterbender Formen herab, verfiel in Unkultur, Unwissenheit, Aberglauben, geistige Unterdrükkung und wurde ihrerseits mehr oder weniger materialistisch. Die Geschichte, die nichts anderes ist als die Geschichte der Freiheit, hat sich stärker erwiesen als die kirchliche Lehre und ihr Programm, hat sie geschlagen und in Widersprüche mit den Tatsachen und mit sich selbst getrieben. Mit der Renaissance, die keineswegs eine unmögliche Wiederbelebung des vorchristlichen Altertums war, und mit der Reformation, die nicht etwa eine ebenso unmögliche Rückkehr zum Urchristentum bedeutete, mit beiden wird die real-ideale Denkart der Neuzeit eröffnet, und damit beginnt auch der innere Zerfall des Katholizismus als geistige Macht. Es war ein Zerfall ohne Regeneration. Die Gegenreformation hat ihn nicht aufgehalten, sondern unheilbar gemacht, indem sie den Körper der alten Kirche und nicht die Seele rettete, ihre Herrschaft auf Erden und nicht im Geiste, ein politisches, kein religiöses Werk vollbrachte. Die Wissenschaft, die große Helferin und Stütze aller echten sittlichen und staatlichen Ideen, sagte sich von der katholischen Kirche los. Alle ursprünglichen und schöpferischen Geister, Philosophen, Natur- und Geschichtsforscher, Schriftsteller und Publizisten gingen in das gegnerische Lager über, teils freiwillig, teils angelockt und begrüßt von Gleichgesinnten und umgeben von Schülern. Die Kirche in ihrem eigenen Lager vermochte höchstens das scholastische Lehrgebäude des Mittelalters zu restaurieren und teils notgezwungener-, teils klugerweise sekundäre Änderungen einzubauen oder schmükkendes Beiwerk anzubringen, soweit sich dergleichen unauffällig aus ketzerischen Wissenschaften und Kulturen herübernehmen ließ. Durch die Beilegung der Religionskriege, durch den Grundsatz der Toleranz, den englischen Deismus, den Begriff der natürlich sich entwickelnden Religionen, den Rationalismus und Aufklärungseifer, durch die Entthronung der kurialen und juristischen Formalismen waren die Lebensbedingungen der Kirche immer ungünstiger geworden, so daß sie, als die Französische Revolution heranbrauste, politisch entkräftet und wehrlos dastand. Freilich gewann sie gerade aus dieser Revolution, aus dem angerichteten Weh und Leid, aus reaktionären Widerständen einen unverhofften Zuwachs an politischen und seelischen Kräften. Die politischen flossen ihr aus bedrohten, unterliegenden oder sich wehrenden Staaten und Volksschichten zu, die seelischen aus dem Heimweh der Gemüter nach einer friedlich-behaglichen Vergangenheit und aus der Scheu vor einer so wilden, spröden und nüchternen Gegenwart. Aber die Kräfte der ersten Art waren nur zu politischen Erfolgen verwendbar, die der zweiten waren unsicher und wie alle phantastische Wunschbildwesen wetterwendisch, daher ihnen die Kirche alsbald, und man darf wohl sagen, in der Regel, mißtraute. Forschung und Wissenschaft blieben ihr auch weiterhin entfremdet. Sie war mit Unfruchtbarkeit geschlagen, als wäre es die göttliche Strafe für die Sünde gegen den Geist, der ein Geist der Aufrichtigkeit ist. Höchstens daß da oder dort aus den Stürmen und Schrecken der Zeit ein doktrinärer und polemischer Schriftsteller sich zu ihrem Streiter und Ritter aufwarf: fanatisch, logizistisch, draufgängerisch und paradox, daher sie ihm eher zu mißtrauen als wirksame Hilfe zu danken hatte und auch bald in ihm eine fremde, gefährlich unabhängige Geistesart witterte. Vor allem in der katholischen Geschichtsschreibung, verglichen mit der liberalen, offenbarte sich die ganze bis ins Platte und Kindische gehende Verarmung des Geistes. Die liberale Geschichtsschreibung rekonstruierte und bewunderte verständnisvoll den Entwicklungsgang des Christentums und der Kirche durch die Jahrhunderte der römischen Kaiser und des Mittelalters hin bis in die neue Zeit der überseeischen Missionen und Märtyrer herein – während, wie jedermann weiß, die katholische Geschichtsschreibung in der ganzen modernen Entwicklung nichts als die schrecklichste Verirrung zu erkennen vermochte und Männer wie Luther, Calvin, Voltaire, Rousseau anklagte als die schuldbeladenen Urheber des gewaltigen Übels und überall »Verführer« und »Sektierer« aufspürte, die geheime Fallstricke legen, einen zeitweiligen teuflischen Triumph erschlichen haben sollten. Das war keine Geschichtsschreibung, das waren Märchen, die Kinder zu schrecken. Viel bedenklicher jedoch als dies alles war der Einbruch des Gegners in die Reihen der Rechtgläubigen selbst, ja in die Erlesensten, geistig Höchststehenden und Bestgesinnten unter ihnen. Denn gerade diese begannen die Lockung der politischen Freiheiten, der Unabhängigkeit der Völker, der nationalen Einheit, der religiösen Gewissensfreiheit und schließlich einer freien Kirche zu spüren. Die Volksbildung, die Fortschritte der Industrie und Technik sagten ihnen zu. Sie ließen sich von Sympathien für moderne Schöpfungen der Philosophen, Dichter und Schriftsteller ergreifen und schickten sich an, die Geistesgeschichte, auch die Kirchengeschichte, mit verändertem Sinn zu durchdenken: und eine andere, ursprünglichere Kirche als die nachtridentinische und heutige wurde ihnen liebenswert. Solche Annäherungs- und Versöhnungsversuche verliefen in den einzelnen Ländern verschieden, je nach Geistesart und Temperament. Man faßte sie unter dem Namen des »liberalen Katholizismus« zusammen, wobei offenbar der Sinnakzent auf dem Adjektiv liegt, denn der Sieger war nicht der Katholizismus, sondern der Liberalismus, welchen der Katholizismus sich gefallen ließ und als Gärungsstoff in seine alte Schale aufnahm. Die Kirche freilich betrachtete ihn mit Mißtrauen und verdammte ihn wie seinerzeit den Jansenismus, dessen Fortsetzer dieser Liberalismus in mancher Hinsicht, besonders im bürgerlichen und politischen Leben, wurde. Allerdings suchte die Kirche, klug und diplomatisch wie gewöhnlich, einzelne hervorragende, berühmte, beliebte und federgewandte Anhänger der neuen Richtung tunlichst zu schonen, denn sie galten als aufrichtige Katholiken, und ihre Verdammung hätte zu viel Staub aufgewirbelt und die Gemüter der Gläubigen verwirrt.

Nach alldem konnte die katholische Lehre mit ihrer gesamten Apologetik dem freiheitlichen Gedanken gegenüber keinen ernstlichen Widerstand mehr leisten. Daher denn dieser billig auf die Fortsetzung eines Kampfes verzichten konnte, der mit Schwert und Feder jahrhundertelang getobt hatte, in dem Voltaire und die Enzyklopädisten gestanden hatten und dessen Erfolge nunmehr gesichert waren. Was brauchte es weiter? Für den Rest arbeitete die Zeit. Weiterzukämpfen wäre unzweckmäßig, ja taktlos und unfein gewesen, denn – das hatten Voltaire und die Seinigen nicht beachtet – der alte Glaube bewahrte mit all seinen Mythen immer noch Kraft genug, um Leiden und Schmerzen zu lindern und die Ängste des Lebens und Todes zu lösen. Weshalb also mit Gewalt ihn entwurzeln, mit Hohn ihn verletzen? Es wäre auch unpolitisch gewesen. Denn auf den tröstlichen Lehren dieses Glaubens beruhten für viele Menschen die Begriffe und Normen der sozialen Pflichten, die Werke und Einrichtungen der Fürsorge und Wohltätigkeit, die Antriebe zu Ordnung und Zucht, kurz eine Fülle von Kräften und

Neigungen, die man schrittweise umformen und angleichen konnte und nicht zerschlagen durfte, ohne sich um ihren Ersatz zu kümmern. Wie jeder überwundenen Vergangenheit griff daher auch dem Katholizismus und der Kirche gegenüber eine unparteiische, rücksichtsvolle, ja sogar ehrerbietige Haltung Platz. Auch war das freiheitliche Denken seiner eigenen Herkunft sich zu gut bewußt, als daß es seinen Zusammenhang mit dem Christentum hätte aufgeben oder verleugnen wollen. Christentum lebte ja auch in der katholischen Kirche trotz ihrer Entartung ins Utilitarisch-Materialistische fort. Mit den evangelisch Gesinnten fühlten die Freunde der Freiheit sich verbrüdert. Jenseits aller Lehrgehäuse verstanden sie sich und arbeiteten mit ihnen in undogmatischer Gesinnungsgemeinschaft. In der Dichtung liebten sie nun Gestalten von guten Mönchen, Pfarrern und Kirchenfürsten, von schlichten, wackeren, heldenmütigen Christen darzustellen, denen sie ebenso begeistert wie ihren freiheitlichen Tugend- und Schönheitsheroinen und Heroen huldigten. Freilich ließen sie diese christlichen Gestalten gegen den herrschenden Klerus und die offizielle Kirche, vorzüglich gegen Prälaten und Jesuiten, sich vorteilhaft abheben.
Scharfe Wachsamkeit war fortan nur dem politisierenden Katholizismus gegenüber vonnöten. Gegen diesen wendete sich das Gefecht, denn er verfügte noch über beträchtliche Kräfte, verteidigte veraltete und reaktionäre Staatsformen, mobilisierte den Pöbel, besonders das Landvolk, wiegelte und hetzte, wie er schon in der Zeit der Revolution und in der Folgezeit die Aufstände der Vendée, der San-Fedisten und der Marianischen Volksbewegung als christlich-apostolische Aufgebote organisiert hatte. Dergleichen bedrohte und hemmte noch immer die Bahn der Freiheit und des kulturellen Fortschrittes. Um diesen politischen Feind von den christlichen und katholischen Gegnern zu unterscheiden, prägte und erfüllte man mit neuer Bedeutung das Kennwort »Klerikalismus« (das war um 1860), welches besagen sollte, daß nicht den Katholiken, sondern den Klerikalen, den »Schwarzen«, die Fehde galt.
Es erübrigt sich, bei den anderen kirchlichen und konfessionellen Gruppen zu verweilen. Teils waren es Staatskirchen und gingen als solche mit den Landesregierungen zusammen, teils waren sie rationalistisch, aufklärerisch, idealistisch und historisierend geworden und vertrugen oder verbündeten sich gar mit der freiheitlichen Bewegung. Daher denn auch die römische Kirche Protestantismus,

Freimaurerei und Liberalismus in einen Topf warf. Jedenfalls bildeten diese Gruppen keine radikale, höchstens eine gelegentliche und schüchterne Opposition gegen den Liberalismus.
Wesentlich technisch, taktisch und politisch, aber nicht grundsätzlich, nicht religiös unterbaut, stellte sich ferner diejenige Opposition dar, gegen die der Liberalismus seine ersten, heftigsten und entscheidenden Angriffe zu richten hatte, ich meine die absoluten Monarchien und ihre Regierungen. Eigentlich kommen nur diese in Betracht, denn von aristokratischen und patrizischen Staatsformen waren nur noch geringfügige Überbleibsel vorhanden, die im wesentlichen dem monarchischen Absolutismus sehr nahestanden. In letzter Hinsicht freilich beruht jedes Ideal auf einem Wirklichkeitsbewußtsein, das irgendwie religiös ist, und dem monarchischen Absolutismus lag die Idee eines Königs als Völkerhirten zugrunde und eines Volkes, das als Herde zur Weide und zur Fortpflanzung geführt und gegen Unwetter, Wölfe und andere reißende Tiere geschützt sein wollte. »Mulets« nannte Richelieu, der Minister Ludwigs XIII., das Volk, und noch der philanthropische Marquis d'Argenson, der Minister Ludwigs XV., behandelte es ähnlich und hoffte, »une ménagerie d'hommes heureux« aus ihm zu machen. Nicht viel anders Metternich, der dem Grundsatz huldigte, daß die Geschichte der Völker nur von ihren Fürsten gemacht werde, wie auch jener preußische Staatsmann der Restauration, der den Verwahrungen der Stadt Elbing gegenüber das Wort vom »beschränkten Untertanenverstand« geprägt hat. Diese Denkart berief sich, wie skeptisch vielfach ihre damaligen Vertreter auch sein mochten, auf das Gottesgnadentum des Alleinherrschers und auf den priesterlichen Charakter der ersten Könige. Schon im Mittelalter, als Kirche und Kaiser aneinandergerieten, klammerten sich die Anwälte des Kaisertums an die unmittelbare Einsetzung des Monarchen durch Gott, wie man unter anderem aus Dantes Lehre von den zwei Sonnen ersieht. Der lutherische Protestantismus behielt sodann diese unterwürfige Haltung zu den Fürsten und aller staatlichen Obrigkeit bei. Er bekräftigte ihre göttliche Weihe, und die Nachwirkung seiner Kniebeuge ist in Deutschland noch heute zu spüren. Der Absolutismus, wie er in Frankreich unter Ludwig XIV. sich ausgebildet hatte, bediente sich in seiner staatsrechtlichen Theorie desselben göttlichen Rechtes der Könige, und die souveränen Fürsten der Restauration schlossen sich nach dem Plan des Hauptideologen und

Mystikers unter den Napoleonstürzern zu einer »Heiligen Allianz« zusammen, um, wie es in der Vertragsurkunde wörtlich heißt, als »délégués par la Providence« ihre Völker, »les branches d'une même famille«, zu lenken gemäß den »préceptes de la sainte religion«: Gerechtigkeit, Nächstenliebe, Friede. Metternich fügte hinzu, daß die Könige in ihren Maßnahmen niemandem verantwortlich seien als Gott. Die Macht der absoluten Monarchien beruhte jedoch nicht auf dieser Ideologie, die durch die Staatswissenschaft schon längst zerzaust und durch die englischen und französischen Revolutionäre entwertet war. In Karl Stuart und Ludwig Capet hatten sie ihre Könige gerichtet und enthauptet, und das Blut dieser Märtyrer besaß keine Kraft mehr, um neue Könige zu weihen. Hatte doch ein »Großer« – irreligiös wie kaum ein Zweiter in der Geschichte und darum doch vielleicht kein wirklich Großer – eben jetzt wieder eine Monarchie zustande gebracht ohne theokratische Ideologie, höchstens mit einigen Phrasen daraus zur Verzierung: eine Selbstherrschaft, die in vielen Punkten hinwiederum zum Vorbild eines modernen Absolutismus für die restaurierten Monarchien wurde. Nicht einmal die Heilige Allianz vermochte den religiösen Nimbus, mit dem der russische Ideologe sie zu verklären hoffte, beizubehalten. Die verbündeten Fürsten und Minister bedienten sich frischweg ihres Räderwerkes und lächelten über das Glaubensbekenntnis, das in der theoretischen Vorrede stand. Die wirkliche Kraft lag auch hier, wie bei der katholischen Kirche, in einem mittelbaren Dienst, den die absoluten Monarchien an der europäischen Zivilisation und Kultur verrichteten. Sie stürzten den Feudalismus, beschränkten die weltliche Macht der Kirche, faßten die kleinen zu großen Staaten, teils mit nationaler, teils vorwiegend nationaler Einheit zusammen, vereinfachten und stärkten die Verwaltung, förderten den Wohlstand, schützten die Ehre und mehrten den Ruhm ihrer Völker, nahmen sich, zumeist schon vor der Revolution, der Wissenschaften und des Bildungswesens an und führten während der Revolution und des Empire teils freiwillig, teils nachahmend und gezwungen, die Abschaffung der Privilegien und feudalen Gewohnheitsrechte durch und bildeten sich zu sogenannten administrativen Monarchien um. Die Erfahrungen mit der französischen Republik und den dieser folgenden andern Republiken kühlten den Geschmack an republikanischen Staatsformen beträchtlich ab, und das Vorbild des Empire stärkte hinwiederum die monarchischen Systeme. Man erkannte, daß die Monarchien also doch noch fähig waren, Geschichte zu machen, und den Bedürfnissen der Völker, ihrem Verlangen nach Vertretung und Teilnahme an der Regierung, nach Unabhängigkeit und Einheit gerecht werden und das Streben nach nationaler Größe in der Person des Fürsten sehr wohl verkörpern konnten. Daher schickte das Ideal der Freiheit sich an, diese Monarchien zu durchdringen. Es bewährte, kraft dieser Vermählung von Vergangenheit und Zukunft, von Altem und Neuem, kraft dieser Erhaltung der historischen Kontinuität und Schonung wertvoller Einrichtungen und mühsam errungener Anlagen, sein eigenstes Wesen aufs beste. Jedoch statt einer wirklich heiligen Allianz von unabhängigen und freien Nationen war nur die eben geschilderte Allianz in Erscheinung getreten. Sie setzte sich aus absoluten Monarchien in patrimonialen, national gemischten, beziehungsweise zerstückelten Formen zusammen. Versprechungen und Hoffnungen, mit denen man die Gemüter der Freiheitskämpfer gegen die napoleonische Vorherrschaft und Tyrannei entflammt hatte, wurden, nachdem die Gefahr vorbei war, nicht gehalten, nicht verwirklicht. Die restaurierten Monarchien schwenkten beinahe in ganz Europa um zu einer Defensive und Offensive gegen den alten Freund und neuen Feind: den nationalen Patriotismus und Liberalismus, den vaterländischen Geist der Freiheit. Auf seiten der Monarchien standen reaktionäre und hemmende Kräfte, Höflinge, Adelige, Feudale, Klerikale, städtischer und ländlicher Pöbel und vor allem die Trägheit, die jeder Macht, wenn sie einmal befestigt ist, zugute kommt. Es fehlte aber auch nicht an edleren Kräften: administrative und diplomatische Traditionen, starke, mit Ruhm bedeckte Heere, erfahrene und treue Staatsdiener, volksverwachsene hundertjährige Dynastien, mit würdigen, kraftvollen, angesehenen, in der Schicksalsgemeinschaft mit dem Lande bewährten königlichen Persönlichkeiten. Das waren erhaltende Kräfte von wirklichem Wert, die man trotz ihres Alters nicht zugrunde gehen lassen durfte. Nun galt es, durch Zuspruch oder Zwang die absoluten Monarchien zum Übergang in den Konstitutionalismus zu bewegen. Sie waren ja in eine unhaltbare Lage geraten, konnten nach allem, was inzwischen geschehen war, nicht mehr in die aufgeklärte Monarchie des 18. Jahrhunderts oder gar noch weiter zurück zu den semifeudalen Monarchien schlüpfen, was dem Adel freilich das liebste gewesen wäre, noch konnten sie den napoleonischen

Absolutismus wieder aufnehmen, da ihnen der militärische und imperiale Schwung dazu fehlte, der doch der Ruhm und Reiz des Empire gewesen war. So standen sie zögernd und störrisch auf der Schwelle zwischen veralteten und modernen Formen und hielten sich mit Polizei, Zensur und Unterdrückungsmaßregeln notdürftig im Gleichgewicht. Aber nur in einem liberalen Konstitutionalismus konnte noch erhalten und zugleich erneuert werden, was fortzuleben wert war. Hier konnte der König seinen priesterlichen Charakter und völkerhirtlichen Mantel ablegen und wenn nicht geradezu »der erste Diener des Staates« wieder werden, als den man ihn in der Aufklärung verehrte, so doch der Hüter der nationalen Rechte und die symbolische Verkörperung des geschichtlichen Lebens seines Volkes. Der »Volkswille«, der nunmehr die Könige einsetzte, brauchte dem Gottesgnadentum von einst nicht zu widersprechen, so wenig wie die Bejahung der Vergangenheit eine Verneinung der Gegenwart und Zukunft bedeutet.

Trotz mancher Verwandtschaft mit dem Liberalismus und trotz der liberalen Bereitwilligkeit zu Verschmelzungen und Angleichungen blieben sonach die Systeme des Katholizismus sowohl wie der absoluten Monarchie dem Liberalismus feindlich, und er ihnen. Ähnlich erging es mit einer dritten Macht, die nur scheinbar mit dem Liberalismus sich verschmolz oder ihm als Bundesgenosse nahetrat, nämlich mit dem Ideal, System und Glauben der Demokratie. Das Gemeinsame war nicht etwa nur das negative Moment der Gegnerschaft gegen Klerikalismus und Absolutismus, in dem sich Liberale und Demokraten häufig zusammenfanden. Das Streben nach individueller Freiheit, bürgerlicher und politischer Gleichheit und Souveränität des Volkes waren positive, gemeinsame Ziele. Aber gerade in diesem Positiven nistete der Unterschied. Die Demokraten hatten von dem, was Individuum, Gleichheit, Souveränität und Volk ist, andere Begriffe als die Liberalen. In den Augen der ersteren galten alle Individuen als gleichwertige Kraftzentren, die auch im Felde der Wirklichkeit gleiche Bedingungen haben wollten, während den Liberalen die Individuen als Personen galten, an denen das Gleichheitliche das Menschliche war, also etwas Ideales, Rechtliches, Freies und Wetteiferndes. Auch das Volk galt ihnen nicht als eine Summe gleicher Kräfte, sondern als ein differenzierter Organismus, verschieden in seinen Teilen und Gruppen, von komplexer Einheit, mit Führern und Geführten, mit herrschenden, zwar offenen und beweglichen, aber notwendig bestimmten Klassen, und die Souveränität suchten sie im Zusammenklang, nicht in der Summe der einzelnen. Das politische Ideal der Demokraten fußte auf einer Vergötterung der Quantität, Mechanik, rechnenden Vernunft oder der Natur, auf dem Glauben des 18. Jahrhunderts, das liberale Ideal auf einer Religion der Qualität, Tätigkeit und Geistigkeit, d. h. auf dem Glauben des beginnenden 19. Jahrhunderts: so daß auch hier der Gegensatz religiös war. Gewiß, man muß die erste der beiden Religionen als Vorstufe oder Wurzel der zweiten gelten lassen, wie ja auch in gewissem Sinn die katholische Theokratie und die absolute Monarchie Vorstufen des Liberalismus waren, wie ja auch im besonderen das moderne Denken aus dem Naturalismus und Rationalismus schrittweise und dialektisch zum Idealismus aufgestiegen war und Galilei und Descartes als Wegbereiter für Kant und Hegel gearbeitet hatten, und wie zumeist auch in der Entwicklung des einzelnen die Jugend radikal und abstrakt mit ihren Verneinungen und Bejahungen einzusetzen pflegt. Allein nachdem einmal der Übergang vom jugendlichen zum reifen Moment geschehen war, traten die beiden Glaubensformen auseinander: die neue stand als die lebendigere der älteren gegenüber, Auge in Auge, bald freundlich, bald feindlich. Rousseaus Naturrecht und Vertragstheorie, sein sozialer Atomismus wurde von der idealistischen Philosophie abgelehnt. Seine »volonté générale« deckte sich schlecht mit dem Willen der Vorsehung, mit der historischen Vernunft und dem einheitlichen, unzerreißbaren Wechselverhältnis von Staat und Individuum. In der aktiven Politik hatte sich der Liberalismus völlig losgesagt von den Demokraten, denn diese betrieben in ihrer extremsten Richtung als Jakobiner wütend und blind ihr abstraktes Programm, zerschnitten das lebendige Gewebe des sozialen Organismus und verwechselten obendrein das Volk mit einem Teil, ja mit einem Gebaren des Volkes, und zwar dem unkultiviertesten, mit der lärmenden, ungeordneten und gärenden Masse, und überschlugen sich und verfielen in das Gegenteil ihres Vorhabens und errichteten statt der Gleichheit und Freiheit aller die Knechtschaft aller, die Diktatur und Tyrannei im Namen des Volkes. Ein Schaudern erhob sich vor dieser Revolution und durchlief das ganze 19. Jahrhundert, das doch so viele Revolutionen noch durchzumachen hatte. Genau besehen war es der Schauder vor der demokratischen und jakobinischen Revolution, vor ihren Krämpfen und blutigen, fruchtlosen Versuchen, das Unmögliche zu verwirklichen, und vor dem Zusammenklappen des menschlichen Verstandes und Willens unter der Gewaltherrschaft. Die Angst vor dem »Terror« wurde fortan ein grundlegendes soziales Gefühl. Vergeblich versuchten einige Doktrinäre die Methode des Terrors zu verteidigen und ihn als den notwendigen einzigen Weg zu rechtfertigen, der die Errungenschaften der Französischen wie auch der künftigen Revolutionen sicherte. Alsbald standen kritischere Geister auf und entlarvten diese Sophismen. Mit der Zeit freilich trat dieser Blutfleck der Französischen Revolution in den Schatten, und das Wunder ihrer heldischen Leidenschaften und Taten leuchtete aus der Ferne desto heller, wobei eine schönfärberische Geschichtsschreibung nachhalf: aber damals waren die Greuel noch zu frisch, die Augenzeugen noch zu zahlreich, als daß das demokratische Ideal sich werbende Kraft und Ruhm versprechen konnte. Im Gegenteil, schwer kompromittiert stand es da und wurde von den verschiedensten Standpunkten aus verleugnet. Ein gut Teil der überlebenden Männer der Revolution und des Terrors, zumeist die Geschickten und Schmiegsamen aus den Reihen der alten Jakobiner, die durch Erfahrung gewitzigt waren, traten in die Dienste Napoleons und später der absolutistischen Restauration über und wurden höchst vorurteilslose Leute, höchst unerbittliche Handlanger im Kampf gegen Freiheit und Demokratie, gleichsam zur Bestätigung des Goethewortes, daß man jeden Fanatiker mit dreißig Jahren ans Kreuz schlagen sollte, weil aus ernüchterten Schwärmern in späteren Jahren Schelme werden. Andere, reineren Gemütes, blieben bei ihren Illusionen, lebten verstört dahin und wühlten trauernd in begangenen Irrtümern, erlittenen Tücken und bösen Zufällen herum, durch die ihr reines, herrliches Ideal der Gleichheit und Volkssouveränität im Augenblick seiner Erfüllung und Einsetzung zum ewigen Glück des Menschengeschlechtes, wie sie klagten, entrückt worden sei. Mochte für die damaligen Ohren das Losungswort Republik noch so schrill oder dumpf klingen, so fehlte es doch auch in der jüngeren Generation nicht an Leuten, die aus klassischen oder rationalistischen oder simplizistischen Liebhabereien noch immer an der Republik hingen. Übrigens zählten weder die Republikaner noch die Demokraten zu den entscheidenden Kräften im Spiel. Der Liberalismus hatte sie philosophisch und politisch überholt, hatte viele von ihnen zu sich herübergezogen und konnte nun auch die Unbekehrten als Bundesgenossen benützen, wozu sie sich gelegentlich freiwillig anboten: nur mußte er ein waches Auge auf sie haben, damit sie in entscheidenden Augenblicken, in den Tagen der Umwälzung, die Einbringung der Ernte nicht wieder gefährdeten mit ihren Exzessen, Narrheiten und Wirrungen und, ohne es zu wissen und zu wollen, dem Klerikalismus und Absolutismus den Wind nicht wieder in die Segel trieben.

Noch weniger bedeutete im Spiel der Kräfte zu Anfang des neuen Jahrhunderts der Kommunismus. Er war gerade erst geboren, sollte jedoch bald sich bemerkbar machen und immer wilder und bedrohlicher werden: daher wir schon hier seine Kennzeichen betrachten, seinen Charakter durchleuchten und seine Entstehung erklären müssen. Kommunismus ist der eigentlich klassische Name, mit dem wir ihn bezeichnen wollen, nicht »Sozialismus«. Dieser hat sich zwar mit ihm vermischt, ist aber allmählich etwas anders geworden und hat sich im Liberalismus und Demokratismus, ja sogar im Katholizismus aufgelöst. Der Kommunismus wurde, wie gesagt, damals geboren, denn damals gewann seine alte Idee, die das Menschengeschlecht schon immer begleitet hatte und im Laufe der Jahrhunderte mehrfach hervorgetreten war, eine aktuelle Form und hängte sich nicht mehr an urzeitliche Utopien und Phantasien, sondern an die neuen, durch modernes Denken und Wirken geschaffenen Lebensbedingungen. Im Unterschied von den früheren Kommunisten, von denen des 18. Jahrhunderts, auch von Babeuf und seiner Verschwörung mit ihren asketischen, primitiven, stadt- und kulturfeindlichen, ländlichen Zügen, bekannte der Kommunismus des beginnenden 19. Jahrhunderts sich, ähnlich wie der Liberalismus, zu einer diesseitigen, immanentistischen Weltanschauung und strebte nach Genuß und Vermehrung der Güter, förderte die Wissenschaften und technischen Erfindungen, die maschinellen und sonstigen Mittel des wirtschaftlichen Fortschritts. Darin ging er mit dem Liberalismus zusammen. Immer wieder begegnet man dem Irrtum, der Liberalismus vertrage sich nicht mit der kommunistischen Sozialisierung dieser oder jener oder sämtlicher Produktionsmittel, wofern es überhaupt einen Sinn hat (und es hat sicher keinen), von einer Gesamtheit der Produktionsmittel zu sprechen, und es sei ein wesentlich liberaler Grundsatz, das unantastbare Privateigentum dieser oder jener Produktionsmittel und eine unbeschränkte Konkurrenz aufrechtzuerhalten. Daran sollte man nachgerade nicht mehr rütteln, daß der Liberalismus sich keineswegs mit dem wirtschaftlichen »Liberismus« deckt, mit dem er zwar zeitweise sich verbündete und vielleicht noch manchmal vorübergehend verbündet, ohne deshalb dem Grundsatz des »laissez faire laissez aller« eine andere als rein gelegentliche und empirische Bedeutung beizumessen. Daher kann er grundsätzlich die Sozialisierung oder Verstaatlichung dieser oder jener Produktionsmittel nicht ablehnen, noch hat er es tatsächlich immer getan; er hat sogar eine Reihe derartiger Maßnahmen durchgeführt. Nur in ganz besonderen Fällen sträubt er sich dagegen, nämlich dort, wo zu erwarten ist, daß die Gütererzeugung gehemmt oder geschmälert wird und das Gegenteil der beabsichtigten Wirkung eintritt, also statt einer Hebung des allgemeinen Wohlstandes die allgemeine Verarmung herauskommt, die noch dazu sich sehr oft ungleich verteilt, statt einer Vermehrung der Freiheit in der Welt ihre Verminderung oder Unterdrückung, d. h. Barbarisierung und Entartung. Es gibt für jede Art Reform im Grunde nur den einen Maßstab ihrer Förderlichkeit für Freiheit und Leben. Das »Eigentum« hat zwei Gesichter, einen zwiefachen Sinn und kann daher verschieden ausschlagen, je nachdem man es als eine rein wirtschaftliche Ordnung nimmt, die im Dienste der sittlichen menschlichen Persönlichkeit so oder so gestaltet und verändert werden kann, oder aber als ein unentbehrliches, mit der Persönlichkeit verwachsenes Organ, dessen Zerstörung oder Verstümmelung das geistige Leben selbst zerstören müßte. Es sei denn, man wollte gegen die sogenannte Natur des Menschen arbeiten, richtiger gesagt, gegen die Aufgabe und die Mission der Menschheit selbst, welche nicht Bequemlichkeit, sondern Schaffung höchster Formen ihrer selbst bedeutet: gleich Dichtern und Künstlern an dem ewigen Dichtwerke der Geschichte zu weben. Der Kommunismus hat zwar zunächst seine unmittelbare Verwirklichung von einer Regierung von Wissenschaftlern und Technikern oder von der Gründung kleiner, vorbildlicher Gesellschaftstypen erwartet, in der Hoffnung, diese würden als Beispiele einer zauberhaften Glückseligkeit eine unwiderstehliche Anziehungskraft entfalten; er hat dann aber wiederholt auf demokratisch-jakobinische Mittel zurückgreifen und Gewaltstreiche ersinnen oder versuchen müssen, bis er erkannte, daß seine Verwirklichung nur dann erfolgen kann, wenn der historische Ablauf einmal an den Kreuzweg gelangt, wo nur noch die Wahl bleibt: entweder Beibehaltung der kapitalistischen Ordnung und des Privateigentums bei allgemeiner Schädigung des Wohlstandes oder Sicherung und Vermehrung der Produktion durch Abschaffung des Privateigentums. Einen Beweis für die Richtigkeit dieser Perspektive glaubte er erblicken zu dürfen in Wirtschaftskrisen und Gütervernichtungen, zu denen das kapitalistische System sich immer gezwungen sah, so oft es durch Stöße und Stürze sein Gleichgewicht wieder herstellen wollte. Sollten die Dinge tatsächlich so und nicht anders stehen und laufen, dann allerdings könnte der Liberalismus nicht umhin, die Abschaffung des Privateigentums zu billigen und seinerseits zu betreiben. Die Frage ist nur, ob sie in Wirklichkeit so, gerade so zielstrebig und schnell verlaufen, wie die kommunistischen Theoretiker errechnen. Mit anderen Worten: das Ganze ist eine Frage der Erfahrung und nicht des Glaubens.

Der glaubensmäßige und ideale Gegensatz zwischen Kommunismus und Liberalismus ist ein anderer: er steckt in der Unverträglichkeit von Spiritualismus und Materialismus, d. h. in dem materialistischen Wesenskern des Kommunismus, der das Fleisch und die Materie zu seinem Gott macht. Materialistisch war er seit seiner Geburt und seit seinen ersten Aposteln am Anfang des 19. Jahrhunderts, obgleich er erst später und nicht von seinen Gegnern, sondern von dem mächtigsten seiner eigenen Theoretiker den Namen des philosophischen Materialismus empfing. Sein Grundgedanke ist die Auffassung der Wirtschaft als Fundament und Mutterschoß aller anderen Lebensformen, die nur als Ausflüsse oder Spiegelungen und Erscheinungsformen dieser einen und einzigen Wirklichkeit gelten. Im lebendigen System des Geistes erhebt sich die wirtschaftliche Tätigkeit aus den anderen Tätigkeitsformen und mündet in sie zurück und ist in diesem Zusammenhang zweifellos auch eine geistige Tätigkeit – reißt man sie aber heraus, isoliert man sie und macht sie zur Grundlage von allem, so erstarrt sie zu Materie, und auf diesem trockenen Steinboden kann keine Moral, keine Religion, keine Poesie, keine Philosophie, ja nicht einmal die Wirtschaft mehr wachsen und blühen, denn auch sie braucht warmes Leben, behenden Verstand und Leidenschaft. Schon die ersten Kommunisten des 19. Jahrhunderts, die sogenannten Utopisten, hatten kein Verhältnis zum geistigen Leben, starrten auf die Wunder der Maschine, auf die Errungenschaften industrieller Unternehmungen, auf die Seelenverfassung satter und zufriedener, von leichten Erfolgen in

Sicherheit gewiegter Führer der Wirtschaft. Von Geistesgeschichte wußten oder verstanden sie nichts und fälschten sie um. Den Liberalismus deuteten sie als eine Maskierung kapitalistischer Interessen; die neuzeitliche Kultur entkleideten sie ihres menschheitlichen Charakters und betrachteten sie als eine bourgeoise Klassenangelegenheit, das politische Ringen verengten sie zu einem wirtschaftlichen Klassenkampf, die Religionen stempelten sie zu Erfindungen von Sklavenhaltern und Betäubungsgiften für Proletarier, die Philosophie zu Begriffsgerüsten und Bollwerken der Ausbeuter, und was dergleichen Torheiten mehr sind. Eine nach diesem materialistischen Begriff zusammengesetzte Gesellschaft konnte freilich in Ewigkeit nichts anderes als Mechanismus sein. Und da ein Mechanismus, zum Unterschied vom organischen und geistigen Leben, nicht von selbst arbeitet, sondern angekurbelt und reguliert werden muß, so ging es ohne fortwährende Diktatur nicht ab. Die einzelnen Teile des Mechanismus mußten in vorgezeichneten Kreisen sich drehen, vorgeschriebene Überzeugungen bekennen, von anderen fernbleiben, ihr Denken, ihr Wünschen und Wollen im Zaum halten. Das ist, wenn schon kein Kloster, wo man sich solche Selbstpeinigung in der Hoffnung auf das ewige Paradies antut, so doch eine Truppe, die nach einem Ziel, das im Kopf ihrer Vorgesetzten sitzt, dirigiert wird, oder eine gutgefütterte und abgerichtete Herde von Sklaven, die vielleicht staunenerregende Pyramiden errichtet – aber Selbstbestimmung hat sie auf keine Weise und ist daher keine menschliche Gesellschaft. Wenn in einer solchen Gemeinschaft die glatte, durch keine Konkurrenz gehemmte noch auch gesteigerte Arbeit die Erzeugnisse der Erde und der Menschenhand noch so sehr vermehrte, die Seelen müßten in all diesem Überfluß verhungern, ja die Quelle alles Reichtums, die Freiheit des menschlichen Geistes, müßte vertrocknen und die Menschen wären dann bald nichts anderes mehr als »transiti di cibo«, wie Leonardo da Vinci sagt, auf deutsch: Stoffwechsler. So zu werden, ist auch ein religiöses Ideal: der vollendete Stumpfsinn. – Der Teufel ist freilich nie so schwarz, wie man ihn malt, und wir ihn haben malen müssen, um auf den Grund seiner Lehre und Logik zu kommen und die idealen Folgerungen daraus zu ziehen. Solange jedoch der Kommunismus zur Vollkraft seines Wirkens, d. h. zur Lebenszerstörung und dauernden Diktatur und Tyrannei nicht vordringt, sondern auf halbem Wege mit seinen Mahnungen, Forderungen und Drohungen sich in der Bekämpfung privater Wirtschaftsegoismen betätigt und so zum allgemeinen Wohle beiträgt und mit seinen Mythen doch auch einigen politischen Idealismus in politikentfremdete Volksklassen trägt, sie aufrüttelt, diszipliniert und einigermaßen erzieht, hat auch er seinen Wert. Es wäre töricht, ihn ganz zu verwerfen und aus der Welt schaffen zu wollen. Nur sein Prinzip, seine materialistische Religion ist theoretisch verwerflich und nichtig.

Dies die Gegner, die der Liberalismus bei seinen ersten Schritten vorfand: die einen schon im Niedergang und Absterben begriffen, die anderen im Wachsen und Erstarken. Wieder andere traten neu hinzu, und wir werden später von ihnen zu handeln haben, sei es, weil sie erst später auftreten, sei es, weil sie weniger ursprünglich als die besprochenen Gegner sind und nur als Nachläufer oder Varianten von diesen in Betracht kommen.

Die grundsätzlichen, in ihrem religiösen Glauben dem Liberalismus entgegengesetzten Kräfte, von denen das Wort gilt: »mors tua, vita mea«, darf man nicht mit den Abarten oder Unterarten verwechseln, die im Schoß des Liberalismus selbst lagen und sozusagen häusliche Gegensätze und Parteien innerhalb desselben bildeten. Derlei gehörte zu seiner Natur, deren Spielregel ja geradezu verlangte, daß das jeweils Passende und Bessere durch Gruppen und Gegengruppen in Diskussionen, Besprechungen und Resolutionen ausfindig gemacht und je nach dieser oder jener Mehrheit das unter gegebenen und doch auch bildsamen Verhältnissen Erreichbare bestimmt werde. Die äußeren Feinde hingegen belagerten und bedrohten das ganze liberale System. Diese konnten schließlich nur durch die »extrema ratio« aller politischen Kämpfe und staatlichen Ordnungen, durch Gewalt und Macht, besiegt werden in Aufständen und Kriegen, in bewaffneter Wachsamkeit und Abwehr. Merkwürdig, daß manche uns den Liberalismus gerne als einen Propheten ohne Schwert malen, wo es doch nicht nur im Begriff der Freiheit und der Politik, sondern durch die Tatsachen gegeben und erwiesen ist, daß für keine andere Idee so viele und heiße Schlachten gewagt, solche Ströme von Blut vergossen, so hartnäckig gekämpft und so großherzige Opfer gebracht wurden. Wenn man den Liberalismus als mild und weich belächelt, so meint man damit etwas anderes, nicht seine Methode, sondern sein Ziel, das sein Stolz und Lebensgesetz war und an dem er mit aller Kraft, auch mit Gewalt, festhielt, seine Spielregel, die freiheitliche

Duldsamkeit gegen andere Überzeugungen, die Bereitwilligkeit, den Gegner zu hören, von ihm zu lernen und ihn zu durchschauen, anstatt ihn ins Versteck zu jagen und zu Heimlichkeiten zu zwingen. In einem freiheitlich geordneten Gemeinwesen können sämtliche Ideale, das katholische, das absolutistische, das demokratische, das kommunistische, sich der Freiheit des Wortes in der Propaganda bedienen, solange sie die freiheitliche Ordnung nicht umwerfen. Nur so können Widersprüche zutage treten, berechtigte Forderungen im einzelnen und förderliche Motive, die den verschiedenen Richtungen innewohnen, fruchtbar werden, die einen so gut wie die anderen. Die Anwesenheit des Gegners hält den Glauben wach, genau wie in jeder lebendigen Religion die Ketzer und Sektierer. Wir sagten, daß der Liberalismus stolz auf diese Spielregel war. Es lag aber auch Bescheidenheit und Demut darin. Denn man kann zwar Ideen in gute und schlechte, hohe und niedere theoretisch klassifizieren, aber lebendige Menschen, die miteinander im Kampf liegen, kann man nicht auseinanderklauben und wie Schwarz und Weiß gegeneinanderstellen. In jedem von uns wohnt Wahres mit Falschem, Hohes mit Gemeinem, Geist mit Materie zusammen. Mag einer noch so reaktionär sich bekennen und brüsten: im gegebenen Fall kann es sein, daß er doch zur Sache der Freiheit hilft. Es kann einer noch so liberal im Glauben sein, und wenn es gilt, in das Gegenteil verfallen. Alle arbeiten mit, positiv und negativ, im Dienst der Sache, die über ihnen steht, alle als Individuen. John Milton sagt in seiner Rede für die moderne Freiheit, daß es schlimmer als Totschlag ist, eine Wahrheit, einen Keim oder Ansatz von Wahrheit wo immer, in wem immer zu ersticken, denn der Verlust einer Wahrheit muß oft vom ganzen Menschengeschlecht mit fürchterlichem Unglück gebüßt und unter unsäglichen Schmerzen ersetzt werden.

Man erkennt die Überlegenheit eines philosophischen Systems an seiner Fähigkeit, andere Systeme zu beherrschen, ihre Teilwahrheiten in sich aufzunehmen, einzuordnen, anzugleichen und das Willkürliche und Phantastische an ihnen in logische Probleme zu verwandeln und aufzulösen. Die Überlegenheit eines ethischen und politischen Ideals bewährt sich dementsprechend durch seine Leistung im Aufnehmen, Läutern, Verwirklichen, Verwenden und Verwandeln von Werten und Forderungen aus dem Bereich der gegnerischen Ideale. Diese hinwiederum erweisen sich durch ihre

Unfähigkeit, sterile Verschlossenheit und Schroffheit vor dem Feind als unbrauchbar. Das freiheitliche Ideal hat sich dieser Probe nicht entziehen, sondern mit vollem Bewußtsein unterwerfen wollen, in der Gewißheit, sie zu bestehen.

III
Die Romantik

Hand in Hand mit dem Idealismus und Liberalismus erhebt sich und erstarkt oft in denselben Personen die Romantik mit einer Gleichzeitigkeit, die nicht auf Zufall, sondern auf vielfachen Beziehungen beruht. Diese gilt es zu erhellen und im Auge zu behalten. Dazu müssen wir einen zumeist vernachlässigten Unterschied feststellen, den sehr viele neuere Historiker und Theoretiker der Romantik übersehen, daher es ihnen geschieht, daß sie auf positiv wertvolle, geistige Kundgebungen einen Schatten des Vorwurfs und auf negative Werte ein günstiges Licht fallen lassen und uns eine widerspruchsvolle und wirre Darstellung des Geschehens bieten. Ich meine den Unterschied zwischen Romantik als Theorie und Spekulation und Romantik als Gefühl, Praktik und Moral. Will man nicht am Schein und an der Oberfläche haften, so muß man die bis zur Gegensätzlichkeit gehende Verschiedenheit dieser zwei Arten von Romantik erfassen.

Die theoretische und spekulative Romantik offenbart sich als Kritik, Polemik und Auflehnung gegen den literarischen Akademismus und philosophischen Intellektualismus der Aufklärung. Diese Art Romantik hat den Sinn für echte und große Poesie erweckt und hat in einer neuen Wissenschaft von der Phantasie die Lehre der Ästhetik errichtet, hat den Wert der Spontaneität, der Leidenschaft und der Individualität verkündet, hat ihnen ihren Platz in der Ethik angewiesen, hat das Recht des Seienden und Tatsächlichen in allen seinen zeiträumlichen Abwandlungen dargetan, hat die moderne Geschichtsschreibung gegründet, und betrachtet nun die vergangenen Zeitalter nicht mehr mit Geringschätzung und Hohn, sondern mit Verständnis für ihr Fortwirken und Eingehen in Gegenwart und Zukunft; sie hat sämtliche Aspekte der Geschichte ergänzt und erneuert: Geschichte des bürgerlichen und staatlichen sowie des religiösen, spekulativen und künstlerischen Lebens; sie hat der Mathematik, den Naturwissenschaften und deren Begriffsbildung ihre Schranken gesteckt und hat gezeigt, wie diese Wissenschaften außerhalb ihrer Spezialgebiete unfähig sind, die Antinomien des Denkens aufzulösen, und wie sie auf das abstrahierende und zergliedernde Denken angewiesen bleiben, sie hat den tätigen und kämpferischen Sinn des Lebens erfaßt und hat damit die theoretischen Grundlagen des Liberalismus gelegt. Selbst in den irrationalistischen Richtungen der theoretischen Romantik, z. B. in dem Primat, den sie zuweilen dem Gefühl oder der mystischen Verzückung zugestand, lag eine wohlberechtigte Polemik gegen den abstrakten Intellektualismus und, wennschon in ungeklärtem und provisorischem Zustand, ein Kern vernünftiger Wahrheit. Sogar in ihren Verirrungen, z. B. in ihrer Philosophie der Geschichte über der eigentlichen Geschichte und in ihrer Naturphilosophie über den Naturwissenschaften, wirkte der tiefere Drang nach einer Geschichte, die in sich selbst Philosophie sein solle, und nach einem Begriff der Natur, welche ebenfalls als Entwicklung und Geschichtlichkeit verstanden werden müsse, wie er den Klassifikationen und Konventionen, mit denen die Spezialforscher zu arbeiten haben, zugrunde liegen oder vorschweben soll. Kurz, diese Art Romantik steht nicht nur in vollem Einklang mit der modernen Philosophie des Idealismus oder absoluten Spiritualismus: sie ist geradezu diese Philosophie, ist nur ein anderer Name dafür mit den entsprechenden wortmäßigen Zweideutigkeiten und scheinbaren Paradoxien: so, wenn man die Philosophie von Kant bis Hegel zuerst als Philosophie der Romantik, sodann als klassischen Idealismus, also als »klassisch« und »romantisch« zugleich bestimmt.

Etwas anderes, einem fremden Reiche Zugehöriges hingegen ist die Romantik auf dem Gebiete der Praktik, des Sentimentalen und der Moral. Während die spekulative Romantik Wahrheit ausstrahlt und allen Versuchen, sie zu widerlegen, erfolgreich standhält und, obschon sie mehr als einmal als extrem und verstiegen verurteilt wurde, doch nie hat gebeugt noch geschwächt noch verschoben werden können, nahm die praktische Romantik hingegen alsbald etwas Krankhaftes an und war von jeher die Zielscheibe eines ethischen, bald nachsichtig und mitleidig, bald streng und satirisch gehaltenen Tadels. Von jeher sah man ihr an, wie dringend sie der ärztlichen Hilfe und Heilung bedurfte. Gerade jene Männer, die am kraftvollsten die Ketten des Intellektualismus gesprengt und die kritischen und spekulativen Begriffe des Idealismus und der spekulativen Romantik errichtet hatten, Goethe und Hegel, erkannten, mieden und tadelten die praktische Romantik als eine schimpfliche Krankheit. Das war gewiß nicht jene Romantik, die man später als »Protestantismus in der Philosophie« oder als

»Liberalismus in der Literatur« bezeichnet und gepriesen hat. Der Abstand zwischen der positiven und negativen Seite der Romantik tritt auch in jener Unterscheidung zwischen Romantik der ersten und zweiten Generation zutage, zwischen Blütezeit und Verfall, wie sie in der Geschichtsschreibung üblich wurde. Die richtige Unterscheidung freilich betrifft nicht etwa nur Personen, Generationen und Zeitabschnitte, sondern geht auf das Innere und Ideale. Trüber spiegelt sich der Unterschied in der beliebten Gegenüberstellung von lateinischer Gesundheit und germanischer Kränklichkeit, denn zugegeben, daß bei den Deutschen zum Teil die ersten und heftigsten Anzeichen dieser sittlichen Krankheit hervortraten, so sind bei ihnen doch auch Denker und Erzieher aufgestanden, die das einzig wirksame Heilmittel dafür brachten. Und anderseits findet man Vorläufer und Nachfolger für das ethische Heilmittel sowohl wie für die Krankheit außerhalb Deutschlands. Es handelt sich um geistige Doktrinen und seelische Zustände der Neuzeit, die allerorten vorkamen. In der Tat fand man für diesen krankhaften Zustand einen weniger unzutreffenden Namen in dem Ausdruck »Weltschmerz«, »male del secolo«.

Der Weltschmerz war nicht etwa, wie man ihn mehrfach dargestellt und gedeutet hat, ein Ergebnis der dahinschwindenden alten Gläubigkeit, in der seit Jahrhunderten Gefühl und Wille ihre geruhsame Gewißheit genossen hatten. Wenn auf einen alten ein neuer Glaube folgt, so pflegt in dem begeistert aufflammenden Feuer des neuen der Abschiedsschmerz und die Losreißung vom alten Glauben kaum noch empfunden zu werden. Im 18. Jahrhundert hatten die intellektuellen und führenden Schichten sich dem Christentum beträchtlich entfremdet, ohne daß dabei ein zerrissener und krankhafter Gemütszustand wie der romantische Platz gegriffen hätte: im Gegenteil, die Entwöhnung verlief mit einer gewissen Fröhlichkeit und Frische. Auch die gewaltsamen »Stürmer und Dränger«, die gegen Gesetz, Sitte und Denkart der bestehenden Gesellschaft sich aufbäumten und in mancher Hinsicht als Vorromantiker gelten dürfen, bewiesen im Ungestüm ihrer verneinenden und zerstörenden Haltung eher wilde Kraft als schwärmerische Schwäche. Tatsächlich besaß die Gefühlsromantik des Weltschmerzes weder den alten noch den neuen Glauben, hing weder der vergangenen Autorität noch der neuen Helligkeit mit entsprechender sittlicher Gemütsverfassung an und offenbarte sich eben dadurch als ein Mangel an Glauben, als ein angstvolles Quälen um Gläubigkeit, als Unfähigkeit dazu, als unbefriedigte Ruhelosigkeit und Suche zwischen jeweils vorgeschlagenen und alsbald verlassenen Normen des Denkens und Lebens. Glaube quillt mit ursprünglicher Notwendigkeit aus der Wahrheit, die im Bewußtsein laut wird, und läßt sich niemals mit rastlos tastenden Wünschen und Einbildungen erhaschen.

Eher als vom Hingang des alten Glaubens kam diese Krankheit aus der Unfähigkeit, den neuen richtig zu erfassen, zu erleben und zu betätigen; denn dazu gehört Mut, Mannhaftigkeit, Verzicht und Bruch mit alten, unmöglich gewordenen Gewohnheiten und Tröstungen, und um ihn zu verstehen, durchzudenken und zu rechtfertigen, brauchte es Erfahrung, Bildung, geistige Übung. Das gelang nur starken Köpfen und Herzen, die ohne zu straucheln den Werdegang des neuen Glaubens durchliefen und nach inneren Stürmen den Hafen erreichten. Es gelang auch einfachen und klaren Geistern und unverbildeten Herzen, die ohne weiteres die Ergebnisse des neuen Glaubens erlernten, annahmen und ausübten, lediglich, weil sie von seiner Güte und Klarheit angezogen und überwältigt wurden. Den Weibischen, Weichen, Sentimentalen, Wetterwendischen aber gelang es nicht, denn sie weckten und schürten bei sich selbst den Zweifel und allerlei Schwierigkeiten, die ihnen sodann über den Kopf wuchsen; sie suchten und sehnten sich nach Fährlichkeiten, in denen sie umkamen; sie konnten das natürliche Gleichgewicht, das sie in Frage gestellt hatten, nicht wieder finden, tappten hin und her nach Stützpunkten, die keine waren, und nachdem sie die Bindung des Endlichen an das Unendliche, des Sinnlichen an das Ideale zerrissen hatten, suchten sie verzweiflungsvoll das Unendliche mit irgendeinem einzelnen Endlichen, das Ideale mit irgendeinem vereinzelten Sinnlichen gleichzusetzen, und erfanden sich, da sie den wahren und einigen Gott verloren hatten, Götzenbilder, die sie alsbald wieder zerstörten oder die von selber zerfielen: kann doch nie das Einzelne für das Ganze, nie das Hirngespinst für feste und klare Grundbegriffe eintreten und einstehen.

Und so fielen diese weibischen, romantischen Seelen in Wunschträume religiöser Transzendenz zurück, in lockende Friedens- und Entsagungsträume, in Beschwichtigungen ihres angstvollen und zweifelnden Denkens, in Normen, in die sie um der Norm willen sich einbetteten, um nur die Konflikte des eigenen Gewissens nicht selbst entscheiden zu müssen. Da als höchste Form dieser Art von Transzendenz und Regelgebot der katholische Glaube erschien, so wurden nicht nur die als Katholiken geborenen und von Kind auf erzogenen »Romantiker« wieder katholisch; nein, auch protestantisch, lutherisch oder sonstwie konfessionell und religiös Aufgewachsene, auch Religionslose bekehrten sich nach vorgeschriebenem katholischen Ritus und konnten dennoch nicht zu innigen und echten Katholiken mehr werden und mußten den echtbürtigen Kindern der Kirche mehr oder weniger zweideutig vorkommen. Gar zu sinnlich und bildersüchtig dürstete dieser romantische Katholizismus nach Farben, Musik, Gesängen, alten Kathedralen, Madonnen- und Heiligenbildern, gar zu schmelzend schwelgte er in der Wollust der Sünde, der Reue, der Tränen. Was das Dogmatische betraf, so gebärdete er sich ultra-katholisch, war aber doch dem römischen Pontifex und seinen Erlässen und seiner Politik nicht recht gefügig, nicht ganz ergeben. Er behauptete oder glaubte zwar antiprotestantisch zu sein, konnte sich aber nicht enthalten, mit neuen Formen und Reformationsplänen zu liebäugeln, die zwar wesentlich katholisch bleiben, aber doch den Protestantismus zusammen mit dem Katholizismus in sich aufnehmen sollten. Andere hinwiederum, oder auch dieselben Romantiker, wurden zeitweise von einem Furor gegen den Katholizismus, ja gegen das ganze Christentum ergriffen und traten für die Wiederherstellung des Paganismus ein und erhoben gegen die Heilige Jungfrau das Götzenbild der Venus, bald in hellenischer, bald in mittelalterlich-germanischer Aufmachung. Wieder andere ließen sich von der damals einsetzenden Beschäftigung mit orientalischen Sprachen und Literaturen verführen und zogen uralte Kulte hervor oder vermischten sie eklektisch und bizarr mit neuen, oder versuchten es mit magischen Übungen. Schließlich tauchte man in das Pantheistische, betete die Natur an und zerfloß in Empfindungen, die, wie man behauptete, das Urgefühl einer primitiven, altgermanischen Religion zu gewähren versprach.

Diesen mehr metaphysisch und priesterlich veranlagten schlossen sich zuweilen die mehr erotisch gestimmten Gemüter an, denen in der Geschlechtsliebe die Erlösung und in der geliebten Frau die Gottheit winkte. Mehr noch als die Wiederbelebung von Motiven des dolce stil nuovo des 13. Jahrhunderts und des Platonismus der

Renaissance betrieben sie eine Verfeinerung und Steigerung der Sinnlichkeit, wie sie für die romantische Religion der Minne bezeichnend ist. Das Frauenideal dieses Dienstes war nicht mehr die spröde und keusche Geliebte, die ihren Anbeter abweist, erzieht und läutert und zur Reinigung seiner Leidenschaft von allen irdischen und niedrigen Begierden zwingt und den Verklärten mit sich emporzieht zu höchster Schönheit und Güte, zu Gott: nein, es war ein empfindsam liebendes Geschöpf, bestimmt, an der Liebe zu kranken, zu sterben, göttlich davon zu werden und einen Zauber auszustrahlen, der allein dem irdischen Leben noch Wärme und Bedeutung verlieh. Dieses Geschöpf der Minne schwebte sodann empor mit feierlicher Gebärde als Priesterin ihres Gottes und zelebrierte die kultischen Weihen. Wie pathetisch die Erwartungen, Verzückungen, die Trunkenheit, die Enttäuschung und Verzweiflung, aus deren Gewoge immer wieder dieses Liebesideal und ewig Weibliche hervorging, das bald auf ein blondes, bald auf ein schwarzes Haupt dieser oder jener auf Erden wandelnden Frauengestalt, die man hienieden kennenlernte, seinen himmlischen Nimbus senkte.

In anderen Geistern oder in anderen Augenblicken neigte der phantastische Hang in das Ethische und Politische hinüber und schuf politische Phantasien (um nicht zu sagen eine romantische Politik, was eine Politik der Krankheit und ein Widerspruch in sich selbst wäre). Dann suchte man den Glauben und das Glück in gegenwartsfremden Gemeinschaftsformen, besonders in der Wiederherstellung vergangener Zeitalter. Da nun die nächste Vergangenheit, das Ancien Régime, noch gar zu hell in der Erinnerung, gar zu scharf in seinen Umrissen dastand und einer Idealisierung und Heiligung widerstrebte, so warf die romantische Sucht sich auf entlegenere Zeiten zurück, wiederum die neuesten geschichtlichen Forschungen benutzend, auf das Mittelalter. Dort erblickte oder erschaute man schattenhaft gegenständliche Wunder von Treue, Ergebenheit, Reinheit, Großmut, von Zucht und Zuchtlosigkeit zugleich, das Beständige im Wechsel mit dem Überraschenden, ein einfältiges Leben in friedlich umhegter Kleinwelt, einen Zauber von abenteuerlichem Schweifen durch unbekannte, unheimliche Fernen. Dieser Religion des Mittelalters verdanken wir die mehr oder weniger akademischen Restaurationen von alten Burgen und Kirchen, die falsche Gotik, die durch ganz Europa wucherte, die falsche Poesie, die sich dilettantisch in mittelalterlicher Epik und Lyrik und in Mysterienspielen erging, die Unterhaltungsliteratur mit ihren Rittergeschichten, Turnieren, Burgfräulein, verliebten Knappen, Minnesängern und Vaganten, die Maskenfeste und Aufzüge und da und dort auch gewisse Posen und Hofsitten der restaurierten Monarchien, die sich mit Emblemen, Trachten und Kostümen des Antiquitätenhandels behängten, sowie die Geister, von denen der preußische Prinz und nachmalige König Friedrich Wilhelm IV. und auf seine stillere Art der König Ludwig I. von Bayern sich besessen fühlten.

Die Religion des Mittelalters war zwar die vorherrschende, doch nicht die einzige. Neben und mit ihr erhob sich und waltete schon damals die Religion des Stammes und des Volkstums, desjenigen nämlich, von dem man aus Mangel an Urkunden und historischer Kritik annahm, daß es das schöpferische und herrschende des Mittelalters gewesen sei, des germanischen. Dieses grub man jetzt wieder aus und pries es in ganz Europa, während man an Hand der tatsächlichen Geschichte doch eher dem römischen Wesen die gemeinsame Grundlage des erwachenden historischen Bewußtseins hätte zuerkennen müssen. Aber man verherrlichte das germanische als das jugendlich reine Element, aus dem sich nicht nur Frankreich und England sondern auch Spanien und Italien zu geschichtlichem Leben erhoben haben sollten und das, wenn auch geschwächt und verunreinigt, doch immer noch in jenen Ländern fortwirkte und nun im Begriffe war, in einem jungen Deutschland die Welt am deutschen Wesen genesen zu machen. Weniger erfolgreich traten andere Völker mit dem Anspruch der Reinrassigkeit, dem germanischen Beispiel nacheifernd, in die Schranken: Lateiner, Kelten, Iberer und Slaven.

Weitere ethisch-politisch gerichtete Religionen mit mehr oder weniger zahlreichen Gläubigen machten sich geltend: so die idyllische des Zurück-zur-Natur, aufs Land zum bäuerlich vereinfachten Lebensstil mit Rousseau'scher Inspiration und die entgegengesetzte, stürmisch frenetische des titanischen Ich-Kultus, in der die Sturm- und Drangbewegung sich auslebte. Bemerkenswert vor allem aber durch die Werbekraft und Wandlungsfähigkeit war die ästhetisierende Gläubigkeit und Auffassung des Lebens als Kunstwerk, Schönheit, Leidenschaft und Dichtung. Sie setzte ein Zerrbild an Stelle des echten Lebens; denn dieses liebt die Unterschiede und den Zusammenklang seiner sämtlichen Formen und duldet keine krankhaft einseitige Überwucherung der übrigen durch eine einzige und weist einer jeden ihre besondere und unentbehrliche Rolle zu. Es war auch ein Zerrbild der echten Poesie; denn diese hebt das tätige Leben in die kosmische Beschaulichkeit und gewährt ihm die Atempause und Erholung zu erneuter Tätigkeit. Indem diese Art Romantik das Leben verfälschte, verkehrte sie auf weite Strecken hin auch die poetische Form und erniedrigte sie zu einem Getue, zu unmittelbaren krampfhaften Ausbrüchen der erlebten Leidenschaft, zu schreienden und brüllenden Delirien.

Ihrem Ursprung nach waren diese Gläubigkeiten alle pervers, denn sie liefen auf eine Verdrängung des Universalen durch das Einzelne hinaus, des Ewigen durch das Zufällige, des Schöpfergeistes durch das Geschöpf. In diese abseitige, verwickelte und wirre Gefühlswelt drangen nun aber die besonderen und eigentlichen Perversitäten noch ein und stellten die erst nur anmaßlich übersteigerten Werte geradezu auf den Kopf. Jetzt treten Libido und Luxuria an die Stelle des Ideals, Grausamkeit und Schreck werden zu Lustgefühlen, Inzest, Sadismus, Satanismus und ähnlich stupide und abnorme Vergnügungen werden schmackhaft. Man findet oder spürt dergleichen sogar bei so hervorragenden Dichtern und Schriftstellern wie Chateaubriand, Byron und Shelley, zum Glück jedoch bei diesen nicht in Reinkultur, sondern nur gelegentlich und vorübergehend.

Wir haben nicht die Absicht, das mannigfaltig und endlos gemischte und getönte Bild der weltschmerzlichen Krankheit hier auszumalen. Es ist von mehr oder weniger geschickten Händen schon oft genug gepinselt worden. Uns kam es nur auf die Darlegung der genetischen Zusammenhänge des Übels mit der Philosophie und Religion der Freiheit an. Der Zusammenhang liegt, wie gesagt, in der romantischen Unfähigkeit, der neuen Philosophie und Religion habhaft zu werden, und in einer unvollständigen, die Elemente verfälschenden, teilweisen Aneignung, wobei das Geschichtsdenken in Vergangenheitsschwärmerei und Restaurierungssucht, das nationale Bewußtsein in Stammes- und Rassenfanatik, die Freiheit in Ichsucht und Anarchismus und der Lebenswert der Poesie in Erlebnispoesie und Poesieleben verderbt wurden.

Doch darf man anderseits auch nicht die große Wirkung vergessen, die der Freiheitsglaube auf die romantische Krankheit auszuüben vermochte, und wie er sie so bald zu bewältigen, zu zügeln und in seinen Dienst zu spannen gewußt hat. Auch bedeutete dieses sentimentale Siechtum nicht etwa nur für das freiheitliche, sondern für jegliches Ideal und für jeden echten Glauben, auch für den un- und antiliberalen, eine Gefahr. Es hätte, wenn es übermächtig geworden wäre, alles zerfressen, hätte jede Energie des Denkens und Wollens zerstört, in Sinnlichkeit zersetzt und in Begierden und Leidenschaften, in träger Träumerei und launischer Unrast verkommen lassen. Die Gefahr wurde um so drohender, je geringer die Widerstände wurden: eine Gefahr, die ihrem sittlichen Wesen nach zeitlos, d. h. jederzeit da ist, die aber in der modernen Gesellschaft akut wird und in der weitgehenden Verwobenheit des Gemeinschaftslebens sich ausbreiten kann und, je schroffer und unritterlicher dessen Gegensätze werden, desto bösartiger werden muß. So hat diese Krankheit denn auch in der Folgezeit sich breitgemacht, in der Kunst, im wissenschaftlichen Denken, im Gefühlsleben, in den Sitten, in der nationalen und internationalen Politik. Nachdem sie offenkundig und ungeheuerlich geworden war, gab man ihr den Namen, mit dem sie sich brüstete: Dekadententum. Es steckt nichts anderes darunter als das alte romantische Übel, nur häßlicher noch und schlimmer geworden, und die alten Grundmotive wiederholen sich in ihm auf gemeinere Art und hängen sich an weniger erlesene Gegenstände.

In den ersten Jahrzehnten des 19. Jahrhunderts jedoch war der Freiheitsglaube noch begeisterungsfrisch, und seine Gegner, die alte Religion, die ererbte Monarchie, das demokratische Naturrecht, hatten noch ein majestätisches und respektables Gehaben, das den späteren Gegnern abhanden kam. Die damalige Gefühlsromantik trat in einer Umgebung von kraftvollen Hoffnungen, Vorsätzen und großherzigen Unternehmungen auf und wurde durch diese eingeschränkt, gedämpft und mehr als einmal zum Guten gewendet. Freilich wurden selbst die tüchtigsten Geister in das Drama ihrer Zeit hineingezogen und mehr oder weniger von der genannten Krankheit ergriffen, jedoch war es eine Krankheit des Wachstums, von der sie sich wieder befreien, in der sie sogar lernen, an der sie sich in Selbstzucht üben und ihr menschliches Einfühlungsvermögen erweitern konnten. In solchen Erfahrungen bildeten sich die schärfsten Kenner, die strengsten Kritiker der Romantik aus, wie Goethe, der die romantische Poesie als eine

»Lazarettpoesie« bezeichnete und aus seiner Abneigung gegen die Sentimentalen, die im entscheidenden Augenblick immer versagen und klein und schlecht dastehen, kein Hehl machte, oder wie Hegel, der die romantische Eitelkeit und Albernheit mit vielseitiger Analyse und beißendstem Hohn bedachte und ihr als Zauberspiegel die derbe und ehrliche Prosa des Lebens, des unermüdlichen Wirkens und der natürlichen Leiden und Freuden entgegenhielt.
Dennoch gingen nicht wenige von diesen Romantikern zugrunde, weil es ihnen an Kraft fehlte, die Wirrnis ihres Gemütes zu beherrschen, zu ordnen, oder auch in der Rückkehr zu einem bescheidenen bürgerlichen Leben zu vergessen. Die einen endeten in Wahnsinn und Selbstmord, andere im moralischen Selbstmord, in Ausschweifung, in Frömmelei, in tatenlos seufzender Einsamkeit und Langeweile, ähnlich wie Byrons Manfred, dessen Grundgefühl der Ekel am Leben war, und der statt des edeln Geschöpfes, das er hätte werden können, ein »grauenvolles Chaos und Gemisch« blieb. – Doch fehlte es nicht an anderen, die zwar das Übel weder zu besiegen noch zu vergessen vermochten, aber doch auch nicht in solcher Schmach ihr Leben verbringen und beenden wollten, und die daher im gegebenen Augenblick sich zu Taten aufrafften und den freiheitlichen Gedanken, den sie zwar theoretisch zu begreifen und gläubig zu empfinden nicht imstande waren, wenigstens praktisch ergriffen und vom Glanz seiner Schönheit sich ergreifen ließen. Diese Pessimisten mit ihrer inneren Unordnung oder Verzweiflung aus unglücklicher Liebe, aus Überdruß und Ekel zogen für unterdrückte Völker in Kampf und Tod, oder erholten sich wenigstens zeitweilig von dem romantischen Wahn und Weh durch vaterländischen und bürgerlichen Eifer. Man findet die Zeichen der romantischen Krankheit allen Kindern jener Zeit ins Gesicht gegraben, wenn man ihre Briefe und Lebensläufe liest, oder auch nur ihre Bildnisse betrachtet, den Ausdruck ihrer Augen, ihre Haarschöpfe, ihre Körperhaltung und Tracht. In Ländern, wo das Politische nicht im Vordergrunde stand, konnten die Romantiker (die ja im Grunde keine politischen, sondern nerven- und einbildungskranke Wesen waren) nach ihrem Ja und Nein, nach ihren launischen Meinungsäußerungen vielleicht konservativ und reaktionär erscheinen, aber in andern Ländern, wo die Herzen rascher schlugen und die Blüte der Intelligenz liberal war, galten die Worte »romantisch« und »liberal« als gleichwertig, und Priester und

Spitzel hatten ein argwöhnisch wachsames Auge auf die romantische Jugend. Dort betrachtete man Weltschmerz, Urgeheimnis, Himmelsminne und Heldentraum, trostlos verzweifelte Sehnsucht, Mondscheinpromenaden, hamletische Friedhofbesuche, Bleichwangigkeit, romantische Bärte, Mähnen und ähnliche Ausdrucksformen als Zeichen eines unbotmäßigen Geistes, von dem man Verschwörungen und bewaffnete Aufstände bei der ersten Gelegenheit zu befürchten hatte.

Wir haben die geistigen Kräfte gesehen, die anfangs des 19. Jahrhunderts sich erheben und zum Kampf gegeneinander antreten. Nur von dieser Schlachtordnung aus kann man die europäische Geschichte folgerichtig verstehen als eine Geschichte der europäischen Seele, ihres Glaubens und ihrer Sittlichkeit, wie sie das ganze praktische Tun, das man Politik, Militär, Verwaltung, Diplomatie, Ackerbau, Industrie, Handel nennt, ordnet, lenkt, berichtigt und wandelt. Es ist ein nach Zweckmäßigkeit verschieden gerichtetes Tun, alles in allem ein wesentlich ökonomisches. Gewiß kann man jede dieser einzelnen praktischen Tätigkeiten gesondert und für sich betrachten, man kann jede von ihnen in den Mittelpunkt der Erzählung rücken und zur Hauptsache machen: man erzielt und erhält dann die bekannten Geschichtsdarstellungen für Militärs, Diplomaten, Verwaltungsleute, Landwirte, Industrielle usw.: jedoch nicht diejenige Geschichte oder geschichtliche Perspektive, die den Menschen schlechthin angeht, jenseits seines Sonderberufes und Faches, den Menschen als solchen in seinem höheren und gesamten Dasein.
Wirkliche Geschichte ist jedenfalls nur so zu gewinnen und nicht etwa durch Aneinanderreihung von Ereignissen, was im besten Fall eine Chronik gäbe. Wenn man nämlich den Ereignissen in ihrer Entstehung nachgeht, enthüllen sie sich entweder als Ergebnisse aus vorausgehenden Aktionen (und wenn es nur Aktionen der sogenannten Natur sein sollten) oder als konkurrierende und kontrastierende Aktionen: und dies alles ist, von derjenigen Aktion aus betrachtet, deren Geschichte man schreiben will, entweder der Stoff oder der Antrieb zu ihrer konkreten Selbstbestimmung, zu ihrer mannigfaltigen Gestaltung und Entwicklung. Ohne dieses alles wäre die betrachtete Aktion auf keine Weise da. Eine Mühle, die nichts zu mahlen hat, mahlt nicht. Wenn man diesen Geschichts-

begriff nicht festhält, so gerät man auf den Standpunkt der geistig Armen, die in der Geschichte nichts als ein Zusammentreffen oder Geflecht von Ereignissen erblicken oder etwa auch auf der einen Seite eine Darbietung von gesetzmäßigen und regelrechten Evolutionen, auf der anderen von unterbrochenen, gestörten, verwirrten, überraschend abwegigen, dem ursprünglichen Ziel entfremdeten Evolutionen. Darin liegt weder Logik noch Mut. Nichts beweist die historische Hinfälligkeit der sogenannten Erzählung des tatsächlich Vorgefallenen so sicher, wie die entmutigende Wirkung, die daraus hervorgeht. Aus der echten Geschichte tönt immer ein kriegerischer, die Schlachten des Lebens verkündender Klang.

Wir sind anderseits auch viel zu tief durchdrungen von der Einsicht in die Unangebrachtheit jeder Art von historischem Determinismus, als daß wir, wie dies gewöhnlich geschieht, dieses oder jenes große Ereignis an den Eingang unserer Darstellung stellen dürften: etwa die Umwälzung in der Industrie, oder die staunenswerten Erfindungen der Technik, oder die veränderten Beziehungen zwischen dem amerikanisierten Europa und dem alten Europa, oder die Errichtung moderner Kolonialreiche, oder die beschleunigte Zunahme der Bevölkerung und dergleichen. Das sind Fakten, keine Faktoren unserer Geschichte. Wir dürfen aber auch nicht eine Reihe von geistigen Faktoren in der Weise in das Feld führen, daß die einen unabhängig von den anderen, oder gegenseitig sich beschränkend, oder in sogenannter Wechselwirkung untereinander erscheinen: dies wäre in idealistischer Aufmachung ja nur eine andere Art von naturalistischem Determinismus. Die Kräfte, wie wir sie beschrieben und auf unsere Weise gedeutet und dargelegt haben, sind, wohlgemerkt, keine Vielheit von einzelnen Faktoren. Sie bilden eine Einheit, einen einzigen und einigen Verlauf, innerhalb dessen das, was wir als die Religion der Freiheit bestimmt haben, sich behauptet, sich auswirkt im Kampf mit seinen eigenen notwendigen Gegensätzen und wächst und mit den Elementen, die es aus der Opposition sich aneignet und angleicht, oder mit den Formen, die es in diesem Ringen erarbeitet, um zum Siege zu kommen, sich ein neues Aussehen gibt: wie denn auch die Oppositionen ihrerseits sich mit neuen Elementen verstärken oder die alten umgruppieren und ihre erfinderische Geisteskraft beweisen in der Abwehr und im Angriff, in der Errichtung von Widerständen und Hindernissen. In diesem Geistesgetriebe leidet die neue Religion

und überwindet doch immer wieder die begleitende und ebenfalls wechselnde Krankheit, das romantische Siechtum.
Erschöpft sich nun dieser Prozeß im Laufe des 19. Jahrhunderts? Ist er heute abgeschlossen? Kann man vom 20. Jahrhundert nicht nur als von einem chronologischen Abschnitt, sondern als von einem moralischen Wesen und Einsatz eines neuen Prozesses mit einer neuen Seele sprechen? Die Frage wäre also, ob am Ausgang des 19. und Beginn des folgenden Jahrhunderts eine wirklich neue, eine umfassendere, mächtigere, die andere übertreffende und ersetzende Religion in das Dasein getreten ist. – Antwort auf diese Frage zu geben, das ist die letzte und höchste Aufgabe einer europäischen Geschichte unseres Zeitraums. Um dieses mehr oder weniger dunkel erfaßte Problem kreisen in der Tat freiwillig oder unfreiwillig, bewußt oder unbewußt, sämtliche bisherigen Darstellungen, wie man sie in zahlreichen Büchern und Handbüchern findet. Ferne von uns sei der Gedanke, ihre Erzählungen im einzelnen wiederholen zu wollen, es wäre überflüssig. Genügt es doch, wenn wir andeutend oder gar stillschweigend darauf hinweisen, so bekannt und vertraut sind heute die tatsächlichen Begebenheiten, aus denen das Gewebe sich zusammensetzt. Vielmehr wollen wir uns bemühen, jenes Hauptproblem noch klarer herauszuarbeiten, indem wir die begonnene Darlegung nunmehr ins einzelne fortsetzen und die Auswirkungen und weiteren Gegensätze und Wandlungen des vorstehend umschriebenen Grundmotivs unterstreichen: das Wirken und Gedeihen des freiheitlichen Gedankens: es ist die Geschichte eines geistigen Krieges, des wahrhaft »großen Krieges«.

IV

Widerstand und Kampf gegen die absolutistische Vorherrschaft und der Sieg des liberalen Gedankens

(1815–1830)

Die eineinhalb Jahrzehnte, die nach dem Sturz Napoleons zur Julirevolution von 1830 führten, bilden nach der herrschenden Auffassung eine geschichtliche Epoche mit einem eigenen historischen Thema, das diesen Zeitabschnitt sozusagen beherrscht und abschließt. Dieses Thema lautet: Restauration und Heilige Allianz. Beide stellten sich der liberalen Bewegung entgegen, warfen sie zurück und machten alle Anstrengungen, sie zu vernichten. Geht man aber den Dingen tiefer auf den Grund, betrachtet man das positive Element jener Entwicklung und die Ereignisse, in denen sie sich vollzog, dann wird man zu der richtigeren Überzeugung kommen, daß der liberale Gedanke in jenen eineinhalb Jahrzehnten dem Absolutismus starken Widerstand leistete, daß er ihn ohne jede Waffenruhe bekämpfte und schließlich einen endgültigen, weil substantiellen Sieg über ihn errang.

In gewissem Sinne existierte die Heilige Allianz überhaupt nur in den Phantasien des Zaren Alexander I., gleichsam als Traum oder als eine Utopie von zugleich konservativen, pazifistischen und sogar liberalen Motiven! Aber das war ein väterlich geduldeter und beaufsichtigter Liberalismus mit religiösem Hintergrund oder wenigstens mit religiöser Salbung. Das Ganze war eine Welt von Ideologien, deren Bedeutung man allzusehr überschätzt, wenn man darin so etwas wie eine Vorahnung von einer unvermeidlichen Zukunft erblicken will, in der die europäischen Völker ihrer kulturellen Einheit eine entsprechende föderalistische oder unionistische Form geben müßten: das ist ein Gedanke, dem in jenen Zeitläufen Saint-Simon besseren Ausdruck gegeben hat. Um jedoch ein wirklich politischer Begriff zu werden, bedurfte er der Ausbreitung des liberalen Systems, der Unabhängigkeit und der Einheit der einzelnen Nationen. Und sogar das alles konnte nur Vorarbeit sein: er bedurfte zäher und mühevoller Weiterarbeit in den Irrwegen von Hoffnungen und Enttäuschungen und schmerzvollen Prüfungen. Der Gedanke der Heiligen Allianz war in hohem Maße inkonsequent und kraftlos, er vermochte keine geistige

Bewegung zu entfachen, ihm fehlte die werbende Kraft auf die Umwelt, und er brachte keine selbständige Literatur und kein Schrifttum hervor.
Was sich wirklich hinter jenem Namen verbarg oder ihn als Deckmantel benutzte, war nicht mehr und nicht weniger als der zähe Wille der »restaurierten« Souveräne, sich ihr Regierungssystem zu erhalten, die drohende Revolution abzuwenden und sich überhaupt vor allen Staatsänderungen zu schützen. Das Verlangen der Völker nach Verfassungen wurde jedoch immer unwiderstehlicher. Es entstanden Sekten, Verschwörungen und Revolten, in denen für die Durchsetzung dieses Willens gekämpft wurde. Die Herrscher taten sich zusammen und unterstützten sich gegenseitig, um die revolutionären Brandherde im Keime zu ersticken, wo auch immer sie aufflammten oder weiterglimmten. Man löschte den Brand im Hause des Nachbarn, um das eigene zu schützen. Es war völlig gleichgültig, ob am 26. September 1815 unter wohlwollender Duldung des Zaren zwischen den Herrschern von Österreich und Preußen die Erklärung von Paris, die die Heilige Allianz begründete, unterzeichnet wurde oder nicht: damit wurde an der herrschenden Gewalt jener absolutistischen Interessen und den dazugehörigen politischen Praktiken nichts Wesentliches geändert. England hinderten konstitutionelle Gründe und der skeptisch-realistische Scharfsinn seiner Staatsmänner am Beitritt zur Heiligen Allianz; den Papst hinderten religiöse Gründe, da er sich nicht mit Orthodoxen und Protestanten verbünden konnte; aber England und der Papst wirkten gleichwohl bei der internationalen Verteidigung gegen die Revolution mit, England etwas passiv, aber Jahre hindurch; der Papst etwas beständiger auf Grund seiner inneren Verwandtschaft mit den absoluten Monarchen. Ohne eine Heilige Allianz nötig zu haben, hatte Österreich bereits die italienischen Staaten unterworfen, zum Teil durch Einsetzung von Prinzen des kaiserlichen Hauses, zum Teil durch Verpflichtungen, ihren Völkern keinerlei Verfassung zu geben, wie sie zum Beispiel dem König beider Sizilien auferlegt wurden. Weder Rußland noch Österreich oder Preußen opferten der eingegangenen Bindung und dem gemeinsamen Ziele ihre besonderen, auseinanderstrebenden Interessen. Man erkennt das an der vorübergehend liberalisierenden Haltung Alexanders I. und an der uneinheitlichen, ja entgegengesetzten Politik dieser drei Mächte gegenüber der Erhebung der Griechen gegen die

türkische Herrschaft und gegenüber den spanisch-portugiesischen Kolonien in Südamerika, die eine nach der anderen ihre Unabhängigkeit erklärten. Aber noch offener tritt das alles zutage bei den französischen und belgischen Revolutionen. England hatte größere und schwierigere politische und kommerzielle Interessen zu verteidigen, die öffentliche Meinung übte in England einen starken Einfluß aus. Dort fürchtete man aus einem tieferen politischen Gefühl heraus nicht die Freiheit und die mit ihr verbundenen Gefahren und Gegensätze, und so konnte Canning 1823 im Namen Englands erklären: »Jeder für sich, und Gott für uns alle! Gebt dem russischen Zaren zu verstehen, daß die Zeit der Areopage vorbei ist!« England verzichtete seinerseits darauf, als Hüter der Restaurationen zu fungieren. Metternich schlug auf dem Kongreß von Verona vor, eine Polizei über den Polizeigewalten aller Länder aufzustellen, oder wenigstens eine Vereinigung der verschiedenen italienischen Staatspolizeien unter einem einzigen Leiter. Das war übrigens ein Plan, den schon einmal ein Reaktionär vorgeschlagen hatte, der vielleicht mehr als Metternich aus reiner Überzeugung und in gutem Glauben handelte, nämlich der neapolitanische Minister Fürst di Canosa. Wenn jedoch Metternichs Plan in dieser Form nicht durchging, so gewann er dennoch einige Gestalt: die Polizeigewalten der verschiedenen Staaten nahmen Fühlung miteinander und arbeiteten zusammen. Gemeinsam, wenn auch nicht einstimmig beschlossene internationale militärische Aktionen wurden durchgeführt gegen die Konstitutionalisten in Neapel, Piemont und in Spanien. Den einzelnen deutschen Staaten wurden Beschränkungen auferlegt, und zwar auf Drängen Österreichs, das sich hinter Preußen versteckte und schließlich sogar den Zaren mitzog, trotz seiner Anwandlungen, die verschiedenen Teile der Heiligen Allianz durchzuführen. Solche Überwachungen und Pressionen wurden sogar auf die Schweiz ausgedehnt.
Es war aber nicht die Aufgabe der Liberalen, das Phantasma der Heiligen Allianz oder die weniger phantastischen Bündnisse der absoluten Monarchien zu bekämpfen, da sie diesen keinerlei Allianzen liberaler Staaten entgegenstellen konnten. Der Protestantismus hatte einstmals die Fürstenbünde mit Fürstenbünden bekämpft, die Französische Revolution hatte den Königen die Republiken entgegengestellt, die sie in ihren Nachbarländern schuf. Die Liberalen mußten mit allen verfügbaren Mitteln gegen die Absolutismen

jener Staaten arbeiten, in denen sie selber nicht als Bürger, sondern als Untertanen lebten. Sie hofften, daß der Gegensatz zwischen dem gemeinsamen Interesse der konservativen Monarchien und deren Sonderinteressen Breschen schlagen würde in die reaktionäre Vereinigung der sogenannten Heiligen Allianz, und daß sich damit der liberalen Aktion günstige Gelegenheiten bieten würden. Es bedeutete für die Heilige Allianz bereits einen schweren Schlag und für den Liberalismus eine günstige Gelegenheit, daß England als größte Seemacht sich von den Verbündeten zurückzog. Die Liberalen hatten daher ihrerseits eine Allianz geschlossen, aber kein staatliches, sondern ein geistiges Bündnis, eine »Allianz der Völker«, wie man das damals nannte. Dieses Bündnis der Völker selbst beruhte auf einer geistigen und moralischen Kraft: mit dieser bekämpfte man die Heilige Allianz der Monarchen und überließ ihr auf anderem Gebiete das Feld. Diese Kraft äußerte sich ganz spontan und lebendig, sie fand in allen Ländern Widerhall und sie fand in geistigen Werken und Taten ihre Verwirklichung: mit Polemik, Rhetorik und Poesie, in der Sympathie aller für das gleiche Ziel Leidenden und Kämpfenden, in gegenseitiger Hilfe. Den internationalen Söldnern, den »Schweizern«, die immer noch in den Dienst der absoluten Monarchien traten, stellte man die internationalen Freiwilligen der Unabhängigkeits- und Freiheitsbewegung entgegen. Es fehlte auch nicht an Geheimgesellschaften mit nationalem und internationalem Charakter, die die Menschen geistig auf die Tat vorbereiteten, wie es auch im 18. Jahrhundert und unter der napoleonischen Herrschaft nicht an solchen Geheimgesellschaften gefehlt hatte: unter den Namen Sanfedisten, Calderarier und Apostoliker gab es sie auch unter dem Klerikalismus und Absolutismus. Eine besondere Bedeutung gewann von diesen liberalen Geheimbünden in jenen Zeiten die Freimaurerei, die sich vom italienischen Süden über ganz Italien ausbreitete, in Frankreich zu neuer Blüte kam und sogar in Rußland Nachahmung fand. Ähnliche Gesellschaften entstanden in geknechteten Ländern wie Polen. Die Wirkung dieser Geheimbünde war allerdings viel geringer als ihre Gegner glaubten, wenn sie davor erzitterten. Gegenüber jener großen und wirksamen geistigen Koalition und Verschwörung, die niemals geheimgehalten werden sollte und konnte, darf man diese Geheimbünde und die Freimaurerei beinahe übersehen, obwohl sie ihr viele gute und auch manche schlechten Dienste erwiesen haben.

Ein Staatsrat Metternichs, der sich 1820 über die Stimmung in der Lombardei informierte, erklärte zu der Ansicht, daß die Freimaurerei der wirkliche Gegner sei: es wäre vielleicht wünschenswert, daß die Gegner nur eine Sekte bilden, aber es handele sich dabei leider um eine regelrechte politische Partei, die sich größtenteils aus dem Mittelstand und aus den durch Geist, Bildung und soziale Umgangsformen besten Teilen des Adels zusammensetzte.
Dem Absolutismus fehlte jeglicher konstruktive Geist, ja, er besaß nicht einmal eine reaktionäre Rekonstruktionskraft, um bereits bestehende liberale Ordnungen zu überwinden, um die im ökonomischen Leben, in Sitten und Kultur stattgefundenen Veränderungen wieder rückgängig zu machen. Diese Wandlungen erwiesen sich auch dort als notwendig, wo sie bisher noch nicht bestanden. Der Absolutismus vermochte es nicht, die europäische Gesellschaft auf einen Zustand vergangener Zeiten zurückzuführen, den es allerdings in diesem Sinne nur in Einbildungen gegeben hatte. Er mußte daher notgedrungen fast alle ökonomischen und juristischen Reformen annehmen, die sich bei jenen Völkern durchgesetzt hatten, bei denen die Eroberungskraft Frankreichs und Napoleons direkt oder indirekt sich fühlbar gemacht hatte. Es waren Reformen, die die alten Monarchien immer mehr einander gleichmachten, die zwar in deren Prinzip bereits gegeben waren, aber dennoch diese Monarchien gewaltsam der Zukunft entgegenführten. Man berichtet einige Anekdoten, über die man lachte oder sich auch erboste, je nachdem, wie man dazu eingestellt war. So dachte der restaurierte König von Sardinien daran, ohne weiteres die königlichen Verfassungen von 1770 und den Hofkalender von 1798 – diesen allerdings mit einigen Lücken, die inzwischen der Tod gerissen hatte – wieder einzuführen, als ob in seinem Lande und in der ganzen Welt nichts geschehen wäre. Der Herzog von Modena wollte etwa alle nach dem Jahre 1791 geschaffenen Gesetze mit einem Federstrich wieder annullieren. Der Großherzog von Hessen, der wegen seiner Willkür und seiner Unanständigkeit sehr verhaßt war, schaffte alle Reformen aus der Franzosenzeit wieder ab, erklärte den Verkauf von Domänen und die gesamte Staatsschuld für null und nichtig, und auch er stellte den Hofkalender von 1806 wieder her, führte den Zopf wieder ein, behielt jedoch die vermehrten Steuern bei. Der Papst schaffte ebenfalls die von den Franzosen eingeführten Codices und gerichtlichen Institutionen wieder ab, er

wollte zu der Ordnung der guten alten Zeit zurückkehren, sperrte die Juden wieder ins Ghetto und zwang sie, einer Religionsausübung beizuwohnen, die nicht die ihrige war, und schließlich verbot er die Pockenimpfung, da dadurch die Lymphe von Tieren mit der von Menschen gemischt würde: das alles war jedoch verlorene Liebesmüh, denn man mußte sich später doch den Erfordernissen der Zeiten fügen. Auf dem Wiener Kongreß hatten die Diplomaten Mäßigung beim Zerstören empfohlen, man hatte Verwaltungsreformen vorgeschlagen und Interessenvertretungen beim Papst Pius VII., bei dem wieder Gesandtschaften eingerichtet wurden. Österreich garantierte durch den Vertrag von Casalanza dem Königreich Neapel das ganze von Joseph Bonaparte und von Joachim Murat vollendete Werk, und zwar gegen den Willen des Königs, der aus seiner sizilianischen Zufluchtsstätte zurückkehrte. Das Kind war ziemlich groß geworden, und es stellte sich heraus, daß es nicht mehr zu den früheren Gewohnheiten zurückkehren konnte. Nur die allerwirrsten und phantastischsten der ausgewanderten Veteranen konnten glauben, daß man Europa durch eine Art magischer Operation oder mit dem Zauberstab der Gewalt wieder in die früheren Verhältnisse zurückführen könnte. Aber alle, die während ihres Aufenthaltes in fremden Ländern Beobachtungen und Vergleiche angestellt und ein wenig nachgedacht hatten, waren dadurch wie der Minister Fürst Richelieu zu einer politischmoralischen Erziehung gelangt. Sie wußten, daß das ein vergebliches und keineswegs wünschenswertes Unterfangen sei. Und so nahm der Absolutismus nicht eigentlich eine reaktionäre, sondern mehr eine konservative Form an; reaktionär war er nur noch zum Zwecke der Erhaltung des Bestehenden. Er wurde dazu gezwungen, es mit seinem eigenen Ideal nicht mehr so genau zu nehmen: er mußte nicht nur bereits bestehende und ihm feindliche Regierungsformen bestehen lassen, die ja doch stets gefährliche Beispiele boten, er mußte sogar zusehen, wie solche Regierungen neu entstanden und wie dadurch alle Neuerer und Rebellen angeregt und ermutigt wurden. Trotz seines Anteils an der Bekämpfung der Französischen Revolution und des napoleonischen Kaiserreiches, trotz all seiner Zusammenarbeit mit den alten Monarchien, ließ England seine jahrhundertealte Verfassung bis auf den I-Punkt bestehen. Kein noch so verstockter Tory hätte im Ernst je wieder die Wege des Absolutismus eingeschlagen: die Stuarts waren nicht nur physisch ausgerottet, sondern auch in ihrer geistigen Nachkommenschaft vernichtet. Trotzdem Frankreich zweimal geschlagen und von der absolutistischen Koalition niedergeworfen war, hatte man ihm jene konstitutionelle Charta nicht verweigern können, welche, in der ersten Restauration einmal zugestanden, von Napoleon durch die sogenannten Zusatzakte ersetzt, auch nach Waterloo bei der zweiten Restauration wieder bestätigt wurde. Wie hätte man Frankreich in die Verhältnisse aus der Zeit vor 1789 zurückführen können? Andere konstitutionelle Regierungen entstanden in dem mit Belgien vereinigten Königreich Holland, in einigen deutschen Kleinstaaten und in Polen, da der Zar eine Zeitlang sogar den deutschen Konstitutionalismus begünstigte. Die dämonische Macht des Liberalismus war einmal in der Welt und lag auf der Lauer, aber schlimmer war es noch, daß man dieser Macht Herrschaftsgebiete einräumen mußte. Das stand in schreiendem Widerspruch zu den als alleinseligmachend aufgestellten Prinzipien.

Wenn die konstitutionellen Regierungen in Deutschland und Polen auch nur künstliche und ohnmächtige Gebilde waren, die nicht sehr ins Gewicht fielen, und wenn das holländisch-belgische Regime, das an sich unbedeutend genug war, sehr bald in den alles beherrschenden Gegensatz zwischen Belgien und Holland verwickelt wurde, so machte der Liberalismus in England und Frankreich immer weitere Fortschritte. In den ersten Jahren nach dem Friedensschluß war England in einigen Fällen gezwungen gewesen, zu Ausnahmegesetzen zurückzukehren, die *Habeas-corpus-Akte* aufzuheben und die Preßfreiheit einzuschränken. Es waren Gewalttaten, blutige Unruhen und Aufstände vorgekommen, die durch Arbeitslosigkeit und andere ökonomische Schwierigkeiten hervorgerufen wurden. Es ereignete sich mehrmals, daß die Arbeiter die Maschinen stürmten. England hatte sich durch Castlereagh mit den Mächten des kontinentalen Absolutismus verbunden. Schließlich suchte es genau wie diese Unterstützung beim Klerus, gab große Summen für Kirchenbauten aus, schaffte Abhilfe gegen Unglauben und Irreligiosität, die man für revolutionär hielt. Aber auch während dieser kurzen Periode eines konservativen Zusammenschlusses blieben das Parlament und seine Debatten, die Gerichte mit ihren Urteilen und andere Institutionen bestehen, allerdings beschränkten sie sich darauf, ganz besondere Vorgänge zu verhindern. Währenddessen arbeitete die öffentliche Meinung in einer politischen Richtung, um mit ganz anderen Methoden die sozialen Probleme zu lösen. Literatur und Dichtung waren erfüllt von antireaktionären Polemiken, man nahm Partei für alle unterdrückten Völker, die sich gegen ihre fremden Herren und gegen ihre eigenen Tyrannen erhoben. Man gründete Hilfskomitees, es meldeten sich Freiwillige, ganze Legionen wurden angeworben, erfahrene Offiziere wurden ausgesandt: George Byron verwirklichte seine Dichtung und eilte den Griechen zu Hilfe, er besiegelte sein Werk mit seinem Tode bei Missolunghi. Byron wurde zum Symbol dieser ganzen edlen Bewegung, die nicht nur philhellenisch und nicht nur eine britische Angelegenheit war. Benthams Ideen und die Partei der Radikalen wirkten gemeinsam gegen die Tories und Whigs und kämpften für Reformen auf allen Gebieten des englischen Lebens, das allzusehr mit Resten aus der Vergangenheit belastet war: mit Dingen aus dem fernen Mittelalter und aus der Zeit der Religionskriege. Es gab noch politische Privilegien des Grundbesitzes, drakonische Strafgesetze, ungleiche Vertretung im Parlament und den Ausschluß einiger Bürgerschichten von allen politischen Rechten. Die ökonomische Entwicklung, die der Industrie und dem Handel den ersten Platz sicherte, wurde durch das bestehende Zollsystem gehindert, da dieses nur die Landwirtschaft schützte. Im Jahre 1820 brachten die Kaufleute jene Petition ein, die zur Vorläuferin der später einsetzenden, heftigen Agitation für den Freihandel wurde. Die öffentliche Meinung hatte es verhindert, daß England mit Waffengewalt konstitutionelle Bestrebungen und nationale Unabhängigkeitsbewegungen etwa unterdrückt hätte. Die reaktionäre Krise wurde also sehr bald überwunden. 1824 konnte ein Abgeordneter des Unterhauses ausrufen: Vor einigen Jahren war alles noch Einschränkung, und heute ist auf einmal alles Freiheit! Der Übergang vollzog sich unter dem Minister Canning, zwischen 1822 und 1827, als die Strafgesetze reformiert, viele Zölle abgeschafft und die Tendenz zum Freihandel gefördert wurden, als man die Arbeiterunion freigab. Es folgten darauf allerdings viele Streiks, weswegen die Freiheit der Arbeiterbewegung 1825 wieder eingeschränkt, aber im Prinzip immer noch aufrechterhalten wurde. Es entstanden Gesetze gegen die Jagdrechte und ähnliches. In der auswärtigen Politik lehnte man es ab, an dem Unternehmen gegen die spanische Revolution teilzunehmen, man begünstigte die konstitutionelle Partei in Portugal, man erkannte die Unabhängigkeit der vom spanischen Mutterlande abgefallenen südamerikanischen Staaten an, man unterstützte diplomatisch und militärisch die Erhebung der Griechen, man gab den eigenen Kolonien eine neue Ordnung und schaffte dort die Sklaverei der Neger ab. Daß England bei dieser Außenpolitik seine politische und ökonomische Macht sicherte und stärkte, daß es seinen transozeanischen Handel erweiterte, daß es Rußland auch weiterhin Konstantinopel und den Zugang zum Mittelmeer verweigerte, das alles bedeutet nicht – wie es kurzsichtige Materialisten und Idealisten zu deuten versuchten – etwa einen Beweis für den egoistischen Charakter der englischen Politik. Es ist vielmehr ein Zeugnis dafür, welche mannigfache Möglichkeiten eine moralische Idee von Fall zu Fall und im Laufe der Ereignisse und im Geflecht der Interessen finden kann, die ihrerseits gerade deswegen die Existenz jener leitenden Idee zur Voraussetzung haben. Mit gleichem sophistischem Recht könnte man von einem Menschen behaupten, daß er lediglich seinem eigenen Egoismus nachginge, wenn er ein gutes Werk vollbringt, das ihm seine Lebensumstände ermöglichen, wenn er diese dabei nicht nur schädigt, sondern sogar noch fördert! Unter dem konservativen Ministerium Wellington kam es im Jahre 1829 zur Emanzipation der Katholiken, die diesen so lange hinausgeschobenen Akt der Gerechtigkeit dem liberalen Gefühl zu verdanken hatten. In der Zwischenzeit wurde mit Nachdruck an einer grundlegenden Reform gearbeitet, die immer mehr und immer allgemeiner zur Diskussion stand: die Wahlreform. Dieses Ereignis bedeutet einen weiteren, hervorragenden Fall von liberaler Mäßigung gegenüber dem Abstraktismus eines Bentham und der Radikalen, die mit dem abergläubischen Prinzip der Unantastbarkeit der alten englischen Verfassung brechen wollten und so zu dem entgegengesetzten Extrem gelangten, die neuen Ordnungen auf mathematisch-utilitaristischen Berechnungen aufbauen zu wollen. Die liberalen Köpfe waren gewiß ebenfalls gegen allen Aberglauben, aber darum noch keine Gegner der Vergangenheit, sie brachten daher gemäßigte Auffassungen zur Vorherrschaft, aus denen schließlich die Reform von 1832 hervorging. Die Französische Revolution hatte mit ihrer rationalistischen Logik eine Rückwirkung auf ihre größte Feindin ausgeübt, die in gewissen Grenzen und in bestimmten Fällen zwar auch jene Logik nötig hatte, die aber anderseits Traditionen und wohlerworbene Eigenschaften besaß, die die unfruchtbare und gefährliche Prinzipienreiterei unschädlich machte, die eine Erziehung des moralischen Gewissens besaß, die der Methodismus, der solch eine breite Wirkung auf die englische Gesellschaft ausgeübt hatte, lebendig erhalten und gestärkt hatte.

Frankreich befand sich damals in einer ganz anderen Lage. Es war von den ersten Tagen an gezwungen gewesen, seine Verfassung gegen eine kühne Partei zu verteidigen, die sich mit böser Absicht und mala fide mit ihr geschmückt hatte, ohne ihr innerlich zuzustimmen, die, abgesehen von einigen Hitzköpfen, zwar nicht daran dachte, sie formell wieder abzuschaffen, die aber dennoch darauf ausging, ihre folgerichtige Verwirklichung zu verhindern oder zu sabotieren, die aus ihr ein leeres Gesetz ohne entsprechende Sitten schaffen wollte, die gegen oder mit der Verfassung in Wirklichkeit mit dem König, dem Adel, dem Klerus und bei Gelegenheit auch mit der Plebs regieren wollte. Die juristische und formelle Schwierigkeit bestand darin, daß die Charta nur konzediert und nicht in einem Vergleich vereinbart worden war. Dieser Widerspruch führte zu einem wesentlichen und politischen Gegensatz, wobei die jeweilige Vorherrschaft der einen oder der anderen ihr den wahren Charakter verlieh. Die Aufgabe der liberalen Partei bestand deswegen darin, alles das zu erobern, was nur konzediert worden war, und die *Charte octroyée*, wenn nicht formell, so doch tatsächlich, in eine Volksverfassung umzuwandeln. In diesen Dingen lag der ausschließliche Sinn der französischen Geschichte dieser eineinhalb Jahrzehnte. Die Offensive gegen die Verfassung wurde vor allem mit der verschiedentlich wiedereingeführten Pressebeschränkung und der Wiederaufrichtung der Zensur geführt, mit verschiedenen Versuchen, das Wahlrecht zu ändern, um die Macht in die Hände des Großgrundbesitzes und somit des Adels und des Hofes zu legen; und dazu war auch das diametral entgegengesetzte Mittel gut genug, zu dem die extremistischen Vertreter des Adels sehr gern gegriffen hätten: das allgemeine Wahlrecht, von dem man sich den Untergang des Bürgertums und der Gebildetenschicht erhoffte, um sodann den Klerus und den Adel auf den Schild zu heben. Dem gleichen Ziele dienten die finanziellen Entschädigungen an Auswanderer für enteigneten Grundbesitz, die Wiedereinführung der Majorate und die Beschränkung einer Aufteilung des Grundbesitzes. Hilfsdienste leisteten die Übertragung der Erziehung und des Unterrichts an den Klerus, an begünstigte Kongregationen und gern gesehene Jesuiten. Die Regierungsmethode, die man auf diese Weise stabilisieren wollte, gewann neues Prestige durch die Wiedereinführung monarchischer Zeremonien, wie zum Beispiel bei der Weihe Karls X. in der Kathedrale von Reims, ferner durch die Erneuerung der *guerres de magnificences*, etwa dem von 1823, als ein bourbonischer König zum absoluten Souverän gemacht werden sollte, oder einem anderen für die griechische Christenheit im Kampfe gegen den Islam oder dem letzten gegen die Berber und den Bey von Algier. Auch die Defensive hatte ihren radikalen Flügel in der republikanischen Gruppe um Lafayette und in der französischen Freimaurerei, um von Verschwörungen und bewaffneten Aufständen zu schweigen, die, zumeist unter der Führung alter Jakobiner und napoleonischer Militärs, an verschiedenen Stellen in Szene gesetzt wurden und besonders häufig in den ersten Jahren der Restauration an der Tagesordnung waren. Ihr wahres Kraftzentrum bestand aber in den Parlamentariern des Zentrums, die sich in ununterbrochener Opposition befanden gegen alle reaktionären Änderungen des Wahlrechts, gegen die Zensur, gegen die Unterdrückung der Presse, gegen den Klerikalismus und die Leitung des Unterrichts durch den Klerus, gegen die Entschädigung, gegen die Belohnungen und Unterstützungen des Adels und der Heimwanderer, gegen alle die kleinen oder größeren Verletzungen der Verfassung. Und die zugleich, wenn auch mit ganz anderen Gefühlen als die Absolutisten, die griechische Unabhängigkeitsbewegung wie ihre eigene Sache verteidigten und die Vernichtung der türkischen Flotte bei Navarino als eigenen Triumph feierten. Der Gang der französischen Politik in diesen Jahren war eine ganze Kette von Wechselfällen, ein ewiges Hinundherschwanken zwischen einer mehr oder weniger aufrichtigen Beachtung und einer mehr oder weniger heftigen Verletzung der Verfassung. Bald kam Hilfe von der einen Seite, bald von der anderen, von aristokratischen oder von liberalen Kammern, von Adligen oder von Bürgerlichen; bald wurde die Zensur verhängt, der Presse der Prozeß gemacht, wurden Zeitungen verboten und die klerikale Erziehung gefördert, bald wurde die Laienerziehung wieder eingeführt, Lehrer wurden abgesetzt und wieder auf die Katheder zurückgerufen. In dieser Periode bestand ein gewisses, wenn auch labiles Gleichgewicht unter der Regierung Ludwigs XVIII. und den Ministern Richelieu und Decazes. Unter der Regierung Karls X. und dem Ministerium

Villèle war dieser Gleichgewichtszustand noch weiter gefestigt, bis er nach dem Intermezzo von Martignac unter der Regierung Polignac zusammenbrach. In diesem lange währenden Streit verloren die Aristokraten des alten Regimes ihren an sich schon nicht sehr reichen Inhalt, diese Ultras, die König Ludwig XVIII. und seinen Ministern so viele Sorgen und Kummer bereiteten, so daß er selbst sie als die »wahren Friedensstörer« und als »weiße Jakobiner« bezeichnete, die dazu bereit wären – und sie waren es tatsächlich –, sich mit den roten Jakobinern gegen die Liberalen und Gemäßigten zu verbinden. Die klerikale Partei, der *partiprêtre*, machte sich selbst verhaßt, und die bourbonische Dynastie beraubte sich selbst ihres erbberechtigten Zweiges. Die Methoden und Hilfsmittel der Reaktion und des Konservatismus gerieten immer mehr in Mißkredit. Aus all diesen Wirren ging der Mittelstand mit neuen Kräften hervor, jene Männer, die diesen lange dauernden Kampf nicht nur mit Geist, Beredtsamkeit und Zähigkeit geführt hatten (Tugenden, die die andere Partei in ihrem Sichanklammern an Vergangenes nicht besaß), sondern zugleich auch mit dem Bewußtsein, Ausdruck einer Notwendigkeit zu sein, die dem Geist Tapferkeit, Vertrauen auf die Zukunft, Ausdauer und Mut verleiht. »Hilf dir selbst, so hilft dir Gott«, war der Leitspruch eines Bundes junger Liberaler, der von Guizot geführt wurde.
In Ländern, wo die Restaurationsbewegung ihr Regierungssystem gesichert und die auf revolutionärem Wege eingesetzten konstitutionellen Regimes niedergeworfen hatte, schritt dieser Prozeß in der gleichen Weise unaufhaltsam vorwärts, wenn er auch nicht so sehr in die Augen fiel oder scheinbar unterbrochen oder vernichtet schien. Italien stand unter direkter Aufsicht Österreichs, welches mit seiner Militärmacht die konstitutionelle Freiheit Neapels unterdrückt hatte. Österreich hatte seine Hilfe dazu geboten, eine ähnliche revolutionäre Bewegung in Piemont zu ersticken, es hatte die Verschwörungen des Carbonari-Bundes in der Lombardei und in Venetien vereitelt und mit schweren Strafen beantwortet, es hatte den Papst und alle die anderen kleinen Fürsten zu ähnlichen Maßnahmen gedrängt und ermutigt, und überall eine Art Schreckensherrschaft eingerichtet. Es konnte daher kein Friede herrschen, denn Furcht ist eine schlechte Grundlage für ein ruhiges und vertrauensvolles Leben. Aber die Österreicher erzeugten damit nicht einmal – es sei denn ganz vorübergehend – Verzweiflung und Mutlosigkeit,

denn diese Gefühle sind im Menschen schließlich nicht von Dauer; der Mensch gleicht nicht den Tieren, die der Peitsche oder dem Blick des Dompteurs gehorchen. Die Wiederaufrichtung von Sekten oder auch nur Versuche dazu, Verschwörungen, das Auflodern von Revolten, so vereinzelt und schwach sie auch sein mochten und wenn sie auch rasch unterdrückt wurden, waren ein Gradmesser für die Glut, die unter der Oberfläche weiterglomm. Aber das Werk der Intellektuellen, auf allgemeinere und wesentlichere Dinge gerichtet, war viel wirksamer. Aus allen Teilen Italiens waren sie ins Exil gegangen und fanden sich überall wieder zusammen, in England, Frankreich und Belgien. Es waren stolze und kühne Naturen, mit guter Bildung und vieler Dinge fähig, vor allem von einem festen Glauben getragen. Außerhalb der italienischen Grenzen begründeten sie ein neues Italien, sie sandten Freiheitskämpfer nach Spanien und Griechenland, ja nach Amerika und Polen: als Vertreter aller dieser Italiener ist, neben der Gestalt eines Byron, der Name Santorre di Santarosas in Erinnerung geblieben, der in der Schlacht bei Sfacteria fiel. Diese Verbannten bildeten aber nur einen kleinen Teil, die meisten ihrer Glaubensgenossen waren in Italien geblieben, ewig verfolgt von den Regierungen und der Polizei. Und sie alle bereiteten sich auf die kommenden Ereignisse vor, sie dachten über die Vergangenheit nach und zogen ihre Lehren aus all den bitteren Erfahrungen. Sie hatten Zeit, bessere Staatsbegriffe auszudenken und sich in der besten Weise auf die Aktion vorzubereiten. Die konstitutionellen Revolutionen der Jahre 1820/21 in Neapel und auch in Piemont hatten zwar die Fackel der Freiheit wieder entfacht gehabt, aber sie waren keine Revolutionen gewesen, die aus der Tiefe kommen und den ganzen Menschen von innen erneuern: die erstere wurde vornehmlich von Offizieren aus den napoleonischen Kriegen hervorgerufen, die mit ihrem Schicksal unzufrieden waren und sich gedemütigt fühlten, und ihnen hatten sich neugebackene Großgrundbesitzer zugesellt, die um die Erhaltung ihrer Güter in Sorge waren. Sie war von einer Clique von Sektierern ins Werk gesetzt worden, die nicht das Zeug dazu hatten, bei den besten Vertretern des Volkes moralische Zustimmung und Unterstützung zu finden. Es fehlte ihnen an politischer Einsicht, was sie dazu verführte, weder auf die internationale Lage noch auf die tatsächlichen politischen Kräfte Rücksicht zu nehmen. Es blieb daher noch die große Aufgabe zu lösen, die italienische Jugend zu erziehen, eine Aufgabe, die durch Verdächtigungen, Behinderungen und Verbote von oben erschwert wurde und nur mit größter Vorsicht durchgeführt werden konnte. Und trotz alledem ging man ans Werk. Klarer als je zuvor ging die Erkenntnis in das allgemeine Bewußtsein über, daß die Voraussetzung eines freien Lebens und allen bürgerlichen Fortschritts – und das galt für alle Gebiete Italiens – die Abschüttelung der österreichischen Fremdherrschaft war, die in ihrem innersten Wesen antiliberal sein mußte. Die politische Erziehung mußte daher zugleich eine national-italienische Erziehung sein, mit ihr mußte ein Bewußtsein der gesamten italienischen Geschichte und ihrer Entwicklungslinie vermittelt werden. Man schlug ganz neue Wege ein, an die zuvor niemand auch nur im Traum gedacht hatte. In diesen Zeiten wurde in Italien das Samenkorn eines liberalen Katholizismus ausgestreut, der auf nationale Unabhängigkeit und Freiheit bedacht war: man belebte die Erinnerung an die mittelalterlichen Päpste, die die Latinität gegen die Langobarden verteidigt und sich mit den Stadtgemeinden gegen die deutschen Kaiser verbündet hatten. Solche Erinnerungen und Gedankenverknüpfungen hatten in einem katholischen Lande wie Italien ganz besondere Bedeutung, denn der Liberalismus gewann damit große Teile der Gesellschaft, die ihm vorher feindlich gegenübergestanden hatten, er geriet nicht mehr in den Verdacht, etwa antireligiös und antichristlich oder gar voltairianisch und materialistisch zu sein. So war es ihm möglich, in Gebiete einzudringen und dort Boden zu gewinnen, wo er ohne diesen Ausgleich mit dem Katholizismus nur sehr schwer Fuß gefaßt haben würde. Auf der anderen Seite sahen auch die absolutistischen Regierungen diesen Dingen nicht tatenlos zu: weder bei Österreichs Unterdrückung – denn in territorialen Fragen blieben sie stets eifersüchtige Rivalen, die auf ihre eigene Unabhängigkeit bedacht waren – noch gegenüber der allgemeinen Reaktion, der sie sich zunächst angeschlossen hatten, denn sie mußten immerhin weiterregieren, und das war auf die Dauer nur mit Hilfe tüchtiger Männer möglich, die unter den Reaktionären nicht zu finden waren. Aus diesem Grunde warteten sie nur auf den Augenblick, die Zügel etwas lockern zu können, Amnestien zu verkünden, die Verbannten aus dem Exil zurückzurufen, ersehnte Reformen durchzuführen und Kulturarbeit zu leisten, kurz, Beispiele ihres guten Willens und ihrer guten Absichten geben zu können. Und wenn sie sich zu diesem Zwecke nicht

an Carlo Felice von Sardinien oder an Francesco der Beiden Sizilien wenden konnten, so setzten sie doch ihre Hoffnung auf deren Erben und Nachfolger. In einigen Teilen Italiens, wie zum Beispiel in der Toskana, atmete man erleichtert auf, denn die Regierung der Lothringer war vernünftig und milde. Hier fanden nicht nur die Verbannten aus anderen italienischen Staaten Unterschlupf, hier konnten diese nicht nur ungestört ihren Gefühlen und Gedanken nachgehen, hier wurde Jahre hindurch sogar eine Zeitschrift *Antologia* veröffentlicht, eine Weiterführung des lombardischen *Conciliatore*, an der viele vornehme Geister gleichsam wie an einer großen Unterhaltung mitarbeiteten und teilnahmen. Österreich ließ diese Zeitschrift unterdrücken, aber da hatte sie bereits ihre gute Wirkung getan und ihre Früchte getragen.
Während des Nationalkrieges der spanischen Könige gegen die Franzosen hatte sich Spanien zum ersten Male eine konstitutionelle Ordnung gegeben. Die spanische Verfassung, die im März 1812 in Cadiz beschworen wurde, setzte unter Anlehnung teils an die alte Tradition der Cortes, teils an das französische Beispiel von 1791, eine einzige Kammer ein. Die neapolitanischen Carbonari übernahmen später dieses System, ohne eigentlich seinen Ursprung und sein Wesen richtig zu erkennen. Auch Sizilien, das sich ebenfalls im Kriege gegen die Franzosen befand, hatte sich im gleichen Jahre 1812 eine Verfassung gegeben, die zum Teil an die Traditionen des alten sizilianischen Parlaments und zum Teil an das englische Beispiel anknüpfte und mit Hilfe oder wenigstens unter dem Protektorat Englands eingeführt wurde. Die spanische Verfassung wurde formell vom bourbonischen König wieder annulliert, der den von ihm selbst verlassenen und von seinem Volk verteidigten Thron wieder bestieg. Die sizilianische Verfassung wurde de facto von einem anderen bourbonischen König wieder aufgehoben, als dieser in seine Hauptstadt Neapel zurückkehren durfte. Beide Verfassungen waren allzu improvisiert zur Welt gekommen. In Spanien war das Nationalgefühl seit Jahrhunderten sehr stark lebendig gewesen und hatte gerade von seiner wunderbaren Lebenskraft Zeugnis abgelegt, aber es fehlten dort modernes Denken und moderne Kultur (denn die alte spanische Kultur und Wissenschaft hatte im achtzehnten Jahrhundert mit der Vertreibung der Jesuiten ihr Ende gefunden). Es fehlte dort auch eine moderne Form des Nationalgedankens: man kann daher vielleicht sagen, daß in Spanien das

Nationalgefühl instinktiv lebendig und die liberale Verfassung etwas Abstraktes geblieben war – das Gros des Volkes verstand sie nicht und wußte nichts damit anzufangen. Immerhin bedeutete die Verfassung von 1812 sowohl für Sizilien, das die Erinnerung an die Verfassung stets wachhielt und bestrebt war, sie wiederherzustellen, als auch für Spanien, so improvisiert diese Verfassungen auch entstanden sein mochten, einen Anfang: es bildete sich eine Art Volk heraus. Auf die Proklamation von Cadiz folgte die Abschaffung des Sanctum Officium der Inquisition, die Aufhebung von Klöstern, die Aufteilung der Domänen, die Verkleinerung der Krongüter, die Einführung einer allgemeinen Bürgersteuer und Ähnliches. König Ferdinand VII. annullierte die Verfassung, aber er konnte das Geschehene nicht ungeschehen machen, wenigstens nicht im Geiste, er vermochte die Bedürfnisse nicht zu beseitigen, die sich in der Verfassung manifestiert hatten, und konnte diese auch nicht auf anderen Wegen befriedigen, nicht einmal provisorisch und vorübergehend. Vergeblich dekretierte er im Jahre 1816, daß die beiden einander entgegengesetzten Parteien nicht mehr existierten, und daß aus dem Sprachgebrauch die beiden Worte »liberal« und »servil« zu verschwinden hätten. Das sind eben keine Dinge, die man mit königlichen Dekreten aus der Welt schaffen kann. Seine Regierung war die schlechteste und törichtste unter allen Regierungen der Restaurationszeit, sie wurde von einer berüchtigten »camarilla« von Priestern, Klosterbrüdern, Hanswursten und Lakaienseelen geführt, die die Heilige Inquisition wieder einführten, die Jesuiten zurückriefen, die Klöster wiederherstellten, den Klerus wieder von den Steuern befreiten, die alle Persönlichkeiten in die Kerker warfen, die unter dem französischen König Dienste geleistet oder sogar nur an den Cortes von Cadiz teilgenommen hatten, und sie beleidigten die öffentliche Überzeugung, indem sie alle enteigneten, die Güter kirchlicher Herkunft gekauft hatten. Das alles diente jedoch nur dazu, eine neue Revolution vorzubereiten, und tatsächlich wurden im katholischen Spanien genau wie in Frankreich zur Zeit der Reaktion unter der Herrschaft des parti-prêtre besonders gern Bücher von Voltaire, die Schriften der Enzyklopädisten und anderer französischer Publizisten und Polemiker gelesen. Die alten Militärs, die für die Ehre und Unabhängigkeit des alten Spanien gekämpft hatten, die von einem hohen Geist und glänzenden Hoffnungen erfüllt waren, sahen verärgert und ungeduldig, wie auf jene Epopöe eine so häßliche Prosa folgte; sie lebten in bis dahin ihnen unbekannter ökonomischer Bedrängnis und bildeten daher damals in Spanien wie anderwärts den Zündstoff, sie stellten jenes Element dar, das als erstes dazu bereit ist, bei der Revolution mitzumachen. Im Jahre 1820 brach in Spanien der Aufstand los, und zwar in Form einer Militärrevolte, die die Verfassung von 1812 von neuem proklamierte. Einige Monate später leistete der König den Eid auf diese wiederhergestellte Verfassung, und die Cortes wurden einberufen. Dreieinhalb Jahre lang fand Spanien keine Ruhe vor der Feindschaft des Klerus, der Absolutisten, des Königs, der anderen europäischen Mächte, des Papstes, der Disziplinlosigkeit der Militärs, vor demagogischen Exzessen und der Unfähigkeit der Vertreter des konstitutionellen Regimes, bis schließlich die französische Intervention diesem wirren Treiben ein Ende setzte. Was folgte, war eine fürchterliche Reaktion, ein Vergehen gegen die Natur selbst, will sagen gegen die Geschichte: nun begann man zu lieben, was man für kurze Zeit besessen hatte. Derselbe König, der das alles heraufbeschworen hatte, wurde schließlich niedergezwungen: er war völlig in die Macht einer Fraktion geraten und wurde von den Ultrarealisten kommandiert und übervorteilt, den sogenannten »Apostolikern« oder »Carlisten« (so nannten sie sich selbst nach dem Bruder des Königs, gleichsam zum Zeichen ihres Obskurantismus), die ihm sogar das Erbfolgegesetz streitig machten, das er zugunsten seines Sohnes aus letzter Ehe veröffentlicht hatte. Da jene oppositionellen Kräfte fehlten, mit denen man das Gleichgewicht herstellen und regieren kann, mußte sich der König selbst gegen die Absolutisten schützen und ein wenig Vorsorge für Gerechtigkeit treffen. Schließlich mußte er selbst einsehen, daß die konstitutionellen Ideen nicht so ganz widersinnig waren und auch ihr Gutes hätten; dieses Gefühl für das eigene Interesse setzte sich bei der jungen, bald zur Regierung gelangenden Königin durch: Maria Cristina.

Das benachbarte Portugal machte eine ganz ähnliche Entwicklung durch: von den Pronunciamientos der Offiziere und der Liberalen zur Einführung der Cortes bis zum Sturze des konstitutionellen Regimes durch den Bruder des Königs, Don Miguel, dem die Massen der Plebs zujubelten, und bis zum Aufstand der Liberalen unter Don Pedro, und zwischen alledem ein Kampf um die Thronfolge zwischen der männlichen und der weiblichen Linie. Im Verlaufe dieser Ereignisse erklärte Brasilien seine Unabhängigkeit, wie dies in ähnlicher Weise auch die spanischen Kolonien bereits getan hatten. Die Unabhängigkeitsbewegung der südamerikanischen Staaten konnte nicht aufgehalten werden, weder vom ohnmächtigen Absolutismus noch vom Liberalismus, der aus Gründen logischer Konsequenz nichts dagegen unternehmen konnte. Man mußte sich damit abfinden.

In Deutschland war der Liberalismus zweifellos lau und wenig konsequent, von Österreich ganz zu schweigen, das überhaupt nur aus dem Hofe, der Armee, der Bürokratie und einem ruhigen Leben bestand. Der Grund dafür muß in der Reformation und im Luthertum gesucht werden, die mit der Freiheit der Forschung und der Erneuerung des Gewissens die Freiheit von Wissenschaft, Kritik und Philosophie vorausgenommen, aber zugleich einen wahren Kultus des Fürsten und des Staates geschaffen hatten. Die spekulative und die politische Form menschlicher Tätigkeit waren daher in Deutschland in einer Art Dualismus voneinander getrennt geblieben, die eine achtete wohl die andere, aber zwischen beiden gab es keinerlei nähere Beziehung und keinen lebendigen Austausch. Der Liberalismus ist mit seiner Unruhe und seinen Revolutionen – wie Hegel sagte, dessen Beobachtung man beistimmen kann, ohne damit seinem wegwerfenden und verächtlichen Urteil zuzustimmen – ein Unglück für alle die Völker, die nicht wie Deutschland die lutherische Revolution durchgemacht haben. Und Hegel glaubte, daß man nach der Restauration des wohlgeordneten preußischen Staates in der Politik nichts mehr zu tun habe, daß man zum beschaulichen Leben, zum Reiche Gottes und zur Philosophie zurückkehren könne. Das Reich der sogenannten inneren Freiheit war in Deutschland ziemlich ausgedehnt, und da ihr keine politischen Hindernisse entgegenstanden, war diese Freiheit nicht gezwungen, zu ihrem eigenen Schutze politische Handlung und Tat zu werden. Die Politik wähnte man beim Fürsten und seinen Beamten in guten Händen, und diese verlangten nichts weiter als Gehorsam und Mitwirkung aller guten Untertanen. Aber im Reiche des Denkens schritt man kühn auf seinem Wege weiter und wurde nicht gewahr, daß dieses Nicht-in-Konflikt-Kommen mit politischen Hindernissen auch ein Nicht-Wollen oder Nicht-Wissen-Wollen war, da man die einmal gesetzte Grenze angenommen hatte und gehorsam war: die deutsche Philosophie kannte keine Märtyrer wie etwa die italienische, die aber gerade daraus das Zeichen ihres Adels gewonnen hat. Man merkte in Deutschland auch gar nicht, daß die deutsche Wissenschaft dank jener Enthaltsamkeit und freiwilligen Absonderung etwas allzu Akademisches und Scholastisches, etwas Pedantisches und Drückendes bekam, etwas Unkonkretes und Unpraktisches, worin sie sich in Inhalt und Form von den anderen Völkern unterschied; daß sie dadurch gehindert wurde, in Europa größere Verbreitung zu finden, was nur durch ihre Tiefe und durch die Bedeutung einiger ihrer Begriffe wieder wettgemacht wurde und durch die mühevolle Arbeit und den guten Willen aller derer, die die deutschen Werke übersetzten und erklärten, die sie entwirrten und ihre Einzelheiten klarstellten. Mancher Ausländer mag mit Verwunderung von deutschen Gelehrten Argumente gegen die Freiheit des Denkens vernommen haben, die nicht aus politischen Erwägungen stammten, sondern aus dem Gedanken an die Gefahr, daß die Denkfreiheit wegen des mit ihr notwendigerweise verbundenen Journalismus von der strengen Wissenschaft abweichen könnte, deren keusche Strenge sie etwa kompromittieren würde. Der Pedant Wagner war in den Herzen solcher Gelehrten lebendig, und dort hatte ihn der Dichter wiedergefunden, der ihre Ausdrücke aufnahm, ihre Sitten beobachtete, und lächelnd hatte er Gefallen daran gefunden und seinerseits diesen Geschmack wieder verbreitet. Und auch der Staat gab sich keinerlei Rechenschaft darüber, daß derartige Untertanen, die sich so devot und unterwürfig gegenüber allen politischen Wirren verhielten, ihn selbst einer sehr geschickten Kraft beraubten; er dachte ja an nichts anderes als an die eigene Verteidigung und an eine gute Verwaltung, an die Bürokratie und die Armee. So kam es, daß ein deutscher Historiker, einer der letzten und eifrigsten Vertreter dieser Staatsauffassung, sagen wollte, was die Menschheit und die Kultur Preußen verdankten und dabei das Gesetz vom 3. September 1814 über die allgemeine Wehrpflicht als einen jener Gesetzesakte pries, die eine Epoche bezeichnen und einen begreifen lassen, worin Geschichte besteht (als ob dieses Gesetz ohne die vorhergehende Französische Revolution und deren Aushebungen und somit ohne den demokratischen Gedanken überhaupt hätte entstehen können). Wenn es jedoch zwischen innerer und äußerer Freiheit, zwischen Theorie und Praxis keine angemessene Verbindung und keine Brücke gab, dann nahm in Deutschland auch eine besondere Manifestation der Freiheit, die damals aufkam, in dieser losgelösten Form und gleichsam für sich selber ihren Weg: der nationale Impuls, das Gefühl für die germanische Individualität und der Wille, ihr in der Welt Macht zu verleihen. Dieser Impuls trübte verschiedentlich die Ernsthaftigkeit der deutschen Wissenschaft und Literatur, jene befleckte er mit einer ihr fremden Leidenschaft und diese mit einer Tendenz. Ein andermal brachte er einzelne Staaten und Regierungen in Verlegenheit und Besorgnis. Aber höchst selten und recht unbeständig verband er sich mit dem Ideal der politischen Freiheit, wie es seinem Wesen hätte entsprechen müssen und bei anderen Völkern auch der Fall war, die zwar nicht wie die Deutschen zu den höchsten Gipfeln der Spekulation aufgestiegen waren, die sich nicht so starker militärischer Institutionen rühmten, die aber statt dessen einen einfacheren, klareren und daher folgerichtigeren Begriff von der Wirklichkeit und vom Leben besaßen. Deswegen hat man gesagt, daß der Patriotismus allen Völkern das Herz höher schlagen läßt, daß er aber die Deutschen nur bedrückte und verkümmerte und ihnen das Verständnis und die Sympathie der anderen Völker versperrte. Selbst bei ihrem Interesse für andere Nationen respektierten die Deutschen in Wahrheit ihre eigenen Bestrebungen und Einbildungen: so war zum Beispiel der deutsche Philhellenismus ganz anders geartet als der englische, französische oder italienische, er wandte sich nicht eigentlich an die Griechen der Wirklichkeit, als vielmehr an das alte Hellas, an die Ionier und Dorier, die von der klassischen Philologie erfunden worden waren. So sahen die Deutschen in Italien nicht die Männer des Risorgimento, sondern vertrieben sich die Zeit damit, unter den Resten von Monumenten und in volkstümlichen Sitten die Spuren der alten Römer und Heiden wiederzufinden und diese mit einer Genugtuung von Archäologenherzen zu betrachten und als Überreste der alten Römerrasse zu bewundern. Die Restauration und Fürst Metternich, der in Österreich, in ganz Deutschland und selbst in Preußen ihr Hort und Leiter war, stießen dort in erster Linie nicht eigentlich mit den Liberalen zusammen, sondern mit den glühenden Patrioten und Nationalisten, die das Wort »Deutschheit« geprägt hatten. Diese gefielen sich in Roheiten und Grobheiten, und die Ausländer bemerkten ihren dumpfen Furor und eine Art Manie, von der sie besessen schienen: die sogenannte »Germanomanie«. Ein junger italienischer Dichter und Goetheverehrer, Alessandro Poerio, kam im Jahre 1825 mit besten Absichten und offenem Herzen nach Deutschland. Er war begeistert vom deutschen Denken und von der deutschen Dichtung, aber nach der allerersten Berührung mit fanatisierten deutschen Studenten zog er sich sofort zurück, er fühlte sich beleidigt, angewidert und abgestoßen. Die Regierungen der Restauration unterdrückten jene Bewegung, setzten Strafen auf ihre Kundgebungen, unterdrückten und verboten ihre Zeitungen, verfolgten ihre Anhänger und warfen sie in die Gefängnisse, und sie verschonten nicht einmal die Redner und Vorkämpfer aus dem Freiheitskriege. Vielleicht spürten sie in dieser verworrenen und falschen Form dennoch den Anbruch der ihnen feindlichen, neuen Zeiten, vielleicht fühlten sie auch, daß das Grundproblem, das hinter all dieser gärenden Leidenschaft wirksam war, nämlich die Frage der deutschen Einheit, jene ganze Ordnung bedrohte, die man so mühevoll auf dem Wiener Kongreß aufgerichtet hatte. Diese Frage war aber nur mit einem Kriege zwischen den deutschen Staaten zu lösen, und dazu hatte keiner den Mut. Dieses Problem mußte unvermeidlich zum Kriege führen, und die Agitatoren, die die Frage der deutschen Einheit nicht mit dem Problem der politischen Freiheit verknüpften, konnten selbst keine klare Linie angeben. Sie verloren sich in unbestimmte und verworrene Ideen. Manche von ihnen erträumten ein neues Heiliges Römisches Reich. Das halbslawische und überhaupt noch zu junge Preußen eignete sich nur schlecht zum Mittelpunkt und Träger derartiger Pläne. Man richtete seine Augen auf das alte Österreich, das jahrhundertelang der Träger eines solchen Reiches gewesen war. Andere erhofften das Heil von den süddeutschen Staaten, die man für »deutsch« im eigentlichen Sinne hielt, die man zum Unterschied von den nördlich-preußischen Staaten daher als »alemannisch« bezeichnete. Aber sie leisteten keinerlei konkrete Arbeit in dieser Richtung. Es war vielmehr Preußen, das in der Hauptsache das Werk vollbrachte: den deutschen Zollverein, der ganz gewiß die Voraussetzung und zugleich das Versprechen der staatlichen Einheit war und einen ersten, bemerkenswerten Schritt auf diesem Wege bedeutete. Durch all diese Dinge wurde auch jener träge Organismus vom Gedanken der Freiheit durchzuckt. Die Parlamente, die nach 1815 reformiert oder gegründet wurden, waren allzu gefügig und von einer Bürokratie erfüllt, sie wurden bei den allerersten Anzeichen von Widerstand einfach aufgelöst wie zum Beispiel die Parlamente von Bayern, Württemberg und Baden (der preußische König hat sein Versprechen, seinem Volke eine Verfassung zu geben, niemals eingelöst). Und alle die kleineren und zum Teil lächerlichen Parlamente stießen auf ständigen Widerstand von seiten des Staatenbundes und Österreichs, das die Führung hatte und das sie, wenn nötig, in Deutschland ganz einfach vom Erdboden vertilgt haben würde. Der politische Journalismus war völlig unerfahren und wurde von Professoren und Gelehrten ausgeübt, aber er war dennoch immer verdächtig, wurde immer scheel angesehen und hin und wieder sogar bestraft oder gar unterdrückt, wie dies nach den Karlsbader Beschlüssen von 1819 der Fall war. Wie schwach aber auch alle diese Dinge gewesen sein mochten, sie waren immerhin ein Zeichen für die Unmöglichkeit, derartige Einrichtungen etwa ganz auszuschalten und die Bedürfnisse zu unterdrücken, die darin zum Ausdruck kamen und die alle diese Dinge allmählich erneuert und gekräftigt haben würden. In den Verbänden und Zusammenkünften der jungen Nationalisten war neben dem ungestümen Teutonismus zugleich ein Haß gegen alle Tyrannei lebendig, eine echte Leidenschaft für jede Art Freiheit: das war ein allerdings etwas antiquierter Seelenzustand von »Sturm und Drang« oder (wie wir Italiener das nennen würden) von »Alfierismus«, es war mehr libertarisch als liberal. Trotz allem war es aber ein leidenschaftlich bewegtes Leben, aus dem schon ein politisches Leben hervorgehen konnte.

In doktrinären und publizistischen Kreisen begann man damit, einen praktischeren und politischeren Begriff der Freiheit auszubilden und den Köpfen einzuhämmern. Manche ersehnten halbmittelalterliche und halb moderne Institutionen nach englischem Vorbild, mit lokalen Autonomien, feudalen Privilegien und Ständeoder Klassenvertretungen; sie wollten, daß Deutschland im 19. Jahrhundert eine verfassungsgeschichtliche Entwicklung, ähnlich der englischen, nachholen sollte, zu einer Zeit, als in England selbst diese Entwicklung längst schon in eine Krise der Rationalisierung geraten war. Andere zogen französische Beispiele vor, wenn auch nicht ohne ein wenig zu bremsen, sie erinnerten an die französische Verfassung von 1791, aber sie sahen nicht den ergebnisreichen Verfassungskampf, der sich in ihren Tagen in Frankreich selbst abspielte, daran nahmen sie mit ihrer Seele keinerlei Anteil. Die Bevölkerung des Rheinlandes und Süddeutschlands hatte die Verwaltung und die Reformen der Franzosen kennengelernt und machte

daher kein Geheimnis aus ihrer Vorliebe für Frankreich und für die französischen Lebensformen. Zum Entsetzen aller Teutonisten riefen die Süddeutschen auf zur Erkämpfung der »neulateinischen Rechte«, sie bekannten sich zum Liberalismus, während die Preußen feudalistisch geblieben waren (das war eben die Folge davon, daß man dort die nationale Bewegung vom Liberalismus losgelöst hatte). Aus Abneigung gegen Österreich und Preußen, die, zwar auf verschiedene Weise, beide aber antiliberal waren, standen sie der deutschen Einheitsbewegung mißtrauisch gegenüber. Polen lieferte den Beweis dafür, daß eine konstitutionelle Verfassung mit nationaler Unfreiheit unvereinbar ist. Der russische Zar hatte zwar die polnische Volksvertretung zugelassen, aber er verbot ihre Sitzungen und die Öffentlichkeit ihrer Debatten. Und alle anderen Freiheiten Polens wurden je nach Gelegenheit geduldet oder wieder aufgehoben, beschränkt oder völlig abgeschafft. Polen resignierte aber nicht und gab sich keinesfalls mit seinem Schicksal zufrieden, es gab den Kampf um die nationale Unabhängigkeit niemals auf und strebte nach einem ruhigen Leben in Freiheit. In Polen war der italienische Kultureinfluß sehr stark wirksam gewesen, und später auch der französische. Es gehörte trotz seiner besonderen und sehr rückständigen sozialen Zusammensetzung zu Europa, und die europäischen Völker kamen ihm immer wieder zu Hilfe, sie nahmen Teil an seinem Mißgeschick und an seinen Hoffnungen, wenn sie sich dabei auch manchen Illusionen hingegeben haben.
Von Rußland konnte man allerdings nicht behaupten, daß es zu Europa gehörte, wenn auch der Zarismus den europäischen Absolutismus und dessen verwaltungstechnische und militärische Institutionen nachgeahmt hatte, und wenn ferner auch die russische Aristokratie sich einem europäisierenden Dilettantismus hingab. Unter den russischen Offizieren gab es Nachahmungen europäischer Sekten; hierher gehört auch der unsinnige Versuch der »Dekabristen« vom Jahre 1825, bei dem die russischen Garderegimenter unter Führung von aristokratischen Verschwörern und Idealisten eine »Konstituante« hochleben ließen, die sie bekanntlich für die Frau des Großfürsten Konstantin hielten. Auch der »Panslawismus« der russischen Reaktionäre, dessen Ideale und sentimentale Versprechungen damals Mode wurden, ging aus dem europäischen Romantizismus hervor, und zwar insbesondere aus den deutschen »Geschichtsphilosophien«, deren Nachahmung er fast bis zur Parodie trieb.

Ein Vertreter des Absolutismus, der in den Jahren unmittelbar vor 1830 die Lage der europäischen Völker geprüft haben würde, hätte sich mit allen diesen Dingen kaum zufriedengeben oder dabei beruhigen können, obwohl gerade diese Zeit seinen Idealen ganz besonders entsprechen mußte. Die konstitutionellen Revolutionen waren niedergeschlagen worden. Österreich herrschte durch den Fürsten Metternich in Deutschland und Italien, in Spanien regierte Ferdinand VII., in Portugal Don Miguel, in Sardinien Carlo Felice, in den Beiden Sizilien Francesco I., in Rußland Nikolaus I. und in Frankreich der Fürst de Polignac. Aber eine innere Stimme mußte ihm zuflüstern, daß noch nicht alles und also gar nichts getan sei: die Restauration hatte zwar ihre Positionen gehalten, aber der europäische Geist hatte sich gewandelt. Metternich selbst mußte zugeben, daß in jenen Zeiten die öffentliche Meinung gegen ihn gerichtet war und gegen die Partei, die er vertrat, daß man ihre Siege für Verbrechen, ihre Konzessionen für Irrtümer und ihre Pläne für Wahnsinn hielt. Chateaubriand bereiste 1829 Italien, das damals mit schweren und leichten Ketten aller Art gefesselt war, und hielt es »reif für eine Revolution«.

Was war das überhaupt für eine merkwürdige Begeisterung für ferne, fremde Völker, was für eine allgemeine Idealisierung der griechischen Piraten und Banditen, die an Grausamkeit und Barbarei (was man damals allerdings nicht wußte) den Türken wahrlich nichts nachgaben? Und was für eine erstaunliche Idealisierung und Fälschung gehörte dazu, einen Mann wie Napoleon fanatisch zu bewundern, diesen despotischen Unterdrücker aller Freiheit? Und in allen Ländern wurde er nicht nur von Jünglingen verehrt, sondern von reifen Männern, die Augenzeugen seines Wirkens gewesen waren. Sie hielten ihn für einen Heros der Freiheit, für einen Helden, der neben anderen nützlichen und großen Dingen den Völkern auch die Freiheit geschenkt hätte! Und welche Abneigung herrschte gegen die väterlichen Gestalten der rechtmäßigen Herrscher, welche kühle Zurückhaltung gegenüber den verdienten Kriegsherren, die diesen korsischen Abenteurer besiegt hatten, gegen Männer wie Wellington und Blücher? Warum erhob man den Besiegten auf die Altäre, und warum ließ man die Sieger unbeachtet beiseite? Vielleicht, weil dieser Mann Europa verjüngt und die Menschen wieder zum Heroismus angefeuert hatte, weil er Sitten und Einrichtungen zertreten hatte, die man sich nicht einmal

in Gedanken zurückgewünscht hätte, die man nach ihm noch weiter vernichten mußte, um für neue Formen den Weg freizumachen, für deren Vorläufer er galt und nicht etwa die restaurierten Monarchien. Dank der Einbildungskraft wurde Napoleon so zum Vorläufer und Wegbereiter von Zukunftshoffnungen.
Das geistige Leben war nur bei liberalen Männern und in liberalen Kreisen lebendig, weil die stärkste, unmittelbarste, systematische Opposition, nämlich die katholische, aus ihrer Philosophie, Theologie und Schulapologetik heraus nichts weiter als Schmähungen, Beschwörungen und Widerlegungen der »Irrtümer des Jahrhunderts« hervorbrachte. In ihrem Dienste standen ein paar temperamentvolle Denker, die aus der Laienwelt hervorgegangen waren. Sie erwiesen dem Katholizismus Gelegenheitsdienste, ohne jedoch an seiner Tradition teilzunehmen und ohne den Corpus seiner Lehren zu bereichern. Hierzu gehörten Joseph de Maistre und Haller, die aber beide keine besondere Bedeutung haben. De Maistre entwickelte eine Lehre vom Papst als absolutestem Souverän über allen absoluten Souveränen der Erde, und Haller wollte in anachronistischer Weise den patrimonialen Begriff des Staates erneuern. Beide übten Kritik an einigen Gesichtspunkten der Naturrechtslehre und der Rousseauschen Staatslehre des 18. Jahrhunderts. Sie verliehen dem Faktum, der Geschichte und der staatsgründenden Macht neue Autorität, sie schufen eine Lehre von der Vorsehung, welche zum Zwecke der Erziehung der Völker Revolutionen und andere entsetzliche Dinge herbeiführte. In diesen Punkten stimmten sie mit ähnlichen Gedankengängen und Theorien der Liberalen überein, ja, sie nahmen deren Ideen sogar teilweise voraus. Daher fanden sie auch weniger Leser und Anhänger unter den Klerikalen als unter den Liberalen, die ihre tendenziösen und einseitigen Theorien vertieften und mit größerer Objektivität darlegten. Durch das Werk der Frau von Staël und anderer französischer Emigranten und Mittelsmänner gewann damals die deutsche Philosophie, Geschichtsschreibung und Ästhetik einen guten Ruf in ganz Europa, ebenso die deutsche Dichtung und Literatur, die von philosophischen Ideen und Problemen erfüllt war: Kant, Fichte, Schelling, Hegel, Johannes Müller, Niebuhr und Savigny wurden übersetzt und kommentiert. Schillers Dramen wurden viel gelesen und gewannen Popularität. Man wagte sich sogar an den schwierigen »Faust« heran, und zum ersten Male wurde in den neulateinischen Ländern

ein Shakespearekult getrieben. In Frankreich und auch anderwärts verbreitete sich die Kenntnis der Dichter aller Zeiten und Völker, die sogenannte »Weltliteratur«. Es war wirklich das große europäische Zeitalter des Germanismus, und wahrlich eine andere Zeit als die der barbarischen Invasionen, während derer – was man auch später für Ammenmärchen darüber erzählen mochte – die Germanen nicht viel Gutes geleistet haben und sich von den Schulen von Byzanz und Rom die erste Bildung schenken und sich unterrichten lassen mußten. Das deutsche Denken trug die Erbschaft der Reformation und des Humanismus in sich, es war vom alten Rom nach dem alten Hellas und von Hellas zu den Indoeuropäern und dem ältesten Orient herabgestiegen, um dann mit erweitertem Blick wieder zur modernen Welt emporzusteigen: so bildete es eine sichere spekulative und historische Grundlage für das Gebäude der Freiheit. Es machte nichts, daß ein paar Nationalisten auf dieser Basis veraltete und nur schlecht restaurierte Staatsidole aufstellten, insbesondere solche des Konservativismus; die meisten kamen aber gar nicht zu derartigen Dingen, sie hielten sie für vollendet, und glaubten, am Ziele zu sein, sie hielten das alles für tote Theorie und Kontemplation. Daß aber das deutsche Denken zuinnerst fortschrittlich oder sogar revolutionär war, bekannten unbewußt Fichte, Hegel und andere, die einen Parallelismus zwischen der politischen französischen Revolution und der gleichzeitigen geistigen deutschen Revolution feststellten. Ein Parallelismus, der zwar als solcher nicht haltbar war und daher zu dem logischen Schluß führen mußte, den man zwar nicht offen zugab, daß genau wie aus dem Rationalismus die Revolution der Jakobiner aus dem neuen, konkreten Rationalismus oder Idealismus eine andere geistige Revolution hervorgehen mußte, allerdings mit einem ganz anderen Rhythmus. Und vielleicht war diese schon im Fluß. Das deutsche Denken fand damals besonderen Anklang in Frankreich und auch in Italien, die sich beide daran bereicherten und ihre Schlußfolgerungen daraus zogen. Und jene deutschen Philosophen und Historiker, die in Deutschland selbst konservativ oder gar reaktionär waren, trugen in den anderen Ländern zwar nicht gerade die phrygische Mütze, aber ganz gewiß waren sie dort Bannerträger der Freiheit, deren Fahnen auf ihren Gedankengebäuden errichtet wurden. So wurden sie zu Lehrmeistern gerade dessen, was sie selbst nicht gewollt und auch praktisch weit von sich gewiesen hatten. Diese Vermischung von spekulativem Denken und praktischer Politik hatte eine historische Wirkung auf Männer wie Cousin, wenn man auch zugeben muß, daß bei ihm diese Vermischung nicht auf kritischer Vertiefung oder Spekulation beruhte, denn er war ein schlechter Philosoph, sondern vielmehr durch die Verschiedenartigkeit des Milieus und sogar durch Mißverständnisse möglich wurden. Cousin verstand es, in seinen Kollegien die jungen Franzosen durch seine Worte mitzureißen, wenn er etwa fast wie Hegel verkündete: »Die Geschichte ist von Anfang bis Ende das Schauspiel der Freiheit, ein Protest des gesamten Menschengeschlechtes gegen jeden, der es in Fesseln schlagen will. Geschichte ist die Befreiung des Geistes, die Herrschaft der Seele; und an jenem Tage, wo die Freiheit aus der Welt verschwinden würde, müßte auch die Geschichte stille stehen.« Aber solche Worte hatten in Frankreich einen ganz anderen Klang als in Deutschland, und sie hatten dort auch eine andere Wirkung. Heine konnte sich daher über die den Franzosen nützliche »providentielle Ignoranz« lustig machen und (wie er sich ausdrückte) sie dazu beglückwünschen, daß sie ihre Julirevolution nicht gemacht haben würden, wenn sie die deutsche Philosophie wirklich begriffen und verstanden haben würden. Aber das war schließlich nur ein Scherz, denn er ging jener objektiven Logik nicht auf den Grund, die jenseits aller Einbildungen von einzelnen dorthin führt, wohin sie führen muß. So versteht man es auch, daß damals aus Deutschland auch Gedankenrichtungen kamen, die der Absolutismus und der Katholizismus wie Verbündete begrüßte, und zugleich wieder andere oder gar dieselben, die diese beiden Mächte für ein böses Korruptionswerk des deutschen Denkens in katholischen Ländern hielten. Dem deutschen Denken hat man unmittelbar oder auch mittelbar eine Neubelebung der historischen Studien zu verdanken, die Hefe des Freiheitsgedankens erzeugte eine Bereicherung des historischen Denkens, das zur Zeit des napoleonischen Despotismus völlig unfruchtbar geblieben war. Denn nur wer für die Zukunft schafft und auf die Zukunft baut, wendet seine Blicke rückwärts, gleichsam als Vorsichtsmaßnahme für die Zukunftspläne und im Bewußtsein der eigenen Verantwortung. Man liebt nur das Vaterland, für das man wirkt und an dessen Geschick man mit der Sorge des Hoffenden teilnimmt. Ein solches Vaterland ist historisches Leben, und deswegen erforscht man seine Geschichte. In Frankreich veröffentlichte in diesen eineinhalb Jahrzehnten Auguste Thierry seine Briefe über die Geschichte Frankreichs und seine Geschichte der Eroberung Englands durch die Normannen, und Bruder Amedeo schrieb die Geschichte der Gallier vor der Römerherrschaft, Thiers und Mignet die Geschichte der Französischen Revolution, Guizot die Geschichte des Ursprungs des repräsentativen Regierungssystems und der Kultur in Frankreich und Europa, wobei sie alle ausdrücklich die Vergangenheit mit der Gegenwart in Verbindung brachten; sie schrieben ferner die Geschichte der englischen Revolution, d. h. der ersten großen liberalen Revolution überhaupt. Quinet übersetzte Herders Werke über die Humanität, Michelet übertrug Vicos Scienza Nuova und schrieb seine Abhandlungen über die Philosophie der Geschichte und über das moderne Zeitalter, Cousin, Villeman und Sainte-Beuve veröffentlichten ihre ersten Arbeiten über die Geschichte der Philosophie und der Literatur.

Ganz ähnlich sah es in Italien aus. Sismondis *Repubbliche Italiane* wurden viel gelesen, und zwar mit offenem Ohr für die darin enthaltenen Ermahnungen, Manzoni und Troya erforschten die Geschichte der Langobarden und den Ursprung des italienischen Volkes und viele andere folgten ihnen auf diesem einmal eingeschlagenen Wege. Damals kamen auch Vicos Spekulationen und Geschichtsdeutungen endlich zu Ehren. In England konnte man an Hallam beobachten, wie die Geschichtsschreibung des 18. Jahrhunderts in die des 19. überging. Bei den englischen Gelehrten fanden die von deutschen Philologen ausgearbeiteten Methoden Eingang. Grote begann mit seiner Erneuerung der griechischen Geschichte, und Macaulay schrieb seine ersten Essays in der Revue von Edinburgh. Die Wissenschaft des vorhergehenden Jahrhunderts war die Physik gewesen, und es stellte sich immer mehr heraus, daß die des 19. Jahrhunderts die Geschichte war: das soll aber nicht besagen, daß nun die Physik und die Naturwissenschaften etwa vernachlässigt worden wären und keine neuen Impulse empfangen hätten. Sie reagierten vielmehr sehr lebhaft auf das historische Denken, wie man das an den Lehren von Lamarck beobachten kann. Man erkannte sehr wohl Bacons großen Antrieb zu einer allgemeinen Steigerung der menschlichen Aktivität. In jenen Jahren waren die Errungenschaften der Technik und der Ausbau der Industrie, vor allem aber die neuen Transport- und Verkehrsmittel ebenso wie die politischen Ideale und Probleme ein Zeichen für die lebendige Anteilnahme und die glühenden Hoffnungen, da auch sie in ihrer Art dazu dienten, die Humanität zu erweitern. Byron sagte daher in seinem Don Juan, daß zu seiner Zeit die Menschheit ganz und gar davon hingerissen sei, über »*constitutions and steam-boats of vapour*« nachzusinnen, über Verfassungen und Dampfschiffe. Die ersten italienischen Liberalen oder Carbonari behandelten im *Conciliatore* nicht nur Probleme der Literatur, Geschichte und der Philosophie, sondern sie beschäftigten sich auch, wie zum Beispiel Confalonieri, mit Maschinen und Fragen der Flußdampfschiffahrt, sie verfolgten sehr lebhaft alle Fortschritte, die damals in England auf technischem Gebiet geleistet wurden.

Ein ähnlicher Freiheitsrausch durchzuckte die gesamte Literatur, unter der wir hier nicht nur die genialen Dichtungen verstehen wollen (im Gegenteil, von diesen kommen nur einige wenige Gesichtspunkte in Betracht, da sie sich dank ihres hohen Gehaltes an schönen Dingen nicht dazu eignen, historische Tendenzen zu offenbaren und somit zu dokumentieren), sondern die Gesamtheit aller dichterischen und undichterischen Werke, alle Ergüsse, Konfessionen, Phantasiegebilde, alle Konventikel und allen Unterhaltungsstoff. Das Gebiet der Einbildungen wurde damals von Byron beherrscht, diesem glühenden Deklamator und fröhlichen Unterhalter, immer bereit zu Polemik, Satire und Spott, der nur spärliche Funken eigentlicher Dichtung besaß, der aber immer heftig und bissig gegen alle Tyrannen loswetterte: er haßte die englischen Konservativen, die Priester, die Militärs und die Kriege, denn er bejahte keine anderen Kriege als die für die Freiheit geführten, und keine anderen Kriegshelden als Männer wie Leonidas und Washington. Seine wilde Leidenschaft für die Freiheit äußert sich auch in seinen Korsaren- und Abenteurergestalten, in den Verfluchten, in Verbrechern und Schuldigen und vielen ähnlichen, die dann ein Jahrhundert lang die Hauptpersonen und Helden für Dramen, Romane und Gedichte abgegeben haben: Verbrecher großen Stils, Mörder aus Tugend, Frauen, die für das Recht der Leidenschaft kämpften, die die eheliche Treue mißachteten, Kurtisanen, die sich durch Liebe rechtfertigen und für die Liebe zu sterben wissen, Narren aus tiefem Gefühl, die auf einmal ihre innere Tragödie entdecken, liederliche Genies usw. Man hat an all diesen Figuren eine scharfe Kritik geübt, sie seien unkonsequent, widersinnig und moralisch unmöglich. Als ob das Menschen aus

Fleisch und Blut seien, während sie Geschöpfe des Gefühls sind, bei denen man lediglich nach jenen Gefühlen zu fragen hat, die sie erzeugt haben. Und diesen Gefühlen kann man – ebenso wie anderen, vielleicht unwürdigeren oder gar ungesunden Gefühlen, die für gewöhnlich noch den Vorrang vor ihnen haben – nicht den Affekt aberkennen, der so heftig alle Objekte entstellt hat, auf die er sich richtete, der sich so wild gegen alle ungleichen Gesetze aufgelehnt hat, daß er sich damit zugleich gegen die guten und richtigen Gesetze wandte, der so leidenschaftlich bewegt war, daß er manchmal gar nicht gewahr wurde, daß er sich gleichzeitig auch gegen alle Dinge richtete, die sich zuinnerst widersprachen. Silvio Pellico schuf damals mit reinem Herzen eine Gestalt des ehebrecherischen Patrioten, die geradezu Schule machen sollte, und erhob zu dieser Würde aus Dantes Commedia den Liebhaber der Schwägerin, die wegen ihrer zwiefachen Auflehnung gegen die Liebedienerei Italiens gegenüber den Fremden und gegen die teuflischen Fesseln, mit denen die edle Francesca mit dem häßlichen und groben Gianciotto verbunden war, allgemein bewundert wurde; Pellico schilderte diese zwiefache und zwiefach edle Leidenschaft. Eine ähnliche mystische Ehe ging damals der Romantizismus der Traurigkeit und Trostlosigkeit, dessen hervorragendster Vertreter ebenfalls Byron war, mit dem edlen politischen Gefühle ein. Das geschah hauptsächlich bei den Romantikern der lateinischen Länder, die in ihrer Literatur wie in ihrem Leben von den deutschen Romantikern so sehr verschieden waren. Diese hatten sich in jenen Jahren, nachdem sie die wildesten Verrücktheiten durchgemacht hatten, in geistiger Auflösung befunden, sie hatten all ihren Zauberreiz verloren und waren nicht nur das Objekt von Kritikern, sondern auch von Spöttern und Parodisten geworden. Chateaubriand war in gewissen, krankhaften Gefühlen den Deutschen verwandt, und er war vielleicht mehr monarchistisch und legitimistisch als diese alle zusammen. Als er aber der Zensur und der Unterdrückung der Geistesfreiheit gegenüberstand, da nahm er entschlossen Partei für die Freiheit der Presse und des Geistes. Constant litt an derselben Verwandtschaft und konnte mit seinen Affekten niemals Ruhe und Frieden finden, aber er wurde einer der ersten und beredtesten Vorkämpfer und Theoretiker des liberalen Systems. Ugo Foscolo litt unter dem Alpdruck des Todes, er sah alle Dinge sich in nichts auflösen und rettete als einzige Realität das, was er Illusion nannte, die Schönheit und den Heroismus. Aber nicht nur sein Gesang war durch und durch männlich, auch sein Leben war im höchsten Grade inspiriert, und er beschloß es mit der Auflehnung gegen die österreichische Restauration und ging freiwillig in die Verbannung. Giacomo Leopardi lachte höhnisch über Zivilisation und Fortschritt und erkannte als einzig freien Gedanken, der frei sei von all diesen Wahngebilden, den an, der die verzweifelte Nichtigkeit aller Dinge begreift. Trotzdem hielten ihn die jungen unter seinen Zeitgenossen für einen unbewußt Liberalen. Das war vielleicht weniger eine Illusion als klarsehende Sympathie für ihn, auf jeden Fall aber war es die Schlußfolgerung, die die Jünglinge damals aus seinen Gesängen des Schmerzes zogen. Die Romantiker, die sich von jener inneren Ungeordnetheit nicht freimachten und in ihren schweren Träumen beharrten, waren damals an Zahl sehr gering und fanden keine Nachfolge. So erging es sogar Stendhal, der von seinen Zeitgenossen nicht verstanden wurde, die ja keinen Sinn hatten für seine stellenweise ausgezeichnete Kunst. Bei einigen Romanschreibern und Dichtern waren konservative oder reaktionäre oder auch monarchistisch-legitimistische Absichten vorhanden. Männer wie Walter Scott bewunderten das Mittelalter und wollten es am liebsten wieder heraufbeschwören. In den ersten Jahren der Restauration fand man diese Einstellung auch bei einigen Franzosen wie zum Beispiel Victor Hugo und Lamartine, die damals noch recht jung waren. Bei diesen beiden gewannen aber sehr bald andere Einstellungen die Oberhand, und Scotts Absichten gingen nicht in seine Romane ein, ganz bestimmt wurden sie aber nicht von seinen Lesern aufgenommen, zu denen fast alle Menschen gehörten, die damals überhaupt lesen konnten, und deren größter und bester Teil nichts anderes daraus gewann, als ein gesteigertes Interesse und eine Art liebevoller pietas für die Sitten und Angelegenheiten der Vergangenheit, eine Bewunderung für stolze Männer und edle Frauen, eine Art Sympathie für kluge, aufrichtige und gescheite Menschen. Halb heroisch und halb melancholisch, halb furchtsam und halb männlich-stark erstand die Dichtung des Vaterlandes, der Freiheit und der nationalen Unabhängigkeit, so zum Beispiel in dem bewegten Herzen des Italieners Giovanni Berchet. Manzonis Katholizismus verband sich mit den gleichen Gefühlen. Seien wir ehrlich: er selbst und alle Anhänger seiner Schule gehörten den liberalen Kreisen an und nicht eigentlich denen der Katholiken oder Klerikalen, die in Italien weder Schriftsteller noch Dichter irgendwelchen Ranges aus ihrer Mitte hervorgebracht haben, da aus ihnen keine Denker oder wenigstens sehr heterodoxe und keineswegs orthodoxe Denker hervorgegangen sind.

Dem Katholizismus fehlte jegliches belebende Element, er war unfähig, neue Formen und neue religiöse Ordnungen zu schaffen, wie er es noch im sechzehnten Jahrhundert vermocht hatte. Die katholische Kirche wußte daher aus all diesen Gründen nichts Besseres zu tun, als die von ihr selbst abgeschüttelten Jesuiten zu rehabilitieren. Sie konnte ihren Gegnern nicht in jene hohen Sphären folgen, in denen sich diese bewegten, und so zog sie sich immer mehr auf das Gebiet der rein politischen Machtentfaltung zurück. Unter diesem Gesichtspunkt war sie ganz gewiß keine zu verachtende Kleinigkeit, sie besaß Möglichkeiten, die sie vorher nie gekannt hatte, Verteidigungs- und Angriffswaffen, sie vermochte Dienste zu leisten und Schaden zuzufügen, kurz, sie besaß vielfältige Mittel, um zu verhandeln, um Konzessionen und Vergünstigungen zu erpressen und alles nur Wünschenswerte zu gewinnen. Die Revolution und das französische Kaiserreich hatten dem Gallikanismus und den Nationalkirchen den Todesstoß gegeben, sie hatten den klerikalen Feudalismus und die Privilegien des Klerus abgeschafft und alle die Bande zerrissen, die den Klerus mit anderen Volksklassen und mit den zeitlichen Herrschern verbanden. Sie hatten die Territorien der Bischofsfürsten mediatisiert und viele andere Operationen ähnlicher Art vorgenommen, – aber sie hatten es nicht vermocht, den Katholizismus selbst auszurotten. Im Gegenteil, ohne es zu wollen, hatten sie dazu beigetragen, den sogenannten »Ultramontanismus« hervorzubringen, sie waren schuld an der rein römischen Orientierung aller Völker und aller Staaten, und sie hatten dem Papst eine neue, weltliche Macht verliehen. Und die katholische Kirche unterstützte mit dieser Macht, wie gesagt, in erster Linie die absoluten Monarchien gegenüber allen revolutionären und liberalen Bewegungen: jene gleichen Monarchien, die sie einstmals für Feinde gehalten hatte, als diese noch den modernen Staat in statu nascendi darstellten. Aber die Monarchien waren inzwischen konservativ geworden und unterdrückten jegliches moralische und geistige Leben. So gefielen sie der Kirche, die seit Jahrhunderten eine geistige Minderwertigkeit bewiesen hatte und daher vor der gleichen Notwendigkeit stand, das geistige Leben und die Moral praktisch unterdrücken zu müssen. Die Kirche schloß eine ganze Reihe von Konkordaten ab, wobei sie stets ihren eigenen Vorteil wahrte und Positionen zurückeroberte, die sie im 18. Jahrhundert verloren hatte, sogar mit dem Königreich Neapel, das von Männern wie Giannone, Tanucci und Caracciolo geleitet worden war, und ein bezeichnenderweise skandalöses Konkordat mit Bayern. Jesuiten und Kryptojesuiten, die in Frankreich neu errichtete Kongregation mit den Ultras als Handlangern, die sogenannten Propaganda-, Straf- und Sühnemissionen, wie die *Frères de la doctrine chrétienne*, verschafften der Kirche vielfache Erfolge und unterwarfen ihr zeitweilig sogar den öffentlichen Unterricht. Schlimmer standen die Dinge noch in anderen Ländern, wo der Priester wieder seinen Platz neben Fürsten und Ministern hatte, wo zur politischen Zensur noch eine bischöfliche Zensur hinzukam: in Italien roch das ganze Land nach einem Gemisch von Polizei und Sakristei. Um von Spanien zu schweigen, denn hier war das Betragen der Kirche mit ihrem eigensinnigen Sich-Anklammern an Vergangenes derart töricht, daß aus den trotzigen Eingeweiden des spanischen Bodens ein wilder Antiklerikalismus hervorbrach, der gerade bei dem spanischen Volke und seinen Traditionen merkwürdig anmutet. Weil aber die Staatsverträge der Kirche rein politischer Natur waren, verhüllten sie wie alle Transaktionen solcher Art nichts weiter als die Mißstimmung und Feindschaft zwischen Kirche und Staat. In Deutschland hatte man schon mehrmals den Versuch gemacht, der römischen Kurie eine nationale, deutsche Kirche entgegenzustellen. Preußen hatte schwere Konflikte mit dem Papste gehabt und war sogar so weit gegangen, Bischöfe und Erzbischöfe einzukerkern oder auszuweisen. In Österreich wurden alle Bücher verboten, die nicht von streng Orthodoxen geschrieben waren, ja sogar die Bibel wurde verboten, denn unter der Regierung Metternich herrschte weiterhin der Josephinismus. Einer der Hauptgründe, den man in England gegen die Emanzipation der Katholiken ins Feld führte, war deren Abhängigkeit von einer ausländischen politischen Macht. Unter den französischen Legitimisten erhob im Jahre 1826 der feudale Legitimist Graf de Montlosier seinen Protest gegen die Allianz zwischen Thron und Altar und gegen die Geschäfte der Jesuiten. Ein entgegengesetzter und dennoch ähnlicher Protest kam von dem katholischen Priester

Lamennais, auch er verurteilte das Bündnis zwischen dem Katholizismus und den absoluten Monarchien. Er forderte in erster Linie Freiheit für die Kirche und wies ihr eine neue Aufgabe zu: ein Bündnis mit dem Liberalismus und der Demokratie. Er glaubte fest daran, daß ein solches Bündnis – auch mit der Konsequenz einer Trennung von Staat und Kirche – gerade durch die Freiheit dem Katholizismus neue Triumphe und neues Leben bringen würde. »Der Liberalismus«, so schrieb er im Jahre 1829, »hat recht: die Freiheit wird die Welt retten; gewiß nicht die Freiheit des Liberalismus, wohl aber jene Freiheit, die er vorbereitet, ohne es selbst gewahr zu werden.« Lamennais' Gedanke fand in und außerhalb Frankreichs sofort weite Zustimmung. Doch die Kirche mußte sich, nachdem sie sich anfänglich nicht abgeneigt gezeigt hatte, davon zurückziehen, wie es ja vorauszusehen war. Sie war sich der Gefährlichkeit derartiger Vorschläge bewußt, und so verurteilte sie schließlich ihren übereifrigen, tollkühnen Verteidiger. Die Kirche arbeitete auf einem anderen Gebiete und auf ihrem konventionellen Wege weiter, und so gab es einen ersten Riß in dem guten Verhältnis zwischen ihr und der politischen Ordnung der Restauration. Die Kirche wurde dadurch zu Verständigungen und Bündnissen mit den Patrioten, Liberalen und Revolutionären gezwungen: so geschah es in England, wo die Katholiken mit den Radikalen und Demokraten wegen der unzulänglichen Reformen, die auch die Emanzipation der Katholiken betrafen, zusammengehen mußten, wo sie gemeinsam gegen die unerträglichen Zustände in Irland protestierten. Aber noch deutlicher, und zwar nicht ohne Einfluß der Lamennaisschen Lehren, trat diese Bewegung in Belgien hervor, wo Katholiken und Liberale gemeinsam den Aufstand gegen Holland vorbereiteten, mit dem Belgien in staatlicher Einheit verbunden war. Andere, ähnliche Bündnisse hätte man später beobachten können. Aber sie alle hatten einen rein politischen Charakter, sie waren durch den Gang der Ereignisse selbst zustande gekommen. Sie boten eine eminente Bestätigung für den tatsächlich rein politischen Charakter der Kirche. Das kam dann auch in der Lehre von der Indifferenz gegen die Staatsformen formelhaft zum Ausdruck. Papst Leo XII. sprach diese Formel aus, die nichts anderes als jene utilitaristische Maxime darstellt, die auch die Staaten untereinander und gegeneinander in den internationalen Beziehungen anwenden. Wer das mit den Worten des Evangeliums rechtfertigen wollte, daß man dem Cäsar geben müsse, was des Cäsars ist, der verzichtet auf den wahrhaft moralischen Charakter eines religiösen Glaubens, vor dem nichts gleichgültig oder indifferent bleiben kann.

Weniger zweideutig als diese Mesalliancen, wirklich legal und fruchtbar waren dagegen die Bündnisse zwischen dem Liberalismus und der Domokratie. Durch diese wurde die Demokratie, wenn nicht in ihrer Idee, so doch de facto geändert, ihre Führer und ihre Taktik wurden sozusagen zu einem extremen Flügel des Liberalismus, welcher gerade durch seinen Radikalismus eine gute Hilfe bedeutete, um alten Plunder und Mißbräuche zu bekämpfen, um Attentate auf liberale Institutionen zu verhindern, ja, mit seiner Entschlossenheit, sogar die Straße zu erobern, war dieser Radikalismus in verzweifelten Fällen sehr notwendig. In Frankreich zeigte sich das bei der Gruppe um Lafayette, bei Parlamentariern und Rednern wie dem General Foy, und später wieder in den Julitagen, als Cavaignac, Raspail und andere junge Republikaner alle Zweifel der Gemäßigten brachen und Studenten und Arbeiter dazu brachten, die Waffen zu ergreifen und Barrikaden zu errichten. Ähnliche Leistungen der Radikalen konnte man bei verschiedenen Gelegenheiten in Italien, in Spanien und bei den Agitationen und Reformen in England beobachten. Der Kommunismus hatte noch nicht die Gewalt einer sozialen Bewegung gewonnen, er hatte noch keine eigene Partei ins Leben gerufen. Bei der Agitation der englischen Arbeiterbewegung wurden allerdings Stimmen laut, die eine kommunistische Aufteilung und Bewirtschaftung des Landes forderten und dementsprechende radikale Programme aufstellten. Wichtiger als diese Dinge ist jedoch die Tatsache, daß damals die Ideen der ersten Theoretiker kommunistischer Programme heranreiften: Männer wie Saint-Simon, Fourier, Owen begannen die Aufmerksamkeit auf sich zu lenken. Der Antrieb dazu kam aus den tatsächlichen Bedingungen der modernen Gesellschaft, vor allem aber der modernen Ökonomie: ein liberaler Schriftsteller, wie Sismondi, erkannte die Situation in ihrer ganzen Schwere, mit wahrer Bestürzung sah er alle die Übel und Gefahren voraus. Unter den Nichtliberalen waren es Aristokraten und Feudalisten, die ebenfalls die Dinge beobachteten, bedauerten oder sarkastische Witze darüber machten. Saint-Simon hatte im Jahre 1802 die *Lettres d'un habitant de Genève* herausgegeben, und er entwickelte die darin vertretene Auffassung weiter und veröffentlichte 1821/22 das *Système industriel.* Männer der Wissenschaft und der Technik, junge Historiker und Philosophen wie Auguste Thierry und Comte waren seine gelehrigen Schüler. Nach seinem Tode entfaltete seine Schule unter Enfantin eine rege Propaganda. Fourier hatte seit 1808 den *Traité des quatre mouvements* herausgegeben und veröffentlichte 1822 den *Traité d'association domestique*, 1829 folgte *Le nouveau monde industriel et sociétaire.* Auch er machte Schule, die allerdings kleiner, aber begeisterter war. Owen hatte viele Jahre hindurch in seiner Spinnerei in New Lanark ein praktisches Beispiel für Arbeiterfürsorge gegeben und erhob sich 1812 mit seinem Buch *A new view of society* und dem *Book of the new World* von 1820 zu einem echten Sozialreformer. Wie ein Apostel hatte er eine wahre Mission entfaltet und gründete im Jahre 1825 die Kolonie New Harmonia im Staate Indiana. Alle diese Dinge wurden bald mit allgemeiner Neugier, bald mit ernstem Interesse angesehen, bald setzte man große Hoffnungen auf sie und bald betrachtete man sie mit Wohlwollen. Aber sie blieben noch außerhalb des Reiches der eigentlichen politischen Tat.

Nicht in Antithese zu dieser noch embryonalen Opposition, wohl aber im Gegensatz zu den drei ersten, entwickelte in diesen Jahren der Liberalismus sein eigenes Prinzip, seine besonderen Begriffe und seine Institutionen. Gleichzeitig mit dem Verblassen des monarchistischen Absolutismus war dies das wichtigste Ereignis jener mühevollen und schöpferischen eineinhalb Jahrzehnte, aus denen der Liberalismus nicht nur als Sieger, sondern auch im Besitze einer ausgebauten Lehre und dementsprechender Haltungen und Praktiken hervorging, mit denen er eine lange Zeit lebte, ja, von denen er noch heute zehrt. Es ist klar, daß diese Entwicklung weder in Deutschland noch in Italien stattfinden konnte. Sie war aber auch in England nicht möglich, denn dort war dieses System bereits ohne Widerstand verwirklicht, man hatte es dort nicht nötig, nach geistigen Argumenten vorzugehen und doktrinäre Rechtfertigungen zu suchen, es genügte, wenn man weitere Konsequenzen zog. England hatte andere Sorgen: Steigerung der Industrie, Schaffung von Steuern und Zöllen, und aus diesem Grunde pflegte man dort vor allem die Nationalökonomie mit Männern wie Malthus und Ricardo. Die englische Philosophie wurde von

Bentham und Denkern ähnlicher Richtung vertreten. Sie arbeitete mit Begriffen wie dem Interesse des Individuums und dem Interesse aller und der Harmonie beider. Der englische Liberalismus behielt in der Theorie viel von jenem Abstraktismus und Utilitarismus bei, der aus dem Rationalismus des 18. Jahrhunderts stammte, und so gelangte er weder zu einer Dialektik noch zu einer Historik, wie es das Denken des neuen Jahrhunderts verlangte. Die Religiosität der verschiedenen Sekten war rein auf das Praktische und Moralische gerichtet, und auch die Diskussionen über den Katholizismus und die anglikanische Kirche, z. B. in der sogenannten Bewegung von Oxford, waren wohl bemerkenswert für ein gewisses romantisch-mittelalterliches Gefühl, aber sie blieben ohne jede spekulative Bedeutung. Nicht, daß man in England nun allen Eifer für die Ideale verloren gehabt hätte, aber man war ganz auf Praxis und Geschäft eingestellt, wie man das von jener Zeit her noch heute nennt. Die allgemeine Aufmerksamkeit war nicht mehr auf das Generelle, sondern auf das Besondere gerichtet. Es war Frankreich, wo die theoretische Entwicklung stattfand, denn dort stand man vor der Notwendigkeit, die Freiheit gegen die Absolutisten, Feudalisten, Klerikalen und Republikaner verteidigen zu müssen. Und Frankreich war dazu gerüstet, weil es mit offenen Ohren das spekulative und historische deutsche Denken aufgenommen und ihm einen politischen Inhalt gegeben hatte. Frau von Staël hatte mit diesem Werk begonnen, und sie hatte in Constant einen Nachfolger gefunden, der darin geradezu ihr Schüler wurde. Die Gruppe der sogenannten »Doktrinäre«, die sich im Salon der Tochter der Frau von Staël, der Herzogin von Broglie, gebildet hatte, arbeitete in dieser Richtung weiter. Zu ihr gehörten leidenschaftlich bewegte Politiker, die sich mitten in die parlamentarischen und journalistischen Kämpfe stürzten. Viele von ihnen hatten, wie Frau von Staël und Constant, Deutschland und die Schweiz aus eigener Erfahrung kennengelernt, andere hatten sich auf anderen Wegen mit der deutschen Literatur und Wissenschaft vertraut gemacht und indirekt deren Wirkung gespürt. Wenn man die wissenschaftlichen und historischen Bücher und die politischen Reden von Royer-Collard, Guizot, Broglie, Jordan, Barante und De Serre liest, dann findet man darin den bewußten Ausdruck alles dessen, was der Liberalismus war und was er gewollt hat, und auch alles, was ihn von anderen Systemen und deren Intentionen unterscheidet. In Frankreich war die Tradition von 1791 in den Kämpfen der Konvention, des Direktoriums und des Kaiserreiches verlorengegangen. Jene Generation, die in den ersten Jahren des neuen Jahrhunderts geboren worden war, wußte nicht – wie Quinet in seiner Autobiographie berichtet – was Begriffe wie »Verfassung«, »Girondisten«, »Jakobiner«, »Statuten« und »Garantien« bedeuteten. Alles das waren für sie Worte aus einer toten Sprache. Das Volk und die Soldaten verstanden sie nicht mehr. Sie alle sprachen nur noch die Sprache des Despotismus, die ja deswegen so viel leichter verständlich ist, weil sie nur aus wenigen, sehr einfachen Worten besteht. Im Laufe der Ereignisse und auch in den Ideen selbst waren derartige Änderungen vorgegangen, daß man nicht mehr an Tendenzen anknüpfen konnte, die ein Vierteljahrhundert zurücklagen. Man mußte, wie das auch die nach-jakobinischen Schriftsteller taten, wieder ganz von vorne anfangen und eine nicht-jakobinische Idee der Freiheit aufstellen, einen Gedanken vom Prozeß der Revolutionen, und nach Napoleon eine weder usurpatorische noch despotische Idee der Monarchie. Nach derartigen vielen Roheiten und Gewalttaten war ein Gedanke der gewaltlosen politischen Aktion notwendig, nach all den wahren Orgien von Kriegen ein Begriff von der zivilen Aufgabe der Völker, und schließlich nach soviel Irreligion und leerer kirchlicher Orthodoxie, die sich zum instrumentum regni erniedrigt hatte, ein rein menschlich-religiöser Gedanke, der die spontanen Entwicklungen respektierte und zugleich darauf bedacht war, die ethischen Elemente der alten Religionen zu erhalten. Und diese Arbeit leisteten die sogenannten »Doktrinäre«, die diesen abscheulichen Namen von ihren Gegnern und vielleicht auch von der Leichtigkeit vieler ihrer Landsleute angenommen hatten, denen alles Solide gar zu drückend erschien. Aber vielleicht haben sie sich später diesen Namen in gewissem Sinne auch mit Recht verdient, denn sie blieben stehen, sie gelangten nicht über ihre ersten Begriffe hinaus und verfielen der Dekadenz. Die Geschichte betrachtet jedoch ihren wirklich schöpferischen Augenblick und muß daher diesen Namen mit anderen Gefühlen aussprechen und mit Dankbarkeit nennen. »Die Restauration aufhalten – die Reaktion bekämpfen«, das war ihre Formel, wie sie Guizot in seinen Erinnerungen aufgestellt hat. Und darin bestand um 1815 ihr Problem und ihre Aufgabe: dieser damals entstandenen historischen Aufgabe entsprach ihre Frage-

stellung der Sammlung, der Erhaltung und des Fortschrittes. In ganz besonderer Weise wirkten in dieser Richtung, und zwar unter Verwendung und Vertiefung englischer Lehren und Erfahrungen, die Institution der konstitutionellen Monarchie, die die Engländer aus Tradition genährt und in der Gegenwart lebendig dachten, und die Institution der Wahlen, die sie nur auf die reifen sozialen Kräfte beschränkt wissen wollten, welche zu begreifen wußten, was Regierung und nationales Interesse sei; solche Kräfte fanden sich in der sogenannten Bourgeoisie und in der Kultur, die ebenfalls in dieser sozialen Schicht blühte, aber diese immer wieder überschritt, weil das eben dem Wesen der Kultur entspricht. So widersetzten sie sich sowohl allen Versuchen indirekter Wahlen und dem Zweiklassenwahlrecht, als auch allen Vorschlägen zu weitgehender Wahlen, die in den Händen der Ultras und des Klerus leicht ein Werkzeug der Reaktion hätten werden können. Sie bemühten sich daher, die historischen, konservativen Kräfte zu erhalten, ja, sie traten sogar für die erbliche Pairschaft ein. In erster Linie verteidigten sie aber die erste und grundlegende aller liberalen Institutionen: die Freiheit der Presse und somit die Geistesfreiheit, ohne jedoch damit das rohe, antiklerikale Aufklärertum zu begünstigen. Alle diese in jener Zeit ausgebildeten oder vorgezeichneten Institutionen, die in der Folgezeit gefestigt, weiter ausgebaut und neuen historischen Bedingungen und Bedürfnissen angepaßt wurden, die Kasuistik des konstitutionellen, parlamentarischen Lebens und die Debatten in den französischen Kammern, – das alles war die große Schule des Liberalismus, und zwar auch für die anderen Völker Europas, die noch keine konstitutionellen Regierungen besaßen. Frankreich leistete Vorarbeit für sie alle. Es bediente sich dabei der ihm einmal zugestandenen Charta und duldete nicht, daß diese verletzt oder wieder vernichtet würde. Die Verfassungen von 1848, zum Beispiel auch die italienischen und insbesondere die albertinischen, die später die Grundlage des italienischen Königreiches bilden sollten, ernteten die Früchte all jener Arbeiten, denn sie wurden nach dem Vorbilde der Verfassung von 1830 geschaffen.
Aus dieser etwas summarischen Schilderung der Ereignisse und Tatsachen dieser eineinhalb Jahrzehnte ergibt sich also, daß das liberale Ideal in dieser Zeit nicht nur theoretisch, sondern auch tatsächlich die Vorherrschaft vor allen anderen hatte. Auf seiner Seite standen die besten und kämpferischesten Kräfte, die nicht von

außen, sondern von innen her alle Gegner niederrangen und beherrschten. Und wenn dem so ist, was bedeutet dann die Julirevolution? Nach dem Urteil einiger Historiker war sie die Folge eines Irrtums, den man hätte vermeiden können, wenn sich König Karl X. nicht von seinen Polignacs, die sich ihrerseits in inbrünstigen Gebeten von der Madonna leiten ließen, hätte beraten und führen lassen, oder wenn er nach erneuter Auflösung der Kammer mit liberaler Mehrheit die dementsprechenden militärischen Vorsichtsmaßnahmen getroffen hätte, was er allerdings versäumte. Nach dem Urteil anderer Historiker war sie ein Zwischenfall, der auch ebensogut hätte ausbleiben können. Wäre dann der Liberalismus auf anderen Wegen gleichfalls zum Ziele gelangt? Aber das alles sind Phantasien über abstrakte Möglichkeiten, die als solche implicite schon widerlegt sind und nicht von der wirklichen Realität ablenken dürfen, die immer nur in dem besteht, was tatsächlich geschehen ist. Betrachtet man die Julitage in ihrer ganzen Realität, dann waren sie nichts anderes, als was jeder weiß und erkennt: jener Moment, in dem der seit Jahren in verschiedenem Rhythmus und unter mannigfachen Formen währende Kampf zwischen Liberalismus und Absolutismus in einen bewaffneten Konflikt umschlug. Die beiden einander entgegenstehenden Parteien bewahrten in diesem Konflikt denselben Charakter, der schon im Verlaufe der vorhergehenden Ereignisse hervorgetreten war. Aber während dieses Konfliktes vermehrte die eine Partei alle ihre Energien, und die andere verlor alle Kraft und wurde besiegt.

Und mit dieser Niederlage wurde der gesamte europäische Absolutismus moralisch geschlagen. Für den europäischen Liberalismus, der zur Diskussion stand und trotz aller Unterdrückung weiter gärte, war die Julirevolution ein Beispiel dafür, in welcher Weise man in äußersten Fällen die Gegner besiegen kann. Die Tatsache selbst, daß eine große Macht zur vollen Freiheit gelangt war, bedeutete eine große Ermunterung und brachte neues Vertrauen auf kommende Revolutionen. Nach fünfzehn Jahren von Regierungskünsten und Polizeiterror, nach dem Aufgebot aller Gendarmerien und Milizen hatte der Absolutismus auf geistigem Gebiete seine ganze Schwäche und seinen Mangel an Logik bewiesen, und nun ließ er sich auch auf seinem ureigensten, sichersten Gebiete niederwerfen: auf dem Gebiete der sogenannten physischen Gewalt! In diesen fünfzehn Jahren hatte der Liberalismus derartige Fortschritte gemacht, daß er die Demokratie von sich abhängig und selbst die Aristokratie und den Katholizismus sich untertan gemacht hatte. Jene Straßenkämpfe von Paris gewannen die Bedeutung einer Weltkriegsschlacht: den ängstlich nach rückwärts Blikkenden erschienen sie wie Nebel und wie dunkle Wolken am politischen Horizont Europas, durch die mit einem Schlage die Sonne hervorbricht: die »Julisonne«.

V
Fortschritt der liberalen Bewegung und erste Gegensätze zur Sozialdemokratie
(1830–1847)

Ein wilder, geistiger Sturm tobte in Europa, der unter dem Namen »Auswirkung der Julirevolution« bekannt ist. Dieses feierliche Ereignis hatte eine ganze Reihe von Aktionen und Reaktionen zur Folge, es bedeutete die relative Lösung einer Spannung, eine gewaltige, gewonnene Schlacht, aber nicht das Ende eines Krieges, da es auf dem Gebiete des moralischen Lebens niemals Friedensschlüsse im eigentlichen Sinne gibt. Mit neuem Vertrauen und neuem Mut gingen die Liberalen wieder ans Werk, und die Absolutisten entfesselten zu ihrer Verteidigung alle Kräfte, die ihnen noch geblieben waren, je nach den Umständen wandten sie jede List und jeden Schachzug an. Das Kräfteverhältnis zwischen diesen beiden Parteien war nicht mehr das gleiche wie zuvor, weder untereinander noch in ihrer Beziehung zu anderen Parteien. Im Jahre 1815 hatte der Absolutismus die allergrößten Anstrengungen gemacht, um die europäische Welt nach seinen Begriffen wiederherzustellen und zu formen. Diese Bewegung war von Anfang an weniger eine Offensive als eine Defensive geblieben, und nunmehr wurde sie gezwungen, ihre Ziele zurückzustecken, so daß man von einem »Mißlingen der Heiligen Allianz« sprechen konnte. Der Liberalismus hatte nicht wenige Vorteile errungen und war immer mehr zur Offensive übergegangen. Anderseits waren innerhalb der liberalen Ordnung neue Probleme und neue Gegensätze verschiedenartiger Natur entstanden.

Die erste Folge der Julirevolution war die Wiederherstellung der nationalen Unabhängigkeit Belgiens. Das neu entstandene belgische Königreich besaß eine liberalere Verfassung als das alte, mit Holland vereinigte Belgien, ja, liberaler sogar als die französische Verfassung von 1830, und zwar besonders auf dem Gebiete der Verwaltung der Kommunen und Provinzen. Der Streit zwischen den beiden Nationen war unmittelbar nach der Vereinigung mit Holland entstanden, obwohl diese für die belgischen Provinzen kleine wirtschaftliche Erleichterungen gebracht hatte. Er drehte sich um die unzulängliche Vertretung der Belgier in der holländischen Volksvertretung, um die ungleiche Verteilung der finanziellen Lasten, um die Einsetzung holländischer Beamter in Belgien, um die Konzentration der obersten Gerichte im Haag und vor allem um die Religions- und Sprachenfrage und die Bevormundung der Presse. Durch alle diese Dinge wurden sowohl Katholiken als auch Liberale rebellisch gemacht. Schon ein paar Jahre vor 1830 kam eine Verständigung zwischen den belgischen Katholiken und Liberalen zustande. Beide Parteien verfolgten die gleichen nationalen Ziele, ihre äußeren Bestrebungen fielen zusammen, wenn auch die inneren unvereinbar blieben. Die Julitage hatten jedoch keine unmittelbare Rückwirkung und führten noch nicht zu der radikalen Lösung einer völligen Trennung von Holland, denn dieser Gedanke war noch nicht reif genug. Der belgische Aufstand vom 25. August führte zunächst zu Ausgleichsverhandlungen. Vom 23. bis 26. September kam es zu Straßenkämpfen in Brüssel, die mit der Niederlage der holländischen Truppen endigten. Es wurde eine provisorische Regierung konstituiert und der Nationalrat einberufen, der am 19. November die Unabhängigkeit Belgiens proklamierte und am 24. November das Haus Oranien absetzte. Nach verschiedenen militärischen und diplomatischen Zwischenfällen wurde unter dem Protektorat Frankreichs und Englands, nachdem die französische Armee interveniert und die Holländer aus Antwerpen vertrieben hatte, das Königreich Belgien unter der Dynastie der Koburger begründet und gemäß dem Willen der Großmächte neutralisiert: das neue Königreich entfaltete regen Verkehr und eine reiche Industrie und es war das erste Land, das ein ausgedehntes Eisenbahnnetz schuf.

Die Entwicklung der englischen Wahlreform nahm einen immer stürmischeren Verlauf. Nach den Pariser Ereignissen forderten sie Industrielle und Arbeiter immer eindringlicher. Agitationen, Demonstrationen, Volks- und Wahlversammlungen waren an der Tagesordnung. Umsonst versuchte das Ministerium Wellington dieser Entwicklung Widerstand zu leisten; es wurde im November 1830 gestürzt. Umsonst stimmten das Unterhaus und das Oberhaus einmal dagegen; 1832 wurde sie endlich zum Gesetz erklärt. Dadurch wurde die Zahl der Wähler um dreihunderttausend vermehrt und deren Qualität gewandelt. Die bald folgenden Neuwahlen brachten eine breite Vertretung neuer Klassen, eine liberale Mehrheit und eine starke Gruppe von Radikalen.

Auch in kleineren Ländern wie etwa der Schweiz machte die liberale Bewegung Fortschritte gegenüber der 1815 wiederhergestellten Patrizierregierung, die durch unermüdliche Kritik und Polemik untergraben wurde. Im November 1830 kam es zu Demonstrationen in Zürich, die das Signal zur Bildung einer konstitutionellen Regierung und zur Einführung liberaler Institutionen in zwölf Kantonen wurden, während in den übrigen Kantonen die alte Ordnung noch bestehen blieb, oder eine Scheidung von Stadt und Land stattfand. Alles das vollzog sich zwischen 1830 und 1833.
Bald darauf wurde in Portugal der Kampf zwischen der konstitutionell orientierten jungen Königin Maria, die vom Pater Don Pedro unterstützt wurde, und in den Absolutisten unter Don Miguel beendigt. Wellington hatte ihn nicht ungern gesehen; Karl X. und Ferdinand VII. erkannten ihn an, aber die vereinigten Streitkräfte Frankreichs unter Louis Philippe, Englands unter dem liberalen Ministerium und Spaniens gaben ihm den Todesstoß.
In Spanien war über den den Orléans feindlichen Ferdinand VII. ein Aufstand der politischen Emigranten hereingebrochen, der in Frankreich vorbereitet worden war. Aber diese Bewegung wurde niedergeschlagen, strenge Strafen folgten und alle Zügel wurden wieder straffer angezogen. Nach dem Tode Ferdinands VII. jedoch befreite sich auch Spanien nach heftigen Nachfolgekämpfen zwischen der Königinmutter Maria Cristina, die an Stelle der Tochter Isabella regierte, und dem Schwager Don Carlos vom Absolutismus. Die regierende Königin suchte Anlehnung bei den Liberalen und proklamierte im Jahre 1834 ein estatuto real oder eine erste konstitutionelle Charte. Mit Hilfe der Liberalen vertrieb sie nicht nur den portugiesischen Kronprätendenten, sondern auch den spanischen aus Portugal, die sich dort eingenistet hatten. So geriet Spanien in eine ganze Kette von wirren und zerrüttenden Schicksalsschlägen, und ein Aufstand des Militärs folgte dem anderen. Das alles war das Erbe der nachnapoleonischen Epoche und der häufigen mehr oder minder verhüllten Diktaturen, die in ihrem Kurs alles andere als liberal waren und das Land dennoch nicht wieder zum Absolutismus zurückführen konnten.
In anderen Ländern machte man liberale Experimente, die jedoch scheiterten. In Italien erhoben sich im Jahre 1831 Modena, Parma, Bologna, die Romagna, die Marken und Umbrien. Man hißte die

Trikolore und es wurden provisorische, liberale Regierungen eingesetzt, aber sie alle wurden durch die österreichische Intervention wieder unterdrückt. Die Mächte gaben der priesterlichen Regierung den Rat zu bescheidenen, elementaren Reformen, die jedoch niemals richtig durchgeführt wurden. In einigen kleineren deutschen Staaten wie Braunschweig und Hessen jagte man die törichten kleinen Fürsten davon und setzte bei deren Nachfolgern konstitutionelle Zugeständnisse durch. Der König von Hannover wurde zu einer ähnlichen Konzession gezwungen. In Sachsen wurde 1831 die Ständeverfassung reformiert. In Bayern und Baden bestanden bereits Volksvertretungen, und die Opposition faßte dort neuen Mut. Die doktrinären Reden von Rotteck und Welcker in Karlsruhe wurden in ganz Deutschland bewundert, und begeisterte Zustimmung erntete der Großherzog Leopold, weil er von der Volksvertretung die Finanzen und andere Verwaltungszweige kontrollieren ließ und die Preßfreiheit erweiterte. In den rheinischen Provinzen Bayerns konnten Wirth und Siebenpfeifer mutige, fast schon republikanische Zeitungen herausgeben. In den Studentenbünden an den Universitäten war ein gewisser Aufschwung festzustellen, der wenigstens teilweise zu politischen Tendenzen führte. Nur in Preußen rührte sich nichts. Der König befolgte Metternichs Methoden und arbeitete im Bunde mit den beiden Kaisern an der finsteren Reaktion und Unterdrückung der Freiheit, nachdem ihm das Hambacher Fest vom Mai 1832, wo dreißigtausend Rheinbauern den Jahrestag der bayrischen Verfassung feierlich begingen und das Prinzip der Volkssouveränität, die republikanische Einigung Deutschlands und die Föderation aller freien Staaten Europas gefordert hatten, den gewünschten Anlaß dazu bot. Die bayrische Regierung reagierte auf diese Exzesse mit harten Strafen, und die Bundesversammlung verbot im Juni alle Vereine, Versammlungen, Volksfeste und die Hissung der nationalen Farben, sie erneuerte die Karlsbader Beschlüsse gegen die Universitäten, ja, jeder Versuch einer Schwächung der Souveränität, jede Forderung einer Verfassung wurde im Prinzip verboten. So wurde jede Gesetzgebung verhindert, die den Prinzipien des Bundes widersprach, und alle Gesetzesvorschläge der einzelnen Staaten mußten einer eigens dazu eingesetzten permanenten Kommission vorher zur Prüfung überwiesen werden. Infolge dieser Maßnahmen mußte Baden sein Gesetz über die Preßfreiheit zurückziehen. Das Attentat vom August 1833 in Frankfurt am Main, von einer kleinen Schar von Verschwörern ausgeführt, um die Bundesversammlung zum Teufel zu jagen und an ihrer Statt eine provisorische Regierung einzusetzen, führte zur Auflösung der hessischen Kammer, weil die Verschwörer zum größten Teil aus Hessen stammten, und brachte eine verstärkte Überwachung aller Staaten mit sich. Die drei absolutistischen Mächte bekräftigten im gleichen Jahre im Vertrag von Berlin ihr Recht, jedem Herrscher in äußeren oder internen Angelegenheiten zu Hilfe zu eilen, sobald er diese begehrte, und zwar ohne daß andere Mächte sie daran hätten hindern dürfen. Schlimmer und schwererwiegend war der Zusammenbruch Polens, das sich im November 1830 erhoben und bis zum September des folgenden Jahres der übermächtigen russischen Armee geradezu heroischen Widerstand geleistet hatte. Ein mit großer Kraft geführter Befreiungsversuch war fehlgeschlagen und über das polnische Volk brach eine grausame Rache herein. Alle von Zar Alexander ganz oder halb zugestandenen Konzessionen oder jeder Rest von Autonomie, der noch geblieben war, wurden zunichte gemacht. Jahrzehnte hindurch konnte Polen nicht einmal einen Versuch machen, das ihm auferlegte, immer drückender werdende Joch abzuschütteln.

Das waren eine Wiedererhebung und Siege der absolutistischen Mächte, das war ein Haltgebieten der revolutionären Bewegung für Unabhängigkeit und Freiheit: wie Bleigewichte drückte die Macht Österreichs auf Italien, ohne daß sich ihr hätte jemand entgegenstellen können, und erstickte dort jeden Lebensatem. Rußland erdrückte Polen mit seiner Autokratie und führte die polnischen Patrioten aufs Schafott oder schickte sie in die Verbannung. Die polnischen Emigranten sammelten sich hauptsächlich in Frankreich und verbrüderten sich dort mit den italienischen Flüchtlingen der jüngsten und der vorhergegangenen Revolutionen. Man war in Europa empört über solche Mißhandlung und Unterjochung ganzer Völker, man fühlte sich bedrückt von so viel Leiden und empfand Mitleid mit den Opfern, deren Mut Bewunderung erweckte. Auf den ersten Jubel über die Julirevolution folgte so eine bittere Enttäuschung, und immer stärker setzte sich die Überzeugung durch, daß diese ihr Ziel verfehlt hätte. Es ist ganz natürlich, daß ein solches Gefühl bei den zeitgenössischen Beobachtern und stärker noch bei den Mitkämpfern und Mitduldern aufkommen mußte. Aber der Historiker darf sich bei seinem Urteil nicht von derartigen Gefühlen leiten lassen, denn ihm steht es nicht an, die Fakten nach den Hoffnungen (die ja niemals erfüllt werden) zu beurteilen, denen gegenüber die nackten Tatsachen stets kleiner und geringer erscheinen. Der Historiker urteilt nur nach den vorhergehenden Tatsachen und stellt fest, in welcher Weise die tatsächlichen Bedingungen sich verändert haben, was alles an Neuem und Positivem entstanden ist. Und das völlig Neue war nichts Geringeres als die Tatsache, daß der Absolutismus in ganz Westeuropa zusammengebrochen war, daß die liberalen Regierungsformen sich erneuert oder durchgesetzt hatten und den ökonomischen und sozialen Bedingungen besser entsprachen: so konnte der Viererbund aus dem Jahre 1834, der gegen Don Carlos und Don Miguel entstanden war, eine Zeitlang als eine Antwort auf den Dreierbund gelten, der im vorhergehenden Jahre von den Mächten Mittel- und Osteuropas gegründet worden war. Bei diesen war der Legitimismus aus einem praktischen und wirksamen Ideal zu etwas Imaginärem und Idyllischem verblaßt. Aus einer politischen Partei waren kleine Zirkel der guten Gesellschaft geworden, etwas für würdige alte Damen und vornehme Herren, die sich aus dem gegenwärtigen Leben zurückzogen in ihre Salons im Faubourg Saint-Germain und ähnliche vornehme Plätze. Zuweilen kam es vor, daß man solche wahnsinnigen Phantasien verwirklichen wollte, wie z. B. bei dem Unternehmen der Herzogin de Berry in der Vendée; man sagt, daß kein anderer als Walter Scott sie dazu verleitet hatte, und die Ironie des Schicksals wollte es, daß die Herzogin der Goldenen Lilien dank ihrer besonderen physischen Konstitution all ihren Reiz verlor, denn die arme Frau hatte die Kälte ihrer Witwenschaft nicht länger ertragen können. Manch einer vergoß bei diesem Abenteuer sein Blut für die alten Könige, andere liehen den Kronprätendenten von Spanien und Portugal ihre Waffenhilfe oder ihr Geld. Und wieder andere, wie Bourmont und die Seinen, boten jenen legitimistischen Monarchen ihr Schwert an, wie sie es später Österreich zur Verfügung stellten, das die gute alte Zeit darstellte, oder vielmehr jenen Banditen, die im Namen der abgesetzten Fürsten raubten und mordeten: letzte Ausläufer und künstliche Nachahmungen der Emigrantenlegionen und der Vendée zur Zeit der großen Revolution. Spanien selbst hatte sich schon etwa zwanzig Jahre vorher gegen die Franzosen mit ihrer rationalistischen

Kultur erhoben, und nun waren es nur die baskischen Provinzen, die in Begeisterung für ihre fueros und ihre mittelalterlichen Sitten unmittelbar für Don Carlos Partei nahmen und ihm einen Stützpunkt boten. Die Polemik des Absolutismus war durch die entstandenen Ruinen vergiftet worden, die für die nahe Zukunft neue Ruinen voraussehen ließen: in Italien findet man das in den Büchern des Fürsten Canosa und in den Dialogen des Grafen Monaldo Leopardi, die seinem Sohn die Schamröte ins Gesicht trieben und Lamennais Schreie des Entsetzens und Abscheus entlockten. Die drei absolutistischen Mächte hatten mit Schimpf und Schande die teilweise Vernichtung des ganzen so fein gesponnenen Netzes von Verträgen aus dem Jahre 1815 hinnehmen müssen, und besonders Rußland hatte ernsthaft Miene gemacht, zu den Waffen zu greifen. Aber in Frankreich waren die Bourbonen durch die Orléans maiorum gentium ersetzt worden, Belgien hatte seine Unabhängigkeit von Holland gewonnen, in Spanien und Portugal waren die Kronprätendenten und Vorkämpfer der heiligen Ideen des Absolutismus zum Taufel gejagt worden, während die reaktionären Mächte diese gerade anerkannt hatten oder anerkennen wollten. Sie hatten zusehen müssen, wie in allen diesen Ländern die liberalen Verfassungen neu entstanden waren oder sich weiterentwickelt hatten. Und zwischen diesen drei Mächten befand sich ein Stückchen Erde, das dem Bewußtsein der Völker als ein pactum sceleris erschien, nämlich die Zerreißung oder Aufteilung Polens, und sie vermochten mit ihren festgefügten Armeen und mit ihrer Diplomatie noch sehr viel auszurichten. Der österreichische Doppeladler packte einige Jahre später mit seinen Klauen die freie Stadt Krakau und besudelte sich mit dem Blute polnischer Herren, gegen die er in Galizien die ruthenische Bevölkerung zu Metzeleien aufhetzte. Aber das waren Triumphe, die in Wahrheit Niederlagen waren, denn die öffentliche Meinung der gesamten Kulturwelt war gegen sie, gegen ihre Souveräne, gegen ihre Minister, gegen ihre Heere, deren Tugenden und Heldentaten nicht Gegenstand der Bewunderung wurden, mit denen man vielmehr nur Mitleid empfand, weil sie nicht die Herzen bewegen konnten. Ein kleines Buch eines Italieners brachte diese Gefühle zum Ausdruck, der ohne Emphase und ohne Polemik von seiner »Gefängniszeit« erzählte, von jenen langen Jahren im Kerker, die er während der österreichischen Gewaltherrschaft für die Freiheit erduldet hatte.

In diesen Jahren herrschte jedoch nicht nur bittere Enttäuschung, sondern noch ein anderes Gefühl, eine geistige Auflehnung, eine Anklage des Verrates gegen Frankreich: die italienischen Rebellen von 1831 hatten auf Frankreich gerechnet, sie hatten fest daran geglaubt, daß Frankreich sein Veto einlegen und auch durch die Tat Österreich daran hindern würde, zugunsten der päpstlichen Regierung zu intervenieren. Und auch die polnischen Aufstände hatten auf die Hilfe französischer und englischer Bataillone gerechnet, sie hatten ihre Vertreter entsandt, um diese Hilfe so schnell wie möglich herbeizuholen. Und nicht minder die rheinischen deutschen Liberalen, die auf dem Hambacher Fest Lafayette hatten hochleben lassen. Solche Hoffnungen beruhten nicht nur auf Sympathien einzelner Privatmenschen, nicht nur auf Urteilen von Schriftstellern, sondern auf Vertrauenserklärungen und Ermahnungen französischer Komitees für die Befreiung Italiens und die Wiederherstellung Polens. Maßgebende Persönlichkeiten des politischen Lebens und sogar diensttuende Minister hatten dazu aufgerufen, und in den ersten Zeiten sogar Louis Philippe selbst, der eine Expedition italienischer politischer Emigranten ausrüstete, die sich in Marseille sammelte und dann zurückbeordert wurde. Aber diese Hoffnungen waren noch tiefer begründet in der großen Tradition, deren sich die französische Geschichte rühmte, vor allem in der glorreichen Französischen Revolution als der Befreierin aller Völker und Feindin aller Unterdrücker, welche mit der Julirevolution wieder erneuert worden war; diese hatte das Werk der großen Revolution wieder aufgenommen und mit neuem Geist das Werk Napoleons fortgeführt, sie sollte alle Ketten der Völker zerbrechen und mit Hilfe aller Nationen ein neues Europa schaffen. Männer wie Guizot und Michelet und alle ihre Historiker hatten ihr den Primat in diesen Dingen zugesprochen, ja, Guizot hatte sie als das »Zentrum und den Brennpunkt der europäischen Zivilisation« bezeichnet, und Michelet hatte erklärt, daß sie nach der Revolution des Christentums eine andere, nicht minder großartige, sozialmenschliche Revolution verwirklicht habe. Und Buchez fügte noch hinzu, daß »nur sie allein imstande sei, ein uneigennütziges Werk zu begreifen und zu vollenden«. Diesem Primat, allen diesen Versprechungen und dem auf sie gesetzten Vertrauen war sie nicht gerecht geworden! Nachdem Frankreich die Völker zum Aufstand aufgerufen, hatte es sie ihren Henkern überliefert, hatte mit den Königen paktiert, hatte durch den Mund seiner Minister erklären lassen, »daß das Blut von Franzosen nur für Frankreich vergossen werden dürfe« und hatte mit kalter Stirn verkündet: »In Warschau herrscht Ruhe und Ordnung!«

In dieser Haltung Frankreichs lag eine Realität und zugleich eine Illusion, oder vielmehr eine ganz bestimmte Art von Realität, die bei der Übertragung auf eine andere Art von Realität zur Illusion wurde. Die Realität war die tatsächliche Veranlagung des französischen Geistes, der, wie schon die bewegliche und liebenswürdige Sprache beweist, darauf gerichtet ist, die Vernunft zur Herrschaft und zur praktischen Geltung zu bringen, jene Vernunft, die zugleich Menschlichkeit und Gleichheit, Freiheit und Gerechtigkeit ist. Ein edler Impuls, wenn auch zuweilen mit der selbstgefälligen Sucht nach gloire vermischt, den man schon im mittelalterlichen Ideal der Ritterlichkeit und der Kreuzzüge erkennen konnte, der dann wieder in der Revolution von 1789 zum Durchbruch kam und später Schule machte und zur Tradition wurde. Das französische Volk hegte diese Gefühle und verwirklichte sie auch zum Teil, es war aber nicht das gleiche französische Volk, das den französischen Staat bildete, der wie jeder Staat den Gesetzen der Politik gehorchte und daher an das eigene Heil und an Selbsterhaltung denken mußte. Wenn auch solche Gefühle in der Politik nicht unwirksam bleiben, so kommen sie in ihr doch nur so weit zur Geltung, als die Politik sie aufnehmen und sich zu eigen machen kann, also nur sehr mittelbar und nicht unmittelbar, wie man das in seltsamer Weise behauptet, wenn man sie für berufen hält, der Politik Normen zu setzen oder überhaupt ihren Platz einzunehmen. Diesen Unterschied hatten die italienischen Patrioten und Jakobiner bereits praktisch am eigenen Leibe erfahren, als die Franzosen unter Napoleon und seinen Generälen in Italien einmarschierten: man hatte sie als Befreier herbeigerufen und begrüßt, und statt dessen hatten sie die italienische Bevölkerung zugunsten Frankreichs ausgesogen, hatten sie völlig im Stich gelassen und hatten italienisches Land, z. B. Venedig, in Campoformio zum Handelsobjekt gemacht. Lafayette und seine Freunde und Glaubensgenossen vereinfachten allzusehr diese beiden verschiedenen Gesichtspunkte der Dinge, sie versprachen vieles und erweckten Hoffnungen, die weder sie selbst noch andere jemals hätten erfüllen können. Der französische Staat, der mit seinem neuen König aus der Julirevolution hervorgegangen war, befand sich in inneren und äußeren Gefahren, die er bannen mußte, er mußte auf seine eigenen Schwierigkeiten und Interessen bedacht sein. Rußland zögerte, Louis Philippe anzuerkennen und war bereit, den Krieg zu erklären, und sehr wahrscheinlich hätte es Österreich mit hineingezogen, wenn es nicht im günstigsten Augenblick mit dem polnischen Aufstand beschäftigt gewesen und wenn Österreich nicht durch die italienischen Ereignisse abgelenkt gewesen wäre. Österreich hatte Napoleons Sohn in der Hand und drohte damit, gegen die Orléans den Bonapartismus aufzurufen: und im Innern waren die Republikaner sehr übermütig und reizten zu neuen Revolutionen auf. Das neue Regime hatte gegenüber der Heiligen Allianz das Prinzip der Nicht-Intervention proklamiert und damit viele Hoffnungen wachgerufen. Dieses Prinzip war eine politische Formel mit gewollten Zweideutigkeiten und oratorischen Effekten, und es konnte auch nichts anderes sein. Es sollte nichts weiter zum Ausdruck bringen, als daß Frankreich (wie es später bei Gelegenheit ausgelegt wurde) jede fremde Intervention in seinen eigenen inneren Angelegenheiten zurückweisen und auch in seinen Interessengebieten nicht dulden würde, ja, daß es selbst dort intervenieren würde, wo seine Politik das erlaubte oder erforderlich machen sollte, wie z. B. in Belgien und Portugal. Es bedeutete aber, daß Frankreich die russische Intervention in Polen und die österreichische in Italien dulden würde, wenn es diese nur durch das Wagnis eines mörderischen Krieges hätte verhindern können, und höchstens wollte es, wie in Italien, Ancona besetzen, um damit Österreich zu bedeuten, daß es seine Herrschaft nicht noch weiter ausdehnen dürfe und daß es nach Durchführung seiner militärischen Operationen und Polizeimaßnahmen die besetzten Gebiete wieder räumen müsse. Dennoch fehlten der französischen Politik nicht bürgerlich-liberale und allgemein menschliche Züge, wie diese auch der Politik Englands nicht fremd waren, das das Prinzip der Intervention und Nicht-Intervention in ähnlicher Weise auslegte und dem man – obgleich man es so oft als das »perfide Albion« verflucht hat – dennoch nicht absprechen kann, daß es für die Unabhängigkeit, Freiheit und für die Kultur der Völker viel getan hat. Alle anderen Arten der Teilnahme an den Angelegenheiten unterdrückter Völker mußten sowohl in England als auch in Frankreich Privatsache bleiben. Und darin verhielten sich Männer wie Lafayette und seine Freunde vorbildlich. Alle die Italiener und Polen, denen der französische Staat in ihrem Vaterlande nicht helfen konnte, fanden in Frankreich und England, in Belgien und in der Schweiz Freunde und Helfer unter den Liberalen, welche sie nicht selten gegen gewisse Härten der Regierungen in Frankreich und anderen Staaten schützten. Dort gründeten diese Emigranten die Vortrupps der Nation und der Freiheit, dort entstand das Symbol der Brüderlichkeit unter den Völkern über allen Existenzkämpfen der einzelnen Staaten.

Die Völker waren von der Idee des französischen Primats durchdrungen gewesen, sie hatten daran geglaubt und hatten diesen Glauben in den Barrikaden vom Juli bestätigt gefunden. Sie hatten erwartet, daß die edle Verpflichtung Frankreichs ihre Erfüllung finden würde. Man muß jedoch zu ihren Gunsten in Betracht ziehen, daß sie sich in einer geradezu verzweifelten Lage befanden. Uneinig und wehrlos waren sie dem Druck mächtiger Militärstaaten ausgeliefert, die mit einem ganzen Netz von Festungen und Garnisonen ihre Gebiete in Schach hielten und mit ihrer Polizei jede kleinste Handlung und jedes Wort überwachten. Ängstlich hielten sie, wie Manzoni von den Italienern sagte, Ausschau nach den Alpen, nach einer befreundeten Fahne, es mußte ein Ereignis eintreten, das an irgendeiner Stelle den sie umklammernden eisernen Ring brechen und ihnen den Weg zur Erhebung und zum Kampf bahnen würde. Anderseits muß man aber auch zugeben, daß sie in ihrem mangelnden Vertrauen auf die eigenen Kräfte sündigten, daß ihre berechtigte Vorsicht zu unberechtigter Mutlosigkeit und Tatenlosigkeit wurde. Sie vergaßen, daß sich die Linie des Möglichen je nach der Kühnheit des Unternehmungs- und Schöpfergeistes verschiebt, daß sie sich nach einem Willen richtet, der wirklich will. Aus der Klugheit, sich nicht mehr Illusionen hinzugeben und von der Politik der Staaten etwas zu erhoffen, was diese dank ihrer eigenen Institution nicht gibt und niemals geben kann, aus der Tatsache, daß man nicht mehr mit dem Primat Frankreichs und der französischen Verpflichtung zur »Initiative« rechnen durfte, mußte ein neues Vertrauen auf die eigenen Kräfte erwachsen, ein Wille zur eigenen »Initiative«, und eine Erziehung dieses Willens durch die Tat, ein immer neues Aufbegehren und Versuchen, sich niemals für besiegt zu erklären, ein Auferstehen; ja, man mußte mit der möglichen oder sogar sicheren eigenen Niederlage rechnen, um sich dann von neuem zu erheben: ein heroisches Opfer im sicheren Vertrauen

auf den Endsieg, zu dem man nur auf dieser via regia gelangen kann und nicht auf dem Wege von Interessenkombinationen oder mit Phantastereien über mögliche Glücksfälle des Schicksals.
Giuseppe Mazzinis ganze Größe besteht darin, daß er diese Wahrheit erkannt und den unbeugsamen Mut aufgebracht hat, danach zu handeln. Die piemontesische Regierung schickte ihn 1831 in die Verbannung und ahnte nicht, daß sie damit Italien und allen anderen Völkern, die nach Freiheit dürsteten, ihren wahren Meister des Lebens schenkte. Die österreichische Polizei zögerte jedoch keinen Augenblick, seine Bedeutung zu erkennen. Metternich selbst bezeichnete ihn als einen der »gefährlichsten Vertreter« der jungen, stürmisch bewegten Generation. Mazzini erkannte, daß es etwas viel Tieferes gibt als die von Staatsmännern gehandhabte Politik, etwas, das man tun kann, wenn diese versagt, ja, was man noch vor dieser zu tun hat: im Menschen das Gefühl des Universalen und Ideellen zu erwecken, und mit ihm das Bewußtsein einer Mission, die einem jeden anvertraut ist. Daraus ergibt sich der Gedanke der Pflicht und der Hingabe jedes einzelnen mit seinem ganzen Selbst an diese Pflicht, die ihrerseits die Kräfte steigert und alles das möglich macht, was Menschen mit schwachem Glauben unmöglich erscheint. Gegen die veraltete Freimaurerei, die hier und dort in Italien noch weiterlebte und der er selber angehört hatte, wandte er daher politische Berechnungen an und suchte nach Auswegen, und gegen alle, die solchen veralteten Ideen anhängen, gründete er 1832 das »Junge Italien«, das zu den religiösen Quellen des männlich-kämpferischen Wesens zurückgriff. Gegen die Hoffnungen auf die französische »Initiative« und in der Enttäuschung, die auch ihm die Julirevolution bereitet hatte, überhaupt gegen alle Hoffnungen auf fremde Regierungen, schärfte er den Italienern und allen anderen Völkern den Gedanken der eigenen »Initiative«, der Selbsthilfe ein. Im Gegensatz zu der französischen Hegemonie entwarf er den Gedanken eines »Jungen Europa«. »Der Baum der Freiheit trägt keine Früchte«, erklärte er wiederholt, »wenn er nicht von Bürgerhänden gepflanzt, mit Bürgerblut gedüngt und mit Bürgerschwertern geschützt wird.« Seine Größe – und das wird heute übrigens allgemein anerkannt – war eine moralische Größe. Er war ein lebendiger Apostel, der seinem Glauben lebt, der auch nach seinen Lehren und begeisternden Worten handelt und mit gutem Beispiel vorangeht und allen seinen Anhängern den Rat erteilt, in gleichem

Sinne zu leben und zu handeln. Alles übrige seines Ideenkomplexes ist ihm entweder nicht eigen oder nebensächlich oder unbestimmt und falsch. Der Gedanke der republikanischen Einigung Italiens war bereits Tradition der italienischen Jakobiner geworden, von der Mazzini wahrscheinlich beeinflußt gewesen ist, die genau wie er aus der Enttäuschung und dem Unwillen über die Haltung des direktorialen Frankreichs in Italien dazu gelangten, den Plan einer einheitlichen und unteilbaren italienischen Republik zu schaffen. Es war die Zeit der Batavischen und der Helvetischen Republik, und es war gewiß weniger wirklichkeitsfern als alles, was im 18. Jahrhundert geschehen war: allerdings waren die Jakobiner nicht wie Mazzini von religiösen Gefühlen und einem geradezu apostolischen Eifer getragen, ihre Idee wurzelte nicht, wie man das nannte, in einer dynamischen Kraft. Der Begriff der Nationen und der Mission einer jeden Nation war von den deutschen Philosophen und Historikern aufgestellt worden und gehörte zum allgemeinen geistigen Erbgut, wenn er auch erst von Mazzini dem europäischen Bewußtsein einverleibt und populär gemacht wurde. An die Stelle des französischen Primates setzte er den Gedanken des italienischen Primats, der allerdings nur den Wert eines Mythus hatte, um so den Stolz seines Volkes zu stärken, das im Begriff stand, sich zu erheben und zu kämpfen. Außer dem Primat Frankreichs war ihm der Mythus des deutschen Primats vorangegangen, den Fichte unter ganz ähnlichen Bedingungen verkündet hatte. Ihm folgte der andersartige Gedanke des »italienischen Primats« von Gioberti und des polnischen Primats von Cieskowski, und schließlich, wenn man so will, der Gedanke des schweizerischen Primats von Melchior Hirzel, der in der Schweiz das künftige Zentrum der europäischen Republik sehen wollte, die frei vom Christentum sein und von der modernen Philosophie regiert werden würde. Größere Vorbehalte muß man gegenüber Mazzinis doktrinären Konstruktionen machen. Er war von einem heftigen Gefühl für Freiheit bewegt, von all den liberalen Kräften, aus denen die Unabhängigkeitsbewegung der Nationalitäten gespeist wird, aber ihm fehlte die spekulative Vertiefung und der historische Sinn, um theoretisch den Begriff der Freiheit deduzieren und formulieren zu können, ja, theoretisch kompromittierte und leugnete er ihn sogar, denn vom Saint-Simonismus übernahm er das Prinzip der Assoziation an Stelle des Prinzips des Wettstreites, eine neue humanitäre Religion mit Dogmen, mit einer richtigen Theologie, einem Kultus und einer Disziplin, und wenn er sich auch nicht gerade bis zum Gedanken eines neuen Papsttums verstieg, so dachte er sich doch an der Spitze der Völker ein religiöses Konzil, und Kunst und Dichtung sollten sozialen und ähnlichen Zielen dienstbar gemacht werden. Von der demokratischen Ideologie übernahm er die vage Idee des Volkes, die einmal das ganze Volk, ein andermal einen Teil des Volkes bezeichnete, im Grunde eine verallgemeinernde Repräsentation, deren Elemente die gegen die Franzosen aufständischen spanischen Bauern abgegeben hatten, und die Soldaten und Freiwilligen der republikanischen Kriege von 1793, nach deren Vorbild er einen Aufstand und Guerillakrieg erträumte, der in ganz Italien und anderen zu befreienden Ländern entfacht werden sollte. Obwohl Mazzini weder ein folgerichtiger Denker noch ein Staatsmann war, stieg er zu einer moralisch-intellektuellen und sogar politischen Macht im europäischen Leben auf, die Patrioten und Revolutionäre aller Länder sahen in ihm ihren Meister, und die absolutistischen oder konservativen Regierungen führten gegen ihn einen täglichen Kleinkrieg mit allen Mitteln der Bespitzelung und Hinterlist. Und wenn sich in den Jahren nach 1830 ein allgemeines europäisches Bewußtsein herausbildete oder vielmehr weiterentwickelte – denn dieses hat niemals ganz gefehlt und so etwas gibt es sogar heute noch –, ein gemeinsames Ideengut, ein Urteilen, eine Überzeugung, eine gemeinsame Sensibilität und sogar eine Art Tribunal, dessen Sprüche man nicht ohne schwere Strafe mißachten durfte, dann war das ganz gewiß nicht das Werk eines einzelnen Mannes, im Gegenteil, es ging aus der innersten Gärung der liberalen Bewegung hervor, sofern diese die Aufklärung fortsetzte. Mazzini trug mit dem Hauch seines religiösen Geistes und mit seiner Liebe, mit der er die verschiedenartigsten Völker verstand und verband, im allgemeinen und im besonderen dazu bei. Er verstand es, das italienische Volk mit dem deutschen zu vereinigen, und sogar mit den Südslawen, die er als erster sozusagen entdeckt und denen er die Zukunft gewiesen hatte.

Die Stimmen der Mutlosigkeit, die natürlich bei allen Kriegsunternehmungen nicht zu vermeiden sind und die dank ihrer mangelnden Logik und praktischen Unfruchtbarkeit dazu verdammt sind, der Notwendigkeit zu weichen, mit neuen Taten auf dem einmal beschrittenen Wege weiterzuschreiten, wurden durch Stimmen der

Anfeuerung gedämpft, wie z. B. Lamennais 1835 an Mazzini selbst schrieb: »Prenez courage, monsieur; les mères enfantent pour vous.« Und die Mütter Italiens verstanden ihre Pflicht, so daß der Dichter Giusti 1846 als Mahnung an einen Vertreter der Reaktion hinzufügen konnte, daß die Zeit selbst der Freiheit freien Lauf gelassen hatte:

Glaubt es oder nicht, die Glocken
Vom Dome verkünden Euch heute:
Totenglocken und Taufgeläute,
Räuber starben, Liberale frohlocken.

In Italien waren die beiden jungen Herrscher der zwei wichtigsten Staaten, des Königreichs Beider Sizilien und des Königreichs Sardinien, antiliberal eingestellt. Sie waren durch Eide und Verträge verpflichtet, keinerlei Verfassung zuzugestehen. Aus klerikalem Geist heraus oder auch aus Scheinheiligkeit und Heuchelei waren sie dagegen, wenn auch der eine, nämlich Carlo Alberto, dessen Erziehung und Temperament durchaus militärisch waren, den Ehrgeiz hatte, sein Land zu vergrößern und deswegen Österreich als natürlichen Feind betrachtete. Der andere, Ferdinando II., hatte nicht derartige Ambitionen und sah in Österreich keinen Gegner, aber er war eifersüchtig darauf bedacht, ohne Einmischung von seiten Österreichs oder anderer Mächte zu regieren. Er war weniger fanatisch und viel einsichtiger, und so gewährte er den politischen Gefangenen Amnestie, rief Verbannte zurück, bediente sich der Männer des napoleonischen Jahrzehnts und der Revolution von 1820. Er war nachsichtig gegen alle Verschwörer und Revolutionäre, die ihm nach dem Leben getrachtet hatten, er wollte nichts von absolutistischen internationalen Intrigen wissen, während Carlo Alberto den Carlismus und Miguelismus begünstigte und in seinem Haß gegen die Julimonarchie die Herzogin von Berry unterstützte und die ersten Verschwörer des »Jungen Italien«, die ja seine Untertanen waren, grausam und rücksichtslos bestrafte. Beide führten Verwaltungsreformen durch, brachten die Staatsfinanzen in Ordnung und hoben das Wirtschaftsleben in ihren Ländern, sie schlossen Handelsverträge ab und bauten Eisenbahnen, die entsprechend der geographischen Lage und den historischen Vorgängen in Piemont ausgedehnter und leistungsfähiger waren als im italie-

nischen Süden. Beide förderten auf diese Weise indirekt und unbewußt den Fortschritt der Freiheit, genau wie jener Adel und jenes gebildete Bürgertum in Piemont, in der Toskana und anderwärts, das sich mit landwirtschaftlichen Experimenten, mit Schulen und Kinderasylen, mit wechselseitigem Unterricht und Sozialfürsorge befaßte. Nach dem Kongreß der italienischen Wissenschaft in Pisa von 1839 fanden derartige Zusammenkünfte regelmäßig statt, und die Fürsten hinderten sie nicht, sondern förderten sie sogar und arbeiteten somit in der gleichen Richtung. Im Kirchenstaat war nach den Bewegungen von 1831 eine schmutzige Regierung von Kardinallegaten am Ruder, die mit bezahlten Verbrecherbanden regierte. Dort war alles völlig unverändert geblieben, so daß etwa nach eineinhalb Jahrzehnten die Liberalen unter Farini sich mit dem Memorandum von Rimini aus dem Jahre 1845 das von den Mächten schon 1831 dem Kardinal Bernetti überreichte Memorandum zu eigen machen konnten. Für die ökonomischen Fortschritte im Kirchenstaat ist es bezeichnend, was Papst Gregor XVI. so schön formuliert hatte: daß Eisenbahnen und Dampfverkehr ein Werk des Teufels seien. Das war übrigens ein Ausspruch, der es weder an Scharfsinn noch an logischer Folgerichtigkeit fehlen ließ.
Das »Junge Italien« fand rasche Verbreitung, vor allem in Nord- und Mittelitalien, es zählte bereits Zehntausende von Anhängern, und Mazzinis Schriften, die dem wachsamen Auge der Polizei entgingen, wanderten von Hand zu Hand. Sie überzeugten allerdings nicht mit ihren sozialen und religiösen Begriffen, sie warben auch keine Anhänger für die ausgesprochen republikanische Idee, aber sie bereiteten die Geister auf die Revolution vor und feuerten sie zu kühnen Taten und Opfern an. Der erwartete Volksaufstand oder die Revolution brach aber nicht aus, und nach dem unglücklichen Versuch einer Expedition nach Savoyen im Jahre 1834 wurden alle diese im voraus zum Scheitern verurteilten Versuche immer seltener; es folgten die Aufstände der Romagna im Jahre 1843 und von Cosenza 1844 und die Landung der Bandiera in Kalabrien. Mazzini war von der Schweiz nach London übersiedelt und hörte nicht auf, derartige Pläne zu schmieden und mit seinen Sendboten und Korrespondenten, unter denen sich Männer wie Fabrizi in Malta befanden, vorzubereiten.
Im Gegensatz zu Mazzini, seinen politischen Begriffen und seiner Methode, wuchs in Italien, abseits von allen Sekten und Ver-

schwörungen, eine andere Partei heran, die sehr schnell zu Bedeutung gelangte: die Partei der gemäßigten Liberalen. Fast alle dieser Liberalen waren durchaus religiös und katholisch eingestellt, sie nannten sich in Anlehnung an mittelalterliche Überlieferungen »Neuguelfen«. Es waren jene Katholisch-Liberalen, auf die wir bereits bei der Darstellung der Dialektik der politischen Glaubensbekenntnisse zu Beginn des neunzehnten Jahrhunderts hingewiesen haben. Man muß sie sorgfältig von jenen anderen Liberalen unterscheiden, die zur gleichen Zeit in Frankreich, Belgien und anderwärts zur Macht kamen und von sich reden machten, die aber ihrem wahren Charakter nach besser Klerikal-Liberale oder liberalisierende Klerikale genannt werden müßten. Diese Unterscheidung ist um so notwendiger, als beide Richtungen oft verwechselt wurden und weil auf Grund dieser Begriffsverwirrung die Neuguelfen von Männern wie Quinet in schlechtes Licht gesetzt wurden, welcher Balbo, Troya, Rosmini, Gioberti und andere anklagte, sie vernichteten die letzte Zufluchtsstätte des italienischen Geistes, nämlich das Denken, sie gäben ihrem Volke den Gnadenstoß und folgten Leuten wie De Maistre, De Bonald, Görres, Günther und ähnlichen. Soweit das die religiösen Ideen betrifft, genügt vielleicht der Hinweis darauf, daß der Katholizismus der Neuguelfen eine Neubelebung der geistig-ethischen Grundmotive des Christentums überhaupt oder eine Art Fortsetzung und Nachwirkung des Jansenismus war, der so stark die Regalisten, die Reformatoren und Revolutionäre aus dem Ende des achtzehnten Jahrhunderts beeinflußt hatte und sogar auf Mazzini selber nicht ohne Wirkung geblieben war. Die Neuguelfen waren durch und durch antijesuitisch, ja, einige von ihnen wollten dem Papste jegliche weltliche Herrschaft nehmen und ihm eine rein geistige Aufgabe zuweisen, und sie alle dachten an eine mehr oder weniger radikale »Reform der Kirche«. Ihre Mäßigung war nichts anderes als politische Klugheit, sie hielten den Gedanken einer italienischen Republik und der staatlichen Einigung der gesamten Nation für ein Luftschloß, ihnen kam es phantastisch vor, die Industriearbeiter und Bauern zur bewaffneten Erhebung und improvisierten Vertreibung der ausländischen und einheimischen Despoten aufzurufen, sie versprachen sich überhaupt von der ganzen Methode der heimlichen Verschwörungen keinerlei Erfolg. Sie vertraten vielmehr den Standpunkt, daß man sich auf die Klasse der Gebildeten stützen müsse, daß man an

Königen und Fürsten nicht grundsätzlich verzweifeln dürfe, daß man den geheimen Verschwörungen einen offenen Kampf vorziehen und Schritt für Schritt alles das fordern müsse, was eben die Hoffnung aller war: Verwaltungsreformen, Interessenvertretungen und Versammlungen, kurz, politische Verfassungen; sie erkannten, daß man die internationale Situation nicht außer acht lassen und alle sich bietenden Gelegenheiten wahrnehmen müsse, um die Österreicher aus Italien zu vertreiben und eine Föderation der italienischen Staaten zu begründen. In diesen beiden obersten Zielen, der Frage der italienischen Unabhängigkeit und der politischen Freiheit, stimmten sie mit den Anhängern Mazzinis, mit den Demokraten und Antiklerikalen überein. Sie unterschieden sich von diesen in der Vorstellung des wünschenswerten Zieles, in der Frage der anzuwendenden Mittel und überhaupt im Ton der Polemik und Propaganda. De Sanctis hat schon die Beobachtung gemacht, daß die Verschiedenheit dieser beiden Parteien oder Schulen in ihrer Prosa zum Ausdruck gekommen ist: die Gemäßigten oder Liberalen hatten einen analytischen Stil, ihr Schrifttum war der Umgangssprache angepaßt, sie waren populär, sie diskutierten ausführlich und versuchten, mit Vernunftgründen zu überzeugen, aber auch die Ironie fehlte ihnen nicht; die Anhänger Mazzinis und die Demokraten hatten einen synthetischen Stil, eine höfische Sprache, sie liebten feierliche oder gar rhetorische Formen, auch Schmähungen und Sarkasmen. Die ersteren standen einem wirklichen Volke gegenüber, das noch erzogen werden mußte, und die letzteren kannten nur ein imaginäres Volk, das aufgehetzt werden sollte. In Wirklichkeit konnte jedoch keine der beiden Parteien die andere niederwerfen oder ausrotten, sondern nur deren Schwächen ergänzen; das trat im weiteren Verlauf der Ereignisse hervor. Mitglieder der einen Partei wechselten in die andere hinüber und umgekehrt, bald forderte die eine Partei stürmischeres Vorgehen, bald größere Mäßigung (Balbo war mehr konservativ eingestellt, Gioberti neigte zur Demokratie, er wollte D'Azeglios Zaudern brechen und Unabhängigkeit und Freiheit gleichzeitig verlangen); man sah das auch an gelegentlicher Zusammenarbeit, zu der die Parteien gezwungen wurden, womit nicht gesagt sein soll, daß Mazzini selbst, und sei es auch nur vorübergehend, daran gedacht hätte, Carlo Alberto oder gar Pius IX. oder der Monarchie, die die Nationalabstimmung verhinderte, den Vorrang zu lassen. Was auch alle ihre Illusionen gewesen sein mögen, praktisch wurden sie alle dazu gezwungen, das praktisch Erreichbare zu tun. Mazzinis Gedanke der italienischen Republik widersprach den tatsächlich gegebenen Bedingungen, die allerdings wandelbar sind, aber Giobertis Idee eines nationalistischen und liberalen Papsttums widersprach der Logik selbst, die niemals wandelbar ist. Gioberti selbst war ebenso unschlüssig wie seine Ideen, er haßte zwar die Jesuiten, aber deren Heuchelei und gewundene Taktik war ihm gar nicht so fremd, er war jedenfalls in allen seinen Begriffen sehr wandelbar und verworren, und dennoch hatten seine Ideen auch gute Wirkungen. Wenn auch alle klarsehenden Köpfe die ganze Hinfälligkeit seiner Idee erkannten, so bot dieser Papstmythus doch für viele Katholiken, für junge Priester und sogar für einige Persönlichkeiten des hohen Klerus die Brücke zu einem stärkeren Verlangen nach einer nationalen Wiedererhebung, nach bürgerlichem Fortschritt und einer Erneuerung des religiösen Lebens. Es war die gemäßigte Schule des liberalen Katholizismus, aus der damals alle wichtigen Werke der Philosophie, der Geschichte, alle Romane und Werke der Dichtung hervorgingen, durch die alle diese Wünsche bei den Italienern geweckt wurden: von den Traktaten Rosminis und Giobertis, den Geschichten Troyas und Balbos, Capponis und Tostis bis zu den Romanen und Tragödien Manzonis, der als Vorläufer galt, und bis zu D'Azeglios *Ettore Fieramosca* und *Niccolò dei Lapi* und den Satiren Giustis. Es bestand keinerlei Unterschied in den Grundabsichten der beiden Schulen, und so wurden auch die weniger inhaltsreichen Bücher der sogenannten »Ghibellinen« gelesen, etwa die antipäpstlichen und gegen die Fremden gerichteten Tragödien Niccolinis oder die weniger erzieherischen, verworrenen Romane des Byronschülers Guerrazzi. Man nahm daraus alles, was man an Gutem und Wahrem finden konnte. Der gemäßigten Schule verdankte man eine sehr realistische Weiterführung der politischen Diskussionen, so in Balbos *Speranze d'Italia*, in D'Azeglios *Casi di Romagna* und in den Schriften Durandos, Galeottis und anderer. Ja, im Keime war bereits eine gewisse Orientierung der nationalen Politik nach Piemont vorhanden. Außerhalb der katholisch-liberalen Schule, auf dem Gebiete des rein philosophischen Denkens und der modernen Kritik, die innerhalb dieser Schule etwas äußerlich mit der traditionellen Religion verbunden war, begannen nur wenige, junge Geister sich zu regen. Und wiederum außerhalb dieser Schule, in der Laienwelt und im Reiche des liberalen Gedankens, wuchs ein Mann heran, der damals auch noch ein Jüngling war: Camillo Cavour, den die Erschütterungen der Julirevolution stark beeindruckt hatten und der nicht Mazzinis Idealen folgte, sondern eine mittlere oder gemäßigte Politik vertrat. Cavour schrieb damals: »Es gibt keinen großen Mann, der nicht liberal wäre; der Grad der Freiheitsliebe steht bei jedem Menschen im Verhältnis zu seiner moralischen Erziehung, die er genossen hat.« Und in seinem »Tagebuch« vermerkte er: *»Nous autres qui n'avons pas de foi religieuse, il faut que notre tendresse s'épuisse au profit de l'humanité.«* Ihm sollte es vorbehalten bleiben, alles das in konkreter Form zu verwirklichen, was die gemäßigte Schule erhofft, ersehnt und vorbereitet hatte, sogar das Verhältnis zur Religion mit einer freien Kirche in einem freien Staate und die Proklamation Roms zur Hauptstadt des Königreichs Italien, Roms, dieser einstigen Stadt des Papstes.

Es gab noch ein anderes Volk, das genau wie das italienische zugleich die Frage der Freiheit und der nationalen Unabhängigkeit oder wenigstens der nationalen Einigung lösen mußte: Deutschland. Aber Deutschland hatte nicht das Glück, daß seine verschiedenen Parteien in verschiedener Form und Akzentuierung einem einzigen Ziele zugestrebt hätten. Es verharrte weiter im Dualismus, so daß die beiden Probleme nicht vereinigt werden konnten: eine einigende Kraft liberalen Charakters war immer nur recht spärlich und unregelmäßig vorhanden. Balzac gab damals einer allgemein europäischen Überzeugung scherzhaften Ausdruck, wenn er sagte, daß die Deutschen *»s'ils ne savent pas jouer des grands instruments de la Liberté, savent jouer naturellement de tous les instruments de musique« (Une fille d'Eve, 1839).* Börne und Heine waren in gewissem Sinne die Vorläufer des »Jungen Deutschland«, das in den ersten Jahren nach 1830 die Aufmerksamkeit auf sich zog, aber mit dem Bunde Mazzinis hatte es nichts weiter als den Namen gemeinsam, es bestand aus mittelmäßigen Literaten, Romanschreibern und Schriftstellern, die gegen die Trennung von Literatur und Politik wetterten und sich zu einer Tendenzliteratur bekannten. Doch es fehlten ihnen alle Begriffe und eine wirklich politische Leidenschaft, und wenn sie hin und wieder die Probe aufs Exempel bestehen sollten, dann machten sie eine schlechte Figur. Nur vorübergehend jubelten diese deutschen Literaten der Idealität der Libertät und des Fortschrittes zu, um dann sofort wieder in das Gegenteil zurückzufallen, wie Menzel, der als einer der ersten keinem anderen als Goethe den Prozeß zu machen versuchte wegen seiner apolitischen Einstellung (und es ist bezeichnend, daß man ausgerechnet einen wirklich großen Dichter und ein Genie des beschaulichen Lebens anklagen wollte, wo doch eine solche Beschuldigung, wenn überhaupt, der gesamten deutschen Kultur hätte gemacht werden müssen), um dann alldeutscher, antifranzösischer Nationalist, Monarchist, Absolutist und Feind alles Liberalen zu werden. Deutschland war das Land der Gelehrten, es besaß einen erstaunlichen Reichtum an Lehrern und Pädagogen, aber es hatte keine wirklichen Schriftsteller, die wie etwa in Italien das Volk auf die großen Probleme des nationalen Lebens gelenkt hätten. Übrigens war die mächtige Phalanx des spekulativen Denkens damals bereits im Absterben begriffen; den originalen, schöpferischen Geistern folgten die Epigonen, und nur die historische Kritik stand noch in Blüte, und zwar auf dem gesamten Gebiete der Geschichtsschreibung und insbesondere der Geschichte des Christentums, wo sie einige Begriffe der klassischen Philosophie fruchtbar machte. Wenn die Franzosen es verstanden hatten, aus der deutschen Philosophie, Geschichtsschreibung und Dichtung soviel Lebenskräfte zu übernehmen, so hatten die Deutschen ihrerseits nichts Wesentliches von ihrem Nachbarvolke gelernt, das ihnen in den moralischen Bedürfnissen und in der politischen Erfahrung des modernen Zeitalters soviel näher stand. Die Franzosen hatten auf Grund der historischen Studien den abstrakten Charakter ihrer Ideale der Freiheit, Gleichheit und Brüderlichkeit des achtzehnten Jahrhunderts berichtigt, aber die Deutschen berichtigten nicht alle jene Abstraktheiten, sondern wichen ihnen aus, sie ergingen sich in einer Art Mystizismus der Vergangenheit, in einer Anbetung des Irrationalen, das immer aus dem Vergangenen stammt und niemals die Verbindung mit dem lebendigen Leben der Gegenwart findet. Die Deutschen verloren sich in einen ungesunden Romantizismus, der bei ihnen stärker war als klare Ideen, der immer wieder die Oberhand behielt und es verhinderte, daß diese Ideen im allgemeinen Gefühl und Bewußtsein mächtig werden konnten. Es gab jedoch immer ein paar liberale Gelehrte und Professoren, so die berühmten sieben Göttinger: Dahlmann, die Brüder Grimm, Gervinus, Weber, Albrecht und Ewald, die 1837 gegen den König von Hannover protestierten, weil dieser die von seinem Vorgänger gegebene Verfassung wieder annulliert hatte, und die sich für diesen Protest absetzen ließen. Gervinus wurde mit seinen historischen Werken der hervorragendste doktrinäre Vertreter dieser Pratei. Nachdem der Sturm der Repressionen vorüber war, begannen die Parlamente der kleineren deutschen Staaten wieder einen gewissen Einfluß zu gewinnen, so besonders das badische Parlament, wo die Nähe Frankreichs und der Schweiz fühlbar war. In den rheinischen Provinzen Preußens erschien in den Jahren 1842 und 1843 die scharfe, kritische »Rheinische Zeitung«, die aber bald wieder unterdrückt wurde. Aber auch in den östlichen preußischen Provinzen und in Schlesien wurde immer lauter die Forderung einer Beteiligung des Volkes an der Regierung erhoben. Jene acht Volksvertretungen mit beratender Stimme, die im Jahre 1823 eingeführt worden waren, eine für jede Provinz, konnten diesen Forderungen nicht gerecht werden. Die Notwendigkeit zeitgemäßer Institutionen war, wenn sie sich hier auch nicht so offen kundtat und keine Verwirklichung fand, in Deutschland genau so heftig wie in anderen Ländern, denn sie ging aus den Dingen selbst hervor. Auf die Thronbesteigung König Friedrich Wilhelms IV. von Preußen hatte man die Hoffnung eines neuen Zeitalters gesetzt, aber in Wirklichkeit bedeutete sie, wie gesagt und wie das schon seine Zeitgenossen mit Verwunderung festgestellt haben, eine Personifizierung des mittelalterlich eingestellten, politisierenden Romantizismus. Seiner romantischen Vorstellung entsprach die friderizianische Verwaltungsmonarchie durchaus nicht, denn sie enthielt gar zu viel kalten Intellektualismus und Rationalismus des achtzehnten Jahrhunderts. Aber ebensowenig gefielen ihm die modernen Parlamente, die schon ein anderer gekrönter Romantiker und Verseschmied, Ludwig I. von Bayern, in einem seiner Gedichte als äußerst prosaisch angerempelt hatte. Er dachte wohl auch an ein Parlament, aber an eins nach mittelalterlichem Muster, das aus einer Vertretung der einzelnen Stände bestehen und mit dementsprechenden Zeremonien arbeiten sollte. Mit solchen dilettantischen Phantasiegebilden vertrödelte er seine Zeit, ohne die Möglichkeit oder gar den Mut zu finden, sie zu verwirklichen. Er war unschlüssig in seiner Haltung gegenüber den Liberalen, er versprach anfangs Amnestien und wollte die Pressezensur mildern, um bald darauf allen den Prozeß zu machen und die in die Verbannung zu schicken, die seinen Gefühlen entgegenstehende Vorschläge vertreten hatten. Unter diesen Voraussetzungen konnte das zweite Problem, die Frage der deutschen Einigung, nicht durch ein politisch homogenes Land und nicht durch den in Volksvertretungen zum Ausdruck kommenden nationalen Willen gelöst werden, es blieb vielmehr nur ein einziger Weg übrig: Eroberung und Assimilation der einzelnen Staaten durch einen von ihnen. Die beiden stärksten deutschen Staaten waren Österreich und Preußen. Österreich vertrat jedoch genau das Gegenteil vom nationalen Prinzip, und so blieb den Deutschen nichts weiter übrig, als ihren Blick auf Preußen zu richten, auf die Wiederaufnahme der Tradition Friedrichs II. in Preußen. Aber diese Tradition war antiromantisch, wie das einem bürokratischen Staate entsprach, und mit Schaudern und Entsetzen zog sich der König selbst davon zurück, denn er verehrte in Österreich das alte Heilige Römische Reich, er sah in Österreich das Haupt eines christlich-deutschen Staates, innerhalb dessen der König von Preußen der erste und stärkste, der treueste und stolzeste Vasall sein sollte. Mit einer solchen Geistesverfassung hegte der protestantische König von Preußen eine besondere Ehrfurcht gegenüber der katholischen Kirche, die ähnlich wie Österreich einen Schatten der vergangenen europäischen Einheit des Mittelalters darstellte, er lebte in einer Welt von Phantasien, die im mittelalterlichen oder »alemannischen« Deutschland in Blüte gestanden hatten. So unbestimmt und ungewiß aber auch die politischen Ideen über die nationale Einigung Deutschlands waren, um so leichter konnte in Erinnerung an 1813 das Gefühl für Unabhängigkeit oder der Haß gegen Frankreich wieder zum Durchbruch kommen. Frankreich hatte einstmals Deutschland mit Füßen getreten, es besaß immer noch alte Gebiete des Deutschen Reiches, und es schien Wünsche auf das linke Rheinufer zu haben. Durch die verdächtige Politik von Thiers kam 1840 dieser Haß in schrecklicher Form zum Ausbruch, und er fand seinen Ausdruck in politischen Liedern, die in Deutschland wirklich populär wurden: sie bildeten die Marseillaise des deutschen Volkes, das niemals eine andere, wirkliche Marseillaise, einen Haßgesang gegen die Tyrannen, ein Lied der unterdrückten Völker, gekannt hatte. Da aber in Deutschland keinerlei Fremdherrschaft bestand, war dieses Gefühl der Unabhängigkeit nur zum kleinsten Teil als Verteidigung gegen etwaige künftige Bedrohungen gerechtfertigt, und es würde völlig leer geblieben sein, wenn es nicht einen keineswegs

patriotischen, sondern nationalistischen und imperialistischen Inhalt gefunden hätte. Es fand seine Bestätigung nicht nur in dem idealisierten Phantasiegebilde vom Heiligen Römischen Reich, sondern auch in der Tatsache, daß diese patriotischen Deutschen niemals an die Unabhängigkeitsrechte anderer Völker dachten. Im Bunde mit Österreich umspannten ihre Pläne auch die Ausdehnung ihrer Herrschaft über italienische Gebiete und über all die anderen nichtdeutschen Länder, die zu Österreich gehörten: solcherlei Absichten traten sogar 1848 im Frankfurter Parlament hervor! Und tatsächlich hatten ja einst die Ottonen (welch hehre Erinnerung!) und die schwäbischen Kaiser den italienischen Süden einschließlich Siziliens in ihren Besitz gebracht.
Zwar nicht ganz frei von imperialistischen Gedanken, aber dennoch von liberalem Geiste getragen waren alle die Unabhängigkeitsbewegungen, die bei anderen Völkern in Erscheinung traten, in Ungarn, Böhmen, Kroatien und in Serbien. Es war ein erstes Symptom, daß man die Nationalsprachen wieder zu Ehren brachte und sie zu Literatursprachen machte, ihre Anwendung im Amtsverkehr forderte und sie ganz allgemein in Sitten, Gebräuchen und in der vaterländischen Geschichte wieder pflegte. Wir haben bereits auf Mazzini hingewiesen, der sich sofort alle die neuen Hoffnungen dieser Völker zu eigen machte und öffentlich für sie eintrat, und ein anderer Italiener aus Dalmatien, Tommaseo, sammelte und übersetzte 1840 die Volkslieder aus Illyrien. Außerhalb des österreichischen Reiches verschaffte sich Serbien, das zusammen mit anderen Völkern von den Türken unterdrückt wurde, dank der geschickten Manöver der Obrenovic eine gewisse Autonomie, das kleine Montenegro war tatsächlich schon unabhängig und hatte einen eigenen Fürsten, und allmählich erlangten auch die Moldau und die Wallachei eine gewisse Selbständigkeit, sie fanden Unterstützung bei Rußland und waren durch die westliche, besonders durch die französische Kultur modernisiert worden. Polen war durch die drei absolutistischen Mächte zermalmt worden und wurde nur noch durch seine zahlreichen politischen Emigranten vertreten. Rußland versagte sich nicht dem nationalen Ideal, aber dieses hatte dort keinerlei liberale Bedeutung, es war vielmehr nach dem pangermanistischen Vorbild der mit dem Mittelalter liebäugelnden deutschen Romantiker und ähnlicher reaktionärer Politiker und Utopisten geschaffen worden: so entstand der imperialistische Pan-

slawismus. Aber auch in Westeuropa erlebte man das schmerzliche Schauspiel eines verzweifelten Unabhängigkeitskampfes, und zwar innerhalb des Britischen Reiches, des freiesten europäischen Staates: in Irland. Religiöse Spaltungen, Aufstände und Eroberungen hatten Irland in geradezu pathologische Zustände versetzt, die nur sehr schwer wiedergutgemacht werden konnten. Trotz der glühenden Anfeuerungen eines O'Connell und trotz der von Peel ursprünglich vorgeschlagenen, aber dann vom Oberhaus zurückgewiesenen Reformen wurde Irland 1845 von einer Hungersnot heimgesucht, es büßte dabei ein Viertel seiner gesamten Bevölkerung ein und fand kein anderes Heilmittel als Entvölkerung des Landes und die Auswanderung seiner Söhne nach Amerika. England konnte weder in einer ruhigen und gedeihlichen Vereinigung mit Irland noch ohne Irland leben, denn eine staatliche Abtrennung dieser benachbarten Insel hätte zu große Gefahren bedeutet. Wo diese Bewegungen rein national waren, ließ eine Verbindung mit liberalen Verfassungen nicht auf sich warten. In Böhmen bestand 1840 die Volksvertretung darauf, über die Steuern und Abgaben zu bestimmen, 1832 forderte Kossuth in Ungarn nicht nur wirtschaftliche, sondern auch politische Reformen der alten Verfassung, um die Vorherrschaft der Magnaten zu brechen und dem Kleinadel Raum zu schaffen, und Griechenland erhielt nach dem athenischen Aufstande von 1843 von König Otto eine Verfassung mit einer Kammer und Senat. In Österreich war gegen Ende des achtzehnten Jahrhunderts unter den Kaisern Joseph und Leopold die Reformbewegung zum Stillstand gekommen, aber das Beispiel Süddeutschlands und die Literatur und Zeitungen der westlichen Länder, die trotz aller Verbote Eingang nach Österreich fanden, erweckten dort einen gewissen Geist der Kritik und das Verlangen nach Neuerungen. Das alles sind Indizien, an denen man die mehr oder minder rasche Ausbreitung des liberalen Gedankens erkennen kann, und darüber ist kein Wort mehr zu verlieren. Und aus entgegengesetzten Gründen gilt das auch für jene europäischen Aktionen, vor allem des liberalen Europa, die immer mächtiger wurden: Eroberung und Kolonisierung historisch passiver Länder, all die Arbeit, die England in Indien geleistet hat, wo es allmählich die Stelle der Handelskompagnie einnahm und barbarische Sitten und Sklaverei abschaffte. Von neuen Prinzipien geführt, schuf sich England ein neues Imperium an Stelle jenes alten, das es im 18. Jahrhundert verloren hatte. Hier-

her gehört auch die Eroberung und Ordnung Algeriens durch Frankreich, die Begründung des französischen Kolonialreiches sowie die Ereignisse in Ägypten mit Mohammed Ali.
Alle diese Gärungen in der ganzen Welt, die Ideen, Kräfte, Versuche und Hoffnungen, führten im Jahre 1846 zu einem Ereignis, an dem die ganze Welt Anteil nahm: ein Liberaler wurde Papst – Pius IX. Die unausweichliche Notwendigkeit und Kraft des liberalen Ideals fand darin ihren paradoxen Ausdruck, sie war imstande, sich Menschen und Institutionen dienstbar zu machen, die sie eigentlich nur hätte bekämpfen müssen. Ein liberaler Papst war logisch und auch im Reiche der Realität eine Unmöglichkeit. Kein anderer als Metternich selbst bekannte, daß er in allen seinen Voraussagen und politischen Berechnungen an diese Möglichkeit niemals gedacht hatte. Und dieses Ereignis konnte nur dadurch im Reiche der Wirklichkeit möglich werden, daß die Gewalt der ideellen Bewegung ihm Seele und Kraft verlieh, wie ein Traumwandler Gesten und Handlungen zu vollführen; der Papst war einfach überwältigt und mitgerissen worden. Es war ein Gefühl, eine Phantasie, die theatralisch verwirklicht wurde: Rom, Italien und die Welt waren die Bühne, und die Völker bildeten die Massen der Chöre. Und einer erkannte im Zwielicht, was eigentlich geschah, und sang sein Lied:

Pius IX., nein, nicht Du,
Kein Mensch regieret vom Thron,
Pius IX., unseres eigenen Hirnes Sohn,
Unseres Herzens goldener Traum, ein Idol,
Pius IX., eine Fahne bist Du, ein Reim
Zu singen im Chore, ein guter Name.

Und Gioberti gefiel sich darin, mit seinem »Idealbild des christlichen Papsttums« die Autosuggestion des Bischofs Mastai (der in Augenblicken des Irrens versicherte, er sei nichts als ein »armer Seelsorger«) und die stärkste Kollektivsuggestion gefördert zu haben. Und ganz gewiß war sein *Primato d'Italia* der Verführer gewesen, aber eine solche Verführung wäre ohne die vorhergehende Arbeit der liberalen Katholiken niemals möglich gewesen, und ganz und gar nicht ohne ihre liberal-national-päpstliche Epopöe über die lombardische Liga und die Schlacht von Legnano. Die revolutionäre Kraft, die durch dieses dichterische Symbol ausgelöst wurde, war in Italien und in der ganzen Welt gewaltig: die Liberalen aller Konfessionen und ohne Konfession spendeten Beifall, sie sahen Widerstände gegen ihre Forderungen und Hindernisse auf ihrem Wege fallen; ein großer Teil des Klerus nahm alle die mit offenen Armen auf, die er bis dahin pflichtgemäß für Feinde der Religion und der Kirche gehalten hatte; und die absolutistischen Regierungen fanden nicht mehr jene Hilfsquellen, die ihnen bis dahin die Allianz mit der Kirche geboten hatte. In den Jahren 1846 und 1847 wurden in Rom, in der Toskana und in Piemont Amnestien erlassen, die Pressezensur wurde gemildert oder gänzlich abgeschafft, Verhandlungen wurden zugesichert, die Aufstellung einer Miliz oder Nationalgarde wurde in Erwägung gezogen, und schon erhob man ausgesprochene Forderungen nach Verfassungen und Parlamenten. In Neapel gab Settembrini seine *Protesta* heraus, die Liberalen erhoben das Haupt, und die Regierung mußte vorsichtshalber zu Einkerkerungen greifen, während Reggio in Kalabrien und Messina sich erhoben. In der Lombardei und in Venetien traten die Bünde aus ihrer Zurückhaltung heraus, die Bevölkerung sang begeisterte Lieder für Papst Pius IX. und schmückte sich mit seinen Abzeichen, zum Protest gegen Österreich rauchte man nicht, und die österreichischen Soldaten wandten wiederum ihre altbekannten Grausamkeiten an. Auf dem Wissenschaftskongreß zu Genua 1846 verherrlichte man König Carlo Alberto, die Freiheit, die Unabhängigkeit und die Wiedererhebung Italiens. Ein Jahr später untersuchte man die Möglichkeit eines Handelsbundes der römischen Staaten mit der Toskana und Piemont. Jede Gelegenheit und jeder Zwischenfall wurden wahrgenommen, etwa das Begräbnis des Confalonieri oder die Nachfolge eines italienischen Erzbischofs auf einen österreichischen in Mailand, um die Gefühle zur Schau zu stellen, die damals die Geister leidenschaftlich bewegten. Österreich war nervös geworden und besetzte im August 1847 Ferrara, aber das löste nur eine ganz unmittelbare Reaktion aus und veranlaßte Carlo Alberto zur Erklärung seiner Bereitschaft, die Rechte des Papstes zu verteidigen. Garibaldi, ein 1833 in die Verbannung gegangener Anhänger Mazzinis, von dessen Taten in Südamerika ein Echo bis nach Italien gedrungen war, liebäugelte mit dem Gedanken, für den liberalen Papst Kriegsdienste anzunehmen und nach Italien zurückzukehren.

Und viele Offiziere, die nach den letzten Revolutionen und Verschwörungen hatten flüchten müssen und für fremde Völker gekämpft hatten, da sie es für das eigene nicht konnten, kehrten tatsächlich zurück. Cobden, der Sieger im Kampfe für den Freihandel, reiste durch Italien und wurde überall gefeiert. Palmerston, der Vorkämpfer im Kampfe für die Freiheit gegen den Absolutismus, schickte seine Agenten in die verschiedensten Hauptstädte Italiens, um den Fürsten Reformen anzuraten und sie zu Verfassungen zu ermutigen. Und in allen anderen Ländern fand diese Gärung ihren Widerhall, gestärkt durch das italienische Vorbild oder aus den gleichen Motiven heraus, die dieses italienische Vorbild herbeigeführt hatten. In der Schweiz führte der Konflikt mit jenen sieben Kantonen zu einer Krisis, welche dem Absolutismus, den Klerikalen und den Jesuiten ergeben geblieben waren und sich 1845 von den übrigen Kantonen getrennt und den »Sonderbund« gegründet hatten, dessen Widerstand 1847 mit Waffengewalt gebrochen wurde: so wurde die Einheit der Eidgenossenschaft wiederhergestellt und die Jesuiten des Landes verwiesen. In Deutschland hatte Metternich die richtige Witterung, daß es nicht der gegebene Augenblick sei, um Unklugheiten zu begehen, und so zügelte er in Übereinstimmung mit Preußen die Anwandlungen des neuen Kurfürsten von Hessen, der sich anschickte, die von seinem Vater zugestandene Verfassung abzuändern. In Baden wurde ein liberales Kabinett gebildet, und dies war der erste Fall, daß demokratische und radikale Parteien an die Regierung kamen. Der König von Preußen entschloß sich, im Februar 1847 das Parlament der vereinigten Landtage einzuberufen, das nach dem 1823 erlassenen Gesetz über Staatsanleihen zu entscheiden hatte. In der Eröffnungsrede bekannte er, daß er niemals seine Einwilligung dazu geben würde, zwischen seine Untertanen und Gott (oder den König von Gottes Gnaden) eine Verfassungsurkunde einzuschalten, die mit eigenen Formalitäten regieren und an die Stelle des alten Legalismus treten könnte. Obgleich dieses Parlament gesetzlich nur das Petitionsrecht in inneren Angelegenheiten und beratende Stimme zu Gesetzentwürfen hatte, die der König nach Belieben ihm vorlegen konnte, begann eine hauptsächlich von den Vertretern der rheinischen und der östlichen Provinzen Preußens geführte Opposition, um die Einführung der 1815 versprochenen Verfassung und regelmäßige Sitzungen der Versammlung durchzusetzen. Zur gleichen Zeit brachte die Nachfolgefrage in Schleswig-Holstein dem deutschen Vaterlande die Gefahr eines Verlustes von Gebieten. Dadurch wurden die nationalen Gefühle zum Kochen gebracht und das Problem der deutschen Einigung immer akuter.

Die erste große Umwälzung in der modernen Geschichte war die Überwindung der mittelalterlichen Theokratie durch den Kampf zwischen Kaisern und Päpsten, die Entstehung der Großstaaten und die Renaissance. Die zweite, nicht minder bedeutende Umwälzung hatte in der Mitte des 17. Jahrhunderts in England begonnen und war mit der Französischen Revolution eine europäische Angelegenheit geworden: die Ablösung der absoluten Monarchien durch liberale Regierungen, womit gleichzeitig das ursprüngliche und recht simplizistische Ideal dieser Regimes, die abstrakte Demokratie und der Jakobinismus, überwunden wurde. Die Vertreter der alten Ideale, die Theokraten der Vorherrschaft der Kirche oder die Vertreter einer Verständigung zwischen Kirche und Staat, die Befürworter des königlichen oder patrizischen Absolutismus, die alten Jakobiner und Terroristen schlugen drei verschiedene Wege ein: entweder blieben sie bei der Unversöhnlichkeit ihres Glaubens und zogen sich zurück, aus einem Gefühl von Würde und zugleich aus Verachtung und Ekel. Sie sagten sich immer wieder: »*Victrix causa diis placuit sed victa Catoni*« – die siegreiche Sache war den Göttern wohlgefällig gewesen und die besiegte dem Cato. Oder sie stellten sich auf den Boden der Tatsachen, beteiligten sich an den liberalen Regierungen, um zu retten, was für sie zu retten war, und in ihrem Herzen hielten sie dabei die Hoffnung auf Besseres wach, das einstmals wiederkehren würde, und sie ermunterten die extremen Flügel der liberalen Partei. Oder aber sie wählten den Weg des geringeren Übels und schufen sich selbst ganz allmählich neue Seelen und eine neue Anschauungsweise, sie erzogen sich sozusagen selbst und wurden zu wirklichen Liberalen. Dabei war es natürlich nicht ausgeschlossen, daß einzelne Vertreter dieser drei Richtungen von einem Lager ins andere übergingen. Und genauso verhielten sich die Klerikalen: ein Teil von ihnen hörte nicht auf, zu beten und gleichzeitig zu fluchen, sie gaben sich den Anschein der Loyalität gegenüber der neuen politischen Lage, die sie für nur vorübergehend hielten und mit der Waffe der Freiheit selbst bekämpfen wollten, und ein anderer Teil von ihnen verhielt sich wirklich loyal und erkannte die neuen Bedingungen als gut und gesund an. Das letztere war jedoch nur möglich durch eine Art geheimer oder fast unbewußter Reform im rationalistischen und idealistischen Sinne, die Dogmen wurden in irgendeinen Seelenwinkel beiseite gestellt, wo man sie aus Zuneigung für die eigene Vergangenheit verehrte und sie zugleich immer unwirksamer machte. In Wahrheit hatte man sie längst durch ein neues Gedankensystem ersetzt, das in Wirklichkeit allein wirksam war. In jenen Ländern, in denen im 16. Jahrhundert die Reformation ausgeblieben war, setzte sie sich auf diesem Wege nachträglich durch, wobei große Sprünge gemacht wurden und der anderwärts nur langsam zurückgelegte Weg abgekürzt wurde. Auch in Italien fand dieser Prozeß mehr oder weniger kühn statt: Manzoni, Rosmini, Gioberti, Lamberuschini, Riscasoli waren unter anderen seine Vertreter. Aber da war immer noch die römische Kirche, die fest auf ihren Dogmen beharrte. Sie intervenierte und brachte allen in Erinnerung, daß wie einstmals Ketzerei und Evangelismus so heute der Liberalismus der Feind der katholischen Kirche sei: die Enzyklika *Mirari vos* vom Jahre 1832 gegen Lamennais' Lehren verdammte ausdrücklich die Gewissensfreiheit, die Freiheit des Kultus und der Presse, die Trennung von Staat und Kirche und alle die damit verbundenen *deliramenta.* Die Katholiken in den liberalen Ländern wie Frankreich, Irland und vor allem in Belgien wurden dadurch in große Verlegenheit gesetzt, denn in Belgien z. B. hatten sie nur im Bunde mit den Liberalen die Unabhängigkeit vom protestantischen Holland durchsetzen können, und dabei hatten sie der liberalen Verfassung zugestimmt, die sie nun selbst vertraten und sich nutzbar machten. In Belgien war das Bündnis zwischen Katholiken und Liberalen eine nationale Notwendigkeit geworden. Die Vorteile, die Montalembert und Lacordaire und andere katholische Freunde Lamennais', die seinen Austritt aus der Kirche nicht mitgemacht hatten, aus dieser Verbindung zogen, waren ganz offenbar. Sie verhandelten mit liberalen Ministern und liehen diesen ihrerseits ihre Unterstützung, um wenigstens einige kirchliche Institutionen und vor allem die Beherrschung des Erziehungswesens für die Kirche zu retten. Sie benutzten die Preßfreiheit zum Schutze kirchlicher Interessen, worin ihnen schon Lamennais selbst im *Avenir* ein gutes Beispiel gegeben hatte, was ihm dann Montalembert und Veuillot heftig und gewaltsam nachmachten. Die der Kirche gehorsamen Katholiken und die gegenüber dem Liberalismus unversöhnliche Kirche, die beide ganz und gar politisch eingestellt waren, paßten sich den Rechten der Gewissensfreiheit und der Autorität mit Hilfe ihrer bequemen Kasuistik an, indem sie zwischen »dogmatischer Intoleranz«, die man streng aufrechterhalten müsse, und »ziviler Toleranz« unterschieden, die man zugestehen solle; zwischen dem »Prinzip der Freiheit«, das die Kirche und mit ihr jeder gute Katholik verwerfen und mit Abscheu ablehnen müsse, und den »praktisch angewandten und begrenzten Freiheiten«, die die Verfassungen festsetzen und denen man sich nicht versagen dürfe. Das waren logische Sophismen und Beleidigungen des moralisch-ethischen Gewissens. Wer aufrichtigen Geistes einige damals gehaltene Reden des Monsignore Dupanloup oder die *Cas de conscience* des Bischofs Parisis liest, wird nichts anderes als Ekel empfinden können. Aber trotzdem war das alles Politik. Damals sah man auch die ersten Anzeichen einer Annäherung des Ultramontanismus an den Sozialismus (die Cavour für unvermeidlich hielt) bei katholischen Demokratisch-Sozialen wie Ozanam und Buchez, der vom Saint-Simonismus zum Katholizismus übergelaufen war. Das geschah zur gleichen Zeit, als Kingsley in der anglikanischen Kirche die Parole des »christlichen Sozialismus« ausgab. Genau wie im liberalisierenden Klerikalismus vereinigte man auch hier einander grundsätzlich entgegenstehende Auffassungen, indem man das Heterogene dieses Unterfangens zunächst mit mittelalterlich gefärbten Ideen einer Wiederherstellung von Gilden und Korporationen verbrämte, um dann später freimütig zu weniger anachronistischen Plänen überzugehen. Der »partito popolare«, die italienische Volkspartei, die in unseren Tagen in Italien entstanden ist, und die ihr entsprechenden Parteien in anderen Ländern verdanken ihren letzten Ursprung der Auswirkung der Julirevolution auf die Klerikalen, der Niederlage des Absolutismus und dem Entstehen neuer sozialer Gegensätze: in jenen Jahren wurden alle Grundbegriffe des politischen Kampfes festgelegt, der noch heute nicht beendet ist.

Zum ersten Male beschäftigte damals der Kommunismus die Geister; er beherrschte die Vorstellungswelt. Mit Erschütterung und Bestürzung glaubte man in ihm den Sieger einer nahen Zukunft zu sehen, mit hellem Jubel wurde er begrüßt und mit Entsetzen zurückgewiesen. Damals bildete der Kommunismus sein System und seine Methoden aus. Er dachte seinen Gedanken so zu Ende, daß später nichts mehr hinzuzufügen noch zu ändern war. Der Gegenstand für den Kommunismus war mit der Revolution in der Entwicklung von Industrie und Handel gegeben: Maschinen, schnelle Transportmittel und die moderne Technik hatten dem Produktionsprozeß einen sich überstürzenden Rhythmus auferlegt. Die Ordnung der ökonomischen Klassen war umgestoßen worden, in den großen Städten waren riesige Arbeitermassen konzentriert, die Arbeitslosigkeit drückte auf die Löhne, Frauen und Kinder mußten gegen niedrigstes Entgelt Tag und Nacht arbeiten, Unternehmer und Kapitalisten heimsten in kürzester Frist größte Gewinne ein und dementsprechend auch die Grundeigentümer. Das führte zur Übermacht der Finanziers und Bankiers (deren weltberühmte Vertreter die Rothschilds waren), und so wurde ein Konkurrenzkampf entfesselt, der Bankrott, Elend und Krisen mit sich brachte: Arbeiteraufstände und Revolten waren an der Tagesordnung und bedrohten die gesamte soziale Ordnung. Diese Dinge und diese Situation führten jedoch nicht in deterministischer Weise, wie es eine gewisse Mythologie will, von sich aus zum Kommunismus oder zu einem anderen politischen System. Der Kommunismus war nicht eine unmittelbare Rückwirkung der Leiden der Arbeiter: es waren nicht die Arbeiter, sondern die Denker, die vor neuen ökonomischen und moralischen Aufgaben standen und den Kommunismus schufen, wie sie auch alle anderen politischen Systeme geschaffen hatten. Sie ersannen eine bessere Ordnung der Produktion, der Gerechtigkeit, der Menschlichkeit überhaupt und der Kultur, sie dachten an die Erhebung und Erziehung neuer sozialer Klassen zu politischem Denken und Wollen: es waren zweifellos dieselben Denker, die immer wieder mit dem Leben der menschlichen Gesellschaft verwoben waren und auf denen die Geschichte der Menschheit lastete, die aber nunmehr auf Grund völlig neuer Voraussetzungen eine neue Perspektive und eine neue Physiognomie vorausfühlten. Diese Probleme zu lösen, war die politische Aufgabe der Zeit, aber man mußte sie in Beziehung zur Gegenwart lösen, zu den wirkenden geistigen und ethischen Kräften, auf den sich bietenden oder freizumachenden Wegen, und zwar mit dem Bewußtsein, daß bei einer späteren Änderung der Dinge und in Auswirkung der gefundenen Lösungen die Probleme selbst sich wieder anders darbieten und andere praktische Möglichkeiten eröffnen würden. Der Anspruch, die Dinge ein für allemal radikal und für ewige Zeiten lösen zu wollen, würde bedeuten, dem menschlichen Leben den Rest zu geben und der Geschichte selbst ein Ende zu setzen. Wenn jedoch dieser Anspruch nicht wäre, wenn er nicht immer wieder in den Geistern auftauchte, dann gäbe es überhaupt keine sogenannten »Utopien«, die gerade der Gedanke einer vollständigen und endgültigen Lösung sind. Die Erweiterung der besonderen und zufälligen Probleme, die allein wirksam und lösbar sind, zu einem nicht existierenden Gesamtproblem, z. B. zur sogenannten »sozialen Frage«, die, wie einmal ein französischer Politiker mit Recht gesagt hat, »n'existe pas«, wäre dann nicht möglich. Man hätte das noch viel leichter erkennen können, wenn man die Formel »soziale Frage« in die andere, synonyme Formel »historische Frage« oder »Problem der menschlichen Gesellschaft« übersetzt hätte – ein Problem, das ganz offenbar überhaupt nicht existiert. Die anwachsende Produktion und der allgemeine Wohlstand jener Zeit war unter den gegebenen Bedingungen aus der Abschaffung aller Fesseln für Industrie und Handel hervorgegangen, insbesondere aus dem in England siegreich durchgekämpften Kampf gegen den Getreidezoll, doch sie alle waren Utopisten, die daraus den Schluß zogen, daß die soziale Frage oder das »Problem der Geschichte« mit einer Verherrlichung der liberistischen ökonomischen Faktoren zu absoluten Prinzipien gelöst werden könnte, daß man dieses zum Gesetz des menschlichen Zusammenlebens erheben und damit alle Gegensätze ausgleichen, alle Schwierigkeiten lösen und die menschliche Glückseligkeit herbeiführen könnte. Einen solchen Gedanken konnte man letzten Endes nur dann fassen, wenn man das Gesetz der Geschichte außerhalb der Geschichte stellte. Und das kann man tatsächlich bei dem populärsten Vertreter und Utopisten des Liberalismus beobachten, bei Bastiat, der eine religiöse Basis zwischen einem Naturglauben, der der Philosophie des 18. Jahrhunderts entsprach, und einem Vorsehungsglauben besaß.

Anders geartet waren die Kommunisten, aber auch sie waren Utopisten, sofern sie eine definitive Ordnung der Gesellschaft und des menschlichen Lebens und eine überhistorische Regierung vorzeichneten. Die relative, besonders und ins einzelne gehende Verneinung der freien Konkurrenz, die man machen kann, verwandelten sie in eine absolute Ablehnung, und die ebenfalls relativ mögliche Intervention der Autorität zur Regulierung der Produktion bejahten sie in absoluter Form. Einige von ihnen dachten daran, das Prinzip der freien Konkurrenz durch eine Ordnung zu ersetzen, die das Ziel der Harmonie nicht mit Hilfe von Wettkämpfen und Wettbewerb, sondern durch Spontaneität und Lust zu erreichen sucht; andere wollten es durch die Weisheit der Weisen ersetzen, die nach wissenschaftlichen Gesichtspunkten alles regeln sollten. Es waren edle Gefühle und Motive, die Männer wie Saint-Simon, Fourier und Owen leiteten, doch ihnen fehlte in ihrer Weltauffassung eine wirkliche Kenntnis des menschlichen Lebens in seiner geistigen und moralischen Gesamtheit. Owen blieb tatsächlich den materialistischen Voraussetzungen treu, und Fourier lehnte Begriffe wie »Moral« und »Pflicht« ab. Er ließ nichts anderes gelten als »Leidenschaft« und »Anziehungskraft«. Er kannte weder mühselige Kämpfe noch Dialektik. Und alle, am stärksten aber Saint-Simon selbst und seine ganze Schule, wandten sich gegen die Freiheit, die, wie Saint-Simon sich ausdrückte, eine »vage und metaphorische Idee« sei, welche »die Aktion der Masse auf die Individuen« hemmt und eine »Ordnung von Gefühlen« aber noch nicht eine »Klasse von Interessen« bezeichnet, die bestenfalls als Kampfmittel gegen das alte theologische System dienlich sein, aber in der wahren Gesellschaft nur Schaden anrichten kann, da diese völlig rational und wissenschaftlich sein wird. In ihr muß »das Individuum an die Gesamtheit gebunden und von ihr abhängig« sein. Nach Fourier kann man in der neuen Gesellschaft dem einzelnen ebensowenig politische Freiheit und Gewissensfreiheit zugestehen, wie es in der Chemie, Physik, Astronomie Freiheit gibt. Die Freiheit, wiederholte Louis Blanc, ist nichts als ein »Wort«, ein »Köder für naive Menschen«, denn es gibt keine andere wahre Freiheit als die »Organisierung der Arbeit« im Staate. Die Saint-Simonisten bewunderten daher den Katholizismus, da auch sie an die Spitze ihrer Idealgesellschaft eine Art Papsttum stellten, wenn auch ein wissenschaftliches. Enfantin verehrte das alte Österreich, das »allein den unvollkommenen Dogmen der Freiheit und Gleichheit widerstanden hatte und eine Ordnung repräsentierte, die ein priesterliches Amt besaß«. Die Saint-Simonisten ähnelten also einer gewissen Sorte von Klerikalen; als die Julirevolution den Liberalismus zum Triumph geführt hatte, forderten sie alle Freiheiten: Versammlungsfreiheit, Preßfreiheit, Lehrfreiheit, Kultfreiheit, aber nicht aus Freiheitsliebe, sondern um mit den Mitteln der Freiheit deren Gegenteil zu erreichen. Nicht einmal der Wissenschaft und der Kunst räumten sie Freiheit ein, sie wollten diese zur Magd neuer Theologen und Priester machen, zu Beamten ihrer Regierung von Gelehrten und Industriellen. Es ist daher nicht verwunderlich, daß sie bei einer solchen Geistesverfassung danach trachteten, die Lust zur Herrschaft zu bringen, daß sie ein neues Dogma von der »Erneuerung des Fleisches« erstrebten. Und gerade dies gefiel Heinrich Heine und den Literaten des »Jungen Deutschland« an den Saint-Simonisten. Es ist auch nicht zu verwundern, daß das Beste, was der Saint-Simonismus an Ideen hervorbrachte und vorwegnahm, ökonomische Institutionen und Leistungen waren: Aktiengesellschaften, Diskontbanken, Eisenbahnnetze. Nachdem seine Anhänger eine bizarre religiöse Komödie aufgeführt hatten, in der neben dem »Vater« auch die »Mutter«, d. h. das Weib nicht fehlte, nachdem sie sich lächerlich gemacht hatten und nicht mehr als Schule weiterbestehen konnten, widmeten sich die letzten Überlebenden dieser Bewegung, unter ihnen Enfantin, der wie viele Saint-Simonisten bezeichnenderweise aus einem Polytechnikum hervorgegangen war, Spekulationen und Geschäften und Ingenieurarbeiten, zum Beispiel dem Plane des Suezkanals. Sie waren gegen alles Politische indifferent geworden und vertrugen sich sehr wohl mit Bonaparte unter dem zweiten Kaiserreich, während ihr Philosoph Auguste Comte den Staatsstreich und alle seine Folgen theoretisch rechtfertigte und seine »positive Politik« ersann. Wie anders war das bei Giuseppe Mazzini, der vom Saint-Simonismus das alles übernommen hatte, was an seinem System schlecht war: die Abneigung gegen das Prinzip der freien Konkurrenz, die Assoziation, die Religion der Zukunft und ähnliches. Aber er kämpfte unermüdlich für die Freiheit, und in diesem Kampf nahm er alles Leid und alle Not auf sich. Er forderte alle Gefahren heraus und wurde von der bonapartistischen Polizei genauso verfolgt wie von den Polizeien aller Länder Europas, die ihm ohne Atempause auf den Fersen waren und eine wahre Hetzjagd auf ihn veranstalteten. Mazzini beurteilte den Kommunismus stets als »Materialismus«, er sah in der Geschichte wie Lessing die Erziehung des Menschengeschlechts und wie Herder die Epopöe der Völker. Saint-Simon brachte seinerseits die ökonomische oder sogenannte materialistische Geschichtsauffassung auf den Plan, er sah in der Französischen Revolution nichts anderes als die Ergreifung der Macht durch die Bourgeoisie, er dehnte den Begriff »Bourgeoisie« im ökonomischen Sinne auf die geistige Struktur des modernen Zeitalters aus. Das

war eine Fälschung oder wenigstens eine grobe Verwirrung ungleicher Begriffe. Kommunisten und Sozialisten nahmen diesen Mißbrauch eines Begriffes ihrerseits auf, und auch ihnen Fernstehende ahmten das nach. (Im Anschluß an diesen Begriff müßte man logischerweise sagen, daß die Erfinder des Kommunismus echte »Bourgeois« waren oder daß gerade diese ganz und gar ökonomische Idee die »Quintessenz des Bourgeoistum« ist.) In Auswirkung dieses Impulses wurde in der zeitgenössischen französischen Geschichtsschreibung der Begriff des Klassenkampfes in den Vordergrund gestellt. Man fing an, unter dem Deckmantel der Ideologien den Kern der ökonomischen Interessen aufzudecken, wozu auch die Erinnerung an eine im achtzehnten Jahrhundert übliche Erklärung der Religionen als Erfindungen von Priestern zur Stärkung ihrer Herrschaft beitrug. Die Philosophie der Geschichte mit einem vorbestimmten Plane geht bis auf den Traum Daniels von den vier Weltreichen zurück, sie war von dort auf das mittelalterliche Denken übergegangen und in der idealistischen deutschen Philosophie erneuert worden, und sie gab Kommunisten und Sozialisten den Rahmen für ihr weltgeschichtliches Bild ab, in welchem über dem Ablauf vorhergegangener Weltalter als letztes und endgültiges die Wiedergeburt der schließlich in der Assoziation der Arbeit wiedererstandenen Menschheit aufgerichtet wurde.
Diesen ersten Theoretiker und Programmatiker des Kommunismus erdachten ihre Programme in der Art von Wirtschaftsunternehmungen, hygienischen Reformen und Erziehungseinrichtungen. Zum Teil glaubten sie fest an die Propaganda des Wortes und an die Wirkung des Beispiels von Erfahrungen im Kleinen; zum Teil setzten sie ihre Hoffnungen auf die Gunst von Königen und Despoten: Saint-Simon hoffte nacheinander auf Napoleon, Alexander von Rußland und Ludwig XVIII. Das Problem der Methode wurde jedoch ganz anders aufgefaßt von jenen anderen Kommunisten, die an die revolutionäre Tradition anknüpften, vor allem an Babeuf, über dessen Verschwörung ein Teilnehmer, Buonarroti, damals ein Buch schrieb, das Schule machte. Diese revolutionären Temperamente in Frankreich und anderwärts setzten ihre Hoffnungen vergeblich auf die Arbeiter und Proletarier. Sie bauten auf die Kraft des Proletariats, das, einmal geweckt und richtig geführt, alle bestehenden Ordnungen mit Gewalt in die Luft sprengen könnte, so daß nach der Zerstörung des Kapitalismus die Gesellschaft der

Arbeiter errichtet werden könnte, die alle in gleicher Weise an der Arbeit und an der Verteilung der Güter teilnehmen sollten. Eine solche Propaganda hatte den Virus des Hasses nötig, es genügte nicht der recht unbestimmte Begriff der Unterdrückung und der Ausbeutung. So entstand in England unter Einwirkung der Ricardianischen Lehre vom Zins eine Doktrin über den Ursprung des Profits, der aus der Nichtbezahlung der Arbeit an den Arbeiter gewonnen wird.

Man sieht, hier und da verstreut und zum Teil sogar systematisch existierte bereits alles, was später Karl Marx zu seinem sozialen System zusammenfaßte: historischer Materialismus, Denken, Kunst und Religion als Erscheinungsformen der Ökonomie, Antiliberalismus, Klassenkampftheorie, Abfolge von historischen Epochen mit dem proletarischen Zeitalter als Abschluß, Mehrarbeit und Mehrwert, Kritik der Unordnung der kapitalistischen Produktion und ihrer Krisen usw. Karl Marx verlieh jedoch diesen Begriffen und Begriffsentwürfen besondere Bedeutung. Mit Hilfe Hegelianischer Dialektik verarbeitete er sie weiter zu einer neuen Synthese: die bei dem Meister und auch bei seinen Schülern ihrer Natur nach universale, formale und erklärende Dialektik war mit Empirismus und Einbildung vermischt worden und hatte so zu merkwürdigen ethischen und sozialen Konstruktionen geführt. Bezeichnenderweise ging darin die sogenannte linke Hegelsche Schule voran, zu der auch Karl Marx gehörte, und die in Deutschland sogar bis zum Anarchismus eines Max Stirner führte. Als einiges davon nach Frankreich drang, gewann Proudhon daraus seine Kritik der ökonomischen Widersprüche, mit Thesis, Antithesis und Synthesis, was aber auch bei ihm anarchisch blieb.

Karl Marx drehte die Widersprüche des kapitalistischen oder bourgeoisen Zeitalters, das auf das feudale Zeitalter gefolgt war, einfach um und ließ aus seinem Haupte, von ihm in die Welt gesetzt und erzogen, dessen Leichenträger und Nachfolger hervorgehen: das Proletariat. Daraus gewann er die kommunistische Synthese, die von diesen Vollstreckern der historischen Notwendigkeit verwirklicht werden sollte. Auf der Grundlage dieses dialektischen Schemas verfaßte und formulierte er gegen Ende des Jahres 1847 das »Kommunistische Manifest«. Karl Marx' Originalität besteht nicht in seiner Philosophie, auch nicht in seiner Nationalökonomie (denn von diesem Teil seiner Lehre bleibt kaum noch ein Gedankenfragment verwertbar), sondern in folgendem: er war der Schöpfer politischer Mythologien oder Mythen, denn er verlieh der kommunistischen Bewegung die Grundlage oder wenigstens das neue Kleid der Philosophie und Geschichte, – er schenkte ihr ein Buch, das »Kapital«, das eine große Wirkung auf unkritische Geister, auf Einbildungen, Leidenschaften und Erwartungen ausübt – Wirkungen, die trotz der Überwindung aller Begriffe dieses Buches noch heute andauern. In einem Augenblick machte er Schluß mit Moralismus und Sentimentalismus und wandte sich an elementarere und leichtere Triebfedern. Wenn Weitling seiner Vereinigung der »Gerechten« noch den Leitspruch zugerufen hatte: »Alle Menschen sind Brüder«, so gab Karl Marx die Parole aus: »Proletarier aller Länder vereinigt Euch!« Das heißt, vereinigt Euch im Haß und im Zerstörungskampfe. Wenn es schien, daß man eine rationelle Gewißheit der Zukunft gewinnen könne, so verwandelte sich dank der von Karl Marx eingeführten Dialektik die Methode der Verwirklichung. Karl Marx brachte die Methode jener Kommunisten zu Fall, die er als »Utopisten« bezeichnete. Er verwarf auch die Methode der Aufstände und Handstreiche, die beide als kindisch erschienen gegenüber der philosophisch-dialektischen Methode, die die Parole ausgab, den objektiven historischen Prozeß mit Geist und Tat zu begleiten und ja dessen aufeinanderfolgende Phasen mitzuerleben und die Gewalt lediglich im günstigen Augenblick einzusetzen, um reife Früchte zu ernten. Das Ziel war kommunistisch und materialistisch, aber die Methode sollte rein historisch sein! Je nachdem die Methode wirklich historisch sein würde oder nicht, würde sie sich in der Praxis entweder zu konkreter, schrittweiser und somit substantiell liberaler politischer Tätigkeit entwickeln oder in einen naturalistischen Fatalismus verfallen, der die Leugnung der Historizität und der Aktivität bedeutet. Diese Widersprüche zwischen dem Ideal und der Methode blieben damals noch unsichtbar und unerkannt, und auch heute hat man sie noch nicht richtig erkannt. Sie mußten die spätere Geschichte des Kommunismus und Marxismus in allen ihren Gegensätzen und Schicksalen bestimmen.

Daß im allgemeinen geistigen Interesse der Kommunismus »die Neuheit« war, wird durch die Literatur bestätigt. Bei den Völkern, die noch mühselig um ihre Freiheit kämpfen mußten, behandelte die Literatur patriotische, bürgerliche, heroische und sentimentalromantische Themen; und bei Völkern, die ihre Freiheit bereits errungen hatten, machte sie sich von diesen Themen frei oder sie wandte sie nur noch äußerlich und mehr dekorativ an. Das war in der französischen Romantik der Fall, die nach 1830 aufkam. Bei freien Völkern griff die Literatur wieder zu Phantasien und verschiedenartigen Affekten, die der neuen sozialen Erregung und Unruhe entsprachen. Georges Sand gab ihre novellenartige Verteidigung der Rechte der Liebesleidenschaft und schrieb die *Compagnons du tour de France*, den *Consuelo*, den *Meunier d'Angibault* und ähnliches. Balzac stellte in seiner »Menschlichen Komödie« die Plutokratie, die Bankiers und Spekulanten und die sozialen Gegensätze dar, und er legte sich selbst den Titel eines »Doktors der Sozialwissenschaft« bei. Auch die Dramen und Komödien behandelten nichts als soziale Probleme. Sue arbeitete an den *Mystères de Paris* und anderen Romanen, die zwar keinerlei Kunstwert hatten, aber begierig gelesen wurden. In England schrieb Dickens den *Oliver Twist* und später die *Hard Times*. Disraeli verfaßte im *Sybil or the two nations* (1845) den Roman zweier fremder Völker in ein und demselben Lande, nämlich des Volks der »Reichen« und des Volks der »Armen«, und beschrieb darin die Lebensbedingungen der Arbeiter von Lancashire. Gaskell erzählte in der *Mary Barton* den Streik der Textilarbeiter von Manchester. Kingsley behandelte in seinen Dramen und Romanen ähnliche Dinge; Thomas Hood und die Barret sangen humanitäre Lieder, und Carlyle stellte sich dem Liberalismus und der Demokratie entgegen. Es vergingen nur wenige Jahre, bis Beecher Stowe in *Onkel Toms Hütte* von den Leiden und Tragödien der Negersklaven in Amerika berichtete. Die Philosophie, insbesondere der erwähnte linke Flügel der Hegel-Schule, stimmte den Auffassungen Saint-Simons und Fouriers zu und machte den Versuch, diese zu spekulativen und dialektischen Begriffen weiterzuverarbeiten. Man schrieb nicht mehr Abhandlungen über politische Formen, sondern über soziale Probleme. Auguste Comte erfand das Wort »Soziologie« und versuchte, die von ihm mit diesem Namen getaufte Wissenschaft auszubauen. Quételet veröffentlichte die *Physique sociale*. Es erschienen immer mehr Werke und Darstellungen über die Lage der arbeitenden Klasse (ein solches Buch über England verdankte man Friedrich Engels, dem Mitarbeiter und Genossen von Karl Marx), immer mehr Untersuchungen über die »soziale

Frage«, zu der alle ihre mehr oder minder ergiebigen Beiträge von Gedanken und leeren Worten beisteuerten: sogar der spätere Verfasser der Geschichte Julius Cäsars, Louis Bonaparte, behandelte, von einem gewissen humanitären Geiste getragen, die *Extinction du paupérisme.* Tocquevilles Vorurteile beruhten auf dem Kommunismus, auf ihn beziehen sich unausgesprochen seine sorgfältigen Untersuchungen über die Freiheit, die er unendlich liebte, und über die Gleichheit, die er zugleich bewunderte und fürchtete. Er sah im Verlauf der letzten siebenhundert Jahre der Weltgeschichte die Gesellschaft unaufhaltsam der Gleichheit zustreben, und bei dieser Betrachtung geriet seine Seele in eine Art religiösen Schauders. Nachdem die feudale Gesellschaft vernichtet war, sollte da der Zug zur Gleichheit vor Bürgern und Reichen haltmachen? Sollte er das Recht auf Eigentum respektieren? Dieser Gang der Weltgeschichte zur Gleichheit, mochte er auch ein Fingerzeig Gottes sein, bedrohte trotzdem die menschliche Gesellschaft mit Anarchie, Despotismus und Sklaverei. Würde es noch möglich sein, lokale Institutionen zur Verteidigung gegen die immer stärker zunehmende Zentralisation und Gleichmacherei, gleichsam als Schule der Freiheit, aufrecht zu erhalten oder neu zu gründen? Würde es möglich sein, die Gefahr noch zu bannen durch Erziehung zur Demokratie, Wiederbelebung des Glaubens an Demokratie, Reinigung der Sitten, Überwindung der Unerfahrenheit und Unterricht in menschlicher Wissenschaft?

Alle diese Befürchtungen und Hoffnungen, diese einander entgegenstehenden Wünsche, diese verschiedenartigen Zukunftsdeutungen und Prophezeiungen, diese Einbildungen und Berechnungen, diese vielfältigen Vorschläge, die die Meinungen und die Geister schieden, sie alle waren weit entfernt davon, eine politische Partei zu sein, d. h. sie waren alles andere als eine bestimmte Einwirkung auf die Regierung und für die Regierung, ganz gleich, ob sie darauf ausgingen, die Staatsform revolutionär umzustürzen oder innerhalb der Möglichkeit der gegebenen Staatsform die eigenen Ziele zu verwirklichen. Es wurde tatsächlich der Versuch gemacht, kommunistische Kolonien zu gründen. Owen stand nicht allein damit. Auch der Fourieranhänger Considérant gründete 1832 mit Unterstützung eines reichen Engländers das Arbeiterhaus einer Fourierschen Phalanx in Condé sur Vègre und 1849 das Phalansterium der Réunion in Texas, und Cabet begründete 1849 die Kolonie

Nauvoo in Illinois. Aber alle diese Unternehmungen scheiterten kläglich an heftigen Streitigkeiten, und wenn sie auch nicht auf diese Weise zugrunde gegangen wären, würden sie auf die öffentliche Meinung und nicht eigentlich auf das politische Gebiet ihre Wirkung ausgeübt haben. Louis Blancs verschiedene Pläne der *ateliers sociaux*, d. h. Arbeiter-Assoziationen in Produktions-Kooperativen mit Staatsaktien, würden, wenn sie durch Gesetz eingeführt worden wären, einen ähnlichen Wert als Experiment gehabt haben: das Experiment des sogenannten »Staatssozialismus«. Arbeiteraufstände wurden nicht nur gepredigt, sondern verschiedentlich auch durchgeführt, so in England, Frankreich und auch in anderen Ländern. Im Jahre 1834 erhoben sich die Arbeiter von Lyon mit dem Rufe: »*Vivre en travaillant ou mourir en combattant!*« Im Jahre 1839 tobte in Paris der Aufstand der Saisongesellschaft. Alle diese Revolten wurden nicht nur stets unterdrückt, sondern man kann auch nicht einmal behaupten, daß sie den Auftakt zum Kommunismus hätten geben können, denn dieser war weder imstande, eine politische Partei zu begründen, noch einen etwaigen Arbeiteraufstand zu einer sozialen Revolution zu führen, die den eigenen Prinzipien entsprochen hätte. Einer der Führer des Aufstandes von 1839, Blanqui, erklärte rundheraus, daß er kein »genaues politisches System« besaß, daß er alle »Dogmatik« verabscheute, kurz, daß er die Revolte um der Revolte willen wünschte, in der Hoffnung, daß aus ihr irgend etwas hervorgehen würde, dessen Umrisse niemand vorhersehen konnte. Nach 1830 war die Theorie des Terrorismus oder »Guillotinismus« wieder zur Blüte gekommen, wie sie De Lezay 1797 in einer kleinen Schrift formuliert hatte (die Constant bekämpfte). Man hielt diese Methode für unvermeidlich, um die Revolution zu festigen und unwiderruflich zu machen. Die Arbeiter in den Vorstädten von Paris lasen die Reden von Robespierre und Marat, den Bericht über die Verschwörung des Babeuf und Cabets kommunistische *Reise nach Ikarien*, und viele andere kleine Bücher, die von Feuer und Blut gerötet waren. Sie sangen blutrünstige Lieder vom Roten Hahn, sie lebten in apokalyptischen Schauspielen untergehender und neu zu errichtender Welten. Da aber die Wege der Wirklichkeit keine bequemen Träume sind, da die Wirklichkeit in parlamentarisch gewählten Regierungen bestand, diese wiederum von einer herrschenden Klasse verteidigt wurden, die die Macht des

Reichtums und der Kultur hinter sich hatte, so blieb den Vertretern einer tief eingreifenden sozialen Revolution, sobald sie von Theorien und Programmen zur Praxis übergehen mußten, nichts anderes übrig, als eine immer größere Erweiterung des Wahlrechts bis schließlich zum allgemeinen Wahlrecht hin zu fordern. Das taten 1838 tatsächlich die Chartisten in England, sie forderten eine Charta des allgemeinen Wahlrechts, Abgeordnete, die ohne Bedingung eines Zensus gewählt werden und aus ihrem Amt ein Gehalt beziehen, geheime Wahl, gleiche Wahllisten und ein jährlich tagendes Parlament. Mit solchen Forderungen wurden die französischen Kommunisten zu Anhängern oder Verbündeten der demokratischen oder republikanischen Partei, die in Zusammenarbeit mit den Liberalen den Absolutismus niedergeschlagen hatte und nunmehr eine größere Beteiligung des Volkes an der Regierung forderte. Durch solche Einflüsse änderte sich die Physiognomie der liberalen Partei, es machten sich in ihr kommunistische Strömungen geltend, und es entstand eine ganze Reihe von Richtungen: die Gemäßigten, die sich mit einer nicht allzu großen Ausdehnung des Wahlrechts und einer späteren, vorsichtig durchgeführten größeren Ausdehnung des Wahlrechts begnügt hätten, und die Extremen, die sich bereits die Bezeichnung »Sozialdemokraten« oder »Sozialisten« zulegten. Mit dieser Benennung brachte man eine Verbindung und zugleich eine Unterscheidung zwischen Sozialismus und Kommunismus zum Ausdruck. Die Kommunisten fühlten die Bedeutung dieses Unterschiedes, sie bedienten sich der üblichen Terminologie und bezeichneten die neue Partei als »bourgeois«, d. h. als wesentlich liberal-idealistisch und nicht eigentlich »proletarisch« oder antiliberal und materialistisch, wie sie selbst sein wollten. Die alte republikanische Formel besaß in Frankreich ihre repräsentative Persönlichkeit in Carrel, sie hatte auch immer noch Anhänger, und nunmehr kam eine neue Formel hinzu, die durch Männer wie Ledru Rollin vertreten wurde, der auf dem Wege über das allgemeine Wahlrecht zu sozialen Reformen gelangen wollte. Lamennais endete schließlich bei der Sozialdemokratie, er hatte bereits den *Essai sur l'indifférence* verfaßt und schrieb nun die *Paroles d'un croyant* und den *Livre du peuple*. Sein Versuch, die Kirche mit dem Liberalismus zu verbinden, war gescheitert, er konnte weder ein guter Katholik noch ein echter Liberaler bleiben und wurde so ein glühender Demokrat und Sozialist.

Im politischen Kampfe hatten sich die Begriffe geändert, es standen sich nicht mehr Liberalismus und Absolutismus gegenüber, sondern Liberalismus und Demokratie. Und die Demokratie besaß einen gemäßigten und einen extremen, sozialistischen Flügel. Dieser Kampf zwischen Liberalismus und Demokratie beherrschte von da an das ganze neunzehnte Jahrhundert. Er spielte sich in Ländern ab, die sich der Freiheit erfreuten. In jenen Ländern, die noch um ihre Freiheit kämpfen mußten, konnte er noch nicht aufkommen und trat hinter dem Kampf für die Freiheit zurück. In den verschiedenen konservativen oder demokratischen Kreisen konnte man kaum seine Umrisse erkennen, etwa im Streit um die einzuschlagenden Wege, ob man schrittweise Reformen oder die Revolution wählen solle, und in einigen vereinzelten Äußerungen. Die deutschen Schriftsteller trugen sehr viel zum Kommunismus bei, sie gaben ihm eine theoretische Systematik, die noch heute gilt; er war das Werk deutscher Emigranten in England, Frankreich und Belgien, doch in der deutschen Heimat konnte er nicht gedeihen, obgleich es hier und dort zu Streiks kam und einige Textilarbeiter und andere Arbeitergruppen revoltierten. Marx und Engels gehörten zu jenen Emigranten, und im Dezember 1847 wurde auf einer Tagung der kommunistischen Föderation in London, die hauptsächlich aus solchen politischen Flüchtlingen bestand, das »Kommunistische Manifest« diskutiert und angenommen. Diese extremen Ideen – und einige andere, die man kaum noch als Ideen bezeichnen kann – fanden gelehrige Schüler bei den geheimen russischen internationalen Verschwörern aus der Zeit des Zaren Nikolaus und bei den mißhandelten russischen Flüchtlingen. In Ländern, die noch nicht liberal waren, riefen Worte wie Republikanismus, Jakobinismus und vor allem die neuen Worte »Sozialismus« und »Kommunismus« auch bei Gegnern des Absolutismus nur Beunruhigung hervor, ja, die absolutistischen Regierungen bedienten sich sehr geschickt dieser Worte, um Furcht und Schrecken zu verbreiten und die Gegner zu spalten. Metternich gab zu verstehen, daß unter dem Deckmantel verschiedener Freiheiten der wirkliche Kampf ganz einfach zwischen denen ausgefochten würde, die besitzen und denen, die besitzen wollen, daß das Recht auf Eigentum selbst in Frage gestellt sei. Solche Gespenster gingen auch in Italien um, in Florenz, Rom und Neapel. Als Pius IX. der liberalen und nationalen Bewegung neuen Antrieb verliehen hatte, gab es bezeichnenderweise furchtsame Leute, die vor Änderungen an der bestehenden Ordnung zurückschreckten, weil sie Zerstörung und sozialen Niedergang befürchteten. Wenn man von liberalen Ländern spricht, muß man seine Augen auf England und Frankreich richten, denn es wäre nicht gut, den Kampf in kleinen Ländern zu betrachten, wo man den Sturm im Wasserglas beobachten könnte. Auch Belgien wäre wegen der sozialen und politischen Zusammensetzung seiner Bevölkerung kein gutes Beispiel: ein Teil war an die alte, streng katholische Tradition des ehemaligen spanisch-österreichischen Flanderns, ein anderer an die jüngere des französisch-republikanischen Belgien gebunden. So war in der Opposition gegen Holland und bei der Trennung von Holland ein notwendiger Kompromiß zwischen Katholiken und Liberalen zustande gekommen. In der Regierung wechselten Katholiken und Liberale mit gemäßigten Klerikalen und gemäßigten Liberalen ab, und erst viel später wurde diese Entwicklung durch den Sozialismus und den demokratisch-sozialen Klerikalismus kompliziert. In Spanien hatten allzu oft getarnte oder offene Diktaturen in die Entwicklung eingegriffen, so daß dort die Gegensätze zwischen Liberalen und Radikalen wenig lehrreich und wenig fruchtbar blieben. Tocqueville hatte in diesen Jahren die Verhältnisse in den Vereinigten Staaten von Nordamerika studiert und diese als das typisch demokratische Land Europa vor Augen geführt. Aber auch die Vereinigten Staaten boten weder Dokumente noch Lehren für den Gegensatz zwischen Liberalen und Radikalen, denn der Charakter dieser Staaten hatte immer noch etwas Koloniales an sich. Die Demokratie wurde dort von den religiösen Sekten getragen und hatte sich ohne Kämpfe gegen absolutistische Monarchien und ohne andere Hindernisse entfalten können. Die soziale Differenzierung war weder tief eingreifend noch mächtig genug, die gesamte Tätigkeit des Landes richtete sich einzig und allein auf die ökonomische Produktion, und die Entstehung von Reichtum hatte ein erstaunliches Tempo angenommen. In Amerika gab es keine zwei große Parteien mit politischem Inhalt, von denen hier die Rede ist, sondern nur Gruppierungen, die jede mit ihren Anhängern an die Regierung kommen wollten. Die große amerikanische Frage war der immer tiefer greifende Konflikt zwischen Anhängern und Gegnern der Sklaverei, der aus der besonderen ökonomischen Entwicklung dieses Landes entstanden war. Europa hatte seit eineinhalb

Jahrtausenden die Sklaverei überwunden, es stand im Begriff, sie auch in den Kolonien abzuschaffen; sie bestand höchstens noch in einigen Teilen des Südostens und in ganz Rußland in Form der personellen Sklaverei, der Leibeigenschaft.
England hielt sich mit der durch die Wahlreform von 1832 eingeführten Regierungsform. Diese hatte eine wenn auch langsame und vorsichtige Revolutionierung der Sitten und der Zusammensetzung der Volksvertretung mit sich gebracht. In das Unterhaus waren neue Männer, Industrielle und Vertreter des Handels, eingezogen, und die beiden alten Parteien der *tories* und *whigs* hatten sich erneuern müssen und waren in die konservative und die liberale Partei aufgegangen, zu denen sich die neue Partei der Radikalen hinzugesellte. Die parlamentarischen Debatten drehten sich nicht mehr um Doktrinen und allgemeine Prinzipien, sondern um technische und besondere Dinge. Das alles hatte zu einer Reform der Kommunalverwaltung geführt, mit gleichen Einrichtungen und einem Stimmrecht für alle, die überhaupt Steuern zahlten. In England hatte man daher nicht das tiefe und unwiderstehliche Bedürfnis nach einer neuen Revolution ähnlicher Art. Die Forderungen der Chartisten und ihre sechs Punkte enthielten lauter Dinge, die in der Zukunft verwirklicht werden mußten und heute tatsächlich durchgesetzt sind. Das bedeutet, daß sie zwar alles andere als innerlich unmöglich gewesen waren, daß sie aber damals nicht zu den wirklichen Bedingungen des Landes und dessen moralischen und geistigen Einstellungen paßten. Aus diesem Grunde wurden auch alle Petitionen, die sie dem Parlamente vorlegten, zurückgewiesen. Die Regierungen ließen es zu, daß die Chartisten ihre *meetings* abhielten, daß sie ihre *tracts* veröffentlichten und eine sehr rege Propaganda betrieben, aber sie zögerten keinen Augenblick, jeden Versuch von Unruhen und Aufständen zu unterdrücken. 1833 begann Owen seine Agitation für den Achtstundentag, 1836 wurde in London die Arbeiter-Assoziation gegründet, 1837 wurden jene Forderungen aufgestellt, die im Mai 1838 in der Charta formuliert wurden, 1839 drohte sogar der Bürgerkrieg, der nur durch die Vorsichtsmaßnahmen des Militärs und der Polizei aufgehalten werden konnte, bei denen die Regierung ihre Zuflucht suchen mußte, der aber zugleich auch an der Unsicherheit der Führer der Aufstandsbewegung scheiterte. Obgleich diese Agitation 1840 wieder aufflammte und 1841 ein Generalstreik drohte, hatte

sie nach diesem Jahre ihre Stoßkraft verloren und verschwand von der politischen Bildfläche: man verzichtete auf die Forderung sozialer Demokratie. Die Arbeiter sahen ein, daß es für sie besser war, bei den Radikalen der Klasse des Mittelstandes Anschluß zu suchen, sie gründeten auf eigene Rechnung Kooperativ-Genossenschaften, von denen einige wieder scheiterten, während andere sich halten und gedeihen konnten, und in den *Trade Unions* vertraten sie ihre eigenen ökonomischen Interessen, denen sie auf legalem Wege Geltung verschafften. Dieses Ergebnis war nicht etwa die Folge der staatlichen Machtergreifung einer sozialen Klasse oder einer Gruppierung materieller Interessen der Konservativen, es war vielmehr eine Auswirkung des englischen Geistes, der englischen Denkungsart, der Gefühle und Einstellungen des ganzen Volkes und seines moralischen Verantwortungsgefühls, der Erziehung zur Freiheit, der Vaterlandsliebe und eines guten Verständnisses für die englischen Weltinteressen, einer praktischen Anpassung an die historische Kontiniutät, eines Mißtrauens gegen alles Abstrakte und Ungewöhnliche. Das englische Volk besaß eine Bereitschaft, in allen Gegensätzen ein *équitable adjustement* zu erkennen, wirklich vorhandenen Bedürfnissen gerecht zu werden und ein Heilmittel gegen die entstandenen Übel zu finden, kurz, es besaß ein allgemein verbreitetes politisches Bewußtsein und eine große Anzahl von Staatsmännern hohen Ranges, die denen der anderen Länder überlegen waren. Diese Tugenden fanden in einigen landläufigen Urteilen ihren Widerhall, wenn man z. B. gesagt hat, der englische Liberalismus sei »aristokratisch«, aber in dem Sinne, daß diese Aristokratie für andere nicht verschlossen sei und immer wieder erneuert würde, oder wenn man die Anklage erhoben hat, die aber unter gewissen Gesichtspunkten in Wahrheit ein Lob ist, daß die französischen Arbeiter für »Ideen« und die englischen nur für »Bedürfnisse« zu haben seien. Diese Grundeinstellung hatten auch die englischen Radikalen, die Sozialdemokraten, die Chartisten und Sozialisten, und bei allen wirkte sie mäßigend. Als z. B. auf dem Nationalkongreß der Chartisten zu London und Birmingham im Jahre 1839 der Ruf nach der Revolte laut wurde, lehnten die Führer jede Gewalttat ab und beschlossen lediglich einen gewöhnlichen Streik, da sie das Gefühl hatten, daß weder die Allgemeinheit des Landes, noch die große Masse der Arbeiter hinter ihnen stand, und da das auch ihrer innersten Überzeugung widersprochen hätte.

Mazzini kannte die Grenzen, die die Engländer sich selber setzten. In einem Briefe aus dem Jahre 1839 schrieb er, daß die englischen Zeitschriften viele seiner Artikel ablehnten, weil sie sich »vor jeder allzu generellen, allzu systematischen oder, wie sie sagten, allzu kontinentalen Idee« fürchteten. Die herrschende politische Klasse in England wußte jedoch nicht nur sich selbst am Ruder zu halten oder die uneinheitlichen Bewegungen zu unterdrücken oder durch Klugheit zu zerstreuen, sie verstand es auch, selbst eine Hebung und den Fortschritt der Arbeiterklassen einzuleiten. So wurden große Untersuchungen durchgeführt, die all das Elend, die Härten und die Leiden der Arbeiter enthüllten und eine systematische Gesetzgebung zum Schutze der Arbeiter in die Wege leiteten, die in anderen Staaten erst viel später nachgeahmt wurde. 1833 wurde das erste Gesetz über die Kinderarbeit geschaffen, 1842 das Gesetz über die Kinder- und Frauenarbeit in den Kohlen- und Eisenbergwerken, 1843 das Gesetz über die Kinderarbeit in sämtlichen Industriezweigen. Es wurden ferner viele hygienische und ähnliche Maßnahmen getroffen. Die herrschende Schicht selbst führte Maßnahmen durch, deren wohltuende Wirkung die Arbeiterklasse nicht erkannte, und denen sich andere, in ihren Sonderinteressen getroffene Klassen widersetzten: so z. B. die Abschaffung des Getreidezolles, die seit einem Vierteljahrhundert gefordert und nach mühevoller, siebenjähriger Arbeit der *Anticorn law league* im Jahre 1846 durchgeführt wurde. Die im allgemeinen liberistische Richtung der Handelspolitik hinderte indessen nicht eine kluge Intervention des Staates, wo eine solche notwendig wurde. Es traten Denker und Politiker auf das Kampffeld, die eine solche direkte Aktion des Staates noch weitergehend durchgeführt wissen wollten. Einer der ersten unter ihnen war der Antidemokrat Carlyle, ein phantastisch-paradoxer Romantiker nach deutscher Art, und Disraeli, der für eine »neue Generation« eintrat, die mit einer Art erneuertem Torysmus sich die Interessen des Volkes zu Herzen nehmen sollte, was die Liberalen und Liberisten versäumt hatten, welche unter Cobden sogar der Selbstverteidigung der Arbeiter feindlich gesinnt waren, die sich diese im Jahre 1834 in ihren *Trade Unions* geschaffen hatten. Die Monarchie erkannte endgültig und legal die parlamentarische Regierung an, nachdem 1835 König William IV. die Liberalen fortgeschickt und die Konservativen in die Regierung gerufen hatte und sich dann auf Grund der Neuwahlen ohne weite-

res dazu bequemen mußte, Melbourne, den Führer der Liberalen, mit der Regierungsbildung zu beauftragen. Und der jungen Königin Victoria gab der Prinzgemahl den Rat, in beständiger Übereinstimmung mit dem Parlamente zu regieren.
Genau das Gegenteil von der Entwicklung in England vollzog sich in Frankreich. Durch die Julirevolution war die Linie der Bourbonen durch die Orléans ersetzt worden. Die bereits früher zugestandene konstitutionelle Charta wurde zu einer bedingten Verfassung gemacht, dem König hatte man das Recht genommen, Ordonnanzen zu erlassen, die ja der Anlaß zum Juliaufstand gewesen waren, die Kammer der erblichen Pairs wurde in eine Kammer vom König ernannter Leibrentner umgewandelt, dem Parlament wurde jede Legislative gegeben, und der für das Wahlrecht erforderliche Steuersatz wurde herabgesetzt und somit die Zahl der Wähler verdoppelt, d. h. sie stieg auf zweihunderttausend an und wuchs bald auf zweihundertvierzigtausend Wähler. Die Nationalgarde wurde wiederhergestellt, der Artikel über die Staatsreligion wurde abgeschafft und die Zensur über Bücher und Zeitungen aufgehoben. Aber die beiden Parteien, die diesen Staatsorganismus zur Welt brachten, hatten eine durchaus verschiedene Auffassung von seinem Leben. Sie legten sich die entgegengesetzten Namen zu: »Bewegung« und »Widerstand«. Für die Männer der »Bewegung« war die Stabilisierung der Julimonarchie ein notwendiger, aber nur erster Schritt, dem so schnell wie möglich andere liberale Reformen auf allen Gebieten der Gesellschaft folgen mußten. Das Volk sollte immer stärker an der Regierung beteiligt werden, und eine ähnliche Entwicklung mußte in ganz Europa gefördert werden. Frankreich sollte die Führung dieser Bewegung übernehmen und auf diesem Gebiete eine Hegemonie ausüben, die ihm nicht nur moralische Größe, sondern auch Steigerung seiner Macht verleihen und die Verträge von 1815 null und nichtig gemacht oder wenigstens berichtigt haben würde. Sie verlangten kurz und bündig eine Kriegserklärung an die Heilige Allianz und bejubelten daher die Volksaufstände in Belgien, in der italienischen Emilia und in Polen, in denen sie Frankreichs ureigenste Sache wiedererkannten.
So sah das Programm aus, das man in Frankreich der inneren und äußeren Politik geben wollte, das in drohender Weise von Männern gefordert wurde, die der Regierung fernstanden und keinerlei Verantwortung trugen. Ganz gewiß bedeutet ein solches Programm

Schwierigkeiten und tatsächliche Unmöglichkeiten, und es bringt auch die Gefahren der Niederlage und des Unterganges mit sich, wenn man es ernsthaft durchsetzen und alle Hindernisse überwinden wollte. Die Staatsmänner mußten in gewisser Weise Einhalt gebieten, Widerstand leisten und zur Mäßigung raten. Aber sie durften dieses Programm nicht völlig unterdrücken. Sie durften nicht daran denken, es zu entstellen und so zu handeln, als ob es in den Geistern überhaupt nicht existiert hätte. Aber sie erfüllten ganz einfach ihre Pflicht gegenüber dem Vaterlande, wenn sie Aufstände und Revolten niederschlugen, wie z. B. den 1832 aus Anlaß des Leichenbegängnisses für den General Lamarque entstandenen, oder bei anderen Gelegenheiten, wenn sie Interventionskriege ablehnten, die die französische Staatsmacht in ihrem Verhältnis zu anderen Mächten oder Mächtegruppen nicht auf sich nehmen konnte. Aber in all diesen Zwischenfällen und Kämpfen, in dem Verlangen nach einer wirklichen Republik, nach sozialer Demokratie oder gar Kommunismus und wie all die übersteigerten Formen heißen mochten, waren Bestrebungen zum Guten und Lebenskeime enthalten, die aus der Erdscholle hervorbrachen und zur Sonne strebten, die man daher pflegen und schützen mußte. Eine liberale Regierung, die nicht immer größerer Freiheit zustrebt, verleugnet ihren eigenen, wahren Charakter und vergeht sich gegen ihr eigenstes, inneres Gesetz. Gewiß gibt es politische Notwendigkeiten, über die auch eine liberale Regierung in ihrem Verhältnis zu anderen Staaten sich Rechenschaft ablegen muß, die sie dazu zwingen, antiliberale Regierungen zu respektieren oder sich zuweilen sogar mit ihnen zu verbünden, um internationalen Zielen zu dienen. Gewiß muß man diesen hin und wieder in ihrer konservativen oder reaktionären inneren Politik freie Hand lassen, – aber das berechtigt niemals dazu, den Verteidigungskampf für die Freiheit in der Welt überhaupt aufzugeben. Denn dieser ist das Lebensprinzip der Freiheit, er ist ein Verteidigungskampf, der auch mit etwaigen Rückzügen und zeitweiligen Verzichtleistungen geführt, aber stets wieder weitergetragen werden muß und sich nicht nur den Lauf der Ereignisse zunutze machen, sondern diese selbst vorbereiten muß. Handelt eine Regierung anders, dann verliert sie das, was man ihre »Linie« nennt, die nichts anderes als die historische Linie eines Volkes ist.

Die Staatsmänner der französischen Julimonarchie betrachteten aber die Freiheit als eine res condita und nicht als immer neue res condenda. Das einmal eingesetzte Regime genügte den Anforderungen der Vernunft, indem es den Mittelweg zwischen den Extremen wählte, der in Wahrheit keine Synthese oder dialektische und somit in der Bewegung selbst bewegliche, sondern eine rein analytisch-statische Mitte war, die der Bewegung selbst ein Ende setzte. Das nannte man von da ab *juste milieu* und machte es zum Gegenstand von Verachtung und Satire. Der Erstarrung und Verkalkung dieser Staatsmänner widersetzte sich der ebenfalls starre und abstrakte Radikalismus und Republikanismus mit seinem hartnäckigen Vertrauen auf rasche Lösungen nach Art der Jakobiner, was zu unvermeidlichen revolutionären Explosionen, fürchterlichen Erschütterungen und zu einer dunklen Zukunft führen mußte. Aber jene Starrheit der Männer der Regierung stammte nicht, wie man sich einbildete, aus einer zu kargen natürlichen Gewöhnung des französischen Volkes an eine liberale Regierung, sondern vielmehr aus historischen Bedingungen: man könnte sagen, aus einer historischen Erfahrung und gleichzeitig aus einem Mangel an historischer Erfahrung. Seit einem halben Jahrhundert hatte Frankreich die Erfahrung immer neuer Revolutionen über sich ergehen lassen müssen. Es war von einer Revolution in die andere und von einer Diktatur in die andere getrieben, von der Revolution von 1789 zur jakobinischen Diktatur und vom Thermidor zur napoleonischen Diktatur. Und dann war die Wiederherstellung der Monarchie mit einer Charta der Freiheit erfolgt, bis schließlich zum Sturze dieser Monarchie. Vergebens hatte man immer auf den Abschluß dieses Entwicklungsprozesses gehofft, der so ganz andersartig war als die jahrhundertalte Geschichte Frankreichs und seiner Monarchie. Alle diese schrecklichen Erfahrungen trugen dazu bei, sich an das Regime zu halten, das man einmal eingesetzt hatte, das jeder gemäßigten Gesinnung gerecht zu werden schien und das allen Neuerungen aus dem Wege ging, die es selbst in Gefahr bringen und von neuem dem reißenden Strome der Revolution freien Lauf hätten lassen können. Der Mangel an historischer Erfahrung bestand in der allzu kurzen Praxis des liberalen Lebens, das noch nicht die Ausbildung eines Gefühls für Änderungen entwickelt hatte, die zugleich Kontinuität sind, wie dies das englische Volk, wenn auch nicht als Gabe der Natur, sondern als Folge der historischen Entwicklung besaß. So war man allzu zaghaft gegenüber den Gegensätzen. Man kannte gar zu wenig jene Kraft, die aus der Opposition einem zu Hilfe

kommen kann. Man wußte nicht, wie nützlich es ist, wenn die Parteien regierungsreif werden. Man war allzuwenig von der Notwendigkeit überzeugt, von Fall zu Fall Geist und Seele und die gesamte leitende Klasse erneuern zu müssen. Jene geistvollen, klugen, ehrenhaften und von wirklicher Liebe für das öffentliche Wohl getragenen Staatsmänner verwarfen daher jegliches Verlangen nach einer Wahlreform, die etwa entgegen der geltenden Norm des Steuersatzes auch jenen den Zugang zur Wahl geöffnet hätte, die man »Kapazitäten« nannte; ja, sie verwarfen sogar jenen bescheidenen Vorschlag einer Parlamentsreform, mit dem man die Zahl der berufsmäßigen Abgeordneten vermindern wollte, welche auf Grund ihres Gehaltes von der Regierung abhängig waren oder durch die Gunst der Regierung Karriere machen wollten. Sie wollten einfach nicht ihre Gegner und späteren Nachfolger erziehen und heben. Männer wie Périer, Molé, Thiers, Guizot und alle die anderen, die den verschiedenen Ministerien vorstanden, waren sich alle mehr oder weniger darin einig, nichts an der einmal bestehenden Ordnung zu ändern. Thiers hatte zum Beispiel ein anderes Temperament als Guizot, er war mehr individualistisch und statisch eingestellt und neigte eher zu Bündnissen mit den Radikalen, während Guizot mit den Katholiken gehen wollte. Aber Thiers wollte genau so wenig wie Guizot irgend etwas außerhalb des »legalen Bodens« gelten lassen. Er verabscheute das Prinzip der »Volkssouveränität«, das ebenfalls seine vielleicht nicht juridische aber moralische Wahrheit besaß. Im Jahre 1840 brachte er den Plan der Wahlreform zu Fall und 1845, als er mit Barrot und den anderen Radikalen verbündet war, setzte er bei diesen seinen Freunden eine Vertagung durch, und die »konstitutionelle« Opposition von ihm selbst und seinen Freunden erwies sich als lau und unsicher.
Auch auf den anderen Gebieten der Gesetzgebung und der Verwaltung herrschte eine ähnliche Starrsinnigkeit, die die Wählerschaft unzufrieden machte, ob es sich nun um eine Konversion von Renten oder Zöllen oder sogar um die Frage der Sklaverei in den Kolonien handelte. Man war in den ersten Jahren gegen die Klerikalen und gegen die Jesuiten gewesen und hatte leicht dazu geneigt, die Religion als Bollwerk der herrschenden sozialen Ordnung zu betrachten und in Gott den besten Gendarmen zu sehen: das war eine napoleonische Auffassung, die in der vorhergehenden Generation Benjamin Constant mit Verachtung zurückgewiesen hatte.

Im Jahre 1833 gab Guizot den katholischen Elementarschulen volle Freiheit, er wollte, daß das Volk katholisch erzogen würde und gab sich damit zufrieden, die höhere Bildung, aus der die herrschende Klasse hervorgeht, unabhängig in den Händen der Laien zu lassen. Und in den folgenden Jahren stellte Molé in noch weitergehendem Maße Montalembert und die Katholiken oder liberalen Klerikalen zufrieden, bis es zu dem offenen Konflikt zwischen den Universitäten der Männer wie Quinet und Michelet mit den Jesuiten kam. Die auswärtige Politik wurde zwar klug geleitet, aber sie war ebenso zaghaft und konservativ wie die innere Politik. Obgleich Molé noch im Jahre 1837 seinem Abscheu gegen die absolutistischen Regierungen Ausdruck gegeben hatte und Mitleid mit allen jenen Nationen empfand, die ihnen unterworfen sind und ihre eigenen Kräfte unterschätzen, führte die französische Regierung tatsächlich alles das durch, was die absolutistischen Regierungen wollten, ja, schließlich wandte sie sich von England ab und warf sich Österreich in die Arme. Mit List und Tücke hatte König Louis Philippe alle ihm unangenehmen Staatsmänner abgeschüttelt oder sich zu willigen Werkzeugen gemacht. Er leitete höchst persönlich die auswärtige Politik, die immer unverhüllter nur noch den einen Zweck verfolgte, das Haus Orléans auf dem Throne zu erhalten. Wenn eine geschlossene Oligarchie mit einer ganz schmalen Wählerbasis die Regierung nicht aus der Hand gab und den größten Teil des französischen Volkes von der Regierung auszuschließen verstand, so wurde diese Oligarchie in Wirklichkeit von einer außerparlamentarischen Macht übervorteilt. Vergeblich brachte man parlamentarische Koalitionen zustande, um diese personelle Macht zu stürzen, vergeblich verkündete Thiers die Lehre, »daß der König herrschen und nicht regieren« solle. Das alles ging nicht in die Praxis des französischen Lebens ein, während es zur gleichen Zeit in England wirklich durchgeführt wurde. Aller Mut, alle Klugheit und aller hohe Glaube, der die Liberalen in den Jahren der Restauration beseelt hatte, waren erloschen. Die »Doktrinäre« hatten sich, soweit sie nicht gestorben waren, erschöpft und verbraucht. Es scheint den Menschen gleichsam nicht gegeben zu sein, während eines Menschenlebens zwei große Kämpfe durchzufechten, sie erschöpften sich bei dem ersten. Royer-Collard war vereinsamt, er erkannte seine einstigen Schüler nicht mehr. Er allein gab sich nicht mit den Dingen zufrieden, wie sie sich vor seinen Augen entwickelt hatten. Er erhob seine Anklage gegen die »gerissenen Anschläge gegen die Freiheit«, gegen jene Schule, die der »Immoralität« verfallen war und gegen die »Politik ohne Größe« und den »Schlaf ohne Traum«, in den Frankreich versunken war.

Gegen jene Monarchie und ihre Regierungsformen wurde ganz spontan der Vorwurf erhoben, »bourgeois« zu sein, ein Titel, der ihr geblieben ist. Aber der Grund dazu lag nicht, wie die materialistischen Geschichtstheoretiker wollen, in der ökonomischen und klassenmäßigen Natur aller Regierungen, sondern in dem Mangel an politischer Vitalität, mit dem sie es zuließen, daß die Großbourgeoisie, die Financiers und Bankiers als die allein bestehenden und in Erscheinung tretenden den ersten Platz im Bilde der ökonomischen Interessen einnehmen konnten. Von einer Regierung, die eine wirklich politische Arbeit leistet, wird man nur mit Willkür behaupten können, sie sei aristokratisch oder bourgeois oder kleinbürgerlich, weil sie notwendigerweise alle Klassen einbeziehen und überwinden oder wenigstens zu überwinden trachten muß, wie man dies auch bei den englischen Regierungen beobachten kann. Der Eindruck, den die Julimonarchie unter diesem Gesichtspunkt erwecken mußte, war auch bei Staatsmännern ganz anderer Herkunft zu finden.

Karl Marx beschrieb sie mit seiner in Gift und Galle getauchten Feder als eine Aktiengesellschaft zur Ausbeutung des französischen Nationalreichtums, dessen Dividenden zwischen Ministern, den Kammern, zweihundertvierzigtausend Wählern mit ihrem Gefolge und dem Direktor Louis Philippe als Robert Macaire auf dem Throne verteilt würden. Und ganz ähnlich dachte der gerechte, ehrwürdige Tocqueville, wenn er schrieb, daß die Nachwelt vielleicht niemals erfahren würde, »bis zu welchem Grade die derzeitige Regierung in ihrem Niedergange den Charakter eines Industrieunternehmens angenommen hätte, dessen sämtliche Maßnahmen nach den Gewinnen durchgeführt werden, die die einzelnen Aktionäre dabei haben können«. Auch Erneste Renan fällte ein Urteil über diese Zeit und erklärte, daß »niemals in der Geschichte eine Generation mit derartig unbestimmten Vorstellungen von den eigenen Pflichten und mit so armseligen Ideen über die zu verfolgenden Ziele auf den Plan getreten sei, und gleichzeitig mit solcher Habgier, durch die man sich auf das Leben wie auf eine Beute stürzte«. Während der größten Prosperität des Landes und bei der größten

Akkumulation des Reichtums fühlte man dennoch die ganze Leere dieser Zeit. Die Aristokratie war besiegt, das Volk wurde von der Regierung ferngehalten, innerhalb der herrschenden Klasse gab es keinerlei Opposition, und die Rhetorik des Parlaments richtete sich trotz mancher blitzender Genies auf kein Ziel und drehte sich um sich selbst: »Unsere großen Redner«, sagte ebenfalls Tocqueville, »langweilen sich, indem sie sich gegenseitig selbst anhören, und, was noch ärger ist, die ganze Nation langweilt sich bei ihren Reden.« Es herrschte absolute Langeweile, und Lamartine brachte mit seiner Parole ein allgemein herrschendes Gefühl zum Ausdruck: »Frankreich langweilt sich.«

Gewiß waren alle anderen Klassen, das Kleinbürgertum, die Bauernschaft und auch ein Teil der Handwerker unzufrieden; die Nationalgarde bestand zum großen Teil aus Kleinbürgern und verbürgte im Falle von Aufständen keinerlei Sicherheit. Die Geschworenen hatten mehr als einmal zum Protest die angeklagten Politiker freigesprochen. Die von den Demokraten propagierten Ideen fanden nicht das Mindestmaß von Genugtuung, auf das sie ein Anrecht hatten. Weil aber die herrschende Klasse keinerlei eigentlich politische Aktion durchführte, war auch die Opposition nur vage, unbestimmt und verworren. Zu dem unbefriedigten Bedürfnis nach politischem Fortschritt kam das unbefriedigte Gefühl nationaler Eigenliebe hinzu, das Verlangen nach Größe und französischer *gloire*. Alle diese Gefühle blieben nicht nur unbefriedigt, sondern sie wurden 1840 – und dieser Zeitpunkt war dafür bezeichnend – auch noch beleidigt, als Frankreich in der ägyptischen Frage und seiner Politik einer Unterstützung Mohammed Alis plötzlich isoliert dastand und gedemütigt und gezwungen wurde, alles das anzuerkennen, was England in Sonderabmachungen mit Österreich und Rußland bestimmt hatte. Der Napoleon-Kult hatte bei der vorhergehenden Generation die Bedeutung der Unduldsamkeit gegen alle restaurierten Absolutismen und des unstillbaren Verlangens nach Freiheit gehabt, aber nunmehr gewann er die neue Bedeutung einer Sehnsucht nach Machtpolitik und militärischer *gloire*. Und die Regierung begünstigte das, denn sie sah darin einen Ausweg für alle jene Einbildungen, die von Erinnerungen leben. Der König ließ die historischen Bilder für die Galerie von Versailles malen, das Standbild Napoleons wurde wieder auf der Säule auf der Place de Vendôme aufgestellt, die Asche des Kaisers wurde nach Frankreich überführt und im Pantheon beigesetzt, während Thiers in Opposition zu dieser Regierung ohne *gloire* seine »Geschichte des Konsulats und des Kaiserreichs« schrieb. Und schon wurde die Gestalt des künftigen Diktators im Umriß erkennbar: Louis Bonaparte, der 1831 mit den aufständischen Carbonari in Italien gewesen und nach dem Tode des Herzogs von Reichstadt das Oberhaupt der napoleonischen Familie geworden war, – der Kronprätendent. Schon 1836 hatte er unter dem Titel »Idées napoléoniennes« sein Programm veröffentlicht und in Straßburg und Boulogne zweimal den Versuch gemacht, Frankreich unter seinem Namen aufzurufen.

Während in ganz Europa der Sturm herannahte, ließ im Jahre 1847 Guizot, der Metternich den Hof machte und sich Palmerston zum Feinde gemacht hatte, die Wahlreform zurückweisen, die die vereinigte Opposition nach dem Anwachsen der Wählerzahl um weitere zweihunderttausend in mäßigen Grenzen gefordert hatte. Nach englischem Muster agitierte die Opposition mit »Banquetten«, was beunruhigende Formen annahm, aber dennoch die Regierung in keiner Weise beunruhigte, der die Wahlen vom Vorjahre eine große Mehrheit gegeben hatten. Tocqueville erkannte am 27. Januar 1848 als ungern gesehener und nicht beachteter Prophet, daß die Revolution herannahte, er erklärte die Wahlreform und die anderen Zugeständnisse für notwendig und forderte vor allem, »daß der Geist der Regierung selbst« ein anderer werden müsse.

In Frankreich führten Energielosigkeit und Mangel an Tatsachensinn der Regierung zur Revolution, und in Italien und allen anderen Ländern, die nach Freiheit und Unabhängigkeit verlangten, führte aus ganz anderen Gründen gerade die rege Tätigkeit und die Begeisterung zur Revolution. Die Ereignisse des Jahres 1848 waren nichts anderes als der Ausdruck zweier verschiedenartiger Revolutionen, die dann ineinander übergingen und verschiedenartige Erfolge zeitigten.

VI
Liberal-nationale Revolutionen, demokratisch-soziale Revolutionen und Reaktionen
(1848–1851)

Nach einer allgemein verbreiteten Ansicht besteht die besondere Bedeutung des Jahres 1848 in dem Komplex von liberal-nationalen Revolutionen, die in Italien, Deutschland, Österreich und Ungarn ausbrachen. Diese Revolutionen gewannen ganz gewiß einen starken Antrieb und neue Nahrung aus der Pariser Februarrevolution – in der die Monarchie der Orléans gestürzt und die Republik proklamiert wurde –, doch es würde ungenau sein und weder dem chronologischen Verlauf der Ereignisse noch dem idealen Sinne der Geschichte entsprechen, wenn man alle diese Revolutionen ohne weiteres in ihren Ursprüngen auf die Revolutionen von Paris zurückführen wollte. Tatsächlich hatte sich Palermo bereits am 12. Januar erhoben und ein Parlament und Autonomie für Sizilien gefordert. Und am 29. Januar mußte der König von Neapel eine Verfassung bewilligen, die nach dem Muster der französischen von 1830 geschaffen war und am 1. Februar angenommen wurde: diese eröffnete dann den Reigen all der anderen liberalen Verfassungen des Jahres 1848. Ja, in Italien war schon viel früher ein heftiger Kampf für Reformen entbrannt, man hatte vielerlei Institutionen gefordert und auch durchgesetzt, die dem liberalen Regime den Weg bereiteten. Die Aufstandsbewegung in Kalabrien hatte ganz Europa ein Symbol der Freiheit geschenkt: den »Kalabreserhut«, der noch vor einem halben Jahrhundert das Symbol der Reaktion und des sanfedistischen Brigantentums gewesen war. Wenn man also die Absicht hätte, in einem besonderen Ereignis den chronologischen Ausgangspunkt für die liberal-nationalen Revolutionen zu bestimmen, dann müßte man dazu vielleicht am besten die Wahl des Bischofs Mastai-Ferretti zum Papst ausersehen. Diese Revolutionen waren in Wahrheit die Fortsetzung der 1815 begonnenen Bewegung und die Ausdehnung der Revolution von 1830 auf zwei Völker, Italien und Deutschland, bei denen diese Bewegung noch gehemmt und unterdrückt worden war. In Italien und Deutschland hatte es aber nicht aufgehört zu gären, immer wieder wurden neue Versuche unternommen, man sehnte sich nach der Neuerung und suchte sie herbeizuführen, und auch andere Völker, die bis dahin ruhig geblieben waren, zeigten Zeichen von Ungeduld und offenbarten ihre Wünsche nach Neuerungen. Unter einem ideellen Gesichtspunkt hatte daher die Pariser Februarrevolution trotz einiger psychologischer Verwandtschaft und gewisser Übereinstimmungen in Einzelheiten einen völlig anderen Geist und ein anderes Ziel als diese liberal-nationalen Revolutionen, und die Ereignisse in Frankreich nahmen auch einen ganz anderen Verlauf.

Dieses Jahr 1848 hinterließ bei den Überlebenden den Eindruck der Trunkenheit, des Traumhaften, des jugendlichen Wahnsinns und zugleich der allmählichen Ernüchterung, der Rückkehr zur Wirklichkeit und allgemeinen Desillusion. Mehr als einmal hörte man sie lächelnd oder auch melancholisch sagen: »In diesem Jahre hatten wir alle den Kopf verloren.« Die politisch-pädagogische Notwendigkeit, aus der Vergangenheit lernen zu müssen und durch sie klug zu werden, hat übrigens dazu geführt, all die Kindlichkeiten, die Hyperbeln, die Rhetorik und Theatralik hervorzuheben, mit denen man damals gesündigt hatte, all den Mangel an Überlegenheit und Klugheit und die Unbesonnenheit, die Leichtgläubigkeit an Wunderdinge, der ganz besonders alle die verfielen, die nichts weiter taten als öffentliche Reden halten, dekretieren, lärmen, schreien, singen und Fahnen schwenken: wenn man auch, um der Wahrheit die Ehre zu geben, nicht gewagt hat, mit sarkastischer Satire und bitterem Hohn solche Zensuren zu erteilen. Aber wie groß auch all die Unzulänglichkeiten, Schwächen und Irrtümer gewesen sein mochten, – die Menschheit durchlebte damals dennoch einen jener seltenen Momente, in denen alle von freudigem Vertrauen auf sich selbst getragen und mit Hoffnung für die eigene Zukunft erfüllt sind, in denen die Reinheit dieser Freude weite Kreise zieht und groß und edel wird und ringsherum geliebte Brüder findet. So war es zu Beginn der Revolution von 1789 gewesen, die in der ganzen Welt die Herzen erschütterte und trunken machte, und so war es noch mehr 1848, als all die gewaltigen Hindernisse, gegen die man seit einem halben Jahrhundert vergeblich angerannt war, fast wie die Mauern von Jericho beim Klange der Trompeten all ihren schrecklichen Zauber verloren. Eine wahre Welle der Begeisterung riß einfach alle mit sich. Und die Feinde selbst, alle die verhaßten Monarchen, die verachteten Despoten und verabscheuten Tyrannen, schienen nicht mehr die gleichen zu sein, sei es, daß sie selbst wirklich mitgerissen waren, oder sei es, daß sie sich aus Berechnung und aus einem Instinkte der Verteidigung heraus so gaben, oder daß sie selber nicht wußten, welchem dieser beiden Motive sie gehorchten. Jene Männer aber, die ihnen als Werkzeuge – und oft als schlechte und grausame Werkzeuge – gedient hatten, wurden im allgemeinen schonend behandelt. Man gab ihnen Pardon, sie gerieten in Vergessenheit und verschwanden sehr schnell von der Bildfläche. Das lag übrigens im Wesen der liberalen Revolutionen, die gar kein Verlangen nach Henkern oder Exekutionsabteilungen hatten, sondern ihrer Natur nach milde und nachsichtig waren und danach strebten, sich mit den Gegnern zu versöhnen. Das erwies sich im Jahre 1848 und es hatte sich auch schon bei früheren Revolutionen gezeigt und sollte bei später folgenden bestätigt werden. Es waren Studenten, Intellektuelle, Bürgerliche und Handwerker, die die Revolutionen durchführten. Sie begannen mit Freudengeschrei, Blumenwerfen, Feiern; es waren wahre Delirien der Freude, mit öffentlichen Umarmungen von Menschen, die sich zuvor nie gesehen. Man bewaffnete die Bürger, stellte Nationalgarden auf, hielt große Paraden dieser neuen Miliz ab und warb Freiwillige an. Eine ganze Flut von Zeitungen, Flugschriften und Anschlägen schoß hervor, die alle in einem bewegten, feierlichen, erhabenen und geradezu biblischen Stile verfaßt waren, wie etwa in Italien die *salterî* des Mönches Tosti und in Frankreich die *Paroles d'un croyant* des Expriesters Lamennais. Auf den Straßen und öffentlichen Plätzen wurden Ansprachen und Reden gehalten, und in Versammlungen und Zirkeln tobte sich eine Beredsamkeit aus, mit der die verschiedenartigsten Vorschläge und Botschaften heftig und leidenschaftlich diskutiert wurden. Alle diese Übertreibungen, Schwächen und Irrtümer, die man später tadelte, waren jedoch nicht, wie man in Italien wähnte, Besonderheiten des italienischen Volkes, denn die Dinge spielten sich überall in der gleichen Weise ab und zeigten überall dieselbe Physiognomie: in Neapel, Rom und Florenz genau so wie in Paris, Berlin und Wien. Es schien, als ob ein und derselbe Dämon die schwerfällige Masse Europa bewegte. Und unter diesem Gesichtspunkte bedeutete das Jahr 1848 einen jener großen Momente, in denen die historische Einheit des europäischen Lebens, die für gewöhnlich hinter den Gegensätzen zwischen den einzelnen Staaten zurücktritt, ganz offenbar in die Augen fiel und auch zu einer politischen Einheit hinzuführen schien.

Man darf jedoch alle diese Revolutionen, die in den antinationalen und antiliberalen Reaktionen ihren vorläufigen Abschluß fanden, deswegen nicht als gescheitert betrachten. Sie waren auch alles andere als ein kleiner Knoten im Gewebe der vielfältigen Erfahrungen mit negativen Ergebnissen, die etwa lediglich dazu geeignet sind, die Notwendigkeit neuer Ziele und neuer Mittel und Wege einzuhämmern. In einem allgemeineren Sinne ist jedes historische Ereignis gleichzeitig eine Niederlage, weil es niemals dem Ideal entspricht, welches auch weiterhin die Ziele festsetzt und zur Kritik anreizt. Wäre dem nicht so, dann würde die Geschichte selbst stille stehen. Und wiederum in diesem allgemeineren Sinne ist die Vergangenheit immer nichts weiter als ein Experiment für den, der in der Gegenwart wirkt. Eine tatsächliche und besondere Niederlage findet aber nur dann statt, wenn ein Prinzip deswegen aufgegeben wird, weil es sich als falsch erwiesen hat oder erschöpft ist: die national-liberalen Revolutionen des Jahres 1848 erhielten jedoch ihre eigenen Prinzipien aufrecht, sie suchten und fanden neue und besser geeignete Formen und brachten ihre Ideen somit ein großes Stück voran auf dem Wege der Verwirklichung.
Um mit Italien zu beginnen: das Zeichen, unter dem der revolutionäre Prozeß unternommen worden war, war die neuguelfische Idee der Unabhängigkeit und Freiheit Italiens unter dem Protektorat des Papsttums, welches sich, wie dies kein anderer als Machiavelli ein für allemal definiert hat, ursprünglich der italienischen Einigung aus inneren Gründen widersetzen mußte und aus einem natürlichen Gegner der liberalen Ideen sich in einen Verteidiger und Förderer gewandelt zu haben schien. Noch in den ersten Monaten des Jahres 1848 machte sich ein junger italienischer Philosoph Hegelscher Schule, Silvio Spaventa, daran, dieses Undenkbare zu denken: er sagte, daß das abstrakte Unendliche der Kirche und das lebendige Unendliche der Nationalität und des Staates, das Unendliche der Religion und das Unendliche der Gesellschaft durch das Werk und die Tat eines »für unfehlbar gehaltenen Mannes« sich zu einer Einheit zusammengefunden hatten, nämlich zu der Einheit Gottes, »der den Geist und die Herzen genau so beherrscht wie seinen eigenen Himmel, der sein größtes Licht beansprucht«. In dieser Versöhnung lag eine Zweideutigkeit, die zwar die italienische Bewegung mit einem rosigen Nebel umgeben hatte und es dieser erlaubte, sich leichter und rascher auszubreiten, aber sie mußte bei der ersten

Prüfung in der konkreten Politik in ihrem ganzen unheilbaren Widerspruch zutage treten. Damals allerdings diente sie noch dem Anbruch der Revolutionen. Unter dem Rufe: »Es lebe Pius IX.!« wurde der König von Neapel dazu gezwungen, den revolutionären Forderungen zu weichen. Und es war die gleiche Geistes- und Seelenverfassung, wozu noch die Erschütterungen durch die Ereignisse in Frankreich kamen, durch die in Turin, Rom und in der Toskana die Verfassungen erweitert wurden. Und mit der Erschütterung der Wiener Revolution erhoben sich die Mailänder und zwangen nach fünftägigem Kampf das österreichische Heer zum Rückzug und zur Aufgabe der Lombardei. Venedig erklärte sich zur Republik. Carlo Alberto rückte über den Tessin vor und erklärte Österreich den Krieg. Der Papst erlaubte seinen Truppen, an die Grenze zu rücken, das Universitätsbataillon und die Legionen der Freiwilligen zogen ins Feld, und schließlich schickte sogar der König von Neapel ein Heer in die Po-Ebene, das von dem alten Republikaner aus der Zeit der Revolution von 1799 und der Carbonari von 1820, Guglielmo Pepe, befehligt wurde. Carlo Alberto hegte größtes Mißtrauen gegen das republikanische Frankreich und dessen Absichten auf Savoyen. Man hatte noch zu gut in Erinnerung, wie das Frankreich des Direktoriums und Napoleons Italien behandelt hatte, und dazu kam schließlich noch die Wirkung von Mazzinis Predigten und der allgemeine kühne Sturm der Geister. Deshalb lehnte man alle Bündnisvorschläge und jede ausländische Hilfe ab und gab die Parole aus: »Italien hilft sich selbst!«

Der unlösbare gordische Knoten wurde aber schon sichtbar an der mit Mühe und Not zustande gekommenen römischen Verfassung vom 14. März, in der sich bereits der Pferdefuß zeigte, denn die an sich nur beratende Stimme der Kammer wurde einem Vetorecht der Kardinalsversammlung unterstellt und die Preßfreiheit der kirchlichen Zensur unterworfen. Und als man zur Kriegserklärung gegen Österreich schreiten mußte, hielt der Papst am 29. April ohne Wissen seiner Minister eine Ansprache, in der er alle guten Katholiken, die das etwa vergessen haben sollten (und damit meinte er wohl auch sich selber), daran erinnerte, daß das Haupt der katholischen Kirche nicht für ein Volk die Waffen ergreifen kann, wenn es gegen ein ebenfalls katholisches Volk gehen soll. Und es dauerte auch nicht lange, bis die Erläuterung zu dieser Rede folgte, daß die katholischen Völker und Staaten den Papst gegen jenes Volk unterstützen müßten, das gegen ihn rebelliert und die Sicherheit seiner weltlichen Macht bedroht hatte, was ein Jahr später dadurch bestätigt wurde, daß die Österreicher, Franzosen, Spanier und Neapolitaner gegen die Italiener im Kirchenstaat und Rom zu Hilfe gerufen wurden. Das war der Zusammenbruch des Neuguelfentums, und daran wurde nichts dadurch geändert, daß einen Monat später Gioberti, der hauptsächlichste Erfinder und Vertreter dieser Idee, nach Rom reiste. Mit dieser Katastrophe wurde die italienische Bewegung ihres ursprünglichen Stützpunktes beraubt, den sie in einer historisch existierenden Macht gefunden hatte, nämlich im Papsttum. Auch Carlo Alberto hatte durch die Solidarität mit dem Papste die Kraft zu seinen Entschlüssen gefunden und mußte nun sehen, wie seine Verbindung mit dem Nationalgefühl der religiösen Weihe entbehrte. Er war den Verhandlungen über eine Liga mit den anderen italienischen Fürsten ausgewichen. Er hatte zwar deren militärische Hilfe angenommen, aber er hatte die Entscheidung über die zukünftige Ordnung Italiens auf die Zeit nach dem Siege vertagt. Aber selbst wenn er in diese Verhandlungen eingetreten wäre, dann würde er nicht Übereinstimmung, sondern nur Zwietracht gefunden haben: das bestärkte ihn vielleicht in seiner Überzeugung, solche Verhandlungen überhaupt nicht aufzunehmen. Im wesentlichen handelte es sich bei der Frage der zukünftigen Ordnung Italiens um das Problem der Vorherrschaft. Warum hätte Carlo Alberto auf die Früchte des Sieges verzichten sollen und auf die Machtvergrößerung durch Erweiterung des Königreiches Sardinien zu einem Königreich von Oberitalien? Und warum hätte sich der König von Neapel, der sich als gleichberechtigter Nebenbuhler des Königs von Sardinien fühlte, mit einer solchen Gleichgewichtsverschiebung abfinden sollen? Und hätten die Großherzoge von Toskana und alle die anderen, kleineren Fürsten der Anziehungskraft widerstehen können, die ein Königreich Oberitalien auf die Bevölkerung ihrer Staaten ausgeübt haben würde? Was würde aus Sizilien geworden sein, das die bourbonische Monarchie für abgesetzt erklärt hatte und nun auf der Suche nach einem neuen König an den Fürsten von Savoyen dachte, aber währenddessen Gefahr lief, unter die Herrschaft oder das Protektorat der Engländer zu geraten? Carlo Alberto sorgte mit der Ablehnung dieser Verhandlungen nicht nur dafür, sich die Hegemonie zu sichern, sondern sie tatsächlich zu steigern, indem er unter vielfachen starken Widerständen die »Verschmelzung« der Lombardei und Venetiens mit dem sardinischen Staate proklamierte. Der Plan eines italienischen Fürstenbundes war im Frühjahr gescheitert, und vergebens versuchte im Herbst dieses Jahres (also in einem ungünstigen Momente, da die Fürsten schon wieder zur Reaktion neigten) Pellegrino Rossi als Minister Pius' IX. und später auch Gioberti als Minister Carlo Albertos diesen alten Plan wieder aufzunehmen, aber es gelang ihnen nicht einmal, eine ernsthafte Diskussion darüber in Gang zu bringen. Der von Gioberti in Turin einberufene föderative Kongreß blieb eine akademische Veranstaltung und die von Montanelli ins Leben gerufene und heiß verfochtene Nationalversammlung von gewählten Vertretern der italienischen Bevölkerung blieb völlig in der Luft hängen, obgleich sie vom toskanischen Parlament beschlossen worden war. Eine solche Versammlung hatte nicht nur die Möglichkeit derartiger Volkswahlen zur Voraussetzung, sondern brauchte auch eine Macht, die die Fürsten hätte zwingen können, die etwaigen Beschlüsse der Versammlung anzunehmen. Anderseits hatte die von Mazzini stets gepredigte nationale Erhebung, der sogenannte Volkskrieg für die Unabhängigkeit und die Republik, den er allerdings selbst vertagt hatte, um dem königlichen Kriege gegen Österreich freien Lauf zu lassen, und den er nach dem Scheitern dieses Krieges wieder vertrat und proklamierte, keinerlei Wirkung. Währenddessen war Carlo Alberto zum Waffenstillstand gezwungen worden und mußte die Lombardei räumen. In Neapel hatten am 15. Mai die königlichen Streitkräfte gegen die Barrikaden gesiegt, das neapolitanische Truppenkontingent war zurückgerufen worden, noch bevor es auf den Schlachtfeldern der Lombardei eintreffen konnte, und die Reaktion begann. Das Parlament und das konstitutionelle Regime befanden sich in der Agonie, während das Heer mit der Rückeroberung Siziliens begann. Im folgenden Jahre wurde der Krieg von Piemont gegen Österreich wieder aufgenommen und endete überraschend schnell mit der Niederlage von Novara. Die Toskana hatte eine Reihe von inneren Erschütterungen durchgemacht und kehrte zu ihrem Großherzog zurück, der von den Österreichern abhängig war. Rom hatte sich nach der Flucht des Papstes zum König von Neapel als Republik konstituiert, aber dort intervenierte die französische Armee, vertrieb alle übrigen Konkurrenten bei der Intervention und gab Rom dem Papst zurück. Venedig fiel als letztes Bollwerk unter die

Herrschaft der Österreicher zurück. Die beschworenen Verfassungen wurden stillschweigend oder ausdrücklich wieder abgeschafft. Standgerichte eingesetzt, Todes- und Zuchthausstrafen gefällt, Verbannungen und rigorose Polizeimaßnahmen durchgeführt, und Denunziationen und Vendetten waren an der Tagesordnung: kurz, alles das, was man Reaktion nennt und die dazu gehörigen, wohlbekannten, überall gleichen Erscheinungsformen.
Gegenüber den Erfolgen in der ersten Hälfte des Jahres 1848 war der Verlust in materieller Hinsicht sehr beträchtlich. Betrachtet man aber die Ereignisse unter einem moralisch-politischen Gesichtspunkt und zieht man einen Vergleich mit dem Italien aus der Zeit vor 1848, dann war auch dieses Mal der Gewinn, der mit all diesen Dingen erzielt worden war, ganz offenbar. Italien hatte seinem ideellen Erbgut neue Annalen hinzugefügt: edle Volksaufstände, mit nationalen Armeen und ganzen Legionen von Freiwilligen geführte Kriege, siegreiche und mutig durchgekämpfte Schlachten, lange Verteidigungen der von Österreichern und Franzosen belagerten Städte! Die fünf Tage von Mailand und die zehn Tage von Brescia, Curtatone und von Montanara, Goito, Rom und Venedig traten neben andere, glänzende Erinnerungen heldischer Unternehmungen. Bewegten Herzens und mit Stolz betrachtete Italien die Gestalten der für die nationale Idee Gefallenen und derer, die zum neuen Freiheitskampf bereit waren. Italien hatte die Erfahrung des freien Lebens gemacht, eine Erfahrung, die man nie wieder vergißt. Die Parlamente, die Minister und die Diskussionen der politischen Presse hatten sich der gedanklichen Höhe all der Leistungen würdig gezeigt, die ein solches Leben erfordert. In Piemont wurde nach der Niederlage die Parole ausgegeben: »Fangen wir von vorne an!« Und dieser Leitspruch war in den Dingen selbst begründet, in denen er wortlos zum Ausdruck kam. In den politischen Ideen war die Trennung vom Neuguelfentum eine wahre Wohltat, denn dieses hatte alle seine Dienste geleistet und sein Wiedererstehen hätte ein eigensinniges Beharren auf dem Unmöglichen bedeutet. Und es war gleichfalls eine Wohltat, daß man die andere, entgegengesetzte Einbildung eines ohne Kriegserklärung vom gesamten Volke zu führenden Krieges gegen die fremden und einheimischen Fürsten und für die Republik aufgegeben hatte. Dadurch war ein vorurteilsfreier Gedanke über die monarchische Staatsform entstanden und ein klarerer Sinn für die Möglichkeit

von Allianzen mit fremden Mächten. Es bedeutete aber noch mehr, daß in einem einzigen italienischen Staate ein neuer, fester Stützpunkt für die Wiederaufnahme der liberalen und nationalen Bewegung gefunden war, in einem Staate, der eine tüchtige Verwaltung und ein tapferes Heer besaß, der das Blut seiner Soldaten für die Vertreibung der Fremden vom italienischen Boden geopfert und der allein die konstitutionellen und liberalen Ordnungen aufrechterhalten hatte. Carlo Alberto hatte sich trotz der Widersprüche und Mängel seines Charakters nach der veränderten Haltung des Papstes nicht vom Kampfe zurückgezogen. Er gab nicht jener veralteten Staatsräson nach, gemäß deren Rat er sich hätte mit Österreich verständigen müssen, das eine Zeitlang bereit war, ihm die Lombardei zu überlassen. Unter geradezu verzweifelten Bedingungen und mit der sicheren Aussicht auf eine Niederlage nahm er 1849 den Krieg wieder auf, wobei er auf seine und seines Hauses Ehre bedacht war. Aber gerade dadurch verband er die Monarchie von Savoyen mit der Sache Italiens und mit der liberalen Revolution. Den Problemen der Hegemonie, der Vorherrschaft und der Einigung Italiens gab er eine völlig neue Richtung, und ohne es zu wollen und ohne überhaupt daran zu denken, bereitete er von ferne die Lösung einer anderen Frage vor: er machte die internationale Frage der weltlichen Macht des Papsttums – und bis 1849 hatte man sie für eine internationale Angelegenheit gehalten und wollte sie auch noch in den folgenden Jahren so behandeln – zu einer rein national-italienischen Frage. Nach Novara zog er sich zurück, entsagte dem Throne und starb in einem freiwillig gewählten Exil. Aber sein Werk, das zugleich nicht nur seines, sondern auch das Werk all der anderen war, die mit festem Willen dazu beigetragen hatten, vollzog sich in seiner logischen Entwicklung. Gioberti, der einstige Neuguelfe, vertrat jetzt die antimunizipale These von der Hegemonie des Hauses Savoyen und dessen italienischer Mission, er schlug sie im *Rinnovamento* vor und verteidigte sie dort. Die Vereinigung mit Piemont war die neue Parole, die sich allmählich durchsetzte: viele ehemalige Republikaner, Autonomisten und Föderalisten stimmten ihm bei, und auch die in Zuchthäusern schmachtenden Patrioten, wie z. B. der Führer der neapolitanischen Liberalen, Carlo Poerio, bekannten sich dazu.

In Deutschland vollzog sich diese Entwicklung langsamer und unsichtbarer als in Italien. Es herrschte dort größere Klarheit in den

Begriffen des politischen Kampfes und ein verändertes Verhältnis der Kräfte, die zu seinem Ende führten. In einigen deutschen Staaten fehlten, wie gesagt, nicht konstitutionelle Ordnungen, wenn sie auch mehr ein Scheindasein führten und nicht wirklich lebendig waren. Aber, um von Österreich überhaupt zu schweigen, eine solche Ordnung fehlte im größten der deutschen Staaten: Preußen. Nach 1848 wehte ein neuer Wind, ja, ein heftiger Sturm in Europa, und wo konstitutionelle Ordnungen bereits vorhanden gewesen waren, wurden sie neubelebt, wo sie gefehlt hatten, entstanden sie neu. In Preußen tagten noch die vereinigten Landtage, als die Regierung von der Februarrevolution überrascht wurde. König Friedrich Wilhelm IV. zögerte noch, die geforderte Verfassung zu geben und beschränkte sich zunächst auf leere Versprechungen. Er wollte die Landtage auflösen und die vierjährige Tagungsperiode abschaffen, aber bei der wachsenden Unruhe im Volke berief er sie für den folgenden Monat wieder ein, um ihnen einen Verfassungsentwurf vorzulegen. Auf die Nachricht von der Revolution in Wien veröffentlichte er am 18. März ein Patent über die Umgestaltung Deutschlands in einen föderativen Staat mit einer präliminaren Vertretung aller Parlamente der deutschen Staaten und einer vorausgehenden Einberufung der preußischen Landtage. Das hinderte aber nicht, daß es in Berlin zu Barrikadenkämpfen und blutigen Zusammenstößen kam, die der König, als die regierungstreuen Truppen bereits die Oberhand gewonnen hatten, mit einer Proklamation an die Berliner Bevölkerung unterbrach, mit der er die Räumung der Stadt anordnete und sich unterwarf. Als im November des gleichen Jahres die Ereignisse in Wien einen anderen Verlauf nahmen, erhob sich der preußische König wieder, lehnte die sehr radikalen Forderungen der Abgeordneten ab (z. B. die Anträge über die Formel »Von Gottes Gnaden«, über den Adel, die Titel und Ritterorden), er verlegte das Parlament in eine andere Stadt und löste schließlich die verfassunggebende Versammlung auf. Am 5. Dezember verlieh er dem Volke ein eigenes, neues Verfassungsstatut, das dem aus den Debatten der Volksvertretung hervorgegangenen nicht unähnlich, aber etwas konservativer umgebaut war, gleichzeitig verfügte er neue Beschränkungen der Preßfreiheit, Verordnungen über politische Prozesse und sophistische und der Verfassung selbst feindliche praktische Ausführungsbestimmungen zur Verfassung. Ähnlich ging es mit den Verfassungen in anderen deutschen Staaten, und in einigen von ihnen, z. B. dem berühmten Kurhessen, Hannover und Mecklenburg, wurden sie überhaupt wieder rückgängig gemacht. Man kehrte dort ganz einfach zu den Ordnungen der guten alten Zeit zurück. Formal betrachtet, blieb nach 1848 in Deutschland dennoch mehr Konstitutionalismus erhalten, als je zuvor dort vorhanden gewesen war. Mit der Mäßigung der allgemeinen Reaktion wurde auch deren Praxis allmählich etwas besser, wenn auch die Richtung dieser Entwicklung, und wiederum bezeichnenderweise in Preußen, mehr konstitutionell als parlamentarisch war. König Maximilian II. von Bayern hatte nicht die Absicht, den Despoten zu spielen. Er wollte, wie er sich ausdrückte, mit seinem Volke in Frieden leben und ließ sich 1854 von keinem Geringeren als Leopold Ranke historischen Unterricht geben. Er stellte diesem politische Gewissensfragen, und Ranke gab ihm und den anderen deutschen Fürsten den Rat, zwar die Regierung »von oben« so weit wie möglich aufrecht zu erhalten, aber sich gleichzeitig dem Geist der Zeiten und der Macht der Idee von der Volkssouveränität anzupassen, die Parlamente nicht gänzlich abzuschaffen, sondern sie zu ändern. Auch die Reste des Feudalismus, z. B. die Zehntsteuer, das Jagdrecht und die Adelsgerichte, die in diesem Jahre zum Teufel gejagt worden waren, wurden im allgemeinen nicht wiederhergestellt, außer in einigen kleineren Staaten wie Mecklenburg, wo den Großgrundbesitzern von neuem das Recht gegeben wurde, die Bauern zu prügeln und wo aus lutheranischem Eifer heraus die Schikanen gegen die Katholiken wieder aufkamen.

Die große Kraftentfaltung der Revolution von 1848 bestand in Deutschland nicht so sehr in einer konstitutionellen Reform der einzelnen Staaten, als vielmehr in dem Versuch einer Einigung aller dieser Staaten mit den Mitteln des liberalen Gedankens und des Parlaments in einer Nationalversammlung. Wenn das gelungen wäre, dann würden damit gleichzeitig nicht nur die Verfassungen der einzelnen Staaten formell und inhaltlich erneuert worden sein, sondern das gesamte politische Leben Deutschlands hätte einen anderen Verlauf genommen. Dieser Versuch hieß: Frankfurter Parlament! Eine kleine, inoffizielle Versammlung in Heidelberg hatte es vorgeschlagen, eine Vereinigung von Literaten, Journalisten, ehemaligen politischen Flüchtlingen und oppositionellen Mitgliedern der verschiedenen deutschen Parlamente hatte es im

April in Frankfurt vorbereitet und die gesamte deutsche Bevölkerung wählte es in allgemeinen, direkten Wahlen*. Das Parlament wurde am 18. Mai in Frankfurt eröffnet, Gagern führte den Vorsitz, und mit hohem geistigem Niveau und großer Gelehrsamkeit wurden dort die besten Lösungen der Frage der deutschen Einigung diskutiert. Die extremen Konservativen wollten die Resolutionen des Frankfurter Parlaments ihren Fürsten und Regierungen vorschlagen, die demokratischen Vertreter dachten an eine föderative Republik nach dem Vorbild der Vereinigten Staaten von Nordamerika, und die Gemäßigten, die den größten Teil der Abgeordneten darstellten, entschieden sich für die konstitutionelle, erbliche Monarchie. Bei der Bildung dieser monarchischen Einheit und der Wahl des Monarchen, dem die Vorherrschaft gebühren sollte, entstanden für die deutschen Politiker ganz ähnliche, unlösbare Schwierigkeiten wie jene, die in Italien die Liga der einzelnen Staaten verhindert hatten. Es war nicht nur der Widerstand und der böse Wille der kleineren Fürsten und Preußens zu überwinden, das sich nicht den anderen, kleineren deutschen Staaten anpassen wollte, sondern man mußte auch die Frage lösen, ob Österreich in die künftige unitarische Ordnung Deutschlands mit einbezogen werden sollte oder nicht, und wenn, ob auch mit seinen plurinationalen oder nur mit den deutschen Gebieten, oder ob man Österreich besser ganz außerhalb lassen und die anderen Staaten um Preußen gruppieren sollte: das eine war die »großdeutsche« Lösung, das andere die »kleindeutsche«. Schließlich gewann die kleindeutsche Lösung die Oberhand, und man fügte ihr die Erklärung hinzu, daß das deutsche und das österreichische Reich einen Unionsvertrag abschließen sollten. Schließlich beschloß man, die deutsche Kaiserwürde dem König von Preußen anzubieten. König Friedrich Wilhelm empfing am 3. April 1849 die Abordnung des Frankfurter Parlaments in Berlin, aber er lehnte eine Krone ab, die ihm von einer Volksversammlung angeboten wurde, die ihm mit Blut und Schmutz**

* Die Wahlen zur deutschen Nationalversammlung erfolgten allgemein, gleich, aber nur im kleinsten Teil von Deutschland direkt. Der Beschluß des Bundestages hatte es den einzelnen Staaten überlassen, ob direkt oder indirekt gewählt werden sollte. Direkt waren die Wahlen nur in Württemberg, Kurhessen, Schleswig-Holstein, Hamburg und Frankfurt, in allen anderen Staaten (also vor allem in Preußen und in Österreich) indirekt. (Anmerkung des Herausgebers.)

** Friedrich Wilhelm IV. wies die Krone als einen »Reif aus Dreck und Letten gebacken« zurück. (Anmerkung des Herausgebers.)

besudelt schien und nach Revolution roch. Er würde es niemals geduldet haben, daß sein göttliches Recht durch den Willen der Nation aufgesogen oder neu getauft worden wäre. Er wollte nicht zugeben, daß der »Borussismus« oder Prussianismus im Deutschtum aufginge, wie dies in der Tendenz der national-liberalen Bewegung lag. Er war darin ganz anders geartet als die Könige des Hauses Savoyen, die wie etwa Carlo Alberto und später dessen Sohn und Thronfolger ganz ähnliche innere Widerstände empfunden, aber auch überwunden hatten. Der Hohenzoller hatte um sich Ratgeber, Minister und Militärs, die genau wie er selber fühlten. Um nur einen zu nennen, der General Wrangel rief entrüstet aus: Sollten wir unser Banner wirklich mit den Fahnen der Mazzinis und Kossuths vereinigen? Das bedeutete eine Absage an das liberale Prinzip des Frankfurter Parlaments. Und es war eine höchst aggressive und verächtliche Absage. Wenn das Parlament über revolutionäre Geister und entsprechende Mittel verfügt hätte, dann hätte es zum Schutze seiner eigenen Würde die ganze deutsche Nation um sich versammeln und seine legitimen Forderungen gegen die Sonderinteressen und den ganzen aristokratischen Plunder der Fürsten verteidigen müssen, dann hätte es die eigenen Beschlüsse unter allen Umständen durchführen müssen und im Notfall nicht davor zurückschrecken dürfen, die Republik auszurufen! Etwas kümmerlich kam ein solcher Entschluß zum Widerstand in dem Dresdener Aufstand zum Durchbruch, der nach dreitägigen, erbitterten Kämpfen mit Hilfe königlich preußischer Regimenter niedergeschlagen wurde; ferner in den mit noch weniger Energie durchgeführten und uneinheitlichen Erhebungen der Pfalz und Badens, denen ebenfalls die vom preußischen Kronprinzen kommandierten Truppen ein Ende bereiteten. Das Frankfurter Rumpfparlament, das aus linksgerichteten Abgeordneten bestand, machte den Versuch, weiterzutagen, Beschlüsse zu fassen und Maßnahmen zur Durchführung dieser Beschlüsse zu treffen. Dieses Rumpfparlament wurde immer wieder aus allen Orten vertrieben, in denen es sich versammeln wollte, und schließlich wurde es völlig in alle Winde zerstreut. Der größte Teil der Parlamentsmitglieder war einfach davongelaufen, und der Präsident Gagern unterschrieb im Mai 1849 die Auflösungsakte des Parlamentes. Alle diese Männer waren in ihrer tiefsten Überzeugung an das alte Deutschland der Fürsten gebunden, sie waren dem König von Preußen völlig ergeben. Unter ihnen gab es viele Gelehrte, Männer der Wissenschaft und Professoren, die aus alter Tradition zur Untertänigkeit neigten. Das waren gewiß hochachtbare Persönlichkeiten, aber keine Revolutionäre. Und weil sie nicht revolutionär gesinnt waren, vermochten sie nicht auf ihren Beschlüssen, die sie einmal gefaßt hatten, zu bestehen, ja, sie vermochten in ihrer Haltung nicht einmal einen theoretischen oder auch nur einen stillen Protest und einen Appell an die Zukunft zu vertreten. Fast alle änderten ihre Ansichten und wechselten ihre Meinungen und ihre Kriterien der Politik, wie z. B. Droysen, der in seiner Philosophie von der Theorie des »Ethos« zur Theorie der »Macht« und in seiner Geschichtsbetrachtung zur Vergottung der preußischen Geschichte als einer Art Heiligen Geschichte überging, der im preußischen Volk mit seiner Monarchie das auserwählte Volk des Herrn sah und zu diesem Zwecke nicht einmal davor zurückschreckte, die Wirklichkeit zu entstellen, zu fälschen und in Widerspruch mit den Tatsachen darzustellen. Ärger noch verhielten sich andere Philosophen, Historiker und Gelehrte wie etwa Stahl, der Rektor der Berliner Universität, der in einer Eröffnungsrede sich zu dem Urteil verstieg, daß die deutsche Wissenschaft sich schuldig gemacht habe, in Konflikt mit den herrschenden Bedingungen und besonders mit den herrschenden Mächten geraten zu sein, daß sie den Rückzug antreten müsse. Diese Professoren und Gelehrten, die anfänglich die national-liberale Umbildung des deutschen Volkes verfochten hatten und dann diesen Ideen abschworen und sie durch das entgegengesetzte Ideal ersetzten, fügten der politischen Erziehung dieses Volkes größeren Schaden zu als die Monarchen selbst, die, wie etwa Friedrich Wilhelm IV., niemals ihren Traum von der Vergangenheit verleugnet hatten. Gegen diese deutschen Gelehrten muß man die Anklage erheben, daß sie ihr eigenes Werk vernichtet haben, daß das Frankfurter Parlament keinerlei leidenschaftlichen Affekt und keinerlei Kummer und Sehnsucht in der Erinnerung hinterließ, wo man doch so viele Beweise bedeutender Lehren und hoher Gedanken gegeben hatte. Diese Gelehrten sind schuldig, daß in Deutschland der Liberalismus sehr bald als politische Kraft oder Kraftquelle in Mißkredit geriet. Wir erklären dies annäherungsweise, denn die Gründe für diese verworrene oder verspätete Entwicklung sind ganz gewiß nicht in einer natürlichen Rassenveranlagung der Deutschen zu suchen, sondern vielmehr in der

jahrhundertealten Geschichte des deutschen Volkes und in seinem Schicksal während des Mittelalters und der Reformation.
Mit der Zurückweisung der vom Frankfurter Parlament angebotenen Krone beharrte Friedrich Wilhelm IV. darauf, daß ihm und seiner Monarchie und somit Preußen die Aufgabe der deutschen Einigung wie eine Mission anvertraut sei, und er begann, diese Einigung auf dem nach seiner Meinung allein legitimen und würdigen Wege allmählich zu verwirklichen, d. h. in einer Verständigung mit den anderen Fürsten. Mit den Königen von Bayern, Sachsen und Hannover schloß er einen Vertrag ab, und als der König von Bayern sich wieder davon zurückzog, mit den beiden anderen allein: das war der sogenannte Dreiervertrag, mit dem sich die Reichspartei, die sich auf dem Frankfurter Parlament gebildet hatte, in einer Art Nachparlament, das im Juni 1849 in Gotha tagte, einverstanden erklärte. Dann traten aber auch die beiden anderen Könige von diesem Vertrag zurück, und Friedrich Wilhelm IV. entschloß sich, allein das Ziel zu verfolgen und berief daher im folgenden Jahre zu Erfurt ein Parlament der nationalen Einigung ein. Österreich hatte währenddessen die Revolutionen in seinen Gebieten niedergeschlagen und siegreiche Kriege durchgeführt. Es hatte sich bereits auf dem Frankfurter Parlament der Reichsverfassung widersetzt, und es hatte schließlich zum Beweise, daß es von diesem Parlament überhaupt nichts hielt, ein Mitglied des Parlamentes, Blum, das an der revolutionären Verteidigung Wiens teilgenommen hatte, erschießen lassen. Österreich hatte im April seine Abgeordneten aus Frankfurt zurückgerufen und einen Druck auf die drei Könige ausgeübt, damit sich diese von dem Bündnis mit dem preußischen König zurückzogen, und es war fest entschlossen, kurzen Prozeß zu machen oder, wie der österreichische Minister Schwarzenberg sich ausdrückte, »avilir d'abord la Prusse et à la démoler ensuite«. Dieser benutzte daher die Gelegenheit eines Aufstandes in Kurhessen gegen den Fürsten, der die Verfassung verletzt hatte, um Preußen den Krieg anzudrohen, denn der Fürst hatte an den alten, von Österreich unterstützten Landtag appelliert, und Preußen hatte Truppen nach Hessen geschickt. Es war bereits zu einem kleinen Zusammenstoß gekommen, als Preußen nachgab, im November 1850 den Minister Manteuffel zu einer Besprechung mit Schwarzenberg nach Olmütz schickte und seine Truppen zurückzog. Auf der Konferenz von Dresden

mußte Preußen darin einwilligen, daß die alte föderative Verfassung und der alte Landtag, wie er 1815 unter dem Protektorate Österreichs eingeführt worden war, wiederhergestellt wurden. Das war eine Demütigung Preußens, wenn diese auch nicht von allen preußischen Politikern als solche empfunden wurde, weil viele von ihnen aus ihrem Haß gegen die Revolutionen treue Anhänger Österreichs geblieben waren. Als Schande empfanden das vor allem die deutschen Patrioten, die ihre Hoffnungen auf Preußen gesetzt hatten. Und es war eine zweite Demütigung Preußens, als dieses auf die Verteidigung der deutschen Rechte in Schleswig-Holstein verzichten mußte. Das Frankfurter Parlament hatte darin eine nationale Angelegenheit gesehen, Bundestruppen und preußische Truppen hatten dafür gekämpft, aber der von England und Rußland ausgeübte Druck und Österreichs Desinteressement waren stärker, so daß Schleswig-Holstein wieder wie früher unter die dänische Herrschaft zurückkehren mußte. Aber gerade diese Reihe von Mißerfolgen und Demütigungen führte dazu, daß andere preußische Politiker und Militärs nun erst recht an die preußische Mission glaubten, für die Einigung Deutschlands zu kämpfen. Nachdem Preußen die Volksbündnisse abgelehnt hatte, sollte es die romantisch-mittelalterlichen Wahnideen ebenfalls aufgeben und zu friderizianischen oder machiavellistischen Methoden zurückkehren. Der preußische Kronprinz hatte 1849 in einem Briefe seinen Gefühlen Luft gemacht: »Wer Deutschland regieren will, muß es erobern; die Methoden à la Gagern sind nicht mehr möglich. Daß Preußen dazu bestimmt ist, die Führung Deutschlands zu übernehmen, geht aus unserer ganzen Geschichte hervor. Aber wann und wie, das ist die Frage.« – Anders als in Italien wurde so auch in Deutschland das Problem der Zukunft erkennbar. Und die Erfahrungen des Trienniums 1848/50 mit der Schande von Olmütz riefen die einzige Partei auf den Plan, die es früher oder später durchführen mußte.

Der revolutionäre Prozeß nahm in Österreich einen ganz anderen Verlauf als in Deutschland und als in Italien. In Österreich kämpfte man nicht für Unabhängigkeit, Freiheit und staatliche Einheit, sondern um die Frage der Nationalitäten, die im Gegensatz zueinander standen, um ihre Unabhängigkeit und Macht rangen und folglich gegen den unitarischen Staat gerichtet waren, der einer Nationalität die Vorherrschaft über alle anderen gab. Eine

Zeitlang hatten alle diese Nationalitäten oder Teile von Nationen friedlich beisammen gelebt. Lombarden, Deutsche, Ungarn, Böhmen und Kroaten, sie alle waren ihrem gemeinsamen Kaiser treu ergeben gewesen. Keine dieser Nationen war geistig revolutionär gegen eine andere eingestellt gewesen, keine hatte die andere als Fremdling empfunden, und das Lateinische war die gemeinsame Amtssprache gewesen, und ohne jede Eifersucht hatte man inoffiziell auch gern das Italienische benutzt, die Sprache eines Metastasio und anderer Schriftsteller, die wie er damals und vor ihm und auch später noch den kaiserlichen Hof umgaben. Erst die Reformen und Zentralisationsversuche Josepsh II., der der deutschen Sprache und dem deutschen Element die Vorherrschaft geben wollte, führten zu einigen Unruhen. Und erst die napoleonischen Kriege, die romantische Übersteigerung des Nationalgedankens und der liberale Gärstoff hatten die Geistesverfassung völlig verändert: in jeder dieser Nationen war das Verlangen nach Unabhängigkeit erwacht. Der habsburgisch-lothringische Kaiser erfüllte mit der Vorherrschaft des deutschen Elements gewiß eine große Kulturaufgabe bei den slawischen Nationen, die noch ungebildet und barbarisch waren. Italien hatte allerdings keinerlei Nutzen davon, und das reaktionäre und heuchlerische Österreich erwies ihm auch keinen guten Dienst mit der Verbreitung des deutschen Denkens, denn Italien mußte auf die Quellen selbst zurückgreifen oder Frankreich als Kulturvermittler wählen. Die österreichische Kulturaufgabe selbst stand vor ihrem nahen Abschluß. Und jene Professoren, die ein gutes Beispiel von Harmonie und Brüderlichkeit zwischen den drei führenden Nationen Europas, der lateinischen, germanischen und slawischen geben wollten, vertraten nichts weiter als eben Ideen von Rhetoren und Professoren. Das gilt auch für jene andere Theorie, die damals gleichfalls von deutschen Publizisten und Professoren vertreten wurde, daß nämlich der plurinationale österreichische Staat mit seinem patrimonialen Ursprung und Charakter das Modell für ein künftiges Europa abgeben sollte. Es lag wenig Grund zu der Hoffnung vor, daß aus diesem Plurinationalismus in einer langsamen und tiefgreifenden Umwandlung so etwas wie eine Schweiz im großen Stile hätte hervorgehen können. Österreich war nicht nur viel zu groß dazu, sondern es war auch nicht wie die Schweiz ein starkes Zentrum der religiösen Reformation und ein Asyl aller politischen Flüchtlinge der Nachbarvölker gewesen. Und abgesehen von seinen italienischen Gebieten war es auch nicht durch den Sturm der Französischen Revolution erschüttert und angeregt worden (um davon zu schweigen, daß auch die Schweiz selbst schließlich diese Gegensätze und den Krieg des Sonderbundes hatte durchkämpfen müssen). Österreichs Schicksal war daher, wie das Mazzini richtig erkannt hatte, die Auflösung, und jeder Fortschritt in Österreich konnte nichts anderes als die Einleitung dieses Auflösungsprozesses sein, dem es nur die Idee einer künftigen Wiederherstellung entgegensetzen konnte. Die Revolution von 1848 nahm auch in Österreich liberalen Charakter an. Ungarn gab sich eine neue Verfassung, die der Kaiser bestätigte. Die ungarische Verfassung war reichlich demokratisch, das Parlament wurde nicht mehr von einzelnen Klassen oder Ständen, sondern aus direkten Volkswahlen gebildet, es wurde ein verantwortliches Ministerium eingesetzt, dessen Präsidium Batthyany übernahm, während Kossuth Minister wurde. Im März brachen gleichzeitig in Wien revolutionäre Unruhen aus; Metternich demissionierte und floh ins Ausland, und im Juli wurde in Wien ein Parlament aller österreichischen Staaten eröffnet. In Wien war aber der Liberalismus nicht ideell vorbereitet, die Stadt wurde vom Strome der Zeit mitgerissen, und hauptsächlich Studenten, Arbeiter, Polen und Revolutionäre aus allen Ländern nahmen an der Bewegung teil, die echt demokratisch und demagogisch von Unordnung zu Unordnung und von Exzeß zu Exzeß eilte. Als das Parlament sich versammelte, gab es kein heterogeneres Schauspiel als diese Abgeordneten, die auf den verschiedensten Kulturstufen standen und sich untereinander kaum verständigen konnten. Das Konkreteste, was ein solches Parlament überhaupt noch leisten konnte, war die Abschaffung der immer noch existierenden feudalen Lasten (so wurde in Ungarn die Leibeigenschaft völlig aufgehoben, und der ungarische Klerus mußte auf den Zehnt verzichten, den er bis dahin immer noch eingetrieben hatte). Anderseits strebten nicht alle Nationalitäten Österreichs zur reinen Unabhängigkeit. Einige von ihnen wollten ihre Sonderimperialismen aufrechterhalten oder noch verstärken: die Ungarn gegenüber den Kroaten und Rumänen, und die Böhmen beriefen eine panslawistische Konferenz ein, aber ihr Unabhängigkeitsversuch wurde durch die Militärmacht des Fürsten Windischgrätz vereitelt, und schließlich gaben sie ihrem Haß gegen die Deutschen freien Lauf, indem sie sich als Instru-

ment für die Politik des österreichischen Herrscherhauses anboten. Dieses rettete sich dadurch, daß es die eine Nationalität gegen die andere ausspielte, die Deutschen und die Kroaten gegen die Italiener, die Böhmen und die Kroaten gegen das aufständische Wien, die Deutschen und Kroaten gegen die Ungarn, und schließlich suchte es Hilfe beim Zaren, der ein russisches Heer schickte, um die Ungarn niederzuwerfen. Mit dem Siege über die Ungarn und auch über die anderen Nationalitäten wurde der autoritäre Staat in Österreich wiederhergestellt, die Verfassung zurückgezogen, die gerade vom Kaiser selbst nach der Auflösung des Parlaments von 1848 erweitert und formuliert worden war. Der österreichische Kaiser begann von neuem, in Italien und Deutschland die Fürsten zu restaurieren und die alte Ordnung zu stützen. Der Ausspruch eines österreichischen Dichters, daß Österreich im Heerlager Radetzkys sei, bedeutete gleichzeitig eine richtige Definition und eine historische Verurteilung jenes Kaiserreichs, da die moderne Kultur nicht einen Staat respektieren kann, der ein einziges Heerlager ist und seine Existenz einzig und allein auf seiner Militärmacht aufbaut. Die italienischen und ungarischen Flüchtlinge verbrüderten sich trotz der auseinanderstrebenden Tendenzen ihrer Völker im Haß gegen den gemeinsamen Feind und im gemeinsamen Exil, sie waren der völligen oder teilweisen Auflösung Österreichs gewiß. Diese Auflösung wurde im Jahre 1848 eingeleitet, die darauffolgende Reaktion konnte sie zwar vorübergehend aufhalten, aber sie vermochte nicht, ihre Beweggründe aus der Welt zu schaffen.
Die Irländer dachten in diesem Jahre an eine nationale Erhebung, an die Ausrufung der irländischen Republik und die Loslösung von Großbritannien; die Vereinigung »Jung Irland« blieb nach der Februarrevolution nicht mehr rein literarisch, sie wurde politisch. Im April wurde es notwendig, ein Sicherheitsgesetz zu erlassen, im Juli mußten die Habeascorpusakte abgeschafft und der Aufstandsversuch des O'Brien streng unterdrückt werden. Hungersnot, Raub, Mord und blutige Konflikte zwischen Katholiken und Anglikanern nahmen jedoch kein Ende. Alle Vermittlungsversuche, Hilfsaktionen für die Armen und Notstandsarbeiten erweisen sich als unzureichend. Sieht man jedoch von diesem chronischen Übel in England ab, das noch lange kein Ende nehmen wollte, so konnte England die kontinentalen Revolutionen betrachten wie ein Beobachter, der vom sicheren Ufer auf die stürmisch bewegte See schaut: mit einem

Gefühl der Teilnahme, der Befriedigung und des edlen Stolzes, das Macaulay damals in einem berühmten Kapitel seiner »Geschichte« zum Ausdruck brachte. Noch einmal flammte der Chartismus auf, er stellte eine von Millionen unterzeichnete Petition auf, die am 10. April 1848 eine Demonstration von Hunderttausend dem Parlamente vorlegen sollte. Aber die Petition wurde in dieser Form für illegal erklärt, später aber dem Parlamente doch zur Prüfung vorgelegt, womit sie der Lächerlichkeit verfiel. Der Freihandel kam 1849 zur vollen Verwirklichung, indem die Schiffahrtsakte abgeschafft wurde. Die Folge war, daß der Getreideanbau in den Kolonien und im Ausland gesteigert wurde und der englische Verkehr stark anwuchs. Im Jahre 1851 wurde in London die erste Weltausstellung eröffnet. Das war der feierliche Ausdruck für das neue industrielle und kommerzielle Leben, das man ins Leben gerufen hatte. Der letzte Widerstand der Konservativen wurde mit den Wahlen und dem Parlament von 1852 gebrochen. Nach der Modernisierung der beiden Parteien sah man zum erstenmal Disraeli und Gladstone einander gegenüberstehen, jener blieb dreißig Jahre Führer der Konservativen und dieser vierzig Jahre Führer der Liberalen. Auch Belgien wurde von der allgemeinen Revolution nicht berührt. Von 1847 bis 1852 regierte das liberale Kabinett Rougier und dann die Koalitionsregierung Brouckère. Das Wahlrecht wurde reformiert, indem man den Zensus abschaffte und neue Verordnungen über die parlamentarische Untauglichkeit einführte. In Frankreich hatte man unvorsichtigerweise derartige Reformen ständig abgelehnt. Sogar alle Versuche, die Kinderarbeit in den Fabriken zu regeln, wurden dort zusammen mit der Freiheit der Arbeiterorganisationen von den allmächtigen Industriellen verhindert. Das benachbarte Holland ging 1848 vom halbabsolutistischen Regime zur konstitutionellen Regierung über; man schuf zwei Kammern, eine für die Vertreter der größeren und kleineren Steuerzahler und eine nach direktem Wahlrecht.

Aus Gründen, die den Bedingungen des englischen Lebens geradezu entgegengesetzt waren, blieb Rußland von revolutionären Bewegungen ebenfalls völlig unberührt. Polen wurde mit eiserner Faust im Schach gehalten und rührte sich nicht, obgleich die Polen in Posen sich erhoben und gegen die Deutschen kämpften und polnische Flüchtlinge an allen europäischen Revolutionen teilnahmen, zuweilen sogar als Führer eigener Freiwilligenlegionen und regulärer Truppen. Der Zar hatte erklärt, daß die revolutionäre Welle an den Grenzen seines Staates niedergeschlagen werden würde, und das war dann auch der Fall. Die Überwachung im Innern war überaus streng und scharf, die bereits der Zensur unterworfenen Bücher wurden noch einmal zensiert, die literarischen Kabinette immer wieder von neuem gereinigt: an den Universitäten wurden die Lehrstühle für europäisches öffentliches Recht aufgehoben, die philosophische Lehre wurde auf Logik und Psychologie beschränkt und Theologieprofessoren anvertraut, und der klassische Unterricht wurde fast völlig abgeschafft. Unter dieser erzwungenen Ruhe entwickelte sich eine ganze Generation extremer Revolutionäre, da das Fehlen jeglicher Freiheit die Entstehung einer kritischen Kultur verhindert hatte. So wurden die Geister zu verworrenen Phantasien mystischen Ursprungs getrieben oder zu einem abstrakt-simplizistischen Rationalismus oder gar zu einem Gemisch aus beidem zugleich. Die falsch verstandenen universalen Erklärungen der Philosophie wurden mit praktischen Problemen verwechselt, und das führte dann zu der sogenannten Manie der Verwirklichung. Wenn zur Zeit Alexanders I. die sogenannten Dekabristen die Werke von Constant, Destutt de Tracy und Bentham gelesen hatten, so berauschte sich die neue Generation heimlich an den Lehren der französischen und deutschen Materialisten, Soziologen und Utopisten. Das große Problem Rußlands war die Agrarfrage. Auf diesem Gebiete schien der Kommunismus leichter zu verwirklichen zu sein als der ökonomische Liberalismus und der politische Liberalismus, die in Rußland schon überwunden waren, bevor sie überhaupt zur Welt kamen. Man kam bereits auf den Gedanken, daß Rußland zum Unterschied von den westeuropäischen Ländern den Weg des geschichtlichen Verlaufes abgekürzt und durch Wiederanknüpfung an die alten Agrarkommunen im Sinne der kommunistischen Zukunft das bürgerliche und liberale Zeitalter gleichsam übersprungen habe. Aber Rußland hatte noch mehr übersprungen; alle jene qualvollen religiösen und philosophischen Kämpfe und die Jahrhunderte währende Erziehung Europas zum logisch korrekten und strengen Denken, zu Kritik und Scharfsinn, und alle die damit verbundenen Erfahrungen, die gerade den europäischen Reichtum an Humanität ausmachen. Die sogenannte russische »Intelligenz« oder die gebildete Klasse hatte nicht einmal eine Ahnung von dem Reichtum und den Feinheiten der europäischen

Intelligenz. Auch das Rechtsbewußtsein war in Rußland sehr schwach und ging der Klasse der Großgrundbesitzer völlig ab, die doch gegenüber der unermeßlichen Zahl der leibeigenen Bauern allein von Bedeutung war. Das führte Herzen (auf den die Theorie der Agrarkommunen in ihrem Ursprung zurückzuführen ist) zu dem Ausspruch, daß kein einziges Land so wie Rußland für eine vollständige Revolution und radikale »soziale Regeneration« vorbereitet sei, zu der nichts weiter als ein Gewaltakt notwendig sei. In Europa zählte jedoch nur das offizielle Rußland oder der Zar. Dieser hatte immer in erster Front gestanden, wenn es um die Verteidigung der »guten« Sache ging; bei allen Revolutionen dieser Jahre hatte er seine Völker vor der Ansteckung bewahrt. Er hatte eine Armee nach Österreich entsandt, um den ungarischen Aufstand niederzuschlagen, er hatte sich den pangermanistischen Ambitionen Preußens entgegengestellt, hatte Dänemarks Ansprüche auf Schleswig-Holstein unterstützt, hatte die diplomatischen Beziehungen mit dem vom Legitimismus und Absolutismus abgefallenen Carlo Alberto abgebrochen und allen Männern der Reaktion Auszeichnungen erteilt, so z. B. Windischgrätz, der Prag und Wien gezüchtigt hatte, und Filangiere, der Sizilien niederwarf, und selbst dem höchst republikanischen General Cavaignac, der sich in den Augen des Zaren das Verdienst erworben hatte, in den Junitagen die Pariser Arbeiter bekämpft zu haben. Trotz allen Hasses gegen die Tyrannei und die Härten des Zarismus mußten selbst seine Gegner die Kraft seines religiösen Glaubens, die Sicherheit der politischen Überzeugung, die Geradheit, Legalität und persönliche Uninteressiertheit des Zaren Nikolaus anerkennen, dieses letzten intransigenten Vertreters des Absolutismus unter allen Fürsten der Erde. Dennoch hatte der reaktionäre Einfluß, den Rußland auf Europa ausüben konnte, von 1815 bis 1830 und von 1830 bis 1848 sehr nachgelassen, wenn auch bei den Publizisten das Vorurteil oder gar die Furcht vor diesem ungeheuren Reiche noch andauerte, das imstande war, gleich den Invasionen Attilas Millionen von Bewaffneten über den Westen losbrechen zu lassen. Es sollte aber nicht mehr lange dauern, bis auch die Grenzen dieser übermächtigen militärischen Bedrohung sichtbar wurden und der reaktionäre Einfluß Rußlands gänzlich aufhörte.

Obgleich die Revolutionen von 1848 keinerlei antikatholische oder antiklerikale Spitzen gehabt hatten und der Klerus selbst häufig an patriotischen Zeremonien teilgenommen hatte, und obgleich die römische Republik selbst, die auf den Trümmern der weltlichen Macht des Papsttums errichtet worden war, sich wohlweislich hütete, die religiösen Überzeugungen anzutasten, beeilte sich die katholische Kirche, sobald die Reaktion eingesetzt hatte, den absolutistischen Regierungen ihre Mitwirkung und Hilfe anzubieten, um an der Verteilung der Beute beteiligt zu sein und den Lohn für geleistete Dienste einzukassieren. So konnte man das Schauspiel erleben, daß eine Versammlung der österreichischen Bischöfe den Liberalismus für »ruchlos« erklärte und den Wert der Nationalitäten als »heidnisch« qualifizierte, dessen Ursprung, wie sie sagten, in einer Strafe Gottes bestanden hätte, nämlich in der Sprachenverwirrung am Turme zu Babel! Die Konkordate, die die Kirche damals abschloß, verliehen ihr von neuem Dinge, die auch nur zu erhoffen vorher an Wahnsinn gegrenzt hätte. Das 1855 abgeschlossene Konkordat mit Österreich wurde als ein gedrucktes »Canossa« bezeichnet: das ganze Lebenswerk Josephs II. wurde damit vernichtet. Österreich verzichtete auf das placet, auf jegliche Einwirkung bei der Ausbildung des Klerus und auf die von der Kirche erlassenen Strafen, es gab den Bischöfen die Überwachung der öffentlichen und sogar der privaten Schulen, von den Gymnasien und Mittelschulen wurden alle nichtkatholischen Lehrer entfernt. Im Eherecht wurde die Geltung des kirchlichen kanonischen Rechtes anerkannt, das den Beschlüssen des Tridentiner Konzils entsprach, und der Staat verpflichtete sich ferner, mit allen geeigneten Mitteln die irreligiösen Bücher zu verbieten. Er gestattete die Errichtung neuer kirchlicher Orden und deren Landerwerb, das kirchliche Eigentum wurde für die Gegenwart und für alle Zukunft als unantastbar erklärt und schließlich wurde für alle sachlichen und personellen Angelegenheiten der Kirche, die nicht ausdrücklich im Konkordat erwähnt waren, auf die Lehren und Maßnahmen des Heiligen Stuhles verwiesen. Gleicher Art war das 1851 mit Spanien abgeschlossene Konkordat, in dem obendrein noch der Katholizismus für die einzige Religion Spaniens erklärt wurde. Die Konkordate mit Baden und Württemberg wurden wegen ihrer Ungeheuerlichkeit von den Parlamenten abgelehnt. In Preußen gab Friedrich Wilhelm IV. sämtliche Rechte des Staates preis und ließ der Kirche und ihren Jesuiten völlig freie Hand. Gleichzeitig sorgte die Kirche dafür, daß sie nicht mehr in Verdacht kommen konnte, mit der modernen Kultur und Zivilisation ihren Frieden gemacht zu haben. Die Jesuiten gründeten die Zeitschrift *Civiltà Cattolica*, auf das Dogma von der unbefleckten Empfängnis (dieses gewann dadurch eine ganz besonders reaktionäre Bedeutung, weil die Madonna selbst gegen die jüngsten Revolutionen ihre Hilfe geleistet haben sollte) mußte 1864 der Syllabus über die Irrtümer des Jahrhunderts folgen, als deren wesentlichster und grundlegender Irrtum der Liberalismus bezeichnet wurde. Kaum war das geschehen, so wurde auf einem Konzil (das mit diesen Maßnahmen bereits angekündigt worden war) das Dogma von der Unfehlbarkeit des Papstes proklamiert. Rücksichtslos wurden Männer heiliggesprochen, die einstmals als Inquisitoren des Heiligen Amtes der Inquisition fungiert hatten und daher in ihrer historischen Bedeutung der modernen Kultur ganz besonders verhaßt sein mußten. Alle diese Niederlagen der Gegner und die Unterstützung durch die Regierungen machten die Kirche übermütig und gaben ihr die Hoffnung, mit Hilfe der Jesuiten in kürzester Zeit in Deutschland den Protestantismus unterdrücken zu können. Die Gesellschaft des Pius, des hl. Vincenz von Paul und des hl. Bonifazius arbeiteten in dieser Richtung. Russell bezeichnete das Vorgehen der römischen Kurie in England, die dort zwölf Diözesen und einen Erzbischof eingesetzt hatte, als »arrogant«. Im Jahre 1851 wurde die *title bill* angenommen, um diesem Treiben Einhalt zu gebieten. Aber dieses Gesetz kam niemals zur Durchführung und wurde wieder abgeschafft, weil es dem liberalen Gefühl widersprach. Obwohl die Möglichkeit dieser Arroganz und dieses Übermutes und die Unabhängigkeit der Kirche vom Staate, ja, ihre überstaatliche, internationale oder ultramontane Natur in nichts anderem begründet war als in der Natur des modernen Staates selbst und jenes Liberalismus, d. h. in seiner Kraft und Stärke, die zugleich seine Schwäche ist, in seinem Leben, das zugleich seinen Tod bedeutet, zog die Kirche skrupellos und hemmungslos ihre Vorteile daraus. Einige Katholiken, wie etwa Montalembert, erkannten jedoch die Gefährlichkeit dieses doppelten Spieles. Auch er hatte einst diese Methode angewandt, aber er machte sich Gedanken über die wachsende Unpopularität des Klerus und die antireligiöse Rebellion, die in den Köpfen der Jugend, der Intellektuellen und der Arbeiter gärte, ja, er bezeichnete die von der Kirche vertretene und praktisch angewandte Theorie als »zynisch« und faßte sein Urteil so zusammen:

»Wenn ich am schwächsten bin, verlange ich von euch Freiheit, weil dies euer Prinzip ist. Wenn ich aber am stärksten bin, dann nehme ich euch die Freiheit, weil sie nicht mein Prinzip ist.« Er fürchtete, daß bei nächster Gelegenheit dieser Zynismus der Kirche heimgezahlt und sie dann mit nicht unverdienter Strenge behandelt werden würde. Trotz aller praktischen Fähigkeiten, die die Kirche z. B. in ihrer klerikalen Disziplin erworben hatte, die sie vom Einfluß der Staaten befreit und nur von ihr selber abhängig gemacht hatte, trotz aller Freiheiten und Privilegien, deren sie sich erfreuen konnte, hatte sie im Reiche des Geistes absolut nichts gelernt und nichts geleistet; immer mehr wurde sie zu einer Art Industriegesellschaft, die je nach der Lage des Absatzes bald große Gewinne einheimst und ihre Produktion steigert, bald auch Verluste erleidet und die Produktion einschränkt und auf eine Besserung der Marktlage hofft. Die Prosperität der Kirche hat man mit den Perioden geistiger und moralischer Depression der Gesellschaft in Verbindung gebracht und mit den Bedürfnissen der Regierungen, bei gewissen Gelegenheiten die nicht immer gerade auserlesenen Kräfte eines Bundesgenossen zur Verfügung zu haben, über die eben die Kirche verfügt.

So verwickelt und bedrückend jedoch die Raktion in allen Ländern Europas war, trotz aller Leiden, Zuchthausstrafen, Verbannungen, die sie über die Menschheit gebracht hatte, trotz aller Wut und allen Zornes, den sie in den Herzen erweckte, besaß sie nicht jene Ernsthaftigkeit, die selbst eine Reaktion haben kann, wenn sie etwa von einem alten aber zähen und radikalen Glauben getragen ist, der in seinem Ernste achtenswert bleibt, oder wenn sie etwa mit dem Mystizismus, Fanatismus und der unwandelbaren Konsequenz eines Zaren Nikolaus I. geführt wird. Monarchen und andere Vertreter des Absolutismus hatten gar zu oft ihre Meinung gewechselt und noch einmal gewechselt, und gar zu häufig hatten sie geschworen und wieder abgeschworen. Gar zu oft hatte man diese Könige und Fürsten an den Fenstern der Residenzschlösser gesehen, auch auf Straßen und in Kirchen, wie sie sich mit nationalen und auch liberalen Kokarden geschmückt hatten, wie sie Revolutionären gefügig gewesen waren und ihnen geschmeichelt hatten, und wie sie gutwillig oder widerwillig auf deren Wegen weitergeschritten waren. Gar zu häufig hatte man den Tod des Liberalismus und die nationale Altersschwäche der Völker verkündet, worauf diese Völker immer wieder jünger und stärker als zuvor neu erstanden waren. Der Jubel der zeitweiligen Sieger war keine sichere Sache, und die Rhetorik serviler Hymnen wurde recht bald ein wenig heiser. Die Besiegten waren nicht geistig besiegt worden, das Vertrauen auf die Zukunft verlieh ihnen Kühnheit und Bereitschaft zu neuen Taten, deren Stunde bald schlagen sollte. Sie fühlten sich durchaus nicht überwältigt und nicht verlassen in der Welt, denn das europäische Bewußtsein war niemals so sensibel gewesen wie gerade damals, und die öffentliche Meinung Europas niemals so einmütig und so aktiv. Das wichtigste Zentrum war England, das sich nicht egoistisch mit seiner sicheren liberalen Struktur zufriedengab, die in Jahrhunderten geschaffen worden war, das nicht auf seine Sicherheit pochte und auf seinem Wohlstand beharrte, sondern das sich dieser politischen Situation bediente, um der liberalen Sache gegen den Absolutismus zu nützen. In den englischen Städten fanden die Flüchtlinge aus den von der Reaktion bedrückten Ländern Aufnahme und gründeten dort nationale und internationale Zirkel. Die englischen Schriftsteller griffen die reaktionären Regierungen scharf an, brachten sie überall in Mißkredit und häuften Schmach und Schande über sie. Agitatoren und Verschwörer fanden bei englischen Privatleuten reiche Unterstützung. Das englische Volk spendete Kossuth begeisterten Jubel und verfluchte und verpfiff den General Haynau, als dieser es wagte, nach London zu kommen, es bezeichnete ihn als »Hyäne von Brescia und Arad«. Palmerston hatte den sizilianischen Aufständischen Waffen geliefert, und auch als Minister setzte er unerschrocken seine Demonstrationen gegen die autoritären Regierungen aller Länder fort. Peel hielt ihm einmal vor, daß er es sich nicht anmaßen dürfe, den Richter über ausländische Regierungen spielen zu wollen, aber das englische Volk bewunderte ihn, spendete ihm Beifall und ehrte ihn mit dem Beinamen »Lord Firebrand«. Und seinen Gedanken und Worten ließ Palmerston auch Taten folgen: er hielt die Kaiser von Österreich und Rußland in Schach, als sie von der Türkei die Auslieferung der flüchtigen Revolutionäre forderten, und er lehnte es ab, sich bei dem österreichischen Botschafter formell wegen der Behandlung zu entschuldigen, die dem General Haynau von der Londoner Bevölkerung widerfahren war, ja, er gab bei dieser Gelegenheit deutlich zu verstehen, wie widerwärtig ihm selbst die Persönlichkeit dieses Generals war.

Gladstone schrieb an den Minister Lord Aberdeen seine Briefe über die bourbonische Regierung in Neapel und verbreitete in der gesamten zivilisierten Welt sein Urteil, daß diese Regierung vom Teufel eingesetzt sein müsse. Nicht mit Unrecht forderte daher Gervinus von seiner hohen historischen Warte aus in seiner »Einführung in die Geschichte des 19. Jahrhunderts« aus dem Jahre 1853 dazu auf, die Ungeduld zu zügeln und an eine baldige Wiedererhebung zu glauben. Er wies nach, daß der Absolutismus immer mehr in die Defensive, und sogar eine schlechte Defensive gedrängt worden war und zerstreute all die finsteren Wahngebilde des Pessimismus, mit denen man den Beginn eines »Unterganges Europas« bereits zu erkennen glaubte: jenes Europas, daß außer seiner ökonomischen Produktivität so reich an geistigen und moralischen Werten war, dessen wahre Größe nicht in einzelnen Personen, sondern in der immer ausgedehnteren, intensiveren Kultur und Zivilisation der Massen bestand, dessen Geschichte daher nicht mehr biographische Herrschergeschichte, sondern Geschichte ganzer Völker war.

In einem einzigen Lande Europas schien der Zusammenbruch des Liberalismus wirklich schwerwiegend und ein Rückschritt der liberalen Sache unbestreitbar zu sein: in Frankreich. Es schien, daß dort die Ernte einer sechzigjährigen Geschichte vernichtet und ein liberales Regime zerstört worden war, das nicht nur wenige Monate, sondern fünfunddreißig Jahre die Freiheit aufrechterhalten und ständig erweitert hatte. In Frankreich hatte die unkluge Haltung der Orléans und ihrer Minister eine maßvolle oder schrittweise Erweiterung der Freiheit und die Beteiligung einer größeren Zahl von Bürgern an den Wahlen nicht zugestanden und hatte damit die Revolution hervorgerufen. Das hatte zum Sturze der Monarchie und zur Ausrufung der Republik geführt, und die Republik hatte der Demokratie und Demagogie freien Lauf geschaffen, die sich auf die Tradition der Jakobiner und des Nationalkonvents beriefen und damit die Freiheit selbst in Gefahr brachten. Die Demokratie, die ans Ruder kam, unterschied sich von der früheren, sie hatte weder die Aufgabe, den Feudalismus auszurotten und die Aristokratie zu bekämpfen, noch eine drohende Restauration des Absolutismus abzuwenden, und sie konnte auch keine Lorbeeren damit ernten, Europa zu erwecken und zur Revolution aufzurufen, denn Europa war bereits wach und handelte aus eigenem

Antrieb. Dieser Demokratie blieb also nichts anderes übrig, als ihre eigene Leere auszufüllen und ihren Tatendrang mit der konfusen Idee einer radikalen Reform der Gesellschaft, der ökonomischen Ordnung zum Segen des Volkes zu befriedigen. Sie schreckte allerdings vor dem Kommunismus zurück und wurde so zur Sozialdemokratie und zum sozialen Republikanismus. In den letzten zwanzig Jahren hatte man so viel von Kommunismus und Sozialismus geredet und geträumt und so vielerlei Wünsche geweckt, daß diese nun so oder so, ganz oder teilweise verwirklicht oder zumindest ausprobiert werden mußten. Es war nunmehr für die französische Revolution unvermeidlich geworden, den Versuch einer Verwirklichung all dieser Dinge zu unternehmen. Lorenz vom Stein hatte das bereits im Jahre 1842 mit Sicherheit vorausgesehen.

Im Verlaufe der geschilderten Ereignisse hatte die Demokratie auch in anderen Ländern Europas die Haltung des Jakobinismus mit sozialer oder sozialistischer Tendenz angenommen. So war sie allmählich in Italien, Österreich und stärker noch in Deutschland auf den Plan getreten (wo sie im April 1848 einen ersten Aufstand in Baden inszenierte). Mit ihren maßlosen Forderungen, mit ihren provokatorischen und zugleich schwächlichen Methoden hatte sie jedoch nur dazu beigetragen, die ängstlichen Gemüter den liberalen Regierungen zu entfremden und sie wieder den Parteien des autoritären Systems zuzutreiben, und diesen selbst hatte sie Gelegenheit gegeben, diese Lage auszunutzen. So waren es gerade die Demokratie und der Sozialismus gewesen, die dazu verholfen hatten, daß sich ein Ferdinand von Neapel, ein Leopold von Toskana, ein Friedrich Wilhelm von Preußen und ein Franz Joseph von Österreich wieder in den Sattel heben konnten und daß man in Spanien die Diktatur eines Narvaez und des Bravo Murillo dulden mußte. Wo sich jedoch der Kampf noch um nationale Unabhängigkeit, Einheit und Verfassungen drehte, behielten im allgemeinen die bald gemäßigteren, bald radikaleren liberalen Parteien die Oberhand. Die Niederlage war nicht der Aufrechterhaltung der sozialen Ordnung zu verdanken, sondern dem widrigen Schicksal verlorener Schlachten und der militärisch-politischen Macht, die die absoluten Monarchen immer noch besaßen.

In Frankreich waren es nicht nur Konservative und Gemäßigte, die sich gegen die Leere der politischen Begriffe wandten. Auch kein anderer als Karl Marx stellte diese an den Pranger und machte seine satirischen Bemerkungen über den Begriff »Volk«, der ja den Inbegriff aller dieser Begriffe darstellte. Und dabei hatte er die leidenschaftliche Pariser Arbeiterbevölkerung auf seiner Seite, die seit Jahren in glühender Erwartung einer sozialen Wiedergeburt lebte, die im Juli 1830 ihre Blutopfer gebracht hatte und dann den Eindruck gewinnen mußte, daß der gemeinsame Sieg von anderen sozialen Klassen ausgenutzt wurde. Die Pariser Arbeiter hatten sich daher mehr als einmal von neuem erhoben, sie hatten im Februar wieder gekämpft und gesiegt, und sie wollten sich nicht noch einmal die Frucht ihres Sieges rauben und ihre Hoffnungen zunichte machen lassen. Und wenn die kommunistischen Theorien in ihrer logischen Grundlage den Vorwurf des Materialismus verdienen, so muß man feststellen, daß jene Pariser Arbeiter keineswegs materialistisch eingestellt waren. Gewiß kämpften sie für eine Besserung ihres Lebensstandards, für soziale Unterstützung und Beseitigung der Arbeitslosigkeit, aber zuinnerst wurden sie vom Ideal der Gerechtigkeit und Glückseligkeit getrieben, für das sie bereit waren, ihr Leben zu geben. Das war ein Ideal, das sie jedoch nicht in lebensfähige Institutionen umsetzen konnten. Sie selbst wußten nicht den Weg, der dorthin führt, und sie besaßen kein ernsthaftes politisches Programm. Und all die Männer, die die Revolution an die Spitze der Regierung gebracht hatte, besaßen das noch viel weniger, am allerwenigsten jedoch die lautesten Schreier, die Sozialdemokraten. Aber man wollte sich diese Unfähigkeit nicht eingestehen, und in der ersten Revolutionswoche war das auch nicht notwendig, denn auch in Paris herrschte die 48er Psychologie, und von der allgemeinen Begeisterung wurden alle mitgerissen. Ein Zeitgenosse berichtet, daß die Jugend sich ganz dem Gefühl der Freiheit hingegeben hatte, »ils marchaient d'un air insouciant, d'un pas dégagé et léger«. Und aus Freude und Vertrauen waren sie großmütig und nachgiebig und bereit zu Verständigung und Harmonie. Nachdem daher das Recht auf Arbeit proklamiert worden war, verzichteten die Arbeiter auf die rote Fahne und nahmen die Trikolore an. Es wurde eine Arbeiterkommission eingesetzt, die *ateliers nationaux* eingerichtet und die Abschaffung der Steuern versprochen. Es folgten humanitäre Gesetze, man schaffte die Todesstrafe für politische Delikte ab, auch die Körperstrafen und die Gefängnisstrafe für Verschuldung. Durch das allgemeine Wahlrecht wurde die Zahl der Wähler auf einmal

von zweihundertfünfzigtausend auf neun Millionen erhöht. Aber sehr bald begann man, sich darüber Rechenschaft abzulegen, daß man in einer traumhaften Einbildungswelt lebte und daß diese Phantasmagorie nicht lange andauern konnte. Die Arbeiterkommission entwarf auf dem Papier eine friedliche soziale Revolution. Ein Arbeitsministerium sollte diesen Plan durch den Ausbau der staatlichen Großindustrie ausführen, die mit ihren eigenen Produkten die Privatunternehmungen aufkaufen, landwirtschaftliche Kooperativ-Kolonien gründen und allen Arbeit verschaffen sollte. Die Waren sollten zum Herstellungspreis mit einem Aufschlag von höchstens fünf Prozent verkauft werden. Aber diese *ateliers nationaux* waren keine ernsthaften ökonomischen Unternehmungen und entsprachen nicht einmal den Ideen von Louis Blanc. In der Praxis dienten sie lediglich dazu, mit nicht notwendigen oder gar unnützen Arbeiten und somit mit einem unnützen Kostenaufwand eine Anzahl von Arbeitslosen provisorisch zu beschäftigen. Und die Zahl der Arbeitslosen, die sich dazu meldeten und nicht zurückgewiesen werden konnten, wuchs von Monat zu Monat. Die populären Zeitungen schienen es sich vorgenommen zu haben, alle jene Menschen in Schrecken zu versetzen, die die Ruhe lieben und in jedem großen Wortschwall nichts als Raub, Entehrung, Brandstiftung und Blutvergießen sehen. Den Männern der Regierung fehlte die schöpferische Kraft, um von den sozialdemokratischen Forderungen mit neuen Mitteln und in neuen Formen wenigstens das zu verwirklichen, was davon überhaupt zu verwirklichen war. Sie verstanden es nicht, dem ganzen Rest einen unüberwindlichen Damm entgegenzustellen, indem sie etwa die Ordnung wiederhergestellt und die Geister zum Nachdenken, zu sachlicher Überlegung und zur Vernunft erzogen hätten. Sie folgten den Impulsen, ohne diese zu lenken, oder sie lavierten hin und her und verlängerten damit nur den Wirrwarr der Hoffnungen und Mißverständnisse; sie waren unfähig, den verworrenen Knoten wieder zu entwirren und überließen dem Laufe der Ereignisse selbst die Lösung.
Und diese Lösung ließ auch nicht auf sich warten. Paris und die Pariser Arbeiter waren nicht Frankreich. Die eingeschlagene Richtung gab dem größten Teil der französischen Bevölkerung nicht die Sicherheit des Wohlstandes, und ganz besonders waren es die Bauern, die die ihnen auferlegten Grundsteuern nicht mehr tragen konnten. Die nach dem allgemeinen Wahlrecht durchgeführten

Wahlen zur verfassunggebenden Versammlung führten daher (wie dies die Pariser Extremisten vorausgesehen hatten, die daher die Wahlen vertagen wollten) zu einer vorwiegend konservativen oder gemäßigten Kammer. Eine solche Kammer war aber nicht nach dem Geschmack der Arbeitermassen und ihrer Agitatoren. So kam es, daß die Volksmassen am 15. Mai das Parlamentsgebäude stürmten und den Versuch machten, die Kammer mit Gewalt auseinanderzujagen und eine neue provisorische Regierung auszurufen. Dieser Staatsstreich schlug jedoch fehl und führte zur Verhaftung von Blanqui, Barbès und anderen Kommunisten. Und nun begann man dem Übel und der Gefahr der *ateliers nationaux* zu begegnen, wo ja nichts mehr zu arbeiten war und die Löhne an die Arbeitslosen und Müßiggänger nicht mehr bezahlt werden konnten (und das war der Fall, obgleich der miserable Taglohn bereits auf die Hälfte herabgesetzt worden war). Das Dekret zur Unterdrückung der *ateliers nationaux* hatte die Pariser Straßenschlacht vom Juni zur Folge, in der sich die revolutionären Arbeitermassen heroisch verteidigten und die von beiden Parteien mit dem Mute der Verzweiflung durchgekämpft und mit der blutigen Niederlage der Arbeiter abgeschlossen wurde. Todes- und Zuchthausstrafen und Deportationen besiegelten dieses Ereignis.
Aber auch damit wurde der revolutionäre Prozeß noch nicht beendet. Es war vielmehr der Beginn einer Säuberung und Festigung einer Republik, die die in den vorhergehenden Jahren geforderte allergrößte Freiheit garantierte und den Sturz des Hauses Orléans bewirkt hatte. Die Furcht vor den Ereignissen des Juni war sehr groß gewesen und wurde, nachdem die Gefahr vorüber war, nur noch stärker empfunden. Immer lauter erhob sich der Alarmruf zur Verteidigung des eigenen Hauses, der Frauen, der Kinder, des Eigentums, der Moral und der Religion. Man sah nun die Kirche und die Priester nicht mehr mit feindseligen Augen an und forderte von ihnen ein Präsidium der Ordnung, man unterwarf sich freiwillig ihrer Führung und schickte seine Kinder in ihre Schulen. Je mehr die Demokraten oder die »Montagnarden«, wie sie sich selber nannten, auf ihren drohend erhobenen Forderungen nach sozialen Reformen und auf ihrer schwülstigen Phraseologie bestanden, um so enger schlossen sich Konservative und gemäßigte Gruppen zusammen. Reaktionäre aller Art, Klerikale und Legitimisten machten Fortschritte. Und eine dieser verzweifelten Parteien, die die soziale

Ordnung verteidigten, fühlte sich jeden Tag stärker werden und war fest entschlossen, von ihrer Macht auch Gebrauch zu machen. Damit schwand immer mehr die Möglichkeit liberaler Mäßigung, die man ohne jede Hoffnung auf Erfolg dennoch versuchen mußte – wie man etwa den Ausbruch einer drohenden Krankheit aufzuhalten versucht, obwohl man genau weiß, daß jeder Versuch dazu ihren Ausbruch nur noch beschleunigt. Nachdem die Arbeiten der verfassunggebenden Versammlung beendet und die Wahl des Präsidenten der Republik nach allgemeinen, direkten Wahlen ausgeschrieben war, wurde Louis Napoleon und nicht der Republikaner Cavaignac mit ungeheurer Mehrheit gewählt; das war bereits ein Zeichen dafür, daß der revolutionäre Prozeß in sein Gegenteil umgeschlagen und zur Reaktion geworden war. Frankreich hatte in all diesen Jahren keinen inneren Frieden, es war ohnmächtig gegenüber dem Ausland und fand weder bei den Völkern, noch bei den Regierungen irgendwelchen Kredit und übte selbst auf diese auch keinerlei Wirkung aus. Seine einzige Tat war jene wenig ruhmreiche Unternehmung gegen das republikanische Rom. Allein aus der Notwendigkeit heraus, daß Österreich nicht allein in Italien intervenierte, und aus innerer Schwäche wurde Frankreich dazu gezwungen: um die Klerikalen nicht mit dem Volke unzufrieden zu machen, mußte es den Papst wieder in Rom einsetzen und es zulassen, daß er nicht nur alle Reformen zurückwies und zu seinen schlechten Verwaltungsmethoden zurückkehrte, sondern gleichsam als Herausforderung und Verhöhnung der französischen Demokraten die Verfassung noch verschlechterte. Die Expedition nach Rom war vom fürstlichen Präsidenten und seinen Ministern ohne Zustimmung des Parlaments unternommen worden, und die Demokraten lehnten sich dagegen auf, sie riefen das Volk zum Aufstand auf, aber das Volk erhob sich nicht. Das bedeutete die Vernichtung der demokratischen Partei in Frankreich, die ihrer Führer beraubt wurde, da diese die Flucht ergriffen. Die konservative Mehrheit des Parlaments nahm eine Reihe von neuen Beschränkungen der Versammlungs- und Preßfreiheit und neue Bestimmungen über den Belagerungszustand an, mit dem Gesetz Falloux eröffnete sie erneut dem Klerus die Tore der Schulen. Sie hatte tatsächlich die parlamentarische Regel aufgegeben, indem sie die Macht des fürstlichen Präsidenten immer mehr stärkte, der es sich anmaßte, als Erwählter des französischen Volkes zu regieren und mitsamt dem Parlament

die konstitutionelle Regel noch am Leben zu lassen. Und diese letzte Freiheit konnte nicht mehr lange dauern, weil sie vom fürstlichen Präsidenten nicht mehr geduldet wurde und daher in der öffentlichen Achtung herabsank, von der öffentlichen Meinung nicht mehr getragen wurde und im Falle der Gefahr vom öffentlichen Willen nicht mehr verteidigt worden wäre. Der vorhergesehene, erwartete und gefürchtete Staatsstreich vom 2. Dezember 1851, dem niemand Widerstand leistete, war nicht etwa nur Hinterlist eines Tyrannen, der sich mit Gewalt zum Herrn eines widerstrebenden Volkes macht, sondern eine Art chirurgischer Eingriff, durch den lediglich ans Licht gebracht wurde, was Frankreich in diesen vier Jahren von Demokratie und Antidemokratie in seinem Busen gehegt hatte: das autoritäre Imperium mit jenem ganzen Komplex von Gesetzen, Methoden und Sitten, die bei allen autoritären Regierungen dieselben sind, ganz gleich, auf welchem Wege und bei welcher Gelegenheit diese entstanden sein mögen. Sie bestehen in dem einfachen Trick, die Hände zu binden und den Mund zu stopfen, um den eigenen, einseitigen Willen aufzuzwingen.
Auf das Ende liberaler Regierungen (das man nicht im einzelnen zu analysieren braucht, weil schon Tacitus es ein für allemal in klassischer Prosa als *ruere in servitium* beschrieben hat) folgen immer die gleichen Wirkungen, die man auch damals in Frankreich beobachten konnte: Beifall, Schmeicheleien, freiwillige Knechtschaft, Eidbrüche, rasche Bekehrung begeisterter Demokraten, die nur komisch wirken könnten, wenn sie nicht zugleich Demütigungen, geistige Beschränktheit und Trägheit, Angst und Schrecken, Imstichlassen von Freunden und feige Denunziationen und Unempfindlichkeit gegen verletzte Gerechtigkeit und tägliche Mißbräuche bedeuteten. Man will einfach nicht sehen und nicht hören, was man sehr wohl sieht und hört, um sich vor eigenen Gewissensbissen zu schützen; man weiß nichts vom Verlauf der öffentlichen Angelegenheiten und gleichzeitig munkelt man überall von Skandalen; blindlings spendet man jedem Ausspruch von oben Beifall und schenkt gleichzeitig den offiziellen Nachrichten keinen Glauben. In dieser allgemeinen Furcht versuchen die Glücksritter ihr Glück, jeder ist bereit, für den eigenen Vorteil zu sorgen oder privaten Haß mit politischem Eifer zu maskieren, ohne daß auch nur einer es wagte, dagegen zu protestieren. Diese Praktiken fand man auch bei Menschen, denen die Gesellschaft ihre höchste Achtung nicht

versagte, und so konnte der Dichter dieser Zeiten ausrufen: »Was für Canaillen sind alle diese Ehrenmänner!« Nicht, daß diese in ihrer großen Mehrheit und in anderen Beziehungen nicht wirklich ehrenhaft und tugendsam gewesen wären. Aber die Menschheit ist im Durchschnitt so veranlagt, daß man sie nicht allzu schweren Prüfungen aussetzen und zu große Opfer von ihr verlangen darf, etwa den Verzicht auf ein geruhiges Leben, auf die eigenen Geschäfte und die Sorge für die Familien. Man darf die Menschen eben nicht in die Lage versetzen, traurige Gestalten abgeben zu müssen, man muß ihnen beistehen und dazu verhelfen, daß sie das nicht nötig haben. Und wieder kamen gelehrte Sophismen auf über das »enchaînement nécessaire des choses humaines« und ihr »développement inévitable dans un certain ordre«, d. h. in einer Ordnung, die anzuerkennen und der sich zu unterwerfen Weisheit ist. Aber der Haß und die Wut all derer kamen in schrecklicher Weise zum Durchbruch, die nicht nachgeben wollten und lieber in die Verbannung gingen. Sie waren es, die jene wilden Bücher schrieben wie etwa den *Napoléon le petit* und die *Châtiments* von Victor Hugo. Edle und nachdenkliche Geister, die mehr auf die Dinge selbst als auf die Personen sahen und eine Erklärung der Ereignisse eher in den herrschenden Ideen und Gefühlen als in der Schuld einzelner Personen suchten, empfanden nichts als Schmerz und Trauer. Sie konnten sich mit dem Verlust der Freiheit nicht zufriedengeben, sie empfanden ihn als eine Demütigung ihrer eigenen Persönlichkeit und ihres Vaterlandes, das sie, selbst wenn sie wollten, nicht von sich hätten trennen können. Auch heute noch können wir jene Seiten nur mit tiefer Bewegung und Anteilnahme lesen, die damals Männer wie Tocqueville, Quinet, Prévost-Parodol und andere ihres Geistes schrieben. Aber die Freiheit ist eine göttliche Gabe, und die Götter nehmen sie zuweilen den Menschen, diesen ewigen Kindern, und sind harthörig gegen all ihr Flehen und Bitten, sie geben die Freiheit nur dann zurück, wenn die Menschen ihrer wieder würdig geworden sind.

Wenn die Reaktion der alten, absolutistischen Monarchien nach den Revolutionen des Jahres 1848 nicht sehr tief eingegriffen hatte, so war das auch bei der Reaktion des zweiten Kaiserreiches der Fall, das von einem Nachkommen des korsischen Abenteurers begründet worden war, der selbst auch nichts als ein Abenteurer war. Die alten Monarchen und die Vertreter des Absolutismus hatten es leicht, ihren neuen Bundesgenossen festlich zu feiern. Vor allem tat sich der Papst Pius IX. dabei hervor, der auf die Nachricht des französischen Staatsstreiches ausrief: »Der Himmel selbst hat Frankreichs Schuld an die Kirche heimgezahlt«, als erster sandte er seine Glückwünsche und ließ durch seinen Bischof den Kaiser Louis Napoleon als den »Gesandten des Herrn« bezeichnen. Der Papst wäre sogar nach Paris gegangen, um ihn persönlich zu krönen (wie er später ja auch den Kronprinzen getauft hat), wenn man sich über den Kaufpreis hätte einig werden können: Abschaffung der Zivilehe und der dem napoleonischen Konkordat organisch angefügten Artikel. Aber Louis Napoleon war kein wirkliches Mitglied der absolutistischen Vereinigung der alten Monarchen, er begriff sehr wohl, was die sieben Millionen Stimmen bedeuteten, die ihn auf den Kaiserthron erhoben hatten, er dachte an die unteren Volksklassen und liebäugelte, wie man sagte, mit einer »Demokratie ohne Freiheit«. Und er gab sich auch nicht der Illusion hin, daß er etwa mit der kaiserlichen Verfassung der menschlichen Gesellschaft und der Geschichte neue Wege gewiesen hätte. Obgleich er unduldsam gegen die Parlamente war, besaß er keine klaren Ideen über die Staatsform, die vorteilhafter als diese ihm hätte Dienste leisten können. Er erklärte, »daß er das Zeitalter der Revolutionen durch die Befriedigung der legitimen Bedürfnisse des Volkes abgeschlossen« und danach gestrebt habe, »Institutionen zu schaffen, die ihn selbst überdauern würden«. Er gab sich mit der von ihm selbst geschaffenen Staatsform nicht zufrieden und erklärte ein andermal, »daß die Freiheit niemals ein dauerhaftes politisches Gebäude habe errichten können, sondern nur die Krone, wenn die Zeit sie gefestigt hat«. Feierlich verkündete er, »daß das Kaiserreich den Frieden bedeute«. Das war ein Versprechen nach Art der konservativen Monarchen, aber es konnte niemals einem Nachfahren Napoleons anstehen, dem Erben des Kaisertitels und der Revanche für 1815. Das alles mußte zum Kriege führen und somit notwendigerweise zur Veränderung der politischen Situation und zu neuen Revolutionen. Gütig und milde, wie er war, hatte er den Staatsstreich freudlos vollzogen, gleichsam dem Schicksal gehorchend, das gerade ihm diese Rolle zugewiesen hatte. Obgleich er die unvernünftige und zugleich vernünftige moralische Verurteilung nicht zunichte zu machen vermochte, von der alle diejenigen betroffen werden, die zur Durchführung derartiger historischer Operationen die Legalität verlassen und die eigenen Eide brechen, war er nicht unempfänglich gegenüber den Urteilen rechtschaffener Männer. Er dachte darüber nach, wie er deren Ratschläge verwirklichen könnte, und so war es vorauszusehen, daß er sich mehr zur Freiheit hinwenden würde, wenn erst einmal seine autoritäre Regierung einige Jahre sich gehalten und die ersten Proben bestanden haben würde. Und auch die Männer, die ihm zur Seite standen, waren liberal oder wenigstens der Freiheit nicht feindlich gesinnt. Zu ihnen gehörten Führer vom zweiten Dezember und im kaiserlichen Hause selbst der Prinz Napoleon. Der von Louis Napoleon reformierte Staat war daher keine originale Schöpfung und hatte den liberalen Staat nicht innerlich überwunden, er selbst trug vielmehr überall das Gepräge des Provisorischen und Vergänglichen an sich. Und in dieser Richtung arbeiteten mit Wort und Tat alle, die der damals besiegten Sache die Treue bewahrt hatten, und viele andere, die allmählich auf die Kehrseiten des Autoritarismus hinwiesen und die Übel der liberalen Ordnung viel gerechter zu beurteilen begannen. Sie alle richteten ihre Liebe und ihre Sehnsucht wieder auf die Sache der Freiheit, sie reinigten diese von dem Mißkredit und dem über sie ergossenen Hohn, sie erneuerten und verjüngten sie in ihrer Seele. Auch die starke Prosperität von Industrie, Handel, Geschäften und Spekulationen, deren sich Frankreich damals erfreute, und die, wenn nicht eine eigentliche Leistung, so doch eine Begleiterscheinung des Kaiserreiches war, das diese Dinge mit liberistischen Mitteln und Handelsverträgen förderte, hatte keineswegs die Wirkung, die politischen Bedürfnisse einzuschläfern und das Wiedererwachen der ihnen entsprechenden politischen Kräfte zu verhindern. Denn das ist im allgemeinen nicht eine Wirkung der Prosperität auf die Menschen, und die Tatsachen bewiesen ja auch, daß auf die Prosperität die politische Aktivität folgte. Der Kaiser hatte seine Aufmerksamkeit besonders den Arbeitern geschenkt, er hatte Altersasyle und Erholungsheime geschaffen, hatte Invalidenfonds und Alterspensionen eingerichtet, aber er hatte den Arbeitern das Assoziationsrecht und das politische Leben verweigert. Die Arbeiter waren ihm daher für alle seine wohltätigen Einrichtungen durchaus nicht dankbar, sie gerieten vielmehr in immer größere Erregung über die Verweigerung der politischen Rechte. Und wenn sie in den ersten Jahren über die Unterdrückung der Republikaner, von denen sie selber ja in den Junitagen besiegt worden waren, eine ge-

wisse Schadenfreude empfunden hatten, so vergaßen sie allmählich dieses Gefühl und sehnten sich auch ihrerseits nach Freiheit.
Mit der Bewegung der Freiheit sind in Wahrheit auch alle die Schicksale jener mannigfachen und immer wieder anders werdenden und sich entwickelnden Forderungen verknüpft, die man »soziale Frage« nennt. Und wie in den Reaktionen nach 1848 auch die Freiheit nicht völlig unterging oder etwa für immer verloren wurde, so blieben auch die Hoffnungen der Reformatoren und sozialen Neuerer lebendig. Karl Marx schrieb über jene Zeit, daß der Pariser Arbeiterkommission, die nach ihrem Tagungsort Luxembourg-Kommission genannt wurde, das Verdienst gebühre, von der hohen Warte einer Tribüne aus klargestellt zu haben, daß das Geheimnis der europäischen Revolutionen des 19. Jahrhunderts die Emanzipation des Proletariats sei. Lassen wir aber diese Übertreibung beiseite, die die Geschichte eines ganzen Jahrhunderts und seiner Revolutionen verkleinerte und materialisierte, da diese stets die gesamten Probleme von Kultur, Zivilisation und den Aspekten des menschlichen Geistes betreffen, so braucht man gar nicht auf diese anekdotische Vereinigung hinzuweisen, um einen Gedanken zu enthüllen, der allen Politikern und politischen Schriftstellern bewußt war. Und ohne bei dieser Gelegenheit Tocqueville, den tiefsten aller dieser Schriftsteller, zitieren zu wollen, ohne auf Gervinus' Schriften hinzuweisen oder auf die Bedeutung der »Prinzipien der politischen Ökonomie« eines Stuart Mill, die gerade im Jahre 1848 erschienen waren, so genügt es – um uns auf einen Italiener zu beschränken – auf Gioberti zu verweisen, der im *Rinnovamento* die drei Punkte der »wichtigsten Bedürfnisse unseres Zeitalters« zusammenfaßte: »Die Vorherrschaft des Gedankens, die Autonomie der Nationen und die Rechte der Plebs als der größten Zahl.« Es genügt, was Camillo Cavour über das Problem der Beziehung zwischen Kapital und Arbeit und über die Lage der arbeitenden Klassen gedacht hat, das er spruchreif werden sah. Cavour bekannte im Jahre 1858, daß er selber, wenn er nicht gerade mit der nationalen Frage Italiens beschäftigt gewesen wäre, sich der sozialen Frage zugewandt haben würde. Er erkannte damit die enge Bindung an, die zwischen diesen beiden Forderungen besteht. Karl Marx wußte sehr wohl, daß Aufstände, wie die Junirevolution, die weder durch die soziale Lage noch durch ökonomische Einrichtungen herangereift war, keine geeigneten Mittel boten, um

den Kommunismus einzurichten, und er hatte die naiven Utopisten lächerlich gemacht und die Theorie der Saint-Simonisten zurückgewiesen (welche mit Enfantin an der Spitze beim zweiten Kaiserreich mitmachten und erklärten, daß »die Autorität allein imstande sei, die soziale und individuelle Glückseligkeit zu verwirklichen«). Und die Ereignisse des Jahres 1848 bestärkten Karl Marx in seiner Überzeugung. Die Artikel und kleinen Schriften, die Marx damals über die Geschichte der Revolutionen und Reaktionen verfaßte, waren trotz aller Enge ihres Gesichtswinkels und ihres völligen Mangels an historisch-menschlicher Sympathie sehr hellsichtig, aber sie verschonten mit ihrer allgemeinen Satire auch nicht die Proletarier und ihre Führer. Mazzini fiel bei Karl Marx jener Mangel an Liebe auf, jenes »stärkere Element des Zornes, das nicht aus Herzensliebe stammt« und zugleich »herrischer Natur« ist. Es war ein Mangel an Güte, Marx war sarkastisch auch gegen seine Anhänger und bewunderte niemand mehr als die »Aristokraten«, seine Gegner und Vorbilder. Der Demokrat Techow hatte von Marx den Eindruck, daß dieser durch seine Einstellung nicht nur gehindert wurde, sich der von ihm verhöhnten Demokratie zu nähern, sondern überhaupt jeglicher liberalen Form. Durch seine materialistische und deterministische Metaphysik kam Marx zu seiner grobschlächtigen Deutung der Revolutionen von 1848 als einer Auswirkung der Handelskrise des Vorjahres, und ferner zu der recht simplizistischen Deutung des zweiten Kaiserreichs als einer Reaktion des Landes gegen die Stadt. Das führte ihn zu dem Urteil, daß eine neue Revolution eine neue Handels- und Industriekrise zur notwendigen Voraussetzung haben müsse, und daß diese Krise nahe bevorstehe (aber die allgemeine Krise blieb aus, und statt dessen kamen verschiedenartige, kleinere Krisen, was dann Marx zu seinem Widerruf veranlaßte). Marx zog aus alledem den Schluß, daß in einer ökonomisch prosperierenden Gesellschaft nichts zu machen sei, daß die Kommunisten die Krise abwarten und sich dann streng und unbeirrbar auf die Seite der Demokraten und Liberalen stellen müßten, um diese zwar bei der Eroberung der Macht zu unterstützen, aber mit dem Hintergedanken, daß sie selbst gleich darauf die Demokraten und Liberalen angreifen, schlagen und genauso vernichten würden, wie diese die gemeinsamen Gegner niedergeschlagen hätten. Das war nach Ansicht der überlebenden deutschen Sozialdemokraten, wie Willich, der im badischen Aufstand mitgekämpft hatte und selber in der Verbannung lebte, eine recht komplizierte und reichlich literarische Idee. Diese Meinungsverschiedenheit führte im »Bunde der Kommunisten« zur Spaltung und Sezession der Tatmenschen von Marx, seinem getreuen Engels und ihren Anhängern. Marx widmete sich der theoretischen Ausarbeitung seiner im »Kommunistischen Manifest« im Umriß angedeuteten ökonomischen und historischen Lehren. Er begann mit jener Reihe von Arbeiten, die ihn von der »Kritik der politischen Ökonomie« schließlich zum »Kapital« hinführten. Praktisch gewann damals über ihn der Determinismus oder naturalistische Fatalismus die Oberhand. Die andere Möglichkeit seines historischen Materialismus, d. h. die Gründung einer sozialistischen oder kommunistischen politischen Partei, die an den parlamentarischen Kämpfen teilnehmen und imstande sein würde, die Regierung zu übernehmen, sollte erst viel später unter ganz anderen Bedingungen und von anderen Männern verwirklicht werden.

VII
Revolutionärer Aufschwung und liberal-nationale Ordnung Europas
(1851–1870)

In Europa gab es, wie wir gesehen haben, einen kleinen Staat, in dem die liberale und nationale Bewegung keinerlei Unterbrechung erfahren hatte. Ja, mitten im Sturme der Reaktion konnte dort sich diese Bewegung reinigen, klären, ihre Begriffe ausarbeiten und Sicherheit für den in Zukunft einzuschlagenden Weg gewinnen. Anderwärts mußte sich der Liberalismus in den Katakomben verbergen. Und in jenen Ländern, wo er sich ganz offen und ohne Hindernis ausbreiten konnte, fehlte ihm das Stimulans der Vorbereitung, Provokation oder Abwehr von Kriegen und Revolutionen. Im unabhängigen und freien Piemont war zugleich auch das wahre Italien lebendig, das anderwärts geknechtet und unterdrückt wurde. In Piemont hatte man, bevor noch diese Worte in die offizielle Sprache übergingen, den »Schmerzensschrei« Italiens vernommen. Seine ganze Macht und all seinen Reichtum stellte Piemont einem höheren Ziele zur Verfügung, und so war es tatsächlich das einzige wirklich revolutionäre Land Europas. Diese Möglichkeit verdankte es in einer Hinsicht ganz gewiß seiner geographischen Lage, die es ihm erlaubt hatte, sich während der Kriege zwischen Frankreich und dem Kaiserreich zu erhalten und zu kräftigen und nunmehr dem Schicksal zu entgehen, vom siegreichen Österreich zermalmt oder zu einem Vasallenstaat gemacht zu werden. In den Wechselfällen seiner Jahrhunderte alten Geschichte hatten die Fürsten und das Volk von Piemont ihre Tugenden bewahrt, und nunmehr wurde es, gleichsam als ein ehrenvoller Vorposten der Italianität, von der Weisheit seiner Staatsmänner geführt, die ihm im neuen Leben der Freiheit beistanden und es leiteten. So erntete Piemont den Ruhm, unter allen revolutionären Ländern als gemäßigt zu gelten. In dem von Balbo präsidierten ersten Ministerium von 1848 sah man Radikalisierende, Konservative und Gemäßigte beisammen, Männer wie Pareto neben Thaon de Revel und den Sclopis. Auch das Ministerium D'Azeglio, das 1849 an die Regierung kam, war gemäßigt. D'Azeglio war sich sehr wohl des revolutionären Feuers bewußt, das in Piemont weiterglomm, das man nicht verlöschen, sondern schüren mußte, aber er blieb fest gegen alle ungeduldigen und gegen alle ängstlichen Gemüter, d. h. gegen die sogenannten Demokraten. Er veranlaßte den König zu der strengen Proklamation von Moncalieri an das Volk, er schämte sich nicht, den Wählern in Erinnerung zu bringen, daß man bisweilen die Kultur mit Militärgewalt und mit Gerichtshöfen retten müsse, und er erhielt im Parlament eine Mehrheit von Konservativen und Gemäßigten, die den Friedensvertrag mit Österreich guthieß. Mit dieser Kammer leitete er ein kühnes Reformwerk ein, das sich hauptsächlich gegen die klerikalen Vorrechte richtete. Dem Klerus wurden alle ihm noch gebliebenen Privilegien genommen, und der Staat blieb nicht mehr der Kirche unterworfen. Damit machte er sich natürlich die römische Kurie zum Feinde, aber er schritt entschlossen zur wohlbedachten Verwirklichung des Gedankens der freien Kirche im freien Staate. Durch dieses Erneuerungswerk wurde das alte Piemont in wenigen Jahren zu einem wirklich modernen Kulturstaat umgeformt, der zu größeren Geschicken vorbestimmt war. Mit Cavours Aufstieg zur Macht wurden alle Verwaltungszweige erweitert und erneuert. Cavour war jenes Genie, das Italien in seinem Herzen geborgen hatte. Nach einer langen Zeit der Vorbereitung, der politischen Studien und des praktischen Lebens, nachdem er als Journalist und Publizist an den Bewegungen der Jahre 1848/49 teilgenommen hatte, fühlte Cavour seine Stunde gekommen. Und er übernahm das Kommando, nicht »pensif et pâlissant«, wie der Dichter den von Gott gesandten Führer des Volkes nennt, sondern heiter und kühn, wie jemand, der seine Aufgabe versteht und sie auch durchzuführen weiß; so stürzte er sich in die Arbeit und mitten in den Kampf.

Er liebte aus tiefster Seele die Freiheit, wie er die absolute Macht immer gehaßt hatte. Und er liebte die Freiheit nicht als einen idyllischen Traum, sondern in dem klaren Bewußtsein, daß die Freiheit immer und immer wieder Hindernissen und Gefahren begegnen wird, daß die Freiheit immer den Kampf erforderlich macht. Aber einen Kampf, »in dem man sich von Angesicht zu Angesicht gegenübersteht«, in dem »ein genialer Mann die Schlacht nicht fürchtet«, ganz im Gegensatz zu den Kämpfen unter absoluten Regierungen, wo sich ein Minister dauernd gegen die hinter seinem Rücken geführten Intrigen verteidigen muß, was für einen Ehrenmann nicht nur lästig, sondern auch unmöglich ist. Ganz grundlegend war die von ihm damals erwartete Ausbildung einer geordneten parlamentarischen Tätigkeit, die von Parteien ausgeübt werden sollte, die Bündnisse vertreten und Macht um sich sammeln, die sich bei Gelegenheit zu bestimmten gemeinsamen Zwecken zusammentun können, so wie er selbst jenes sogenannte »Konnubium« mit Rattazzi und mit der Linken erzwang. Die Debatten in der subalpinen Kammer und im Senat, das ganze gesetzgeberische Werk und die politische Arbeit, die Reden Cavours, die parlamentarischen Kombinationen und die Lösungen der Krisen boten das Beispiel eines korrekten und fruchtbaren konstitutionellen Lebens und dienten dem gesamten übrigen Italien als Muster und Hohe Schule. In dem Jahrzehnt zwischen 1850 und 1860 erfüllte das kleine Piemont gegenüber Italien eine ähnliche Aufgabe, wie sie Frankreich in den eineinhalb Jahrzehnten der Restauration mit seiner Charta, seinen Verfassungskämpfen und mit seinen Parlamentariern und Doktrinären gegenüber dem kontinentalen Europa erfüllt hatte. Die Monarchie von Savoyen, dieses älteste aller in Europa noch gebliebenen Fürstenhäuser, hatte die modernen Ideale der Freiheit und der Nationalität angenommen. Das in seiner Treue, seiner Disziplin und Tapferkeit bewundernswerte königliche Heer war durch den letzten Nationalkrieg selber national geworden. Die Traditionen des Mittelalters und des Zeitalters der absoluten Monarchien hatten ihre alten, erprobten Kräfte dem neuen Italien zur Verfügung gestellt und wurden selber dadurch verjüngt. In all diesen Tatsachen schien die historische Kontinuität ihre Bestätigung zu finden, deren hohe Bedeutung das Denken des Jahrhunderts entdeckt und deren wohltuende, ernsthafte Kraft die politische Weisheit erkannt hatte, und über die die Poesie und die Literatur die großartigsten Bilder ihrer Dramen und historischen Romane ersonnen hatten. Die piemontesische Erde mit ihren verträumten Kastellen und mit ihren Städten wurde von den epischen Erinnerungen an die feudal-königliche Vergangenheit bewegt, die Hauptstadt Turin mit ihrer in die Augen fallenden Ordnung und Regelmäßigkeit, die ihr ihre Herzöge und Könige einst verliehen, wurde neu belebt durch die Tätigkeit der Ministerien, des Parlaments und der Zeitungen. In all dem trat einem das Ineinanderfließen von Vergangenem und Gegenwärtigem, die Harmonie von Vergangenheit und Gegenwart plastisch vor Augen. Piemont erhob sich dazu, die gesamte Nation zu vertreten: hier befand sich Italien nicht nur ideell, sondern mit vielen seiner Söhne im Exil, das aber nicht mehr bitter war, weil es nicht mehr im Auslande, sondern auf italienischer Erde lag, die ganz und gar von Hoffnungen und Versprechungen erfüllt war. Neben den lombardischen Flüchtlingen wimmelte es hier von Flüchtlingen aus dem italienischen Süden. Darunter waren Offiziere, die die Verteidigung Venedigs geleitet hatten, gebildete Menschen, Ökonomisten, Literaten, Philosophen, Kritiker und Historiker. Sie alle waren Gegner der Bourbonen und wurden von diesen verfolgt. Es waren kühne Geister, die in hohem Maße dazu beitrugen, die italienische Kultur und Geisteswelt zu bereichern. Nach 1848 wiederholte sich in Turin, was sich gegen Ende des 18. und zu Beginn des 19. Jahrhunderts in Mailand, in dieser zisalpinen Republik, mit den Flüchtlingen aus dem Süden ereignet hatte; in einer solchen Anhäufung von Männern aus den verschiedensten Teilen Italiens mußte das nationale, politische Gewissen zum Durchbruch kommen. Diese Italiener hatten die noch vor wenigen Jahren in Blüte stehende neuguelfische Idee längst vergessen. Diese schien einer fernen Vergangenheit anzugehören. Die republikanische Idee konnte auch keine Wurzel mehr schlagen. Man fühlte nicht mehr wie vor 1848 das Bedürfnis, Pläne für eine zukünftige Ordnung Italiens zu entwerfen, denn in gewissen Fällen »ist die Bewegung alles und bedeutet das Ziel nichts«, d. h. in der Bewegung selbst liegt das Ziel, das zur gegebenen Zeit die praktisch möglichen Wege bestimmen wird, über die im voraus nachzugrübeln sinnlos wäre. Als man einen Plan zur Befreiung Neapels von den Bourbonen entwarf, für den man Louis Napoleon zu gewinnen hoffte und dem Cavour nicht abgeneigt war, als man die Bourbonen durch eine Art König Murat ersetzen wollte, da erscholl aus dem Munde der neapolitanischen Flüchtlinge selbst die Stimme des Tadels und der Mahnung, daß es nur einen einzigen Weg zum Heile und zur Ehre gäbe, nämlich sich an Piemont und seine Politik anzuschließen. Und der Republikaner und Exdiktator von Venedig, Manin, schloß sich der piemontesischen Politik an. Und Giuseppe Garibaldi, der Verteidiger des republikanischen Rom im Jahre 1849, der 1854 nach Italien zurückgekehrt war, erkannte und erklärte, daß die Einheit Italiens nur auf dem Wege über Piemont zu erreichen sei.

Wer ein Auge für den Gang der moralischen Geschichte besitzt, muß in dem Werke Piemonts nach 1848 die Fortsetzung und zugleich die Wiederaufnahme der revolutionären Tätigkeit in Europa erkennen. Und diese Behauptung ist nicht unvereinbar mit jener anderen Auffassung, die auf das Gleichgewicht zwischen den großen politischen Mächten und auf die Folgen der Gleichgewichtsstörungen achtet und den Beginn des revolutionären Wiederaufschwungs im Krimkrieg sucht, durch den die bestehenden Beziehungen über den Haufen geworfen, die konservative Vereinigung geschwächt und die Hoffnungen der Umstürzler erneuert wurden, denen sich dadurch zuvor nie geahnte, neue Möglichkeiten boten. Der Krimkrieg war tatsächlich ein politisches Ereignis, das die Engländer aus eigenstem Interesse inszeniert hatten, um Rußland zu hindern, seine Macht und sein Protektorat auf Konstantinopel und die Balkanhalbinsel auszudehnen und mit seinen Kriegsschiffen ins Mittelmeer einzudringen, was Schäden für den englischen Handel und eine Gefahr für die englische Seeherrschaft bedeutet hätte. Am Krimkrieg war dementsprechend auch Louis Napoleon interessiert gewesen, der das europäische Konzert stören wollte, das sich seit 1814 gegen Frankreich zusammengetan hatte. Er wollte Frankreich einen Platz in der europäischen Politik zurückgewinnen und sich und seinem Hause das fehlende Prestige verschaffen. Der moralische Idealismus stand, wenn es ihn überhaupt gegeben hat, auf der Gegenseite: bei dem Zaren Nikolaus, der höchst religiös und ein eifriger Verteidiger des Glaubens war. Er hielt es für eine Schande der Christenheit, wenn die türkische Herrschaft noch in Europa blieb. Er war ehrlich von der Gerechtigkeit und Heiligkeit seiner Sache und seiner Mission überzeugt und glaubte, zu einem Kreuzzug aufzubrechen. Und er fühlte sich ebenso ehrlich beleidigt, als er es erleben mußte, daß die westeuropäischen Mächte sich gegen ihn erhoben und sich mit dem Feinde der Christenheit verbündeten. Und der Zar wurde in seinem ritterlichen Gefühl verletzt, als Österreich (das gar nicht die Wahl hatte, eine andere Politik zu betreiben) ihm nicht nur keine Hilfe lieh, sondern ihn bekämpfte und drohende Erklärungen gegen ihn losließ, jenes gleiche Österreich, dem er in Treue zur Sache der Monarchie und unter Einlösung von vor Jahren gegebenen Versprechen im Jahre 1849 so wertvolle Hilfe gegen die Ungarn gesandt hatte! Der Zar war tatsächlich auf seine Weise so weitgehend ein moralischer Idealist, daß er, als der Krieg unglücklich für ihn verlief, als er am Siege verzweifelte und alle jene Enttäuschungen erleben mußte, die ihm Fahnenflucht und

Verrat schienen, seinem Leben auf tragische Weise ein Ende bereitete. England erreichte alle seine Ziele. Louis Napoleon erhielt tatsächlich jenen Ruhm und jene Autorität, die er erstrebt hatte. Und was er gewann, das verlor Rußland an Prestige. Man hatte es bis dahin für unbesiegbar gehalten, es hatte immer noch von dem Ruhm der Feldzüge von 1812 bis 1814 gezehrt und hatte mehr als vier Jahrzehnte hindurch wie ein Alpdruck auf Europa gelastet. Und so fiel der Block der drei konservativen Mächte auseinander, denn damals kam der unheilbare Interessengegensatz zwischen Rußland und Österreich auf dem Balkan klar zum Ausdruck. Und diese Rivalität wurde noch durch Intrigen vergiftet, sie wurde zu einem wahren Haß, der die Geschichte Österreichs und Rußlands in den folgenden sechs Jahrzehnten beherrschte. Die Windischgrätz und Radetzky mochten über den Bruch dieser reaktionären Waffenbrüderschaft jammern. Das änderte nichts mehr an der Tatsache selbst. Die Türkei, die der Zar als erster als »kranken Mann« bezeichnet hatte, bewies genügend Vitalität, um die Hilfe und das Bündnis der Kulturstaaten zu verdienen. Männer wie Cobden und Bright bemühten sich vergebens, die bekannten Barbareien der Türken wieder in Erinnerung zu rufen; man wollte ganz einfach nichts davon wissen. Und so geschah es auch, wie das schon mehrmals in vergangenen Jahrhunderten der Fall gewesen war, als der Gegensatz zwischen Christentum und Islam noch viel lebendiger das Bewußtsein beherrschte. Auch die Fortschrittler und Demokraten wollten diese Dinge vergessen und vergaßen sie tatsächlich. Und es blieb ihnen ja auch gar nichts anderes übrig. Auch sie bezeichneten diesen Krieg als einen Kreuzzug, aber im entgegengesetzten Sinne als der Zar das getan hatte. Sie nannten ihn einen Kreuzzug für die Freiheit und Unabhängigkeit der Völker. Sie stellten das Ziel des Krieges so dar, daß dies die wahrscheinliche Folge sein mußte; sie legten ihr eigenes Ziel in ihn hinein und begünstigten ihn auf diese Weise. So entstand Mazzinis Rundschreiben an die Republikaner der ganzen Welt, dem sich auch Ledru Rollin und Kossuth anschlossen, in diesem Sinne zu arbeiten. Ähnliche Manifeste wurden sogar von dem Kommunisten Barbès ausgegeben, der sich damals noch im Zuchthaus befand. In England war Palmerston wieder an die Regierung gekommen. Er war sehr darauf bedacht, die Interessen seines Landes wahrzunehmen, aber darüber vergaß er nicht, anderen Völkern jene Institutionen zuteil werden zu lassen, die man in England liebgewonnen hatte. Unermüdlich und kühnen Mutes trug er dazu bei, eine solche Auslegung des Krimkrieges zu bekräftigen und solche Hoffnungen zu erwecken. Um aber den Faden unserer Geschichtsdarstellung wieder aufzunehmen: wo war noch eine autonome, ununterbrochene, kühne Führung des moralischen Gewissens in der Welt vorhanden, wenn nicht in dem kleinen Piemont? Piemont war unter allen Völkern und Staaten Europas das erste, das sich im Dienste der nationalen Sache der durch den Krimkrieg neu geschaffenen Bedingungen bediente.

Piemont oder vielmehr das Königreich Sardinien hatte sich im Jahre 1855 durch Cavours Entschlossenheit und sicheren Instinkt mit England und Frankreich »gegen jenen Koloß des Nordens, diesen schlimmsten Feind aller Kultur« verbündet. Das waren die Worte des Schöpfers dieses Bündnisvertrages im subalpinen Parlament, und er fügte noch hinzu, daß die Schlachten im Orient dem künftigen Schicksal Italiens besser dienlich sein würden als Deklamationen und Druckschriften. Und das piemontesische Expeditionskorps erntete tatsächlich seine Lorbeeren bei Cernaia. Obgleich die Hoffnung auf den weiteren Verlauf des Krieges und die Umbildung des österreichischen Staates durch den Erwerb der Donaufürstentümer im Ausgleich für die Abtretung der Lombardei nicht erreicht wurden, weil die Geschäftswelt nach dem Fall von Sebastopol auf Frieden drängte, gelang es Cavour auf dem Pariser Kongreß, einen Ideenaustausch und die Abgabe von Erklärungen über Italien herbeizuführen, wenn es auch nicht zu Diskussionen und Entscheidungen kam. Die Fremdherrschaft in der Lombardei und Venetien, die fremden Garnisonen im Kirchenstaat, die bourbonische Regierung in Neapel und die päpstliche Regierung in Rom wurden von Lord Clarendon als eine »Schmach Europas« bezeichnet. Die Lösung der italienischen Frage als Voraussetzung einer friedlichen Ordnung Europas wurde als dringend anerkannt. Trotz aller Proteste des österreichischen Ministers gegen eine solche Einmischung in die Angelegenheiten unabhängiger Staaten und trotz der Vorbehalte des preußischen und des russischen Ministers, die einwandten, daß sie keinerlei Instruktionen über diese Angelegenheiten besäßen, wurden die Erklärungen Lord Clarendons in das Protokoll aufgenommen. Einige Monate später erhoben Frankreich und England bei dem König Ferdinand II. in Neapel Vorstellungen gegen seine Regierungsmethoden, was zum Abbruch der diplomatischen Beziehungen führte. Österreich hatte sehr wohl verstanden, gegen wen diese Spitze gerichtet war. Es sandte am 18. März 1856 ein Rundschreiben an seine diplomatischen Vertreter bei den Höfen von Rom, Neapel, Florenz und Modena, das an die Öffentlichkeit gelangte. Österreich protestierte darin energisch gegen die Mission des sardischen Hofes, der seine Stimme im Namen Italiens erheben wollte, es bestätigte noch einmal das eigene Recht, mit Waffengewalt zu intervenieren, wenn es von einer der italienischen Regierungen gegen Ruhestörer zu Hilfe gerufen werden würde. Es handelte sich in Wirklichkeit aber nicht mehr um eine sichere Rechtsfrage und um alte Verträge aus früheren internationalen Kongressen, sondern um die moralische und um die tatsächliche Macht. Und es war eine Tatsache, daß der durch den Krieg von 1848 und durch Novara ausgestreute Samen zu einem kräftigen Baume herangewachsen war, daß Piemont tatsächlich ganz Italien darstellte, daß es im Namen Italiens seine Stimme erheben und sich dazu rüsten konnte, die österreichische Herrschaft und Vorherrschaft auf der italienischen Halbinsel zu vernichten.

Um dieses Ziel zu erreichen, befand sich Cavour nicht nur auf dem richtigen Fleck, er hatte auch einen Menschen in Europa gefunden, der für ihn eine notwendige Hilfe war: Louis Napoleon. Dieser war in seinem innersten Herzen oft schwankend und nebelhaft verworren, aber einen Punkt hat er stets klar im Auge behalten: den Gedanken an den Umsturz der Verträge von 1815. Und weil in diesen Verträgen das Prinzip der Nationalität mit Füßen getreten worden war, so ergab sich daraus für Louis Napoleon – ganz gleich, ob das das Motiv oder die Folge seiner Abneigung gegen jene Verträge war – die Verteidigung dieses Prinzips. Mit ihm wollte er die Ordnung Europas ändern, und mit ihm verband sich sein Ehrgeiz. Einen »Krieg für eine Idee« zu führen widersprach nicht dem, was noch von einem humanitären Idealisten und Träumer in ihm übriggeblieben war. Der Krimkrieg hatte dazu gedient, die Grundstütze des status quo zu zerschlagen. Und während dieses Krieges hatte er damit geliebäugelt, Italienern, Polen und Ungarn die Unabhängigkeit zu verschaffen, ja selbst den Finnen und Tscherkessen. Als England den Krieg fortsetzen wollte und er durch den Druck der Finanzwelt zu Friedensverhandlungen gezwungen wurde, trat er für die Annahme dieser Ziele ein, um den Kampf unter Umständen wiederaufnehmen zu können. Auch noch

auf dem Pariser Kongreß wollte er die gleichen Fragen zur Diskussion stellen, aber Clarendon wandte ein, daß das nur möglich sei, wenn die drei oder vier Großmächte sich vorher darüber verständigten. Das alles verhinderte aber nicht, daß Paris damals, wie man das nannte, ein »ungeheurer Brandherd von Verschwörungen« für künftige Kriege und Revolutionen wurde. Aber Cavour zog nicht nur aus diesen Dingen auf dem Pariser Kongreß Nutzen, sondern auch aus Bekanntschaften, Freundschaften und Beziehungen aller Art, die er sich in Paris verschaffte. Er gewann auch Beziehungen zu den Männern um Louis Napoleon, welchen er im Winter 1855 gefragt hatte, was er für Piemont und Italien tun könne. Für das gleiche Italien, in dessen Verschwörungen und Konspirationen er in seiner bewegten und abenteuerreichen Jugend verwickelt gewesen war, und demgegenüber er eine Aufgabe auf sich genommen hatte, an die ihn einige Jahre später Felice Orsini auf seine Weise wieder erinnern mußte.
Diese Annäherung an Louis Napoleon bedeutete einen tiefen und unwiderruflichen Bruch zwischen der Politik des Grafen Cavour und jener anderen Politik, die Mazzini zu verwirklichen versuchte. Mazzini hatte an der nur kurze Zeit bestehenden römischen Republik hervorragenden Anteil genommen und hatte bei dieser Gelegenheit Beweise seines praktischen Sinnes gegeben. Er war erneut ins Ausland gegangen und hatte von dort aus seine Propaganda in Wort und Tat wieder aufgenommen. Aber er gehörte schon der Vergangenheit an, und das nicht so sehr wegen seines geistigen Systems, als vielmehr wegen seiner politischen Programme und Methoden. Das Italien von 1850 war eben nicht mehr das Italien von 1831. Die »nationale Initiative«, die man damals noch hatte wecken und ausbilden müssen, war 1848 bereits zu einem Faktum geworden, das im Bewußtsein des italienischen Volkes lebendig wirksam war. Und der »Volkskrieg«, der auch damals nicht verwirklicht worden war, hatte seine wahre Form in einem Staate gefunden, der eine Nation repräsentierte, in einer Armee, die zur Armee dieser Nation erweitert werden sollte. Verschwörungen, Erhebungen und Versuche von Aufständen hatten den Beweis dafür liefern können, daß die Italiener weder resigniert noch gewillt waren, das schon gar zu lange währende nationale Martyrium länger zu ertragen. Dabei wurden kostbare Menschenleben geopfert und bei den Regierungen wie bei Vertretern der Ordnung Furcht

und Schrecken verbreitet. Doch wäre es nicht besser gewesen, sie nicht in Schrecken zu setzen, weil sie die blinde Gewalt der Unordnung fürchteten? Mazzinis »Demokratisches Zentral-Komitee für Europa« und die von ihm unterzeichneten Aufrufe an französische, deutsche und polnische Flüchtlinge sowie sein Appell vom Juni 1850 an die »Völker Europas« und an die »Individuen der Menschheit« forderten die Wahl nationaler Parlamente, aus denen dann der »repräsentative Kongreß der freien Nationen« hervorgehen sollte. Aber das alles blieb natürlich ohne Wirkung und ohne Echo. Die einzige Folge waren die höhnischen Antworten eines Karl Marx, der genau wie Mazzini als Flüchtling in London lebte. Ein solcher Zukunftskongreß war ganz gewiß ein edler Wunsch und ein ernsthafter Gedanke, aber er gehörte zu einem anderen Aspekt Mazzinis: zu jenem Mazzini, der seiner Zeit weit vorauseilte. Und der Vorläufer bleibt notwendigerweise stets ein Anachronist, der auf die Politik der Gegenwart keinerlei Wirkung haben kann. Es könnte eine Zeit kommen, in der dieser Gedanke von neuem aufkeimen und starke Wurzeln schlagen dürfte. Aber damals wurde sogar ein Richard Cobden, der doch seine Überredungs- und Überzeugungskunst bewiesen hatte, als Utopist verhöhnt und nur von Quäkern und *dissenters* ernstgenommen. Bestenfalls lobte man seine edlen Absichten, als er Propaganda für die Abrüstung machte. Und der Staatsmann Clarendon mußte es erleben, wie sein Vorschlag an den Pariser Kongreß ins Wasser fiel, mit dem er ein Vermittlungsbüro vorgeschlagen hatte, das die Staaten anrufen sollten, bevor sie zu den Waffen griffen. Cavour war seinem Temperament und seiner Erziehung nach niemals ein Anhänger Mazzinis gewesen. Er glaubte nicht an die Diktaturen, und er glaubte auch nicht an die wunderwirkende politische Macht der Massen. Cavour verabscheute in Mazzini den Diktator, der zugleich ein Demagoge war. Er war vielmehr fest davon überzeugt, daß die italienische Frage mit einem regelrechten Kriege zwischen zwei Armeen und zwischen den Regierungen gelöst werden müßte, und »daß man genau wie früher wieder Schiffbruch erleiden würde, wenn man die Revolution noch einmal wiederholen wollte«. Mazzini lenkte aber mit derartigen Plänen die Geister vom richtigen Wege ab und erreichte damit nichts weiter als Hindernisse und Schäden. In den Augenblicken der Tat gab Mazzini seinen Anhängern allerdings den Rat zur Zusammenarbeit, aber mit dem nicht nur geistigen, sondern ausdrücklichen Vorbehalt, daß sie gleich darauf ihre Rechnung mit den Monarchien machen und die Republik ausrufen sollten; damit verlor diese Zusammenarbeit alle Ernsthaftigkeit und auch alle Bedeutung. Mazzini blieb auch hartnäckig bei seiner Systematik, die alle Bündnisse mit ausländischen Staaten verbot. Er würde König Viktor Emanuel II. wohl geraten haben, den Krieg zu erklären, aber nur unter der Bedingung, daß die Italiener ihn allein und mit eigener Kraft durchführten. Man kann sich vorstellen, welche Schreckensschreie und Flüche dieser Prophet und apokalyptische Seher ausstoßen mußte, als der ausländische Verbündete ausgerechnet der »Mann des zweiten Dezember« war. Und schon im Jahre 1855, als Piemont seine Teilnahme am Krimkrieg erklärte, hatte Mazzini den Grafen Cavour angeklagt, daß er sich »mit Österreich und dem Despotismus des französischen Kaiserreichs« verbünden wollte. Cavour konnte sein Vorurteil gegen alle Bündnisse nicht teilen, und als es sich um die Frage der Bündnisfähigkeit drehte, erwiderte er: »Ich habe mich damit abgefunden: es gibt in Europa drei Mächte, die an der Zerstörung des status quo interessiert sind, nämlich Frankreich, Rußland und Preußen, und es gibt zwei Mächte, die an der Erhaltung des status quo Interesse haben, Österreich und England; ich bedauere, daß die ersten drei Mächte nicht liberal sind, aber was tun? Ich kann nicht mit den beiden anderen zusammengehen.« Schon die Nationalanleihe von 1850 und der Mailänder Aufstand von 1853 waren gescheitert und ebenso katastrophal verliefen die neuen, von Mazzini in Süditalien eingeleiteten Unternehmungen. Und noch schlimmer endete der Aufstandsversuch von Genua im Jahre 1857, durch den Cavour nur noch mehr abgeschreckt wurde. Cavour hatte gewiß keine Skrupel, sich mit Revolutionären und Männern der Tat zusammenzutun, die sich zu anderen Ideen als den seinen bekannten. Er verständigte sich auch mit Garibaldi, aber er konnte das nicht mit Mazzini und auch nicht mit dem Papste. Man hat damals gesagt, daß Cavour sich Mazzinis wie eines Bauern im Schachspiel bedient hatte, daß er das Gespenst des Mazzinianismus und der Revolution an die Wand gemalt habe. Zu einer solchen Praxis wäre zu bemerken, daß er damit dem Beispiel Carlo Albertos vom Jahre 1848 gefolgt wäre, der auf diese Weise in den diplomatischen Noten seines Ministers Pareto seine Kriegserklärung rechtfertigte. Mit dem russischen Minister Gortschakow und ande-

ren hat man damals auch gesagt, daß die sardische Regierung unter dem Vorwand, die Anarchie bekämpfen zu wollen, nichts anderes getan habe, »als mit der Revolution zusammenzuarbeiten, um dann ihre Früchte zu ernten«. Die Hinterlist Cavours wird man aber nicht mehr so sehr bewundern oder tadeln, wenn man eine ganz einfache Wahrheit erkennt: weder in der Philosophie noch im praktischen Leben hat man bisher eine andere Möglichkeit gefunden, um einen Fehler oder eine gefährlich-zerstörerische Partei zu überwinden, als diese selber anzunehmen, d. h. ihre berechtigten Forderungen und treibenden Kräfte anzuerkennen und sie auf bessere und geeignetere Weise zu befriedigen. Man muß Cavours Größe bewundern, wenn man sein Leben und seinen Briefwechsel betrachtet, wenn man sieht, wieviel Geist, wieviel vielseitige Arbeit, wieviel Erkenntnis und Mut, Leidenschaft und Poesie, ja wieviel Schmerz und Zorn ihn erfüllten, welche schrecklichen geistigen und seelischen Versuchungen er für sein Werk durchmachen mußte, zu dem ihn die Geschichte berufen hatte und an dem sein physisches Leben zerbrach.
So kam es schließlich zum Kriege von 1859, dessen Provokation durch Österreich Louis Napoleon wünschte, den aber Cavour selber dadurch provozierte, daß er ihn von Österreich provozieren ließ. Das Ziel dieses Krieges war die Vertreibung der Österreicher aus der Lombardei und Venetien und die Bildung einer Regierung unter dem Hause Savoyen in Oberitalien, zu dem die Legationen und die Romagna hinzukommen sollten. Louis Napoleons Plan war die Ordnung Italiens in vier Staaten. Er wollte das Königreich Beider Sizilien unverändert bestehen lassen, ein zentrales Königreich Italien mit Einschluß der Toskana, der Marken, Umbriens und des Herzogtums Parma oder auch noch anderer Fürstentümer bilden und Rom dem Papste belassen, der der Präsident der italienischen Föderation werden sollte. Über diesen Plan war in Wahrheit nichts zu sagen, da er vom Willen anderer abhing, vor allem vom König von Neapel und vom Papste, die dem hätten zustimmen oder sich damit abfinden müssen. Die Einheit Italiens, d. h. die Bildung eines großen, Frankreich benachbarten Staates, entsprach nicht seinen Ideen und lag auch nicht im Interesse der französischen Politik. Ja, nicht einmal Cavour selbst hegte den Gedanken der Einheit Italiens, was man ihm sehr oft vorgeworfen hat. Man berief sich dabei auf einen seiner Briefe aus dem Jahre 1856 an

Rattazzi über Manin, »der die Einheit Italiens und andere Narrheiten« wünschte. Man hat auch gesagt, daß Mazzini klarer gesehen habe als Cavour, und daß Mazzinis und nicht Cavours Idee später verwirklicht worden sei. Aber Politik hat nichts mit Prophetie und Rätselraten zu tun, und deshalb hat Cavour einen klareren politischen Blick gehabt als Mazzini. Denn er erkannte, daß man vor dem Problem des italienischen Nationalstaates von der Fremdherrschaft unabhängig werden und in einem großen oberitalienischen Staate ein liberales Regime einführen müsse. Und das genügte ihm für den Augenblick, diesem Ziele widmete er sich vollkommen, und aus diesem Grunde hielt er alles übrige für Kinderei und Einbildung. Mazzini hatte ganz gewiß nicht vergebens gesprochen und gehandelt, und seine Worte und Taten waren auch damals nicht vergebens. Positiv und zugleich auch negativ konkurrierte er mit Cavours Werk. Auch die von ihm aufgeworfene größere Frage machte Fortschritte, aber die Lösung dieser Frage mußte anders geschehen, mußte sich in verschiedenen Stufen vollziehen und erforderte mehr oder weniger Zeit. Es sei denn, daß die Geschichte, wie Cavour zu sagen pflegte, »für gewöhnlich Improvisationen liebt«. Nachdem der Krieg begonnen und die Österreicher ihre ersten Mißerfolge erlitten hatten, erhob sich die Bevölkerung der Toskana, von Parma und Modena, und die Großherzöge und Herzöge ergriffen die Flucht, denn sie besaßen weder die moralische Autorität, um ihren Staaten neue Formen zu geben, noch die Kraft, sich zu halten. Es erhob sich auch die Bevölkerung der päpstlichen Dominien und vertrieb ihre Gouverneure. Nur in den Marken und in Umbrien wurde die Aufstandsbewegung von Perugia durch die schweizerische Soldateska des Papstes unterdrückt. Und alle diese Gebiete verlangten den Anschluß an Piemont. Die Improvisation der Geschichte, das neue Element in diesen Ereignissen war jenes »Italien, das sich selbst hilft«, ohne sich dabei um Verträge, Diplomaten und Kongresse zu kümmern. Und Frankreich war die einzige europäische Macht, die Gründe und auch die Möglichkeit hatte, diesen Dingen unter Umständen Einhalt zu gebieten. Aber Frankreich war damals Louis Napoleon, der durch die Folgen des von ihm gewollten und durchgeführten Krieges gebunden war; er mußte psychologisch die Rolle des Beschützers des berechtigten italienischen Volkswillens weiterspielen. Der erste Akt des Dramas wurde daher mit Annexionen und Volksabstimmungen abgeschlossen. Das war ganz ohne Zweifel eine Art juridische Fiktion oder eine symbolische Zeremonie, aber es war eine Symbolik des nationalen Prinzips. An Frankreich wurden dafür Savoyen und Nizza abgetreten, was ebenfalls eine Folge des nationalen Prinzips war. Der Ehrenmann D'Azeglio erklärte: »Wir können nicht diesseits der Alpen für das Nationalitätenprinzip und jenseits der Alpen dagegen sein.« Es hatte ein franco-sardischer Bündnisvertrag bestanden, der dadurch null und nichtig wurde, daß der Krieg mit der Schlacht von Solferino beendet und Venetien befreit wurde. Sehr schwierig blieb die Annexion der noch übriggebliebenen italienischen Gebiete. Die Bourbonen von Neapel besaßen ganz gewiß nicht die moralische Autorität, um die Verfassung wiederherstellen zu können, die sie bereits zweimal beschworen und wieder abgeschworen hatten, und sie konnten auch die Feindschaft der Klasse der Intellektuellen gegen die Dynastie nicht aus der Welt schaffen. Man hatte eben in Neapel die Galgen des Jahres 1799 noch nicht vergessen. Die Feindschaft gegen die Bourbonen war sechzig Jahre hindurch lebendig geblieben, abgesehen davon, daß diesen jeglicher nationale Begriff fremd geblieben war. Und der Papst konnte, selbst wenn er das gewollt hätte, dank der theoretischen Natur seines Staates, diesen nicht im liberalen Sinne reformieren; und im Jahre 1848 hatte er noch dazu die Erfahrung machen müssen, daß das ein unlösbarer Widerspruch war. Aber die Bourbonen und der Papst besaßen starke materielle Verteidigungsmittel. Der Papst hatte seine internationale Soldateska, zu der sich noch die Legitimisten und Klerikalen, vor allem aber die französischen Freiwilligen hinzugesellten, und der König von Neapel besaß eine Armee, die ihm bei den Revolutionen von 1848 und 1849 treu ergeben gewesen war und Sizilien zurückerobert hatte. Cavour konnte diesen gordischen Knoten nicht lösen. Es mußte ein Garibaldi kommen, um ihn durchzuhauen. Es bedurfte der Garibaldianer wie Crispi einer war, des sogenannten Zuges der Tausend, die 1860 in wenigen Monaten Sizilien befreiten, dann auf das Festland übergingen und bis zu der nördlichen Grenze des Königreichs Neapel vorstießen. Auch das war eine unvorhergesehene Folge einer dreißig Jahre währenden Erziehung des italienischen Volkes durch Mazzini. Und es war auch eine Folge von Cavours Kampf gegen Österreich und von seinen Annexionen. Aber das alles spielte sich außerhalb jenes Kampfes von Armeen gegen Armeen und von

Regierungen gegen Regierungen ab, wie es sich Cavour gedacht hatte. Und wieder entstand die Gefahr des Dualismus zweier verschiedener politischer Tendenzen, um so mehr, als Mazzini den Versuch machte, in das allein berechtigte nationale Werk Garibaldis sein republikanisches Programm einzuführen. Dieser Dualismus wurde aber durch Cavours Expedition in die Marken und Umbrien rasch erledigt. Cavour befreite auch diese Provinzen von der päpstlichen Herrschaft und reichte Garibaldis Freiwilligen die Hand und führte deren Werk bis zur Belagerung und Eroberung von Gaeta durch, wo der König von Neapel mit seinem Heer den letzten Widerstand leistete. Einige Jahre hindurch kam es noch zu einem schleppenden Kleinkrieg, den die Legitimisten und Reaktionäre vor der europäischen öffentlichen Meinung als Bürgerkrieg zweier entgegengesetzter Ideen darzustellen versuchten. Sie fälschten damit die Wirklichkeit dieses Krieges und wollten ihn zu einer zweiten Vendée abstempeln, während es sich tatsächlich nur um militärische, öffentliche Sicherheitsmaßnahmen gegen ein schmutziges Brigantentum handelte.
Wenn man in der politischen Geschichte ähnlich wie in der Kunstgeschichte von Meisterwerken sprechen könnte, dann müßte man den Kampf für die Unabhängigkeit, Freiheit und Einheit Italiens als das Meisterwerk der liberal-nationalen Bewegung des 19. Jahrhunderts bezeichnen. Bewundernswert war das Zusammenwirken der verschiedensten Elemente, die Ehrfurcht vor dem Alten und die tiefgehende Erneuerung, die weise Zurückhaltung der Staatsmänner und der Tatendrang der Revolutionäre und der Freiwilligen, der Eifer, der zugleich mit Mäßigung verbunden war. Wandelbar und zugleich konsequent war die Logik, mit der diese Bewegung bis zu ihrem Ziele durchgeführt wurde. Man nannte sie »risorgimento«, Erneuerung, wie man etwa auch von einem risorgimento Griechenlands gesprochen hatte, da derselbe griechische Boden der Schauplatz einer ruhmreichen Geschichte gewesen war. Es war aber in Wahrheit ein »sorgimento«, ein Neuentstehen, denn zum ersten Male in einer Jahrhunderte währenden Geschichte entstand ein italienischer Staat mit einem eigenen, italienischen Volk, das nach einem Ideal geformt wurde. König Viktor Emanuel II. sagte mit Recht in seiner Kronrede vom 2. April 1860, daß Italien nicht mehr das Land der alten Römer und auch nicht mehr das Italien des Mittelalters sei, sondern »das Italien der Italiener«.

Dieser kühne und zugleich gemäßigte Charakter kam auch zum Ausdruck bei den großen Werken der Gesetzgebung, der Verwaltung, der Ökonomie und der Finanzen des neuen, geeinten Staates. Zwischen 1860 und 1865 wurde gute parlamentarische Arbeit geleistet, durch die das alles zustande kam. Der neue Staat bewies seinen Mut ganz besonders bei der Frage der weltlichen Macht des Papsttums, deren letzter, aber kostbarster Rest, Rom, selbst noch geblieben war. Das war ein Keil im Herzen des neuen Staates, es war eine Beleidigung für das nationale Prinzip und für den liberalen Gedanken, der für eine zivile Regierung unerläßlich ist. Daß das Papsttum nicht vor diesen ganz offenbar berechtigten nationalen und zivilen Prinzipien kapitulierte, konnte nicht wundernehmen. Die Kirche beanspruchte als »vollkommene Gesellschaft« mit der geistlichen auch die weltliche Macht. In ihrer Glanzzeit hatte sie ihre weltliche Macht sehr weit ausgedehnt, sie war es, die die Fürsten dieser Erde einsetzte und krönte, die sie aber auch wieder exkommunizierte und absetzte. Und wenn die Herrschaft der Kirche nunmehr nur auf einen ganz kleinen Teil Italiens eingeschränkt war, so hatte sie ihrerseits noch nicht auf ein Recht verzichtet, auf das sie nur im Widerspruch zu ihren eigenen Lehren und entgegen ihrer eigenen Natur hätte verzichten können. Ebenso unvernünftig und scheinheilig zeigten sich damals die Katholiken in allen anderen Staaten. Mit wildem Eifer verteidigten sie das Überbleibsel der weltlichen Macht des Papstes in Rom. Bezeichnenderweise taten sich französische Priester und Bischöfe ganz besonders dabei hervor. Sie mißbrauchten ihre Kanzeln, um mit aller Beredsamkeit gegen Italien zu wettern, und ihre Zeitungen waren erfüllt von Polemiken, in denen sie nicht mehr und nicht weniger verlangten, als daß ein einziges Volk allein eine Pflicht auf sich nehmen sollte, an der alle katholischen Völker eigentlich in gleicher Weise teilhaben mußten; in wenig christlicher Art forderten sie, daß dieses Volk seine vitalsten Interessen dafür preisgeben sollte, was weder Franzosen noch Belgier noch Deutsche jemals getan haben würden. Sieht man von doktrinären Prämissen und traditionellen Formeln ab, so war aber auch im Papsttum selbst nicht mehr der Geist eines Gregors VII. und eines Innozenz III. lebendig, am allerwenigsten bei einem Pius IX. Von ihm erzählte man sich, daß er selber die politische These, die er mit allen Mitteln bis zum Ende durchhalten mußte, nur mit wenig Überzeugung vertrat. In jenen

Jahren ging in diplomatischen Kreisen auch die Geschichte um, daß der Papst bei dem Empfang einer deutschen Persönlichkeit, die bei ihm gegen die italienischen Raubzüge protestierte und ihm ihr Beileid aussprach, sich das alles zwar mit der schuldigen ernsten Miene angehört, aber dann zu seinem Nachbarn gemurmelt habe: »Diese deutsche Bestie versteht nichts von der Größe und Schönheit der nationalen Idee Italiens!« Das italienische Parlament brach allen zögernden Zweifeln die Spitze ab, es kümmerte sich nicht um die Feindschaft der Klerikalen aus aller Herren Länder und proklamierte mit feierlicher Entschlossenheit Rom zur Hauptstadt Italiens! Es kam zunächst zu provisorischen Transaktionen mit Frankreich. Garibaldi versuchte die noch offenen nationalen Fragen mit derselben Methode zu lösen, wie er die sizilianische Frage erledigt hatte, auch der alte diplomatische Plan Louis Napoleons, Österreich im Austausch der Romagna zur Freigabe Venetiens zu veranlassen, tauchte wieder auf (was aber von der öffentlichen Meinung Italiens strikt abgelehnt wurde), und so kam es zu einer schweren, inneren Krise. Schließlich konnte der neue Staat nach den Kriegen von 1866 und 1870 Venetien und Rom mit sich vereinigen. Die Intransigenz des Papstes erlaubte es Italien, mit der Eroberung der Ewigen Stadt und mit der Proklamation Roms zur Hauptstadt Italiens die weltliche Macht der Kirche mit den Wurzeln auszurotten. Dem Papste wurde nicht einmal jenes kleine Stückchen Erde, jenes Teilchen Körper gelassen, das nach einer franziskanischen Allegorie notwendig zu sein scheint, um der Seele einen Stützpunkt zu geben. Die Beziehungen zwischen dem Königreich Italien und dem Heiligen Stuhl wurden durch das sogenannte Garantiegesetz geordnet, das ein wahres Denkmal juridischer Weisheit ist. Das Ende der weltlichen Macht des Papsttums wurde politisch mit allgemeiner Gleichgültigkeit aufgenommen, und keine Regierung fühlte sich davon betroffen. Erst nach langer Zeit erhob die eine oder die andere Regierung ein paar Vorstellungen, mit denen aber nicht die Freiheit des Papsttums verteidigt werden sollte, sondern, ganz im Gegenteil, nur die Tatsache angegriffen wurde, daß Italien ihnen durch die gewaltsame Vergeistlichung des Papsttums ein Druckmittel aus der Hand geschlagen hatte, das bei etwaigen Streitigkeiten und Konflikten nützlich werden konnte. Ideell betrachtet, bedeutete dieses Ereignis in der Geschichte der modernen Kultur und Zivilisation die Auslöschung auch der allerletzten Spur des mittelalterlichen Theokratismus der römischen Kirche.

Die gesamte Kulturwelt nahm die italienische Erneuerung mit Sympathie, lebhafter Anteilnahme und Bewunderung auf. Die Männer, die Italien in diesen beiden Jahren des Wunders geführt und verkörpert hatten, König Viktor Emanuel, Cavour und Garibaldi, übertrafen, wie alles wahrhaft Große und Außerordentliche, noch die Einbildungen: sie konnten zu den Herzen sprechen, weil sie sich über die besondere Leidenschaft eines Volkes erhoben und für die Menschheit selbst wirkten. Die dichterische Gestalt des großen Kämpfers aus Amerika, des Verteidigers von Rom, des Führers der Tausend, Garibaldi war es, der von der Brüderschaft aller Völker sprach, vom Frieden der Völker in Freiheit, von der Gerechtigkeit und von friedlicher Zusammenarbeit. Das alles war in seinem Munde eine lebendige Realität. Die Italiener hatten alle die tausend Hindernisse, widrigen Schicksalsschläge und Enttäuschungen im Sturm überwunden, und allen Völkern, die sich noch in ähnlichen Schwierigkeiten befanden, den Deutschen und Ungarn, den Polen und anderen slawischen Völkern bedeutete das italienische Beispiel eine große Lehre, einen neuen Antrieb, neuen Schmerz und neue Hoffnungen, einen neuen Auftakt zur Tat. Der Revolutionär Bakunin sprach aus, was alle dachten und fühlten, als er in einem seiner Manifeste schrieb: »Vom Siege Italiens über Österreich datiert in Europa die Existenz einer ganzen Anzahl von Völkern, die durch die Freiheit Italiens ermutigt und instand gesetzt wurden, eine neue, auf der Freiheit begründete Kultur zu schaffen.« Der Sturz des alten politischen Systems gerade in einem Lande, wo der Kaiser, der Papst und bourbonische und lothringische Fürsten sich verbunden hatten, um das alte System zu retten, und die Errichtung eines neuen Staates ohne Zerstörung und Racheakte, ohne Schändlichkeiten und Grausamkeiten (denn die Freiheit verachtet, wie es Cavour gesagt hat, die »Waffen des Despotismus« für sich anzuwenden), – alles das führte zur Erschütterung alter Überzeugungen, zur Zerstreuung von Befürchtungen, zur Vergrößerung von Spannungen. Die Überzeugung wuchs, daß es töricht sei, der Sache der Freiheit auch weiterhin ablehnend gegenüber zu stehen, daß es klüger sei, sich anzupassen und das liberale System mit anderen Augen zu betrachten. Die anderen Staaten erkannten das neue Königreich Italien an, auch die ausgesprochen konserva-

tiven oder autoritären Staaten, wie etwa Preußen, dessen neuer König, Wilhelm I., seine natürliche Abneigung überwand, und sogar Rußland unter dem Sohn des Zaren Nikolaus, der weder die Tatsache dieses neuen Staates, noch die Möglichkeit seiner Anerkennung je für möglich gehalten hatte.
Die Wirkung aller dieser Dinge war ein neuer Antrieb der liberalen Bewegung, vor allem auch in Deutschland. Dort begann nach dem Pariser Kongreß und dem Beginn eines neuen Zeitalters in Italien, das man nach Cavour benennen könnte, die sogenannte »neue Ära«. Der gequälte und ratlose, aber nicht unedle Friedrich Wilhelm IV. hatte sich wegen Geistesschwäche zurückgezogen, und Kronprinz Wilhelm wurde zunächst Regent und später sein Nachfolger. Eine Zeitlang versuchte man, an die Tradition des Frankfurter Parlaments wieder anzuknüpfen und die Einigung des deutschen Vaterlandes zwar mit Unterstützung durch Preußen, aber auf einem liberalen, volkstümlichen Wege durchzuführen. Im September 1859 wurde nach dem Vorbilde der *Società nazionale italiana* der deutsche Nationalverein gegründet. In der italienischen Vereinigung hatten Männer wie La Farina, Pallavicino und Manin im Jahre 1857 Cavour bei seinem Werke unterstützt. Und diese Dinge führten tatsächlich zur Aufnahme von nahen Beziehungen zu der deutschen Schwestervereinigung. Man muß hier übrigens daran erinnern, daß Cavour dem preußischen Gesandten, der gegen die Vorgänge in Italien protestieren wollte, erwiderte, daß Preußen sehr bald Italien dankbar sein werde, daß es ihm ein Vorbild gegeben habe. Die französischen Zeitungen sprachen bereits von der »piemontesischen Mission« der Hohenzollern. Und auch Louis Napoleon glaubte an die Mission Preußens, die zu einer Front gegen Österreich führen mußte, das die Vergangenheit verkörperte. So machte er im Jahre 1858 einen Versuch, sich mit Preußen zu verbünden, um die Landkarte Europas zu ändern. Zwischen Italienern und Deutschen bestanden trotz oder vielleicht gerade wegen der Verschiedenheit ihrer geistigen Einstellung große Sympathien, und man erhoffte einen gegenseitigen Kulturaustausch zwischen beiden Völkern, »entre la grave et profonde Allemagne et l'intelligente Italie«, wie kein anderer als Cavour schon vor 1848 geschrieben hatte. Der von dem föderativen Bundestag in Frankfurt nicht tolerierte deutsche Nationalverein fand Unterstützung bei dem Herzog von Coburg-Gotha, er fand sehr rasch Verbreitung in

ganz Deutschland, wurde zwar in einigen Staaten verboten, aber in Preußen zugelassen. Im preußischen Parlament entstand im Jahre 1861 die deutsche Fortschrittspartei, die sich dieses nationale Programm zu eigen machte und das politische Leben in Preußen verjüngen wollte. Diese Partei forderte die Verantwortlichkeit der Minister, Autonomie der Kommunal- und Provinzialverwaltungen, die Abschaffung der Adelsgerichte, Einführung der Zivilehe und andere Teile des liberalen Programms. In den einander folgenden Wahlen konnte sich die liberale Partei nicht nur behaupten, sondern auch an Boden gewinnen. Sie trieb eine gemäßigte, aber keineswegs laue Opposition und erzielte in den Kämpfen mit dem Herrenhaus verschiedene Erfolge. In dieser Zeit hörten auch im übrigen Deutschland die Skandale von Verletzungen der Verfassungen auf. Der vereinsamte Kurfürst von Hessen wurde 1862 durch Preußen gezwungen, die Verfassung von 1831 wiederherzustellen. Die parlamentarische Tätigkeit nahm in einigen Ländern schwächer, in anderen stärker wieder zu, ganz besonders stark aber in Baden. Wilhelm I. hatte die Verfassung beschworen (und zwar entgegen allen Ratschlägen, die ihm und seinen Nachfolgern Friedrich Wilhelm IV. in seinem Testament hinterlassen hatte), und er war ganz gewiß nicht der Mann, der seinen Eid gebrochen hätte. Seinem Beruf und seiner Erziehung nach war er durch und durch militärisch eingestellt, er haßte Unordnungen und Revolutionen, und nicht ohne innere Widerstände hatte er der konstitutionellen Idee nachgegeben. Als Sechzigjähriger bestieg er den Thron und hielt am göttlichen Recht des Monarchen fest: die Parlamente seien dazu da, Ratschläge zu geben, aber sie könnten niemals die Autorität und die Verantwortung des Königs gegen Gott übernehmen. Die Offiziere und Adeligen in seiner Umgebung dachten genau wie er. Mit dem Abgeordnetenhaus geriet er immer wieder um das alte Problem in Konflikt: Liberalismus oder preußischer Geist. Es kam auch zum Konflikt wegen der Heeresreform. Das Parlament sah ein, daß der König und seine Freunde nicht allzu begeisterte Anhänger der nationalen Einigung waren, und es hatte gute Gründe zu dem Verdacht, daß der König ein großes Heer nur aus Gründen der inneren Politik unter den Waffen halten wollte. Daher war der Vorschlag zur Herabsetzung der Heeresausgaben nicht übel, durch den die Dienstzeit von drei auf zwei Jahre eingeschränkt werden sollte. Das entsprach zwar nicht der persönlichen

Ansicht des Königs, aber auch andere Politiker traten dafür ein, und selbst Bismarck machte keine absoluten Einwände technischer Natur. Aber dieser Konflikt wurde zu einer Prestigefrage zwischen der Autorität des Königs und der Macht der Kammer. Im September 1862 wurde Bismarck Ministerpräsident, und der Mann der starken Faust war damit Herr der Situation. Er führte die Reform ganz einfach durch, noch ehe das Budget genehmigt war, und gab damit dem Willen des Königs gegenüber der Kammer den Vorrang. Über die italienische Revolution machte sich Bismarck keine anderen Gedanken, als daß das neue Königreich Italien (wie er im Januar des gleichen Jahres sagte), das Beste sei, was man sich für die Ziele der preußischen Politik hätte wünschen können, und zwar so sehr, daß man es hätte erfinden müssen, wenn es nicht schon tatsächlich und so schön vorhanden gewesen wäre. Aber mit dem Erscheinen Bismarcks auf der politischen Bühne nahm die preußische Politik einen anderen Ton an, als sie in der »neuen Ära« gehabt hatte. Die liberale Entwicklung Preußens und damit auch ganz Deutschlands wurde unterbrochen und über den Haufen geworfen.
Im österreichischen Kaiserreich war besonders das sehr kultivierte deutsche Element von der angekündigten und dann wieder zurückgezogenen Verfassung enttäuscht. Erschwert wurde das alles noch durch die Last des Konkordates. Man war über die Unverschämtheiten des Klerus hell empört. Und so begannen die Deutschen europäisch zu fühlen und immer mehr ihre Unzufriedenheit mit dem väterlichen Regime zu zeigen. Von den verschiedenen Nationalitäten warteten besonders die Ungarn auf einen günstigen Augenblick, um die 1848 schon einmal erzwungene Autonomie zurückzuerobern. Das war aber nicht so schlimm, daß die anderen Nationalitäten davor hätten erzittern müssen. Und auch der Regierung bereitete das nicht solche Sorgen wie die Ereignisse im italienischen Lombardisch-Venetien oder wie etwa die Vorgänge von 1858 im Fürstentum Serbien, wo die Wahlen für eine Nationalversammlung verboten werden mußten. Österreich zitterte vor den Folgen, die solche Wahlen auf seine serbischen Untertanen haben mußten, und es tat daher alles, um diese zu verhindern, was aber am Widerstand Frankreichs scheiterte. Die von Minister Bach verfolgte Politik der Zentralisation war wie alle gegen die Natur gerichteten Gewaltmaßnahmen auf Sand gebaut. Viele, die durchaus das Wohl ihres Vaterlandes wollten, waren bereits so weit ge-

kommen, daß sie dem österreichischen Kaiserreich eine militärische Niederlage wünschten, da sie darin das einzige Mittel sahen, um den Weg für Reformen und notwendige Revolutionen wieder frei zu machen. Als Österreich tatsächlich den Krieg von 1859 verloren hatte, führte die trostlose finanzielle Lage des Staates zur Bereitschaft, eine Volksvertretung zur Mitarbeit heranzuziehen. Die Furcht vor solchen Vertretungen bewirkte aber, daß nur verspätete und unsichere Schritte in dieser Richtung unternommen wurden. Erst im März 1860 erweiterte man den kaiserlichen Rat durch gewählte Mitglieder, und der Rat tagte von da an zwar regelmäßig, aber unter Ausschluß der Öffentlichkeit. Eine solche Verbesserung eines vom Kaiser selbst abhängigen Organs konnte jedoch niemanden befriedigen, am allerwenigsten die Ungarn. So kam es zu dem Patent vom Oktober 1860, durch das der Rat um hundert Abgeordnete aus den Provinziallandtagen vermehrt wurde. In Ungarn wurde das Parlament so wiederhergestellt, wie es vor 1848 bestanden hatte, und man setzte einen kaiserlichen Rat ein, dessen Tätigkeit auf die Angelegenheiten der nicht zur ungarischen Krone gehörigen Länder beschränkt war. Aber auch das konnte nicht genügen und befriedigte niemand. Die Deutschen waren durchaus dagegen, und die Ungarn entfalteten eine heftige Agitation. Dadurch hatten alle diese Maßnahmen keinerlei praktische Wirkungen. Aber auch die regelrechte Verfassung von 1861 blieb wirkungslos. Es wurden durch sie zwei Kammern eingerichtet, ein Herrenhaus, dessen Mitglieder zum Teil erblich eingesetzt waren und zum Teil durch den Kaiser selbst ernannt wurden, und eine Kammer für die gewählten Abgeordneten der lokalen Landtage. Aber auch da bestand noch eine Zweiteilung: eine Kammer für alle Länder des Reiches, und eine andere Kammer nur für die nicht ungarischen Länder. Böhmen bewies seine Unzufriedenheit und protestierte. Ungarn und Venetien sandten überhaupt keine Abgeordneten. Im Jahre 1865 mußte man die Verfassung und das Parlament vertagen, um zunächst die Verhandlungen mit den Ungarn abzuschließen. In diesen Jahren erschien für kurze Zeit die »großdeutsche« Partei wieder auf der Bildfläche, und der Minister Schmerling hoffte, auf diesem Wege dem österreichischen Kaiserreich einen Ersatz für den Verlust der Lombardei schaffen zu können. Aber der neue Krieg und die Niederlage von 1866 trennten Österreich endgültig von Deutschland, und auch Venetien mußte aufgegeben werden. So kam man zu der Überzeugung, daß das absolutistische Regime am Ende sei, daß man in der Nationalitätenfrage ein System von Autonomien herstellen müsse, durch das allein die Auflösung des Kaiserreiches aufgehalten oder wenigstens hinausgeschoben werden könnte, die mit der Abtrennung der italienischen Provinzen bereits eingesetzt hatte. Im Jahre 1867 wurde in Ungarn die Verfassung und das Gesetzgebungswerk von 1848 wiederhergestellt. Die anderen Länder des Kaiserreiches erhielten ein besonderes Parlament. Die so geschaffenen beiden konstitutionellen Staaten wurden unter dem Namen »Österreichisch-Ungarische Monarchie« vereinigt. Sie hatten für die gemeinsamen Angelegenheiten ein gemeinsames Ministerium und Delegationen der beiderseitigen Abgeordnetenhäuser, die abwechselnd in Wien und in Pest tagten. Durch diese Anordnung wurden aber nicht jene anderen Nationalitäten beruhigt, die in den österreichischen Teil eingegliedert oder mit Ungarn vereinigt worden waren. Aber es wurden dadurch wenigstens die beiden mächtigsten Gruppen, die Deutschen und die Ungarn, zusammengebracht. Und so begann denn das konstitutionelle Leben der österreichisch-ungarischen Monarchie. Im Jahre 1868 beseitigte man das erste Unheil, nämlich das Konkordat von 1855. Es wurde durch die Gesetze über die Zivilehe, die Aufsicht in den Schulen und die konfessionelle Freiheit de facto beseitigt und nach zwei Jahren endgültig gekündigt; das ist die übliche Folge jener unverhüllten Habgier der römischen Kurie, mit der diese bei jeder sich bietenden, günstigen Gelegenheit maßlos ihren Vorteil zu suchen pflegt.

An den verschiedensten Stellen Europas konnte man einen Fortschritt des nationalen und liberalen Prinzips beobachten: in den Balkanländern, im hohen Norden Skandinaviens und im Süden der Iberischen Halbinsel. Das Fürstentum Rumänien hatte die Moldau und die Walachei in sich vereinigt und gelangte auf dem Wege über Konstitutionen, Staatsstreiche und Diktaturen unter Alexander Cuza schließlich zu einer Verfassung nach belgischem Muster mit der Dynastie der Hohenzollern-Sigmaringen. Serbien und Montenegro gewannen immer größere Unabhängigkeit, und die türkische Herrschaft über europäischen Boden wurde immer weiter zurückgedrängt. Schweden erhielt 1865 an Stelle des alten Klassensystems ein demokratisches Parlament mit zwei Kammern, die auf der Steuerveranlagung aufgebaut waren; die erste Kammer wurde von den Provinzialräten und den Korporationen der großen Städte, die zweite direkt vom Volke gewählt. Spanien hatte sich 1868 wieder erhoben und die Königin Isabella vertrieben; man war auf der Suche nach einem Fürsten, der für die Herstellung einer liberalen Ordnung bürgen konnte. Spanien hatte unter der Herrschaft dieser Königin, ihrer Minister und unter den Diktaturen von Narvaez und Gonzalez Bravo lange Zeiten eines verhaßten und armseligen Klerikalismus durchgemacht. Die spanische Regierung hatte erklärt, »daß die erste Pflicht des Landes die Verteidigung des Heiligen Stuhles« sei. Und zum Gespött der ganzen Welt hatte der Papst Pius IX. dieser Königin, deren Schamlosigkeit schon sprichwörtlich geworden war, die goldene Rose übersandt. Beim Ausbruch der Revolution wurde der Konkordatsvertrag von 1851 vor dem Hause des päpstlichen Nuntius öffentlich verbrannt. Die Jesuiten und die anderen religiösen Orden wurden unterdrückt und ihre Güter beschlagnahmt. Die Volksmassen drangen in die illegal entstandenen Klöster ein und brannten sie nieder. Man dekretierte vollständige religiöse Toleranz. Dieses Land, das mehr als alle anderen Staaten gezögert hatte, das Königreich Italien anzuerkennen, holte sich seinen neuen König aus dem neuen Italien: den zweitgeborenen Sohn des Usurpators des päpstlichen Staates, den Fürsten Amedeo von Savoyen.

Und es geschah, daß sogar Rußland, ganz ähnlich wie Österreich, durch eine militärische Niederlage und durch den Wind, der überall in Europa wehte, gezwungen wurde, seine inneren Verhältnisse zu reformieren. So wurde auch das Schicksal Polens gebessert, um das sich ganz Europa, vor allem aber Frankreich und Italien, bekümmert hatte, da man Polen gegenüber und vor sich selbst eine Ehrenpflicht übernommen hatte. Alexander II. ging im Jahre 1861 daran, in Rußland die Leibeigenschaft abzuschaffen. Dadurch wurden siebenundvierzig Millionen Bauern zu freien Menschen. Sie bekamen ein kleines Haus und anschließenden, kleinen Landbesitz, ferner das Nutzungsrecht über Ländereien ihrer Herren und die Möglichkeit, durch die vom Staate unterstützten Rückkäufe Besitz zu erwerben. Das war wenigstens ein großer Schritt vorwärts in der Verbesserung der ökonomischen Lage, wenn er auch damals noch nicht die entsprechenden praktischen Folgen zeitigte. Gleichzeitig richtete der Zar Provinzialräte ein, eine Art Vorstufe zum Parlament; er führte ferner Geschworenengerichte ein und stellte auf den Universitäten die bis dahin unterdrückten philosophischen, juridischen und politischen Kollegien wieder her. Dadurch erhöhte sich die Zahl der Studenten, wodurch der Mangel an geeigneten Kräften in der Verwaltung und im Rechtswesen ausgeglichen werden sollte. Der privaten Initiative wurde es gestattet, Sonntagsschulen für das Volk einzurichten. Und in Petersburg und Moskau wurde sogar eine freie Presse zugelassen. Durch Konzessionen an französische und auch polnische Gesellschaften wurde der Bau von Eisenbahnen in die Wege geleitet, und die russischen Grenzen wurden für die Ausreise ins Ausland freigegeben. Der Minister Gortschakow haßte Österreich und hatte daher im Kriege von 1859 die Alliierten begünstigt, indem er damit gedroht hatte, im Falle einer preußischen Intervention Galizien zu besetzen. Er hatte sich ganz nach Frankreich orientiert, mit dem er sich in den Angelegenheiten des Balkans und des Orients verständigte. Alexander II. erließ in Polen eine Amnestie, erlaubte den polnischen Flüchtlingen die Rückkehr und dehnte die in Rußland durchgeführten Reformen auch auf Polen aus. Ja, er bereitete sogar eine Art Autonomie vor, indem er in Warschau Sonderabteilungen für den Kultus, für den öffentlichen Unterricht und einen Staatsrat einsetzte, ferner wählbare Räte in den Gemeinden, Provinzen und Gouvernements. Trotz aller Tumulte, Attentate und darauffolgenden Repressionen setzte der Zar seine neuen Ordnungen und die damit verbundenen Reformen des Unterrichts und der Universitäten in Kraft. Die Ämter wurden Personen des Landes anvertraut, die Juden den anderen Bürgern zivilrechtlich gleichgestellt. Diese und ähnliche Reformen wurden auch in Polen durchgeführt, das damit aus einer dreißig Jahre währenden Unterdrückung herauskam und daher die Vereinigung und die guten Beziehungen zu Rußland nicht mehr ablehnte. Trotzdem brach 1863 ein heftiger, von einer mächtigen Geheimgesellschaft geführter Aufstand gegen Rußland los. Man nahm zu terroristischen Mitteln seine Zuflucht, aber diese Bewegung hatte keine größeren Teile des Volkes und auch keine Bauern hinter sich. Es waren Banden von Freiwilligen, darunter auch Italiener und Garibaldianer. Der Aufstand wurde blutig unterdrückt, und die westlichen Mächte konnten lediglich mit diplomatischen Noten intervenieren, die für die russische Regierung unannehmbar und nur dazu geeignet waren, ihre Würde zu verletzen und ihren Stolz zu reizen. Preußen hatte seinerseits auch noch die

Grenzen gesperrt. Nach dem Siege änderte der Zar seine Methode. Er machte zwar die zugestandenen Konzessionen nicht wieder rückgängig, aber er traf die Aristokratie und den katholischen Klerus in Polen ins Herz, welche die wahre Seele der polnischen Aufstände gewesen waren. Mit allen Mitteln leitete der Zar die Russifizierung Polens ein, und zwar nach den Plänen der allrussischen oder panrussischen oder panslawistischen Partei. Diese Partei war gegen alles feindlich eingestellt, was aus dem westlichen Europa kam. Ihre literarische Ideologie war übrigens westlichen Ursprungs, was sie aber nicht hinderte, alle Verfassungen zu bekämpfen. Und auch Alexander II. dachte nun nicht mehr an liberale Verfassungen, er fühlte sich angewidert durch den polnischen Aufstand, durch das 1866 inszenierte Attentat gegen sein Leben, durch die Narrheiten der Presse, und er hatte bei keinem Teile der russischen Bevölkerung einen festen Rückhalt für ein Leben in Freiheit gefunden. Die große Masse der russischen Bevölkerung bestand aus einfachen Bauern, über der eine ganze Schicht von Beamten existierte, und diese alle waren indifferent gegen die Politik; sie liebten keine geistigen Anstrengungen und hatten weder die Liebe noch die Ausdauer zum Lernen. Die Intellektuellen und Revolutionäre, deren Zahl in der Jugend immer mehr zunahm, verneinten nicht nur bestimmte Bedingungen der Geschichte und der Gegenwart, wie das ja auch in anderen Ländern der Fall ist, sie besaßen bestimmte, naturwissenschaftliche Kenntnisse, aber sie hatten keinerlei klassische oder humanistische Erziehung genossen. Mit groben, aber zu Ende gedachten, rationellen Überlegungen verneinten sie die gesamte Geschichte, die gesamte Vergangenheit, jeden Glauben, alle Sitten, die Ehe, die Familie, die Gesellschaft, das Eigentum, den Staat, die Freiheit, die Verantwortlichkeit und die Unterscheidung des Guten und Bösen. Da sie aber an die Stelle des Verneinten nichts Neues setzen konnten, weil sie nichts besaßen, erhielten sie den Namen »Nihilisten«. Bekanntlich hat Turgenjew im Jahre 1861 in seinem Roman »Vater und Söhne« zum erstenmal diese Nihilisten dargestellt. Auch Tolstoj beschrieb sie 1874 in seinem Roman »Anna Karenina«: sie hätten keinerlei religiöse oder moralische Erziehung genossen und stürzten sich daher wie »Wilde« auf die Gesellschaft. Der Gärstoff dieses Verneinens um des Verneinens willen, dieser Revolution um der Revolution willen, dieser rasende Drang zur Zerstörung aller Kultur und aller Geschichte

hatte schon in einer älteren Generation einen Apostel gefunden: in Bakunin, der allerdings außerhalb Rußlands lebte. In Rußland fehlte ein politischer Mittelstand, und die Verhältnisse des Grundeigentums der Bauern mit ihrem Agrarkommunismus boten Rußland nur die Wahl zwischen Autokratie und Anarchie. Da aber die Anarchie nicht zur Wahl stand, blieb nur die eine oder die andere Form von Autokratie übrig, die zwar sozial verschieden, aber politisch identisch ist. Die politischen Beobachter erkannten und die Tatsachen bestätigten später, daß die Hoffnungen auf eine Revolution im liberalen Sinne in Rußland ganz außerordentlich gering waren. Cavour sagte zu dem russischen Gesandten, daß für Europa nicht die ungeheuren russischen Armeen, sondern die kommunistische Verfassung der russischen Bauern die wahre Gefahr bedeuteten. In dem gescheiterten Versuch des Zaren Alexander II. hatte der westeuropäische Liberalismus in seinem kraftvollsten und glücklichsten Augenblick die größten Anstrengungen gemacht, die in Rußland überhaupt möglich waren.
Es war ganz natürlich, daß Frankreich ganz allmählich zu liberalen Ordnungen zurückkehrte. Frankreich hatte eine jahrhundertealte kulturelle Entwicklung hinter sich, und es hatte die Revolutionen von 1789, 1830 und 1848 erlebt. Obwohl es 1851 schien, als ob die Freiheit für ewige Zeiten in den Abgrund gestürzt wurde, obwohl Louis Napoleon sich rühmen konnte, daß er die politische Pyramide umgestülpt und auf die Spitze gestellt habe, trotz aller damals aufgestellten Lehren über die für das französische Volk und besonders für alle neulateinischen und katholischen Völker allein geeignete ewige Form der absolutistischen Regierung, kehrte man langsam zur Freiheit zurück. Schon bei den Wahlen von 1857 hatte es eine Anzahl von Oppositionsstimmen gegeben, die zwar gegenüber der Gesamtsumme unbeträchtlich, aber gegenüber den Zahlen aus den vorhergehenden Jahren recht beachtlich waren. In der gesetzgebenden Körperschaft waren drei republikanische Abgeordnete erschienen, zu denen durch die Wahlen von 1858 noch zwei weitere hinzukamen, die dann zusammen die sogenannte Gruppe der »Fünf« bildeten. Orsinis Attentat ermöglichte wieder eine strengere Handhabung des allgemeinen Sicherheitsgesetzes, willkürliche Verhaftungen zum Zwecke der Einschüchterung und andere Maßnahmen, aber es bedeutete zugleich die entscheidende Krise des Krieges gegen Österreich. Und dieser Krieg war der

erste Anstoß zur langsamen Zersetzung des autoritären Regimes. Wie hätten denn auch die Franzosen gleichsam als Minderjährige unter absolutistischer Obhut bleiben können, wenn die Italiener, die sie in ihrem Befreiungskampf und bei ihrer Revolution tatkräftig unterstützt hatten, schon mündig geworden waren? Wie konnte man für die Unabhängigkeit und Freiheit eines Volkes gegen einen autoritären Staat kämpfen und gleichzeitig das eigene Volk, das diesen Krieg durchgeführt hatte, unter dem autoritären Regime halten? Die Mittel müssen stets dem Zwecke entsprechen, mit dem sie eine Einheit bilden. Wenn Mittel und Zweck auseinanderfallen, dann besagt das, daß über dem alten Ziel ein neues Ziel entstanden ist oder gerade entsteht. Als das französische Heer vom italienischen Feldzug heimkehrte, wurde für alle politischen Delikte eine weitgehende Amnestie gewährt und den Flüchtlingen die Rückkehr nach Frankreich gestattet. Ein kaiserliches Dekret vom November 1860 gab dem Senat und der gesetzgebenden Körperschaft wieder das Recht, alljährlich als Erwiderung auf die Thronrede eine Adresse an den Kaiser zu diskutieren und abstimmen zu lassen. Diese Körperschaften erhielten ferner das Recht, in geheimen Sitzungen die von der Regierung eingebrachten Gesetzesvorlagen zu diskutieren, noch bevor die Prüfungskommissionen ernannt wurden. Und durch vollständige Veröffentlichung der Reden wurde schließlich auch die Öffentlichkeit der Debatten wiederhergestellt. Seit einigen Jahren erschienen immer mehr Bücher, Abhandlungen, Aufsätze und Geschichten der Freiheit, wie z. B. Jules Simons Buch *De la liberté* aus dem Jahre 1859; alle diese Schriften waren gemäßigt und gegen die Demokratie im jakobinischen Sinne eingestellt. Auf diese ersten Konzessionen und Lockerung der Zügel reagierte das französische Volk wie ein Rekonvaleszent, der zum erstenmal wieder ein wenig spazierengehen, die Sonne sehen und frische Luft atmen kann. An diesem süßen Gefühl nahmen aber die Bischöfe und Priester keinen Anteil, denn das Empire hatte sie verhätschelt und ökonomisch und politisch in jeder Weise begünstigt. Sie hatten unter ihm als ihr ureigenstes Privilegium eine Freiheit genossen, die allen anderen Staatsbürgern versagt worden war. Sie tobten daher vor Wut über den italienischen Krieg, über die Besetzung päpstlicher Gebiete und die Bedrohung Roms. Lamoricière, ein stolzer Mann, war klerikal geworden und betrachtete sich als päpstlichen Krieger. Er predigte den Kreuzzug gegen die Revolution, diesen »neuen Islam«, der des von ihm in Afrika mit Feuer und Schwert bekämpften Islams würdig sei, den man erbarmungslos totschlagen müsse »wie einen tollwütigen Hund«. In der römischen Frage fuhren die französischen Klerikalen fort, auf die kaiserliche Regierung einen Druck auszuüben, der ihrem eigenen Vaterlande verderblich wurde, denn damit wurde Bismarcks Spiel begünstigt; das führte nach Mentana und verhinderte das Bündnis mit Italien und auch mit Österreich. So kam es zur Isolierung Frankreichs im Jahre 1870. Auf dem Gebiete der Erziehung und des Unterrichts verloren die Klerikalen indessen an Boden, denn der Minister Duruy führte den kostenfreien und obligatorischen Elementarunterricht ein und stellte auf den Universitäten die Freiheit der wissenschaftlichen Lehre wieder her. Im Jahre 1864 vernahm man zum erstenmal die Parole: »Le cléricalisme: voilà l'ennemi!« Später nahm Gambetta diese Parole wieder auf, die dann als leitende Macht das ganze französische Leben beherrschte. Durch die Wahlen im Jahre 1863 kamen als Republikaner und Unabhängige etwa dreißig Oppositionelle in die gesetzgebende Körperschaft. Man hatte das Gefühl, daß das autoritative System in Wirklichkeit schon gar nicht mehr regierte, daß es sich nicht mehr verjüngen konnte und keine neuen Männer mehr hatte, daß seine Organe nicht mehr einem einheitlichen Ziele dienten, an das man auch nicht mehr recht glaubte. Die gleichen Urheber des Staatsstreiches erboten sich, den Kurs in die entgegengesetzte Richtung zu steuern. Morny gab den Rat zu den Konzessionen von 1860 und ermahnte im Jahre 1865 noch auf dem Totenbett den Kaiser, die Freiheit wiederherzustellen. Einige Jahre später sprach Persigny im gleichen Sinne und bezeichnete die Rolle der Männer des zweiten Dezember für beendet. Der Prinz Napoleon verteidigte derartig energisch seine alten Überzeugungen, daß er bei dem kaiserlichen Vetter in Ungnade fiel. Der Minister Rouher zauderte und zögerte noch und versuchte, Widerstand zu leisten. Aber in Zeitungen und Versammlungen wurden Gesetzespläne angenommen, die den Auftakt zu einer reichhaltigen und frischen Oppositionspresse boten. Die Demission des Ministers Rouher, das Ministerium Ollivier, der zu den »fünf Männern« gehört hatte, vom 2. Januar 1870, der Senatsbeschluß vom 20. April und die Volksabstimmung vom 8. Juli verwandelten das autoritäre Kaiserreich in ein konstitutionelles; dem Kaiser verblieb jene Macht, die ihm jenseits der Kammern durch die Volksabstimmungen zukam, die Minister waren nur ihm verantwortlich, der sie selbst ernannte. Das war genau das, was er die »Vereinigung von Freiheit und Ordnung« nannte. Das war also jene Lösung, die sich die damals gegründete, sogenannte »dritte Partei« zu eigen machte. Diese Partei dachte mit ihrem Führer Prévost-Parodol, »daß die Freiheit etwas derart Heiliges ist, daß man sie aus jeder Hand annehmen muß, die sie bietet; gut, wenn sie von einem Washington gereicht wird, aber auch nicht abzulehnen, wenn sie von einem Stuart oder gar einem Cromwell kommt«. Andere Menschen waren nicht dieser Meinung, denen gerade der Dualismus des vom Kaiser gehandhabten Parlaments und des allgemeinen Wahlrechts keine Sicherheit versprach.

Auch im Verlaufe der Ereignisse von 1859 und 1860 hatte England der liberalen Sache gedient. Palmerston setzte das Prinzip durch, in Italien nicht zu intervenieren, was man dreißig Jahre zuvor vergeblich erhofft hatte. Es konnten also italienische Staaten, Bevölkerungen und Einzelmenschen zugunsten oder auch gegen italienische Staaten und Einzelmenschen eingreifen, ohne daß irgendeine ausländische Macht sich einmischen durfte. Man muß bei dieser Gelegenheit auch daran erinnern, daß England ganz spontan im Jahre 1862 die Ionischen Inseln, die es immer noch besetzt hatte, an Griechenland abtrat. In der inneren Politik lief die englische Entwicklung den anderen Staaten um Jahrzehnte voraus, da England ökonomisch und politisch stärker entwickelt war. Der Manchesterliberalismus hatte seine größten Triumphe gefeiert und wurde nunmehr der Kritik unterworfen. Man setzte ihm Grenzen, vervollständigte ihn und gab sich Rechenschaft über andere ökonomische und politische Bedürfnisse, die auf diesem ausschließlich liberistischen Wege nicht befriedigt werden konnten. Unter Disraeli führte das zum erstenmal zu einem freundschaftlichen Ideenaustausch zwischen der Aristokratie oder dem Torismus und der Arbeiterklasse, die sich gegen die Bourgeoisie verständigen mußten. Das war eine Art Verbindung von Großvätern und Enkeln und im übrigen ein Fall von Wahlverwandtschaft, für die man bei anderen Völkern und in anderen Jahrhunderten der Geschichte ähnliche Beispiele anführen könnte. Aber in dieser vorübergehenden, besonderen Form kam es zu den sogenannten »sozialen Maßnahmen«, zu den »Interventionen des Staates«, die je nach den Absichten der Parteien, die sie vorschlugen, benannt wurden, »Sozial-Demokratie«, wenn sie von den Radikalen gefordert wurden, und »Staatssozialismus«, wenn sie von den Konservativen oder Radikal-Konservativen ausgingen. Im Jahre 1867, also dreißig Jahre nach jener denkwürdigen Wahlreform, wurde nach verschiedenen Forderungen und heftiger Agitation das Wahlrecht noch weiter ausgedehnt. Die Neuwahlen führten zum Sturz des Ministeriums Disraeli und bedeuteten einen weiteren, großen Schritt vorwärts im Leben der Volksregierung. In Irland nahm das Elend immer mehr zu, die Bevölkerung schmolz zusammen und die ganze Lage nahm beängstigende Formen an. Der amerikanische Sezessionskrieg war beendet, Tausende von irischen Kriegsteilnehmern bekamen keinen Sold mehr und gründeten nun die terroristische Gruppe der Fenians, ja, sie versuchten sogar einen Angriff auf Kanada. Man mußte daher so schnell wie möglich eine der dauernden Ursachen der irischen Aufstände beseitigen, nämlich die Ungerechtigkeit der Zehntsteuer, die die irischen Katholiken an den anglikanischen Klerus zu zahlen hatten. Der Wortführer dieser Sache wurde Gladstone, dem sich Disraeli vergeblich entgegenstellte. Disraeli hatte in seinem seltsamen Romantizismus in dieser ganz eindeutigen Vorherrschaft und hassenswerten Ausbeutung der Irländer durch den Klerus nichts anderes gesehen, als »die heilige Vereinigung von Kirche und Staat, jene Quelle der Kultur und der religiösen und politischen Freiheit«. Im Jahre 1868 brachte Gladstone das Gesetz des disestablishment, d. h. der Abschaffung der Staatskirche in Irland durch. Man versuchte auch einer anderen Ursache des Elends und der irischen Aufstände Herr zu werden, indem man durch ein Agrargesetz die großen Latifundien aufkaufen ließ, um sie an Kleinbauern zu verteilen. Aber auch das hatte keine fühlbare Wirkung. Die englische Prosperität stand auch weiterhin in Blüte. In den eineinhalb Jahrzehnten zwischen 1853 und 1868 hatte sich die englische Bevölkerung um dreieinhalb Millionen vermehrt, der Handel hatte sich verdoppelt, die Eisenbahnen waren mehr als um das Doppelte erweitert, die Tonnage um ein Drittel gesteigert, und England war durch das atlantische Kabel mit Amerika verbunden worden; die englische Industrie nahm den ersten Platz in der Welt ein und besaß fast eine Monopolstellung.

In dieser Zeit fand auch die große europäische Expansion statt. Durch den von England und Frankreich geführten Krieg von 1858/

60 wurde China geöffnet, und 1855 wurde auch Japan geöffnet, das durch die Revolution von 1868 in raschem Tempo aus einem mittelalterlichen in einen modernen Staat umgewandelt wurde. England warf den Aufstand in Indien nieder, schaltete dort die Vorherrschaft der Handelskompagnie aus und unterstellte Indien im Jahre 1857 der Regierung der Königin. Englands Kolonien in Australien und Südafrika wurden erweitert und in ihrer Entwicklung gefördert. Der alte Plan des Suezkanals wurde im Jahre 1869 zur Tatsache. Rußland dehnte sich in Turkestan aus. Das europäische Bewußtsein stieg bei dieser Ausdehnung der politischen und kommerziellen Macht, bei der Steigerung von Wissenschaft und Technik. Man betrachtete es als sein Recht und seine Pflicht, alle anderen Völker allmählich auf dieselbe Kulturstufe zu heben. Die in früheren Jahrhunderten getrennten Kräfte der Eroberer und der Missionare wirkten zusammen, sie waren ja beide im modernen Staate vereinigt, der jenes Recht und diese Pflicht verkörperte. Man mußte, wie z. B. in Algier, oft zu harten und grausamen Maßnahmen greifen, wo man erst nach langen Kriegen barbarische Bevölkerungen unterwerfen und bezwingen konnte, die hartnäckig an ihrer tieferen Kultur festhalten wollten. Aber diese Kriege wurden durch das künftige Wohlergehen dieser Völker gerechtfertigt; es galt der Satz: *timor domini principium sapientiae.* Die Abneigung gegen die in Europa und in allen europäischen Kolonien bereits abgeschaffte Sklaverei führte zu dem vier Jahre währenden, blutigen Kriege zwischen den Nord- und Südstaaten der amerikanischen Union, der 1865 mit dem Siege der Nordstaaten beendet wurde, die die Sklaverei abschafften. Ganz allgemein verbreitet und lebendig war das Bewußtsein des Fortschrittes. Dieser war nicht nur ein Begriff historischer Interpretation, sondern eine Gewißheit: man befand sich endlich auf dem richtigen Wege, das Menschengeschlecht besaß nicht nur die Herrschaft über die Dinge, sondern auch über sich selbst. Man glaubte, die Menschheit würde diesen Weg nie wieder verlassen, sie würde nie wieder abirren und nur immer weiter fortschreiten.

In den zwei oder drei Jahren vor 1870 gab es Menschen, die fest davon überzeugt waren, daß man dicht am Ziele sei: durch Kriege den Krieg überwunden zu haben. Denn überall waren nationale Staaten mit liberaler Ordnung entstanden, Italien war nicht mehr wie in früheren Jahrhunderten das Schlachtfeld Europas, Deutschland befand sich auf dem Wege zur Einigung. Österreich war von Deutschland getrennt und hatte sich mit Ungarn verständigt. Man hoffte auf einen friedlichen Wettstreit zwischen gleichberechtigten Völkern, ohne Groll und ohne Haß, man glaubte an die Verwirklichung der italienischen Botschaft an die Österreicher aus den Jahren der Erneuerung: »Kehrt über die Alpen zurück und laßt uns wieder Brüder sein!« Die prächtige Pariser Weltausstellung von 1867 schien ein Beweis dafür und ein gutes Omen zu sein. Im gleichen Jahre tagte in Genf auf Veranlassung der internationalen Demokratie ein Friedenskongreß, an dem unter anderen Stuart Mill, Jules Simon, Quinet, Victor Hugo, Pierre Leroux und Herzen teilnahmen. Und Garibaldi wurde dort mit allgemeiner Erwartung begrüßt. Aber in den gleichen Jahren erschienen einige beunruhigende Vorzeichen, die hinter all diese Hoffnungen ein Fragezeichen setzten und den Glauben an eine baldige Verwirklichung dieser Dinge verdunkelten. Während das kaiserliche Regime in Frankreich inneren Reformen nachgab und damit eigentlich seine eigene Existenzberechtigung preisgab, hatte es in der äußeren Politik an Autorität verloren. Nach dem italienischen Kriege konnte es nichts als eine ganze Reihe von Mißerfolgen aufweisen. Die diplomatische Aktion für Polen war gescheitert, der Versuch, in Mexiko ein Kaiserreich unter französischem Einfluß zu gründen, war kläglich mißlungen, bei Deutschland hatte man keinerlei Grenzberichtigungen durchsetzen können, und in Italien hatte man die Entstehung eines mächtigen Staates nicht verhindern können, der wegen der für ihn lebenswichtigen römischen Frage Frankreich feindlich gesinnt war. Alles das trieb das französische Kaiserreich dazu, die nach Sebastopol errungenen Positionen wiederherstellen zu wollen. Frankreichs Rivale auf dem Kontinent war das nach dem preußischen Siege von 1866 über Österreich mächtig gewordene Deutschland. Die französische öffentliche Meinung sah mit Neid und Eifersucht auf dieses aufsteigende Deutschland. Und auch Louis Napoleon mußte seinen Blick auf Deutschland richten. Er hielt Ausschau nach einem Gebiete, wo er den vom französischen Volke ersehnten und für das Kaiserreich notwendigen Ruhm ernten konnte. Deutschland erkannte seinerseits diese Feindschaft und alle diese Behinderungen seiner politischen Entwicklung durch Frankreich. So wurden in Deutschland all die Erinnerungen an die Vergangenheit dieser Rivalität wieder lebendig, an all die durch den »Erbfeind« erlittenen Schäden. Deutschland träumte ebenfalls vom Ruhm eines Rachekrieges und Sieges, durch den alle diese Schäden und Bedrohungen ein für allemal aus der Welt geschafft werden sollten. Über Europa schwebte daher die düstere Gefahr eines neuen Krieges. Und bald darauf brach dieser Krieg tatsächlich aus, dessen Führung und Abschluß für ganz Europa schwerwiegende Folgen hatte. Durch diesen Krieg wurde eine Geistesverfassung geschaffen, die keineswegs den Wünschen und Hoffnungen jener Generation entsprach, die das Werk von 1848 bis 1870 vollendet hatte.

VIII
Die Einigung Deutschlands und die Veränderung des europäischen Geistes
(1870)

Man pflegt für gewöhnlich die Entstehung des deutschen Kaiserreichs und die Entstehung des Königreichs Italien als zwei parallele Ereignisse der gleichen nationalen Bewegung in Europa nebeneinanderzustellen. Diese Bewegung hätte damit ihr wichtigstes Ziel erreicht und wäre dabei zur Ruhe gekommen. Dieses allgemeine Urteil beruht auf einigen allgemeinen und äußerlichen Ähnlichkeiten der beiden Ereignisse. Dabei hat die chronologische Geschichtsbetrachtung der Gleichzeitigkeit den Vorrang vor einer eigentlich historischen Anschauung, die den wahren Charakter zweier Ereignisse wohl unterscheidet und in diesem Falle dazu führen muß, beide Ereignisse als zwei verschiedene Formen oder ideelle Epochen auseinanderzuhalten: eine, die damit ihren Abschluß findet, und eine andere, die erst beginnt. Ganz gewiß bestand um 1848 eine engere Verwandtschaft zwischen dem deutschen und dem italienischen Volke und ihren Idealen, was noch in der »neuen Ära« um 1860 sich zeigte. Daraus erklärt es sich auch, daß die italienischen Patrioten eine Art brüderliches Mitgefühl für die Deutschen und ihre Forderungen und Ziele hatten, und daß sie dabei gar zu wenig auf die imperialistischen Tendenzen achteten, die bereits im Frankfurter Parlament zum Vorschein gekommen waren. Diese Verwandtschaft ging aber in jenem Entwicklungsprozeß zugrunde, den Deutschland zwischen 1862 und 1870 durchmachte. Zum Unterschied von den Ereignissen in Italien handelte es sich in Deutschland weder um eine Freiheits- noch um eine Unabhängigkeitsbewegung, ja, nicht einmal um eine vollständige nationale Einigung. Ganz im Gegensatz zu der Entwicklung in Italien wurde aus der Einigung der deutschen Staaten gerade jener Staat ausgeschlossen, der in einer langen und ehrwürdigen historischen Tradition vor der ganzen Welt die gesamte deutsche Nation repräsentiert hatte. Die deutschen Staaten wurden vielmehr um einen Staat gruppiert, der noch ganz jungen Ursprungs und weniger bedeutend war und nun das deutsche Kaiserreich gründete. Es handelte sich also ganz ausdrücklich um die Ausbildung einer Macht, oder, was auf dasselbe hinausläuft, um die Potenzierung von zerstreuten oder nur schwach verbundenen Mächten durch ein unitarisches Zusammenschweißen. Auf diese Weise gewann man die Möglichkeit, in Europa eine politische Macht oder gar Vormacht auszuüben, da ein großer Staat das Zentrum dieser Machtkonzentration bildete. Und dies alles war Bismarcks Werk. Ganz anders als Cavour war Bismarck ein ausschließlich politisches Genie. Er kümmerte sich nicht weiter um Ideale, ganz gleich welcher Art diese auch waren, er war ein »harter Realist«, ein »Mann der Wirklichkeit«, ein »Willensmensch«, eine »Herrschernatur«, ein »Titan«, wie seine Landsleute ihn zu nennen pflegten. Immer auf dem Boden des Praktischen stehend, liebte er Spott und Hohn. Wie ein Mensch, der nur mit den Argumenten der Gewalt umgeht, hatte er stets ein verächtliches und höhnisches Zucken auf den Lippen. Bismarck hatte eine ganz andere Physiognomie als der offen lächelnde Cavour, der auf die unwiderstehliche Gewalt der Wahrheit und der Freiheit baute, der gerade in seiner Haltung als Staatsmann und Edelmann ein »Titan« und keineswegs ein weniger großer Mensch war als Bismarck. Bismarcks Ergebenheit für die Autorität der Monarchie war, genau besehen, nichts Moralisch-Ideelles, sondern nichts weiter als die Liebe zu seinem Handwerkszeug. Das gleiche bedeutete ihm auch die Liebe der Preußen zu ihrem König, ihre disziplinierte Bereitschaft, ihre Untertanenpflicht zu erfüllen, und das von Friedrich Wilhelm und dem Alten Fritz geschaffene Heer; das alles war das Werkzeug, das Bismarck brauchte, und das auch seinen Zweck nicht verfehlen sollte. Hätte es sich um moralischen Idealismus gehandelt, dann würde sich dieser wie bei dem romantischen Friedrich Wilhelm IV. geläutert haben, wie das auch in gewisser Hinsicht noch bei Wilhelm I. zum Ausdruck kam: als Bewußtsein göttlicher Begnadung, als religiöse Bindung der Fürsten und des deutschen Volkes an die historische Tradition, als unüberwindlicher Abscheu gegen alle Neuerer, Demokraten, Liberalen und Revolutionäre, als ein reines, ritterliches Pflichtgefühl, das bei Gelegenheit sogar die politische Nützlichkeit außer acht gelassen haben würde. Bismarck kannte jedoch überhaupt nichts anderes als politische Nützlichkeiten, die er allerdings nicht engstirnig, sondern großartig und auf weite Sicht verstand. Vor Österreich empfand er keinerlei heilige Ehrfurcht, er benutzte es, wie es ihm gerade der Augenblick oder der Gang der Ereignisse empfahl. Bald vertrat er den Standpunkt, daß man in den deutschen Angelegenheiten mit Österreich zusammengehen müsse, und dann wieder behandelte er es wie einen Feind, den man erniedrigen muß. Ihm gefielen die Feudalherren, und er gefiel ihnen, aber er verstand es auch, ihnen zu mißfallen und sich von ihrer Gesellschaft frei zu machen. Er verachtete alle liberalen Institutionen und die Parlamente, ja, er trat sie mit Füßen und bezeichnete die Presse und die Zeitungen als »Waffen des Antichrist«, aber dann nahm er es wieder nicht so genau und schlug eine mittlere Linie ein. Bismarck bezeichnete jedes Bündnis mit der Demokratie als schändlich und gab dann selber dem deutschen Volke das allgemeine Wahlrecht, ja, er hatte sogar ein offenes Ohr für den Sozialismus eines Lassalle. Er verabscheute alle Rebellen und Revolutionäre, aber er hatte keinerlei Skrupel, mit Revolutionären, ungarischen Flüchtlingen und italienischen Garibaldianern und Republikanern zu konspirieren und Rebellionen und Aufstände gegen das monarchische Prinzip in Europa anzuzetteln. Er wollte Schluß machen mit der gefährlichen Idee einer Solidarität aller konservativen Interessen, er hielt legitime Rechte, Verträge und beschworene Treue für alten Plunder und für Fetzen Papier, die der Gewalt keinerlei Widerstand leisten könnten. Das führte sogar zu Gegensätzen zwischen ihm und dem König, der von ganz anderen Gefühlen beseelt war als Bismarck und daher nicht allen rein praktischen Plänen zustimmen konnte. Der König sträubte sich hin und wieder, gewisse Handlungen auszuführen, und er ließ sich nur schwerlich von anderen abbringen und konnte durchaus nicht immer mit seinem Minister zusammengehen. Bismarck gab nicht viel auf den Liberalismus, auf parlamentarische Debatten und Beschlüsse, er hielt auch nicht viel von Intellektuellen, Gelehrten und Literaten, weil er von der taktischen und politischen Ohnmacht all dieser Institutionen und Menschen überzeugt war. In dieser Ansicht hatten ihn die Erfahrungen des Frankfurter Parlaments bestärkt, das sich, wie er sagte, der lächerlichen Täuschung hingegeben hatte, daß seine Beschlüsse gegenüber den Befehlen des preußischen Königs an seine treuen Untertanen irgendwelche Wirkung haben könnten. Wenn man aber auf liberalem und revolutionärem Wege einen Staat neu schaffen oder umformen konnte, dann änderte Bismarck sofort seine Ansicht und erklärte, daß etwa nach dem Beispiel Italiens auch Revolutionen einen Staat schaffen können, daß das Königreich Italien eine Tatsache sei. Bismarck verstand es nicht, daß England die Ionischen Inseln freiwillig an Griechenland zurückgeben konnte, und er glaubte, Englands Macht sei am Ende, weil es gab, anstatt zu nehmen. Bismarck wollte seinerseits nichts weiter als Politik machen, wie etwa Moltke nichts weiter als Krieg gemacht hat. Kühn und zugleich vorsichtig stellte Bismarck seine sicheren politischen Berechnungen an, er verstand es, auf einen geringen Nutzen zugunsten eines größeren Vorteils und auf einen augenblicklichen Nutzen zugunsten eines dauernden Vorteils zu verzichten; er zog aus allen Gelegenheiten Nutzen und änderte seine Politik, wenn die Situationen sich änderten. Aber niemals verlor er dabei sein Ziel aus den Augen, ein starkes Machtzentrum zu schaffen. Bismarck besaß nicht etwa einen genau festgelegten Plan, den er dann allmählich verwirklicht und 1870 vollendet hätte. Das alles ist Einbildung und wird durch seine Worte, seine Taten und durch die historischen Dokumente widerlegt. Es beruht auf einer ähnlichen Einbildung, wenn man annimmt, daß der Dichter nach festen Plänen schafft, wie es der allgemeinen Meinung, aber nicht der Wirklichkeit entspricht, denn der Dichter besitzt wohl die Inspiration, aber er kann nicht das Werk voraussehen, das er selber schafft und das dann ganz neu vor ihm selber dasteht, und dessen erster Betrachter er, der Schöpfer, ist. Und der Philosoph besitzt wohl einen Schimmer von Wahrheit, aber wohin sie ihn führen wird, weiß er erst, wenn er am Ziele seiner Forschungen angelangt ist, wenn sein System dasteht, dessen erster Schüler er selber ist. Ganz ähnlich ergeht es dem Politiker, der einer unwiderstehlichen Tendenz folgt und erst nach vielen Hindernissen, Pausen, Irrungen, Zugeständnissen und Irrwegen das politische Werk vollenden kann, das dann jene Tendenz verkörpert. Der innerste Trieb, dem Bismarck gehorchte, hatte die Macht des preußischen Staates der Hohenzollern als Werkzeug; sein nächstes Objekt war das österreichische Kaiserreich, das er vernichten und in einem anderen Sinne wiederherstellen mußte, und sein zweites Ziel war Frankreich, gegen das er seine eigene politische Konstruktion verteidigen und in diesem Kampfe erweitern und festigen mußte. Als Bismarck im Jahre 1862 zur Macht kam, war er schon seit Jahren zu der antiösterreichischen Linie Friedrichs II. zurückgekehrt, die durch die Französische Revolution, Napoleon und die Restauration unterbrochen worden war. Bismarck erkannte klar, daß die Vergrößerung und Abrundung des preußischen Staates in Deutschland und damit die Schaffung einer neuen Grundlage auch für die kleineren deutschen Staaten und die Sicherung der preußischen Hegemonie nicht ohne einen Verzicht Österreichs auf Einmischung in die deutschen Angelegenheiten zu erreichen gewesen wäre. Da aber solch ein Verzicht nicht im Reiche des Möglichen lag, konnte Bismarck sein Ziel nur über einen Konflikt mit Österreich erreichen. Diese seine Überzeugung teilte er sofort dem österreichischen Gesandten mit und erwiderte diesem auf seine Einwände, daß Österreich eben seinen Schwerpunkt nach Osten verlegen müsse. Bald darauf sprach er davon, daß man die Frage der deutschen Einigung nur durch »Blut und Eisen« und nicht mit den Parlamenten lösen könne. Bismarck verhinderte es, daß der preußische König an der von Österreich einberufenen deutschen Fürstenversammlung in Frankfurt teilnahm. Er stellte allen diesen Plänen den Gedanken einer Reform des Bundesrates entgegen, wobei Preußen mit Österreich vollkommen gleichgestellt werden sollte. Das blieb allerdings auch nur ein Plan. Danach wäre nur Österreich und Preußen das Recht zugekommen, einen Bundeskrieg zu führen. Neben diesen Rat sollte ein vom ganzen Volke gewähltes Parlament treten. Mit Österreich an der Seite, also mit einer Art solcher Parität und unter Ausschluß der militärischen Kontingente der Bundesstaaten, führte Bismarck 1864 den Krieg gegen Dänemark, das gegen die Abmachungen des Londoner Protokolls von 1852 Schleswig annektiert hatte. Obgleich Bismarck mit Österreichs Hilfe den Krieg siegreich zu Ende führte und gemeinsam mit Österreich die beiden Herzogtümer besetzte, wollte er diese so oder so allein für Preußen beanspruchen. Das Ergebnis einer ganzen Kette von Verhandlungen, provisorischen Abmachungen, Verzögerungen, verschleierten Provokationen und Drohungen war der Krieg von 1866, den Bismarck trotz aller Opposition in ganz Preußen und gegen den Willen der Mitglieder des königlichen Hauses durchführte. Bei diesem Kriege blieb Preußen in Deutschland isoliert, die meisten und auch die bedeutendsten Staaten hatten sich auf die Seite Österreichs gestellt. Aus Liebe zu ihren alten Fürstenhäusern und zur Autonomie ihrer Staaten war die Bevölkerung ganz Deutschlands dem Preußentum feindlich gesinnt, und die Katholiken wollten nichts wissen von der Hegemonie eines Staates mit einer protestantischen Dynastie. Zum Ausgleich dafür hatte es Bismarck aber verstanden, sich das Bündnis des liberalen Königreichs Italien zu sichern, das man, wie er ja gesagt hatte, im Interesse des preußischen Staates hätte erfinden müssen, wenn es noch nicht vorhanden gewesen wäre. Nachdem Österreich geschlagen war, konnte Bismarck den Plan des norddeutschen Bundes mit einem nach seinen Ideen gewählten Parlament verwirklichen und Bündnisse mit den süddeutschen Staaten durchsetzen. Während dieses Krieges drohte Frankreich mit einer militärischen Intervention. Es setzte dem Eintritt der süddeutschen Staaten in den Staatenbund Widerstand entgegen, es verlangte Kompensationen für die weitere deutsche Einigung und forderte als Kaufpreis für ein deutsch-französisches Bündnis die Abtretung rheinischer Gebiete und aus militärischen Gründen die Annexion Belgiens. Die öffentliche Meinung Frankreichs betrachtete den Sieg von Königgrätz nicht anders als eine französische Niederlage. Das alles führte Bismarck zu dem Gedanken, daß ein Krieg gegen Frankreich unvermeidbar und für die Position des neuen Deutschland in Europa sogar wünschenswert sei. Während Bismarck diesen Krieg militärisch vorbereitete, gelang es ihm, mit größter Geschicklichkeit den Feind dadurch politisch zu isolieren, daß er Italien zu der garibaldianischen Expedition gegen das päpstliche Rom ermutigte. Das führte nach Mentana, es erregte in Italien einen Haß gegen Frankreich und machte eine Tripelallianz zwischen Italien, Österreich und Frankreich unmöglich. Österreich wachte eifersüchtig über die Feindschaft Rußlands, mit dessen Kanzler Gortschakow Bismarck enge Beziehungen pflegte, wodurch für Rußland der ihm auf dem Pariser Kongreß versperrte Weg zum Schwarzen Meer wieder geöffnet wurde. Der Krieg von 1870 brachte eine fast ununterbrochene Kette militärischer Triumphe, ermöglichte die Vereinigung der süddeutschen Staaten mit dem norddeutschen Bunde und führte unter neuem Namen zum Kaiserreich, das an ruhmreiche Erinnerungen aus dem Mittelalter anknüpfte, das aber Bismarck keineswegs im mittelalterlichen Sinne verstand. So entstand die neue Großmacht und an Stelle der französischen die deutsche Hegemonie auf dem europäischen Kontinent. Weil aber das deutsche Kaiserreich ein Machtgebilde war, das zur Hegemonie strebte, glaubte Bismarck, daß es nicht der Mühe wert sei, die Gefühle der Franzosen zu schonen. Noch während des Krieges hatte er den europäischen Kabinetten erklären lassen, daß Frankreich in jedem Falle haßerfüllt und auf Revanche bedacht sein werde. Bismarck genügte es daher nicht, daß er, ohne Drohungen und Behinderungen von französischer Seite fürchten zu müssen, freie Hand zur Ordnung der deutschen Angelegenheiten erhalten hatte, es genügte ihm auch nicht, daß er eine bis dahin unerhört hohe Kriegsentschädigung und vielerlei andere Vorteile durchgesetzt hatte; er entriß Frankreich außerdem noch zwei Provinzen, die dann zu Reichsländern erklärt wurden. Das entsprach den Ratschlägen der Militärs zur Landesverteidigung, und es befriedigte den deutschen Nationalstolz. Man glaubte, daß man dadurch nicht nur die Schädigungen Deutschlands aus jüngster Vergangenheit, sondern eine jahrhundertealte Geschichte wiedergutgemacht habe. Wenn die italienische Erneuerung das Meisterwerk des liberalen europäischen Geistes war, dann war die Erneuerung Deutschlands das Meisterwerk der politischen Kunst und der militärischen Macht; also zwei Meisterwerke, die ungefähr so verschieden sind wie eine schöne Dichtung und eine mächtige Maschine. Bismarcks Schöpfung wollte nichts anderes sein als der Beweis der Macht. Es war daher keine weitere Rechtfertigung notwendig, man brauchte nicht einmal die juridische Fiktion von Volksabstimmungen, diese Symbole des liberalen Geistes. Selbst als Symbol waren diese ja auch ungeeignet, da das Werk zu Ende geführt war. Man begriff, daß es einzig und allein von der Autorität der Fürsten und des Fürsten der Fürsten, des Königs von Preußen als des deutschen Kaisers, fortgesetzt werden konnte.

Dieser rasche, glänzende Aufstieg Deutschlands machte ebenso großen Eindruck wie seine glänzenden, raschen Siege. Aber er erweckte keine Bewunderung, denn in allen Teilen der Welt bedauerte man zwar nicht die erreichte staatliche Einigung des edlen und arbeitsamen deutschen Volkes, wohl aber die Art, wie diese Einigung zustande gekommen war. Man bedauerte auch die Wirkung, die eine solche Stärkung des autoritären Geistes auf Europa haben mußte. Man empfand den Stoß und die Übermacht, mit der Frankreich zerschlagen worden war. Man konnte jenen Jubel einfach nicht mit Sympathie aufnehmen, der in Wirklichkeit ein zwiefacher Brudermord des deutschen Volkes war. Man verstand nicht die Verdrehungen und Aufgeblasenheiten der deutschen Literaten und Historiker, welche Armin und Alarich, die Ottonen und Barbarossa verherrlichten. Denn das ging gegen den gesunden Menschenverstand und gegen den guten Geschmack. Schließlich siegte aber doch der Beifall, der ja stets das Glück begleitet. So entstand eine Bewunderung für dieses neue Deutschland, die bald zu dem Wunsche wurde, es nachzuahmen. Wenn man nach dem Kriege von 1866 begonnen hatte, die militärische Ordnung Preußens und das deutsche Schulwesen zu studieren (denn diesem schrieb man ja einen großen Anteil an den militärischen Siegen zu, so daß der Spruch entstand: bei Königgrätz habe der deutsche Schulmeister gesiegt), so bewunderte man nunmehr auch alle anderen Gebiete des deutschen Lebens und der deutschen Geistes- und Seelenverfassung. Die konservativen Cliquen aller Art, die autoritären Temperamente, die Anbeter und Diener der Autorität konnten sich auf Tatsachen, und zwar auf große Tatsachen berufen. Und sie benutzten diese auch als unwiderlegliche Argumente in ihren Polemiken. Das alles war nur natürlich, und es war sogar nützlich, wie alles, was dazu beiträgt, die Wirklichkeit besser kennenzulernen. So verschwanden die demokratischen Illusionen über die magische Wirkung gewisser Worte, über die Wundertaten der Freiwilligen und über die bewaffnete Erhebung ganzer Nationen. Die letzten Ereignisse in Polen und in Italien hatten schon Lektionen in diesem Sinne gegeben. Doch Gambetta stampfte zur »nationalen Verteidigung« Armeen über Armeen aus dem französischen Boden, aber diese konnten den gut disziplinierten und technisch gut ausgerüsteten Eindringling nicht vertreiben. Damit erschöpfte sich die Legende von der unbesiegbaren patriotischen Gewalt des Volkes selbst, welche aus einer reichlich phantastischen Militärgeschichte der großen Revolution entstanden war. Aber auch die Liberalen selbst wurden von Zweifeln am eigenen Glauben gequält. Man hatte es ja nicht mehr mit einem jener alten Regimes zu tun, in denen der vom Abschaum des Adels und des Klerus schlecht geleitete Autoritarismus ganz offenbar seine Minderwertigkeit im geschichtlichen Kampfe beweist, da er reaktionär, zurückschauend und somit unfähig zum Fortschritt ist, weil ihm alle Gebildeten und Intellektuellen den Rücken gekehrt haben. Man stand vielmehr einem Staate gegenüber, der die Volksregierung beiseite geschoben und sich lediglich auf die Autorität gegründet hatte, der seine Regel nur von oben nahm und damit Triumphe erntete, die ihm kein einziges Volk in Europa hätte streitig machen können, einem Staate, der in seiner Zusammensetzung und in seiner Verwaltung einfach vollkommen war, dessen Volk das gelehrteste und gebildetste unter

allen Völkern der Welt war, dem sich ein weites Arbeitsfeld auch auf dem Gebiete der ökonomischen Produktion und des Handels eröffnete. Man kam daher auf den Gedanken, daß man den historischen und traditionellen Kräften zumindest zu wenig Gewicht beigelegt hatte, daß man nach abstrakt-rationalistischen Motiven zwar nicht gerade zerstören müsse, sondern auch wiederaufbauen könne, aber doch nicht gar zu viel auf Kritik und Denken geben solle. Man sah ein, daß man aus Begeisterung für die moralischen Tugenden den vitalsten Lebensinstinkt, den Willen zur Macht, und die aus ihm stammenden Wunder gar zu sehr vernachlässigt hatte. Man begriff, daß man über der Religion der Menschheit, die die Geschichte beseelt und lenkt, das Moment der Gewalt zu sehr vergessen hatte, das ihr doch innewohnt. Und der Zweifel faßte noch weiter Fuß: er griff das Grundprinzip des Liberalismus an, den Begriff der Freiheit, und brachte ihn ins Wanken.
Diese Verwirrungen und Zweifel wären jedoch wirklich nur vorübergehend und ohne jede positive Wirkung geblieben, man hätte sie sofort nach dem ersten Erschrecken über sich selbst überwunden, wenn man sich jene Vorwürfe gemacht hätte, die man kurzsichtigen Menschen mit schwachem Glauben zu machen pflegt. Man hätte den zu sehr vernachlässigten Aspekten des Lebens, die sich nunmehr der Betrachtung geradezu aufdrängten, den ihnen vernünftigerweise zustehenden Anteil geben sollen, und man hätte sich überlegen sollen, daß nicht alles Gold ist, was glänzt. Dann würde man in der bewunderten Größe Deutschlands allerlei Mängel und Risse im Gebälk entdeckt haben, und man wäre dann zu einigen diskreten Zweifeln über Deutschlands Zukunft gelangt. Um dies zu erreichen, wäre eine Kraft nötig gewesen, die das Zerstörte hätte wiederherstellen können, eine Fähigkeit, den notwendigen Ausgleich zu finden. Aber gerade an der Stelle, wo man solche Kräfte hätte suchen sollen, fehlten und verschwanden sie immer mehr: im Bereiche der moralischen Wissenschaften und der Philosophie. Mit der liberalen und nationalen Ordnung der europäischen Gesellschaft war ja alles verwirklicht worden: die kirchliche und auch die absolutistisch-monarchistische Unterjochung der Völker hatte ihr Ende gefunden, man konnte wieder aufatmen, sich bewegen, arbeiten und alles nach dem Gebot der Inspiration und der eigenen Berufung tun. Die politische Entwicklung verlief fortschrittlich, an die Stelle der zerstörerischen, fürchterlichen Er-

schütterungen und Umwälzungen war die Ordnung getreten, kurz, alles stand in engster Beziehung zum idealistischen und historischen Denken, das in den ersten Jahrzehnten des 19. Jahrhunderts herangereift und nunmehr in den neuen Institutionen lebendig verkörpert war. Die Wasser hatten die Erde getränkt und fruchtbar gemacht und zu einer guten Ernte geführt, – aber die Quelle floß immer spärlicher und versiegte schließlich ganz. Wo gab es um 1870 in Europa noch eine große Philosophie und eine bedeutende Geschichtsschreibung? Von Philosophie keine Spur, oder nur ein paar Epigonen. Und von den großen Geschichtsschreibern existierte bestenfalls noch irgendein Nachkömmling. Den Platz der Philosophie und der Geschichtsschreibung hatte ganz allmählich die Naturwissenschaft eingenommen; sie hatte den Thron bestiegen und sich als Königin krönen lassen. Die Naturwissenschaften blieben mit ihren Vasallen Mathematik und Mechanik jedoch immer nur Söhne oder gar Enkel des Denkens. Die naturwissenschaftlichen Methoden eroberten das Gebiet, das nur dem philosophisch-historischen Denken zusteht. Dadurch gerieten die Geister in Verwirrung, sie wurden für einen neuen, aufklärerischen Abstraktismus vorbereitet, wenn das praktisch auch zu keinen anderen Schäden als neuen Utopien oder einfältigen Vorschlägen und Hoffnungen führte. Man konnte auf diesem Gebiete vielerlei erleben und begegnet noch heute Köpfen, die etwa folgende Überlegung anstellen: Wells schreibt in seiner weitverbreiteten »Geschichte unserer Welt«, daß »Männer wie Cavour, Bismarck, Napoleon und alle sogenannten großen Männer, die Europa so teuer zu stehen gekommen sind, sehr leicht hätten ersetzt werden können durch einen kleinen Kongreß von Geographen, Ethnologen und Soziologen; mit einigem guten Willen hätten diese sehr leicht gerechte Grenzen auf unserem Kontinent ziehen und jedem Volk die ihm zukommende Regierungsform verleihen können«. Damals vollzog sich aber ein anderes, bedeutendes und viel komplizierteres Ereignis, und zwar nicht auf dem Gebiete der Wissenschaft, sondern der Philosophie, nicht innerhalb der Naturwissenschaft, sondern im Naturalismus. Diese eilfertige und schlecht begründete Philosophie bestand in folgendem: es sei die Aufgabe der Wissenschaft, ganz ausschließlich die Macht und die Gewalt zu betrachten, und zwar die Gewalt ohne jegliche moralische, ästhetische oder intellektuelle Bewertung, also die physische Gewalt oder vitale Macht. Und diese reine Kraft müsse man deterministisch behandeln, um sie messen und ihr Gesetze geben zu können. Die Philosophie jener Epoche erhob diesen wissenschaftlichen Begriff der Kraft zum Inbegriff des geistigen Lebens und zur Quelle des Geistes. Von da stammen alle die verschiedenartig mechanistischen, philosophischen Pseudotheorien, und daher auch die Pseudohermeneutik der Geschichtsschreibung. Aus solchen phantastischen Theorien stammte auch die fast sympathetische Gleichstellung von Theorie und Praxis, die Erhebung der reinen, abstrakten Energie und Vitalität zum obersten Ideal. So entstand das Gesetz vom Stärkeren, vom Wert der Handlung als Handlung und der Tatsache als Tatsache. Der Darwinismus bot ein hervorragendes Beispiel dafür, wie ein paar ganz einfache naturwissenschaftliche Beobachtungen und Vermutungen in allgemeingültige Lebensdeutungen umgefälscht wurden, wie man damit die Wirklichkeit und die Geschichte auslegen und schließlich sogar Regeln für das praktische Handeln und ein oberstes Sittengesetz gewinnen wollte. Auch die Rassentheorie wäre hier zu nennen, die von Gobineau und einigen anderen konstruiert wurde; durch sie wurden ein paar recht empirische, naturalistische Klassifikationen in reale Wesenheiten verwandelt, und der einen oder der anderen dieser Wesenheiten wurde dann das Recht zur Beherrschung der Gesellschaft und der Geschichte zugesprochen. Aus dem einen oder anderen Grunde, vielleicht auch aus verschiedenen naturalistischen Gründen sank damals die Historiographie zu simpler Gelehrsamkeit und zu Philologismus herab, oder sie endete beim historischen Determinismus. Sogar die Literaturgeschichte verflüchtigte sich, etwa bei Taine, in die konstanten Wirkungen der »Rasse« und des »Milieus« und die variablen Wirkungen des »Moments«. Die Philosophie der Kunst als geistige Schöpfung fand keinen Raum mehr in der damaligen Kultur, oder sie wurde verspottet, sobald sie sich hervorwagte. Der Nihilismus wäre eine Äußerung des einzigartigen russischen Lebens geblieben, aber er gewann europäische Bedeutung durch die vom europäischen Naturalismus aufgestellten Prämissen, als deren äußerste und unsinnigste Form. Dieser Nihilismus hatte keinen Sinn für geistiges Leben und für historische Gebilde. Er nahm daher diese entweder alle gleichmäßig hin und sah mit Indifferenz in ihnen unvermeidliche und unveränderliche Wirkungen gegebener Ursachen oder er verneinte sie alle zusammen, denn unter diesem Gesichtspunkt waren es keine Werke, die von innen her wachsen, sondern von außen auferlegte, ungerechtfertigte und irrationale Dinge, gegen die man sich auflehnen müsse. Reaktionäre und Anarchisten konnten sich auf Grund dieser gleichartigen, geistigen Voraussetzungen die Hände reichen. Und sie taten das auch, ohne daß sie dabei gegen die Gesetze der Logik verstoßen hätten. So kamen »Ideen« und »Ideale« in Mißkredit, man pflegte sie nur zur Kenntnis zu nehmen und sich darüber lustig zu machen. Das war eine Wirkung des überall eingedrungenen naturalistischen Philosophismus, daß der Mensch sich an die Fakten gebunden, sich von den Fakten getrieben fühlte. Das Gefühl der Freiheit war unterdrückt, man hatte das geistige Gesetz verloren und an seiner Stelle wissenschaftliche Kenntnisse und Gesetze erhalten. Das Bewußtsein vom Wert und von der Bedeutung des menschlichen Lebens war verschüttet. Die Freiheit erforderte Ideen und Ideale, die Unendlichkeit des Himmels, den Hintergrund des Universums, die dem Menschen nicht fremd sind, die der Geist selber sind, der im Menschen denkt und wirkt und heiter immer neue Lebensformen schafft. Naturalismus, Determinismus und praktischer Materialismus sind seine Feinde, sie sind die Freunde der Absolutismen und Despotismen jeder Art.

Auch die mächtig anwachsende ökonomische Tätigkeit in Europa trug dazu bei, das moralische Leben und mit ihm das Gefühl der Freiheit zu unterdrücken, und zwar nicht, weil etwa die Prosperität und die Bequemlichkeiten, wie man allgemein annimmt, verweichlichend und erschlaffend wirkten, sondern weil sie die Menschen hart machten und sie einseitig daran gewöhnten, die harmonische Entwicklung aller menschlichen Fähigkeiten zu zerstören, jene »Harmonie« zu vernichten, in der die Griechen mit Recht den Adel und das Heil des Menschen erkannten. Als die großen politischen Kämpfe beendet waren, widmeten sich die neuen Generationen und auch die alten Patrioten und Kämpfer den Geschäften. Der Konkurrenz- und Handelskampf trug seinerseits wieder dazu bei, den Primat der Energie, der Kraft und der Gewalt, kurz, den Primat aller praktischen Fähigkeiten über ethische und rationale Motive zu stärken. Die ökonomische Unternehmungslust hätte dem Werke der menschlichen Idealität neue und mächtige Mittel schaffen sollen, aber sie schien gerade alles dies zu überwältigen. Karl Marx hatte gesagt, daß der moderne Kapitalismus nicht imstande sein würde, die von ihm selbst entfesselten Produktivkräfte zu beherrschen. Und das geschah tatsächlich in gewissem Sinne: nicht auf ökonomischem, sondern auf moralischem Gebiete. Und auch eine andere Voraussage von Karl Marx bewahrheitete sich, wenn auch in einem anderen Sinne, als Marx selbst sie gemeint hatte, daß sich nämlich die gesamte Gesellschaft immer klarer scheiden würde in kapitalistische Kerne, die von den Arbeitermassen umgeben sind, also in Plutokratie und Proletariat. Immer mehr rückten die Interessen der Industriellen und der arbeitenden Klassen in den Vordergrund, die Forderungen der Unternehmer und die Bedürfnisse der Arbeiter, die Gegensätze zwischen diesen Klassen und alle die Auswege, um diese allmählich auszugleichen. Die Parlamente behandelten vorwiegend ökonomische Fragen, und der sogenannte Mittelstand verarmte immer mehr; dieser Mittelstand, der keine ökonomische Klasse darstellt, sondern sich aus allen ökonomischen Klassen zusammensetzt und über allen Klassen steht, dieser wichtigste Vertreter geistiger Werte, dessen Aufgabe es ist, im Kampfe oder auch im Ausgleich der ökonomischen Klassen zu vermitteln, die Harmonie und die Einheit wiederherzustellen. Es gab nicht mehr wie einstmals Überfluß an Politikern aus Passion oder Berufung, die sich Jahre hindurch zu ihrer Aufgabe vorbereiteten, aber dieses Übel wurde dadurch gemildert, daß nunmehr der Mittelstand Advokaten und andere Fachleute in die Parlamente schickte. Wo sollte man noch jene Kräfte finden, die Widerstand leisten und das Gleichgewicht wiederherstellen konnten, wenn nicht in dieser intellektuellen Mittelschicht? Und wie könnte man jemals diese Kräfte wieder anfeuern, kräftigen und stärken, wenn diese Mittelschicht nicht wäre? Es bestand keinerlei Hoffnung, daß solche Kräfte aus den alten Religionen und ihren Kirchen hervorgehen würden, denn die katholische Kirche, die zwar immer noch ein paar soziale Hilfsdienste leistete, besaß nicht mehr die Kraft, erfinderische Neuerungen hervorzubringen. Und die anderen Kirchen vermochten dieser Aufgabe noch weniger gerecht zu werden. Die anglikanische Kirche zum Beispiel war damals sehr auf der Höhe, wenn es sich um Fragen des kanonischen Rechts und des kirchlichen Eigentums handelte, aber sie nahm keinerlei Anteil an den moralischen Reformen der englischen Gesellschaft, an den Reformen des Strafgesetzes, der Hygiene und des öffentlichen Unterrichts und an den Arbeitsgesetzen, durch die der ökonomische Konkurrenzkampf gemildert wurde.

Auch in dieser Epoche bot die Literatur einen guten Spiegel, denn damals entstanden Realismus, Naturalismus und Verismus, das ganze Programm einer Kunst, die ähnlich den Naturwissenschaften unpersönlich sein sollte. Romane und Dramen waren nicht mehr patriotisch, sozialistisch oder humanitär, sondern soziologisch, physiologisch und pathologisch, sie standen also in schreiendem Gegensatz zur gesamten Literatur der ersten Hälfte des 19. Jahrhunderts. Auf Grund dieses Gegensatzes erklärte man die Romantik für erledigt. Und sie war in ihrer theoretisch-positiven Auffassung ganz gewiß beendet und außer Mode gekommen. Die Romantik ist identisch mit dem philosophisch-historischen Idealismus und Spiritualismus, sie teilt dessen Schicksal und ersteht nur in engster Verbindung mit ihm wieder (weil sie wiederauferstehen muß). Auch in der Kunst und in der Literatur hatten die Naturwissenschaften und die naturalistische Weltanschauung die Oberhand gewonnen und wahre Triumphe gefeiert. Es gibt aber noch einen anderen Romantizismus, den wir von jener ersten Romantik unterschieden haben: den sentimentalen, praktischen und moralischen Romantizismus, der etwas Krankhaftes ist. Dieser war bezeichnenderweise nach 1840 zur Ruhe gekommen, er hatte sich im bürgerlichen Leben und in der Politik geläutert und ein strengeres Kleid angelegt; von der naturalistischen Weltanschauung erhielt er nun neue Nahrung. In dieser Zeit erreichte eine Philosophie den Gipfel ihrer Macht, von der noch vor einem halben Jahrhundert, als sie zum ersten Mal aufgetaucht war, niemand etwas wissen wollte, da in ihr Dinge oberflächlich verarbeitet wurden, die schon vorher von anderen gedacht worden waren: die Philosophie Schopenhauers, deren völlig unphilosophisches Ziel eine kapriziöse und unfruchtbare Verneinung des Lebens war. Und gerade diese Philosophie machte Schule, sie fand Nachahmer und begeisterte Anhänger, denn ihre Grundlage paßte zu dieser Zeit. Die blinde Unersättlichkeit des Willens ließ für niedrige Geister den Schluß zu, auf den Willen überhaupt zu verzichten. Das war zugleich ein Verzicht auf die Pflicht, unaufhörlich und unermüdlich forschen zu müssen, es war eine künstliche Läuterung in der Unreinheit eines faulen Indifferentismus, der mit Namen wie Asketismus, Mystizismus, Buddhismus und Orientalismus glorifiziert wurde. Neben diesem Pessimismus entstand noch eine andere, neu angeregte Form von Romantizismus, die aus der gleichen naturalistischen Grundauffassung hervorging und nach sinnlicher Erregung und Ekstase verlangte, in der ihre ungestillte Unbefriedigtheit befriedigt werden sollte. So wurde die Schönheit zum Idol, aber eine Schönheit, die nichts mehr mit lächelnder Lebensfreude zu tun hat, denn ihr Bildnis war traurige, schmerzhafte Wollust, Vernichtung und Tod: Sadismus und Satanismus. Man war vom faustischen Drange der ersten Romantiker ebensoweit entfernt, wie von ihren Träumen einer erhabenen Liebe und Seelenvereinigung. Und von den Phantastereien der ersten Romantiker über ein durch und durch künstlerisches und dichterisches Leben war diese Neurose ebensoweit entfernt. Worte, Farben, Rhythmus und Vers wurden für sich genommen, die Formen waren hermetisch und esoterisch, es waren affinierte Feinheiten, an denen sich diese Neuromantiker erfreuten und mit denen sie sich quälten. Und sie alle empfanden Ekel vor der Politik, vor den Leidenschaften der Parteien und den sozialen Kämpfen, vor den parlamentarischen Debatten und den Zeitungen, überhaupt vor allen Äußerungen des praktischen Lebens. Sie träumten auch nicht mehr von den naiven Formen eines mittelalterlichen, religiösen oder ritterlichen Lebens, wie etwa Ruskin, der statt des Industrialismus das Handwerk, statt der Fabriken die Kathedralen und statt der Eisenbahnen die Fahrten der Abenteurer und die Pilgerzüge vergangener Zeiten andichtete; Ruskin war ein verspäteter Nachkömmling der ersten Romantik. Den Neuromantikern paßte für ihre Phantasien nicht mehr der poetische Rhein mit all seinen Legenden, sondern etwa das Italien der Borgia und das Byzanz der Theodora, diese Symbole der Wollust und des Sadismus; das entsprach dem in ihren eigenen, perversen Seelen herrschenden Satanismus. Sie waren an sich selbst verzagt und quälten sich selbst. Sie konnten kein Interesse mehr finden an den menschlichen Wiederbeschwörungen der Geschichte und an den Schauspielen der tröstlichen, religiösen oder geheimnisvollen Natur. Man betrachte die Verse, Fragmente und Konfessionen eines Baudelaire, die Bücher und Briefe eines Flaubert, das Journal der Goncourts und andere Werke der französischen, aber auch der englischen Literatur, und man wird dort diesem Seelenzustand begegnen. Nur bei den bedeutendsten unter diesen Schriftstellern, denen der Adel des Schmerzes nicht unbekannt war, kam es zuweilen zur poetischen Katharsis und damit zur Verneigung vor der wahren Schönheit. In Italien konnte man zwischen 1860 und 1870 ähnliche, wenn auch weniger intensive Äußerungen dieser Art beobachten. Das waren jene Jahre, in denen man Venedig und Rom suchte, in denen ein Giosue Carducci seine politischen Jamben hinausschleuderte. Damals wie auch früher und später sprachen alle jene Menschen, die eben nichts Besseres zu tun haben, von der »Dekadenz Europas«. Dabei kam ein Gefühl zum Ausdruck, das dem Glauben des ganzen 19. Jahrhunderts, dieses »Zeitalters des Fortschritts«, entgegengesetzt war. Aber bezeichnender noch als dies ist die Tatsache, daß bei den Neuromantikern der Dekadenzbegriff seine negative Bedeutung verlor und zu etwas Positivem wurde; er wurde aus einem Antiideal zu einem Ideal. Sie hatten daher eine Vorliebe für die lateinischen Dichter der Dekadenzzeit, die in der vorhergehenden Generation Nisard im Vergleich mit dem romantischen Stil analysiert hatte. Bei diesen Dichtern fanden sie Nervenkitzel und Gefühle, die ihren eigenen Einbildungen entsprachen, die man aber bei den großen, wirklich klassischen Dichtern nicht hätte finden können. Ja, diese Neuromantiker gingen noch weiter und gaben ihrem Zeitalter den Ehrentitel »dekadent«, und sie selber waren stolz auf ihre décadence; daher gab man jener ganzen Schule auch nach diesen Dingen ihren Namen. Wegen aller dieser Eigenschaften des Romantizismus kam schließlich der Name »Dekadentismus« in Umlauf.

Das war ganz offenbar ein Stillstand oder gar ein Rückschritt gegenüber dem Denken und Fühlen, dem Ideal und dem politischen Werk der ersten Hälfte des 19. Jahrhunderts. Diese Tatsache kann jedoch nur demjenigen unbegreiflich erscheinen, der nicht ernsthaft in Betracht zieht, daß die Freiheit nicht nur ein *ergon*, sondern auch eine *energeia* ist; ähnlich dem Denken stößt sie immer auf einen neuen, oft spröden und widerborstigen Stoff, mit dem sie ringen, den sie zähmen und formen muß, und von dem sie zuweilen scheinbar selber überwältigt wird. Was waren denn eigentlich jener Naturalismus, Positivismus und Materialismus, die den Idealismus und Spiritualismus der vorhergehenden Philosophie abgelöst hatten? Es handelte sich nicht um die Vernichtung der unzerstörbaren Wahrheiten dieser Philosophie, sondern um Versuche, die aus diesen Wahrheiten hervorgegangenen neuen Probleme zu lösen. Dazu kamen dann noch die Überreste schlecht gelöster alter Probleme, die auf diese Weise ihre Rache nahmen. Und was war eigentlich die Politik der reinen Gewalt, die sich gegenüber der liberalen Auffassung mit geradezu erdrückender Überlegenheit erhoben hatte? War es nicht die Rückwirkung einer verspäteten und unvollständigen politischen und liberalen Formung eines großen Volkes, dessen Fähigkeiten und Tugenden in der Geschichte immer auf dieses Ziel gerichtet gewesen waren und nunmehr zu dem Gefühl dieser Überlegenheit beitrugen? Und was war eigentlich der tumultuarische Impuls der ökonomischen Tätigkeit? War er nicht einerseits das Produkt der europäischen Kultur? Und war er nicht anderseits das schlecht geordnete Verhältnis dieses Produktes zu den anderen Teilen dieser Kultur? Die Ökonomie beanspruchte gar zu viel Raum für sich allein, darum sollte sie in die Schranken gewiesen werden, darum stellte man ihr andersgeartete Kräfte entgegen, die ihre Exzesse zügeln und sie zwischen jene Deiche und Dämme zurückweisen sollte, in denen sie wie in einem Flußbett ruhig ihren Lauf nehmen konnte. Man klagte über den Verfall der moralischen Begeisterung und die beginnende Gleichgültigkeit gegenüber dem Ideal der Freiheit; sollte man dabei nicht dem natürlichen Rhythmus der Kraftanstrengungen und Ermüdungserscheinungen seinen Anteil zuschreiben? Hat nicht die »triumphierende Kirche« weniger Kraft als die »verfolgte Kirche«? Folgt daraus nicht die ständige Mahnung, immer wieder vom *ergon* zur *energeia*, vom Geschaffenen zum Schaffen, aufzusteigen?

Es war eine Tatsache, daß die nationale Ordnung der Staaten, wenn sie auch noch nicht völlig beendet war, damals in ganz Europa als ein völlig gesicherter Besitz feststand. Und das gleiche galt für die liberalen Einrichtungen, die mit der nationalen Ordnung verbunden waren. Das alles durchzusetzen hatte allerdings lange Kämpfe gekostet. Und wenn der Geist einige Zeichen von Ermüdung und Verirrung aufzeigte, dann war der sozusagen kräftige Körper immer noch im Wachsen begriffen und besaß ein gesundes physiologisches Leben. Es handelte sich um einen Gegensatz von Geist und Körper, um einen Gegensatz, der von zwei verschiedenen Idealen bald verdeckt, bald aufgedeckt wurde. Unter diesem ideellen Gegensatz vollzog sich die Geschichte der folgenden Jahrzehnte, die man als ein verschiedenartig durchflochtenes Gewebe aus dem Ideale Cavours und dem Ideale Bismarcks bezeichnen könnte. Diese beiden Ideale verwirrten und verwandelten sich, nahmen neue Elemente in sich auf, um dann in neuen Formen wieder aufeinanderzuprallen.

IX
Das liberale Zeitalter
(1871–1914)

In dem Zeitalter, das durch 1870 eröffnet wurde, gab es in Europa weder Versuche, die alten absolutistischen Monarchien wiederherzustellen, noch Explosionen neuer Cäsarismen. Nur ganz selten konnte man ein paar Ansätze in dieser Richtung beobachten, die jedoch nicht einmal im Denken Wurzel fassen konnten. Hin und wieder erschienen ein paar bedrohliche Wolken am Horizont, aber auch sie verschwanden sehr bald, und dann erstrahlte der Himmel nur noch klarer.

Allgemein verbreitet war die Ansicht – und sie wurde durch die Geschichte der letzten achtzig Jahre dokumentiert –, daß Frankreich das Land der äußersten Wirren sei, daß es unfähig sei, ein geordnetes Leben in Freiheit zu führen; aber dieses Frankreich gründete und festigte vorsichtig und sicher die Republik, die aus den militärischen Niederlagen hervorgegangen war. In diesen achtzig Jahren hatte es auf die verschiedenste, ja oft entgegengesetzte Art versucht, Ordnung zu schaffen, vergeblich hatte es danach gestrebt, seinen eigenen Schwerpunkt zu finden, aber es ging nicht, wie viele dies befürchteten und seine Feinde es erhofften, dem endgültigen Untergange entgegen, sondern es fand gerade durch alle diese Erfahrungen den richtigen Weg. Durch die Gewalt der Dinge selbst wurde es auf diesen Weg getrieben, was im übrigen ebenfalls beweist, daß dies der richtige war. Die dritte Republik, diese »konservative« Republik »ohne Republikaner«, wie kein anderer als Thiers sie genannt hatte (und sein Ausspruch erhielt Gewicht durch seine lange, persönliche Erfahrung), d. h. diese Republik ohne jene Republikaner im Stile der Achtundvierziger, welche die zweite Republik zum Untergang geführt hatten, – diese dritte Republik hatte etwas Provisorisches sein wollen, und gerade sie erwies sich als dauerhaft, und sie konnte durch keine andere Staatsform ersetzt werden. Gleich zu Beginn mußte sie den Aufstand der Pariser Kommune niederwerfen, dieses Aufbegehren von Besiegten und Bewaffneten, die noch nicht resigniert hatten, bei denen widersinnige föderalistische Ideen und die Tendenzen einer sozialen Republik durcheinanderbrodelten. Und dann mußte sie die monarchistische Restauration abwenden, durch die das Land in unsichere und unerträgliche Bedingungen zurückgeführt worden wäre, unter der man Hindernisse hätte überwinden müssen, die man schon einmal überwunden hatte. Der legitimistische Kronprätendent, Graf de Chambord, trug selber dazu bei, daß Frankreich dieser Gefahr entging. Er blieb hartnäckig bei seiner Forderung, daß bei seiner etwaigen Rückkehr auf den ererbten Thron die weiße Fahne der Bourbonen gehißt werden müsse, und er wies deutlich auf die Folgen hin, die seine Rückkehr auf den Thron bedeuten würde; er zeigte den Abgrund auf, der sich zwischen Vergangenheit und Gegenwart aufgetan hatte. Aber die Republik mußte, etwa aus Furcht vor den »Radikalen« und den eingebildeten Pflichten von 1793, 1848 und 1871, auch noch jene andere Gefahr überwinden allzu konservativ und starr zu werden. Das hätte nicht zu einer parlamentarischen, sondern nur zu einer konstitutionellen Regierung geführt, mit fast monarchistischer Autorität des Präsidenten und tatsächlicher Herrschaft des Militärs und des Klerus. MacMahon machte während seiner Präsidentschaft immer und immer wieder den Versuch, den Staat in diesem Sinne umzuformen. Zu diesem Zwecke warf er die verschiedensten Ministerien in den Kampf, bis er schließlich selber nachgeben und den Dingen ihren unvermeidlichen Lauf lassen mußte und 1879 demissionierte. Alle, die von ihm einen Staatsstreich erwartet hatten, waren natürlich sehr enttäuscht. Der neue Präsident Grévy erklärte in seiner Botschaft, daß er »aufrichtig dem großen Gesetze des Parlaments« dienen wolle. Zum Beweis dessen, daß man weder den Radikalismus noch die Revolutionen zu befürchten habe, verlegte er die Kammer wieder von Versailles nach Paris. Zweimal entstand in Frankreich noch die Gefahr oder die Anwandlung eines reaktionären Staatsstreiches, und beide Male wurde dies vereitelt. Das erstemal geschah es zwischen 1886 und 1889, als die Massen dem General Boulanger zujubelten, von dessen Aufstieg zur Macht man die Revanche gegen Deutschland und die Erlösung von politischen und anderen Übeln erhoffte, die das Volk ja immer wünscht. Boulanger scheint in der Unbestimmtheit seiner Begriffe und seiner Pläne mehr oder weniger bewußt, und mehr von anderen dazu getrieben als selber treibend, nach etwas Ähnlichem wie dem zweiten Kaiserreich gestrebt zu haben. Der alte Philosoph und Politiker Jules Simon war sich der Schande jenes zweiten Kaiserreiches bewußt, er trat auf den Plan, um dem französischen Volk diese Schande in Erinnerung zu rufen, und schrieb 1889 sein Buch: *Souviens-toi du Deux Décembre.* Obwohl Boulanger 1888 einen außerordentlichen Wahlerfolg hatte und im Januar 1889 in Paris gewählt wurde, schleuderten ihm die französischen Staatsmänner ihre Verachtung und ihren Zorn entgegen. Sie bezeichneten ihn als den »Saint-Arnaud (den General des Zweiten Dezember) einer Kaffeehausmusik« und als »Bonaparte ohne italienischen Feldzug«. Ihm selber fehlte der Mut, mit seinen fanatischen Anhängern gegen den Sitz der Regierung zu marschieren, und so endete sein Unternehmen mit Prozessen und seiner Verurteilung. Er mußte nach Belgien flüchten, wo er sich dann das Leben nahm. Die zweite Gefahr dieser Art entstand zehn Jahre später durch die Affäre Dreyfus und die Frage der Gerechtigkeit oder Ungerechtigkeit seiner Verurteilung. Unter dem Deckmantel einer juristischen oder moralischen Frage handelte es sich bei diesem Gegensatz um neue Angriffe gegen die republikanischen Institutionen und deren Verteidigung. Man wollte aus den Gegnern von Dreyfus und den Antisemiten eine politische Partei machen. Zu den alten Freunden des Generals Boulanger gesellten sich zu diesem Zwecke Reaktionäre, Monarchisten, Priester, Ordensbrüder und alle Klerikalen, die dem Heere zujubelten, um es gegen die Republik aufzuhetzen. Aber die republikanischen und sozialistischen Kräfte setzten ihnen heftigen Widerstand entgegen. Nachdem Dreyfus aus dem Gefängnis befreit und seine Unschuld erwiesen war, wurde die ganze reaktionäre Welle zurückgeworfen. Die liberalen Ordnungen gingen nicht nur unversehrt, sondern gekräftigt und angriffslustig aus diesem Kampfe hervor. Das zeigte sich, als die Sieger mit neuem Mut ans Werk gingen, welches keine Rache für vergangene Dinge war, sondern in guten Vorsichtsmaßnahmen für die Zukunft bestand.

Anders lagen die Dinge in dem rivalisierenden Deutschland. Bismarck, der eigentliche Schöpfer des Kaiserreichs, dachte an die Abschaffung oder wenigstens Einschränkung der Freiheit. Er glaubte nicht, daß die Verfassung mit einem nationalen Parlament und dem allgemeinen Wahlrecht etwas Endgültiges sei. Diese Dinge waren für ihn zwar politische Hilfsmittel, die er sich zunutze machte, aber sie entsprachen keineswegs seinem unveränderten Ideal des monarchistischen Absolutismus mit ihm selbst als allmächtigem Kanzler. Bei jedem Hindernis, jeder Störung und jedem Ärger, den ihm das

Parlament bereitete, dachte er sofort an das für ihn sehr naheliegende Allheilmittel des Staatsstreiches. Man sieht das an seinen Briefen, besonders an denen aus den Jahren 1878 bis 1882, wo er von den Deutschen sagt, sie verstünden es nicht, mit dem ihnen geschenkten »Nürnberger Spielzeug« umzugehen, da sie es lediglich entzwei machten. Über die deutsche Verfassung sagte er, daß der Augenblick kommen würde, in dem man Schwarzenbergs Ausspruch von Olmütz über die österreichische Verfassung von 1849 anwenden müsse, daß sie nämlich eine Institution sei, die die Probe nicht bestanden habe. Bismarck bestand immer darauf, daß in Deutschland allein die deutschen Fürsten wesentlich und widerstandsfähig seien, daß es vielleicht eines Tages ihre Aufgabe sein werde, diese Frage zu lösen. Nicht, daß man etwa die Verfassung ganz aufheben und zu dem alten Staatenbund zurückkehren sollte, daß man aber das Parlament wieder abschaffen und nur die Zoll- und Militärunion beibehalten müsse. In den letzten Jahren seiner Kanzlerschaft setzte Bismarck seine Hoffnungen auf jenen Jüngling, der später Kaiser Wilhelm II. wurde. Wilhelm war im Gegensatz zu seinem Vater, dem Kaiser Friedrich, gegen die parlamentarischen Regierungen sehr intolerant; er war ein echter Wachtsoldat, ein rocher de bronze, den Deutschland nötig hatte. Als aber dieser hoffnungsvolle Jüngling den Thron bestiegen hatte und Bismarck im Jahre 1890 durch das nach seiner Meinung allzuwenig gelehrige Parlament erneut gereizt worden war, da fand er bei seinem neuen Herrn kein Gehör mehr. Bismarck schlug dem Kaiser vor, daß man vom Parlament eine Erhöhung der Heeresausgaben und ein scharfes Gesetz gegen die Sozialisten fordern müsse, und daß man das Parlament bei der voraussichtlichen Ablehnung dieser Gesetzesvorlagen zweimal oder noch öfter auflösen solle, um dann durch ein Regierungsdekret die Sozialisten vom Wahlrecht auszuschließen und die geheime Wahl abzuschaffen. Nach Bismarcks Idee sollten das letzte Argument immer die Kanonen sein; aber der Kaiser strebte damals nach der Gunst des Parlaments und des Volkes. So kam es zu Bismarcks Sturz nach einer ununterbrochenen, dreißig Jahre währenden Regierung. Er hatte keine einzige Partei hinter sich und wurde von keiner Richtung der öffentlichen Meinung getragen. Sein Plan war nichts anderes, als das Luftschloß eines vereinsamten Menschen, der das Zeug zu großen Dingen in der Diplomatie und im Kriege besaß, dem es aber nicht gegeben war, die menschliche Seele und ihre je nach den Zeitumständen verschiedenen Forderungen zu verstehen. In seiner Zurückgezogenheit hörte Bismarck sehr wohl, was Wilhelm an großen Worten von sich gab. Er verfolgte alle seine Handlungen und Gesten, und Bismarck änderte seine eigenen Begriffe und sein Urteil. Immer und immer wieder erklärte er, daß der einzige Weg zum Heile in der Stärkung des Parlaments liege, daß es einfach eine Notwendigkeit sei, daß das Parlament die Regierung kritisiert, kontrolliert, ermahnt und in gewissen Fällen auch die Führung übernimmt. Bismarck sah ein, daß man in der Vergangenheit reichlich diktatorisch vorgegangen sei und die Nationalvertretung allzusehr unterdrückt hatte. Mit diesen verspäteten Überlegungen gab er zu verstehen, was seinem robusten Geiste gefehlt hatte, was gerade ihn, den Staatsgründer, wenig dazu geeignet gemacht hatte, ein Volkserzieher zu sein. Bismarck selber hatte kein Erzieher seines Volkes sein können, denn unter diesem Gesichtspunkt war er eher ein Verzieher der Deutschen gewesen.

Bismarck konnte allerdings seinen Plan eines Staatsstreiches gegen das allgemeine Wahlrecht und gegen das Parlament nicht durchführen, aber es gelang ihm, Deutschland im rein konstitutionellen Stadium zu halten und den Übergang zu wirklich parlamentarischen Zuständen zu verhindern. In den ersten Jahren seines Ministeriums hatte die liberale Partei den Versuch gemacht, seinen Überlistungsversuchen zu widerstehen, aber nach dem Kriege von 1866 entschloß sich diese Partei, aus nationalen Gründen Bismarck in seiner Außenpolitik zu unterstützen, und erhoffte sich dadurch eine Änderung der Innenpolitik. Die Nationalliberalen bildeten die stärkste Partei im Parlament, und sie setzten diese Unterstützungspolitik auch nach 1870 fort. Sie hegten dabei noch immer die Hoffnung auf eine Änderung der Innenpolitik und gaben dadurch Bismarck die Möglichkeit, das militärische Septennat*) durchzusetzen, die Finanzreform durchzuführen und das katholische Zentrum zu bekämpfen. Auch der Kronprinz Friedrich machte kein Hehl aus seinen Neigungen zu parlamentarischen Methoden mit

* Um Heer und Flotte von den vorhandenen Mehrheiten der Volksvertretungen möglichst unabhängig zu machen, gelang es dem Führer der Nationalliberalen, Rudolf v. Bennigsen, einen Ausweg zu finden. Er schlug im Jahre 1874 die Bewilligung der geforderten Präsenzstärke von 401 000 Mann auf sieben Jahre vor. Da die Regierung sich damit einverstanden erklärte, wurde das sogenannte »Septennat« vom Reichstage bewilligt (1874). (Ullstein, Weltgeschichte, Neuzeit S. 411.)

verantwortlichen Ministern, und nach seiner Meinung war die damalige Verfassung des Kaiserreichs ein künstlich zusammengesetztes Chaos. Bismarck wandte sich jedoch nun dem Protektionismus zu. Um einen Zollschutz zu erreichen und gleichzeitig den Sozialismus zu bekämpfen, suchte er Unterstützung bei den Konservativen und versöhnte sich wieder mit dem Zentrum; seine alten Verbündeten konnten ihm keine Dienste mehr erweisen und waren ihm nur noch im Wege. Bismarck wollte nichts von den Bedingungen der Nationalliberalen wissen, die dies zur Voraussetzung einer weiteren Mitarbeit machten: den Eintritt einiger rechtsliberaler und auch einiger linksgerichteter Fortschrittler in das preußische Ministerium. Bismarck blieb unerschütterlich bei seinem Entschluß, keinen Schritt zu tun, der zu Parteiministern führen mußte. Das wäre ihm völlig unmöglich gewesen, da das alte Preußen nicht in einem liberalen Deutschland aufgegangen, sondern ein mehr oder weniger liberales Deutschland an Preußen angegliedert worden war, welches immer noch den durch die Reaktion auf 1848 erhaltenen Charakter einer Monarchie hatte, die lediglich ein paar konstitutionelle Zugeständnisse gemacht und ein auf Grund des Klassenwahlrechts gewähltes Parlament zugelassen hatte. Diese Entwicklung war genau das Gegenteil zu allem, was in Italien geschehen war, wo ein liberales Piemont ein liberal gewordenes Italien mit sich vereinigt hatte und selber mit diesem verschmolzen war. Die Grundlage des Kaiserreiches war und blieb Preußen. Und noch im Jahre 1898 schrieb ein Nachfolger Bismarcks, der Kanzler Hohenlohe, in seinem Tagebuch, daß ihm unter all den preußischen Exzellenzen der Gegensatz zwischen dem süddeutschen Liberalismus und dem norddeutschen Feudalismus vollkommen klar geworden sei, und daß dieser Liberalismus jenem allzu zahlreichen und mächtigen Feudalismus nicht nachgeben könne, auf dessen Seite auch noch der König, das Heer und das katholische Zentrum standen. Es blieb ein rhetorischer Wunsch, wenn man von einem idyllischen Konnubium oder einer herzlichen Eintracht »zweier Seelen« Deutschlands träumte, von einer Vereinigung des preußischen Geistes mit der deutschen Seele, des Geistes von Potsdam mit dem Geiste von Weimar, denn in Wirklichkeit hatte eine dieser beiden Seelen die absolute Vorherrschaft, nämlich der preußische oder Potsdamer Geist. Es waren nur vorübergehende Gedankenblitze oder momentane Ausflüchte, wenn Bismarck in den ersten Jahren des Kaiserreichs einmal gesagt hatte, daß man nicht Deutschland borussifizieren, sondern Preußen germanisieren müsse. Die Trennung der Liberalen von Bismarck nach der Annahme des Ausnahmegesetzes gegen die Sozialisten bedeutete die Zersplitterung dieser Partei, die sich in verschiedene Fraktionen spaltete und eine große Anzahl ihrer Abgeordneten verlor. Diese numerische Schwäche konnten die Liberalen nicht durch die Kraft, Tiefe und Sicherheit ihres Glaubens an den liberalen Gedanken wieder ausgleichen. Denn viele ihrer Vertreter waren nicht eigentlich politisch liberal, sondern Anhänger des Freihandels; sie brachten die ökonomischen Bedürfnisse des damaligen Deutschland zum Ausdruck. Und andere hervorragende Vertreter des deutschen Liberalismus gaben immer noch dem Staate den Primat (also nur einem jener beiden Begriffe eines einzigen Verhältnisses). Sie dachten sich die Freiheit als vom Staate anerkannte Konzessionen, sie sahen im Parlament das eigentliche Übel und wollten das Recht der Kammer auf eine Art Verwaltungssyndikat und Opposition beschränken. Das deutsche Parlament war in seiner Tätigkeit recht bescheiden gewesen, und trotzdem wurde Treitschke, der vor 1870 zu den Liberalen gehört hatte, allmählich immer mehr ein Anhänger Bismarcks und fürchtete, daß die Kammer in einen parlamentarischen Exzeß ausarten könne. Die ganze deutsche Wissenschaft und Publizistik, von Gneist und Laband bis Jellinek, war von diesem Unverständnis gegenüber dem eigentlichen, politischen Begriff der Freiheit erfüllt. Man beschränkte sich auf juristische Konstruktionen des »Rechtsstaats«, mit denen man zuweilen auch seine Zeit vertrödelte, oder man versuchte, die Freiheit auf formalistische Weise in Institutionen wie den sogenannten lokalen Autonomien zu verwirklichen, mit denen man nach Gneists Ideen in Preußen einige Versuche machte. Die Freiheitsglut, die im Revolutionsjahr 1848 durch Deutschland gebraust war, hatte keinerlei Spur hinterlassen. Das Frankfurter Parlament wurde verachtet und geriet so sehr in Vergessenheit, daß man gar nicht auf den Gedanken kam, sein fünfzigjähriges Jubiläum zu feiern, während man aber nicht vergaß, Armin ein großes Denkmal im Teutoburger Walde zu errichten. An dieses Parlament mußte man sich allerdings später in den Tagen des Unglücks erinnern und es zum Vorbild nehmen.

Bei den anderen Völkern bestand entweder wie in England schon seit langer Zeit das parlamentarische System oder es wurde zugleich mit liberalen Institutionen eingeführt, oder aber man hatte es allmählich an Stelle der alten monarchistischen Systeme der ersten Verfassung eingerichtet. Als zwischen 1898 und 1900 zum Beispiel in Italien unter der Parole »Rückkehr zum Statut« der Versuch einer Reaktion im alten Sinne gemacht wurde, da erhob sich eine allgemeine, lebhafte Opposition. Die Kammer griff zu dem Mittel der Obstruktion, und dieser aus Furcht vor der allzu raschen Bewegung entstandene Plan wurde zum Teufel gejagt. Die Folge war ein viel entschlossenerer Antrieb der liberalen Bewegung (was ganz ähnlich und gleichzeitig unter anderen Voraussetzungen auch in Frankreich geschah). Man sagte, daß die europäische Gesellschaft der Demokratie entgegenginge, aber man hätte richtiger sagen sollen, daß sie sich von kleinen, herrschenden Gruppen freimachte, von jenen liberalen Aristokratien, die in den Revolutionen und bei der Neuordnung der Staaten die Führung gehabt hatten. Es entstand eine neue, verschiedenartige und beweglichere politische Klasse, was nur den Erfordernissen der verschiedenartigen und beweglichen Interessen und Bedürfnissen entsprach, die zur Geltung gebracht und befriedigt werden mußten. Der Ausdruck und das Werkzeug dieses unaufhörlichen Fortschrittes waren die aufeinanderfolgenden Erweiterungen des Wahlrechts in fast allen europäischen Staaten, die schließlich zum allgemeinen Wahlrecht führten. Dieses hatte einstmals den Zwecken der Konservativen und Reaktionäre gedient und förderte nunmehr die Bewegung und den Fortschritt. Frankreich hatte das allgemeine Wahlrecht als Erbschaft der zweiten Republik und des zweiten Kaiserreichs erhalten. Italien bekam es nach der Wahlreform von 1882, durch die die Zahl der Wähler vervierfacht oder verfünffacht worden war, im Jahre 1912. Belgien hatte immer noch das Steuersystem angewandt und führte das allgemeine Wahlrecht 1892 ein, das allerdings durch das mehrstimmige Recht eingeschränkt war; die Zahl der Wähler wurde jedoch dadurch verzehnfacht. Österreich hatte 1896 das Wahlrecht erweitert und führte das allgemeine Wahlrecht 1907 ein; es hoffte, mit den leidenschaftlichen Kämpfen der Demokratie und der arbeitenden Klassen die unausrottbaren Gegensätze zwischen seinen vielen Nationalitäten niederwerfen zu können. Und so geschah es in fast allen europäischen Staaten, sogar in Deutschland, wo Baden im Jahre 1904 und Bayern und Württemberg 1906 das allgemeine Wahlrecht einführten. Nur Preußen machte nicht mit. Es hatte mit der Wahlreform von 1893 dafür gesorgt, daß die Vorherrschaft der

Konservativen und des Zentrums gesichert blieben und begnügte sich später damit, lediglich die Verteilung der Mandate ein wenig zu ändern und die Zahl der Abgeordneten um etwa ein Dutzend zu erhöhen. In der Schweiz wurde die Verfassung verschiedentlich verbessert, und man machte schließlich einen Versuch mit der direkten Volksregierung, sei es als Initiative oder als Referendum oder Bestätigung durch das Volk. In England wuchs durch die Wahlreform von 1885 die Zahl der Wähler um zweieinhalb Millionen. Der größte Fortschritt zur Volksregierung bestand aber in England darin, daß man dem Unterhaus die Vormacht, ja die absolute Macht gegenüber dem Oberhaus zugestand. Dieses Programm hatte Gladstone in seiner letzten Rede von 1894 vertreten. Das führte zu einem latenten Konflikt, der aus Anlaß einer Erhöhung der Einkommensteuer ausbrach und etwa drei Jahre dauerte, von 1908 bis 1911. Mit den Liberalen verbündeten sich die Abgeordneten der Arbeiter und der Irländer. Sie erreichten ihr Ziel, indem dem Oberhaus das Recht genommen wurde, Finanzgesetze und andere Gesetze nach Verlauf von zwei Jahren noch weiter abzulehnen, wenn diese Gesetze, die das Oberhaus bereits abgelehnt hatte, dann vom Unterhaus in drei Lesungen angenommen wurden. Fast in allen Ländern führte man auch Stipendien oder Entschädigungen für die Volksvertreter ein. Diese Neuerung war durch die Umwandlung der politischen Schicht notwendig geworden, welche früher hauptsächlich aus Vertretern des Großgrundbesitzes und der Großbourgeoisie bestanden hatte. Fast in allen Staaten gab es neben den parlamentarischen Regierngen noch Monarchien, aber diese wurden immer bescheidener, denn die politisch wirksamen Initiativen kamen nicht mehr von dieser Seite. Aber man verehrte diese Monarchien, weil sie als Hüter der gemeinsamen konstitutionellen Freiheit über den Kämpfen der Parteien standen und die Aufgabe hatten, zu vermitteln und auszugleichen. Auf dieser stillen monarchischen Bühne Europas erschien dann mit lautem Gepolter Kaiser Wilhelm II. Der Pomp, den er mit seiner königlichen Macht und seiner eigenen Person entfaltete, erweckte durch seine Neuartigkeit zunächst gemischte Gefühle. Viele wunderten sich und schüttelten zweifelnd den Kopf, aber auch andere wunderten sich, obwohl sie ihn bewunderten. Aber schließlich gewann doch der Eindruck die Oberhand, daß das Ganze mehr eine Art Karnevalspiel sei. Schon vor fünfzig Jahren hatte

Heinrich Heine in Preußen diese Parodien auf die Vergangenheit und dieses Gemisch »von gotischem Wahn und modernem Lug« in seinen Satiren verspottet. Schließlich, wenn auch reichlich spät, führten die maßlosen Gesten und gefährlichen Worte des Kaisers, besonders aber das törichte Interview im »Daily Telegraph« von 1908, in Deutschland selbst zu einer Revolte der öffentlichen Meinung und des Parlaments. Der Kaiser mußte das Versprechen abgeben, in Zukunft sich mehr Reserve aufzuerlegen und lieber zu schweigen, da das besser der lex regia der neuen Zeiten entsprach.
Da man der Ansicht war, daß die liberale Regierungsform, die die europäische Gesellschaft sich bereits zu eigen gemacht hatte, das Merkmal und die Grundlage von Zivilisation und Kultur sei, hatte man natürlich den Wunsch, sie allmählich überall verwirklicht zu sehen. In allen Ländern, in denen der Liberalismus noch nicht an der Macht war, verlangte man danach. Und wenn dieses Verlangen nicht spontan entstand, dann wurde es durch das öffentliche Beispiel West- und Mitteleuropas erweckt oder übertragen. Die große Lücke war immer noch Osteuropa, das autokratische Rußland und das unterdrückte Polen. Der europäische Liberalismus haßte daher den Zarismus und war unermüdlich an der Arbeit, ihn zu stürzen oder wenigstens zu Reformen zu veranlassen. Alexander II. hatte, wie gesagt, sein Reformwerk wegen des polnischen Aufstandes und wegen der allgemeinen politischen Unreife des russischen Volkes abbrechen müssen. Diese Unreife bewiesen auch die russischen Revolutionäre, die sich an den extremsten westlichen Ideen berauschten und diese in einem wahren Delirium einer universalen Zerstörung auf die Spitze trieben. Sie verachteten oder verlachten die wenigen unter ihnen, die nicht nur einfach räsonnierten, sondern der Ratio vertrauten. Sie vertraten immer begeisterter den Gedanken, daß man in Rußland die liberale oder bourgeoise Ära überspringen und entweder den vollständigen Kommunismus oder das Paradies des Anarchismus verwirklichen könne. Mit diesem Sprunge wollte man (um den Hintergrund dieses Gedankens klar hervorzuheben) der politisch-moralischen Reform ausweichen, um eine rein ökonomische Reform zu ermöglichen, in welcher das moralisch-politische Problem dadurch gelöst werden sollte, daß es in einem ökonomischen oder materialistischen Mystizismus unterging. Auch die Frauen nahmen an dieser Bewegung teil, zumeist Frauen aus alten Adelsfamilien, die phantastische Ideen zu Ende dachten und

rebellierten, die in ihrem Haß wie von Sinnen und mit edlen Impulsen zu heroischen Opfern bereit waren. Da waren Studentinnen, die im Auslande studiert und in den geheimen Zusammenkünften der Emigranten sich vorbereitet hatten, die bei der Rückkehr in ihr Vaterland den Entschluß gefaßt hatten, »in das Volk zu gehen«, die breiten Volksmassen der Städte aufzurütteln und auch die Bauern für ihre radikalen Pläne einer Wiedergeburt in Bewegung zu setzen. Doch das Ergebnis dieser Propaganda war noch recht spärlich. Damals entstanden aber auch die revolutionären Geheimgesellschaften für die »Propaganda der Tat«, für terroristische Attentate gegen den Zaren, die Großfürsten, die Minister und Gouverneure, um dadurch eine gerechte Rache für die Härten und Grausamkeiten der kaiserlichen Polizei zu nehmen und um gegen eine unerträgliche Staatsform zu protestieren. Die Praktik der Attentate hatte bereits vor 1870 begonnen, aber in dem darauffolgenden Jahrzehnt wurden sie immer häufiger. Berühmt waren Attentate wie das der Zasulic, das dann einer Reihe von weiteren Attentaten als vorbildliches Beispiel diente. Als die terroristischen Akte am schlimmsten wüteten, wurde Loris-Melikow zum Gouverneur von Petersburg und zum Leiter einer Kommission ernannt, die diktatorische Vollmachten besaß, um den Terrorismus zu unterdrücken. Er hatte die Idee, daß man den circulus vitiosus zwischen dem Terrorismus der Regierung und dem Terrorismus der Revolutionäre zerschlagen müsse und schlug zu diesem Zweck Reformen vor. Er dachte nicht gerade an ein nationales Parlament, aber doch an die Wiederbelebung der Provinzialparlamente, an eine gewisse Freiheit der Presse und der politischen Kritik, an die Einberufung einer Versammlung von Standespersonen und eine strenge Überwachung aller Ausschreitungen und Willkürakte der Beamten. Als der Zar diesen Bericht erhalten hatte, stimmte er sofort diesen Vorschlägen zu und wurde am gleichen Tage, dem 13. März 1881, das Opfer eines Attentates, nachdem verschiedene Attentate gegen sein Leben gescheitert waren. Sein Sohn Alexander III. verwarf sofort jeden Gedanken an Reformen, bekannte sich zum strengsten Autokratismus und Russophilismus, kämpfte gegen die Ansteckung durch westliche Ideen, schützte die orthodoxe Kirche, bekämpfte die anderen Kirchen und verfolgte die Juden. Er war mißtrauisch gegen die Universitäten und schränkte die Zahl der Studierenden ein. Er reinigte die Listen der Geschworenen und unterdrückte

jegliches geistige Leben. Trotz alledem förderte er die Wirtschaft des Landes, die von europäischen, besonders französischen Anleihen lebte; er begünstigte den Handel, der dann auch einen großen Aufschwung nahm, und ließ die große Transsibirische Eisenbahn bauen. Die Epidemie der terroristischen Attentate war im Abflauen begriffen und nahm durch innere Erschöpfung ein Ende. Die Taktik der Attentate wurde durch eine neue Methode überwunden, die die russischen Sozialisten nunmehr vertraten; sie waren aus der Schule Bakunins in die Schule von Karl Marx gekommen. Gegen Ende des 19. Jahrhunderts konnte man in Rußland einen neuen Menschentyp beobachten, der sich den alten russischen Ideen entgegenstellte. Man vertrat nun westliche und liberale Tendenzen. In den ersten Jahren des 20. Jahrhunderts fanden auch Versammlungen und Diskussionen unter den russischen Emigranten statt. In dieser Zeit entstand zum erstenmal eine konstitutionell-demokratische Partei in Rußland, die Partei der sogenannten »Kadetten«, während sich die Sozialisten in gemäßigte und »Vertreter der Mehrheit« (Bolschewiki) spalteten.
Auch in dem ersten Jahrzehnt unter dem neuen Zaren Nikolaus II. sah man noch keinerlei Anzeichen, daß sich die politische Orientierung ändern würde. Erst der unglückliche Ausgang des japanischen Krieges gab den Anstoß: Beifall und Drohungen, Feste und Unordnung, Begeisterung, Verbrechen und alle anderen Begleiterscheinungen der Revolutionen auf der einen Seite, und das gewohnte Schwanken und Zögern auf der Seite der Regierung, die Schritt für Schritt zurückweichen mußte, die zuerst Reformen versprach, dann politische Räte und schließlich gesetzgebende Versammlungen. So erhielt Rußland im Jahre 1905 sein erstes nationales Parlament, das im Mai 1906 eröffnet wurde. Die Gefahr bestand in dem gleichzeitigen Wettlauf und Zusammentreffen zweier wesensverschiedener Bewegungen, der politischen und der agrarischen, die sich gegenseitig Hindernisse in den Weg legen mußten. Die konstitutionellen Demokraten stellten die stärkste und begabteste Gruppe der Abgeordneten dar. Und diese Gruppe hatte, um sich nicht von den Sozialisten überflügeln zu lassen, die Enteignung des Grundbesitzes in ihr politisches Programm aufgenommen, wenn auch nicht ohne Entschädigung. Damit hatte sich diese Partei aber die Möglichkeit versperrt, sich mit anderen, gemäßigten liberalen Gruppen zusammentun zu können. Die Regierung, die immer noch

das autoritäre Regime vertrat, leitete ihrerseits radikale Agrarreformen ein, um die allgemeine Verwirrung noch zu vergrößern und die Autorität des Parlaments zu schwächen. So kam es in kurzen Abständen zweimal zur Auflösung der Kammer, der sogenannten »Duma«, und die Wahlgesetze wurden immer mehr eingeschränkt. So entstand im Jahre 1907 die dritte Duma, in der die Konservativen das Übergewicht hatten. Aber diese Duma war trotzdem nicht reaktionär und übte eine scharfe Kritik an der äußerst unehrenhaften öffentlichen Verwaltung. Die von dieser Kammer angenommenen Gesetzesvorlagen mußten dem kaiserlichen Rat zur Abänderung und Genehmigung vorgelegt werden. Der Minister Stolypin, der das parlamentarische System ablehnte, aber dem konstitutionellen System zustimmte, brachte unterdessen das Bauerngesetz zur Annahme, durch das die Agrarkommunen aufgelöst und der Landerwerb durch Einzelbauern begünstigt wurde. Dadurch bekamen Millionen von kleinen Grundeigentümern eine Existenz. Obwohl man an der absolutistischen Grundlage zäh festhielt und die fundamentalen Freiheiten nur recht wenig respektierte, trotz der dauernden Gefahr einer Zurückziehung der einmal zugestandenen Freiheit und einer Reaktion, und obgleich echter liberaler Geist im russischen Volk nur sehr spärlich vorhanden war, war eine Art Embryo des liberalen Lebens sogar in Rußland entstanden.
In dieser Zeit begann auch die neue Geschichte der Türkei, die nun nicht mehr nur militärische Institutionen und andere technische Dinge, sondern die liberalen Formen vom westlichen Europa übernahm. Es hatte sich ein Komitee für Einheit und Fortschritt gebildet, das die Inkraftsetzung der schon vor dreißig Jahren angekündigten Verfassung vom Sultan verlangte, der damit 1877 gegenüber den europäischen Mächten und Völkern seine Klugheit hatte beweisen wollen. Im Jahre 1908 kam es zum Aufstand der Jungtürken, die mit Gewalt die Verfassung in Kraft setzten und ein Parlament des gesamten türkischen Volkes eröffneten, in dem auch die verschiedenen Nationalitäten mit einbegriffen waren. Die Kammer hatte zweihundertvierzig Abgeordnete, unter denen sich auch etwa vierzig Christen und einige Juden befanden. Es kam zu Versuchen von Gegenrevolutionen, Staatsstreichen und Gewalttaten aller Art, aber formal wenigstens konnte sich dieses Parlament halten. In der Türkei kam eine mächtige politische Presse zur Blüte,

und man leitete eine Trennung von Staat und Kirche ein, wodurch die politische Persönlichkeit des Türken vom Mohammedaner getrennt wurde. Die in Europa herrschende Staatsform übte ihre Wirkung auf die ganze Welt aus. Es genügt, in diesem Zusammenhang vielleicht daran zu erinnern, daß Japan, das durch die Vereinigten Staaten von Nordamerika und England gezwungen worden war, aus seiner Isolierung herauszutreten, sehr schnell die neuen Sitten angenommen hatte und in wenigen Jahren vom Feudalismus zur rein administrativen Monarchie übergegangen war. Im Jahre 1890 schuf es sich eine konstitutionelle Monarchie nach deutschem Muster, zu der eine Opposition entstand, die diese Entwicklung weitertreiben und vom deutschen zum englischen Vorbild übergehen wollte.

Die rein institutionelle oder juridische Form, die gewiß nicht unwichtig ist, genügt jedoch ganz bestimmt nicht, um den Grad der Freiheit eines Volkes aufzuzeigen oder um die reale Existenz dieser Freiheit zu beweisen. Es gibt auch leere Formen, und es gibt auch Formen mit merkwürdigem Inhalt, die Anlaß geben, von einem »Scheinparlamentarismus« zu sprechen, wie man anfangs den russischen und später auch den andersartigen, aber hierin ähnlichen Parlamentarismus der Jungtürken genannt hat. Auch ein mehr oder weniger weitgehendes Wahlrecht oder gar das allgemeine Wahlrecht besagt noch nichts über die Ausbreitung und Tiefe des Liberalismus, denn in gewissen Fällen gibt es ein tieferes liberales Gefühl und mehr liberale Sitten und Handlungen in Ländern mit einem weniger ausgedehnten Wahlrecht als in Staaten mit einem sehr weitgehenden Wahlrecht. Ja, in vielen Fällen ist das allgemeine Wahlrecht sogar den Feinden der Freiheit, den Feudalherren, Priestern, Königen, Volksführern und Abenteurern nur recht. England besaß zum Beispiel ein viel beschränkteres Wahlrecht als Frankreich und Italien oder gar Deutschland, denn die Wähler mußten ein eigenes Haus besitzen oder eine bestimmte, nach den Hausmieten und ähnlichen Dingen berechnete Steuer zahlen, um wahlberechtigt zu sein. Trotzdem war das freiheitliche Leben in England bestimmt nicht der Freiheit in Frankreich oder Italien unterlegen, und es war ganz bestimmt der Freiheit in Deutschland weit überlegen. Spanien besaß ein sehr weitgehendes Wahlrecht, und trotzdem wurde die spanische Politik ausschließlich vom König geleitet, der sich dabei auf das Heer und den Klerus stützte. Der Regierungswechsel der

Canovas und Sagastas, der Gemäßigten und der Fortschrittler, brachte keinen großen Unterschied, während die Kultur keine Autorität und keine Kraft besaß und zum großen Teil nichts als akademische Rhetorik blieb. Die Streitigkeiten im österreichischen Parlament standen nicht in Beziehung zu einer intensiven, politischen Tätigkeit, sondern nur zu den Eifersüchteleien und dem Haß zwischen den verschiedenen Nationalitäten des Kaiserreichs. Über allen diesen Gegensätzen regierte in Wahrheit der sogenannte österreichische Geist des Hofadels und der Beamten, und lange Zeit hindurch blieb die Regierung unter äußerlichen parlamentarischen Formen in Wirklichkeit rein absolutistisch. In Ungarn herrschten die Magyaren mit absolutistischen Methoden. Sie schränkten die Versammlungs- und Redefreiheit ein, sie knebelten oder korrumpierten die Presse und setzten in den Rathäusern königliche Kommissare ein. Als im Jahre 1913 das Wahlrecht reformiert wurde, sorgten sie dafür, daß der magyarischen Minderheit nicht die Zügel der Herrschaft aus der Hand gerissen werden konnten. Die Realität des liberalen Lebens eines Volkes besteht in Wahrheit in der Kraft der öffentlichen Meinung und in den Fähigkeiten der politisch führenden Klasse. Zum Zwecke der Belehrung sollte man ein besonderes Buch schreiben über die Liebe zum Vaterland und zum Staat, über den Eifer für Unternehmungen und Neuerungen zum Fortschritt der Völker, über die Weisheit und Klugheit der leitenden politischen Klasse in England, Frankreich und Italien, aus der Männer wie Cavour und Giolitti hervorgegangen sind! Aus Dankbarkeit für diese großen Führer sollte man all die ungerechten Urteile sühnen, die aus entfesselter Leidenschaft häufig über diese Männer gefällt worden sind, alle jene Beleidigungen und Verleumdungen, mit denen sie überhäuft wurden, wenn man sie in oberflächlicher Weise für nicht vermiedene und gar unvermeidliche Schäden wie die sogenannten Skandale verantwortlich machte (den Panamaskandal, den Skandal der Banca Romana usw.). Damit hat man eine ganze politische Klasse in Mißkredit und Verruf gebracht, die nichts anderes getan hat, als in edler Weise ihre Pflicht zu erfüllen.

Ganz einzigartig war in dieser Hinsicht die Lage des deutschen Volkes. Dieses war vielleicht das gebildetste und am besten zu disziplinierter Arbeit erzogene Volk in Europa, und es benutzte die neue Einheit und die neugewonnene Macht dazu, in geradezu erstaunlicher Weise die Industrie, den Handel, die Wissenschaft, die Technik und die Kultur in jeder Hinsicht zu steigern. Deutschland konnte wohl eine fähige Schicht von guten Verwaltungsbeamten, Bürokraten und tüchtigen Militärs hervorbringen (die Bürokratie und der Militarismus waren in Preußen ja schon traditionell geworden), aber es besaß überhaupt keine Politiker. Den Deutschen selbst fiel damals dieser Mangel an politischem Sinn auf, sie wunderten sich über diese seltsame Lücke, wo doch alles andere ausgezeichnet war. Aber erst viel später begriff man, wie schwerwiegend dieser Mangel in Wirklichkeit war, man analysierte ihn und suchte nach den Ursachen der Krankheit. Deutschland hatte dagegen Überfluß an Gelehrten und Professoren, die zumeist recht beschränkt, naiv und kindlich leichtgläubig im Beurteilen praktischer und öffentlicher Angelegenheiten waren, was ihrer Mentalität und Lebensweise entsprach. Diesen Professoren gefielen die Gesten und die starken Worte eines Bismarck, jenes *Oderint dum metuant* und das »Wir Deutsche fürchten Gott und sonst nichts in der Welt« aus der Rede vom Jahre 1888. Sie glorifizierten in ihren Geschichtsbüchern die harten Blutmenschen, die nach ihrer Ansicht Deutschland gestählt hatten. Diese Professoren trugen dazu bei, daß das deutsche Philistertum jenes sogenannte »Sedanlächeln« auf den Lippen spielen ließ, dieses Gefühl der Überlegenheit über andere Völker, diese Verachtung für die dekadenten oder bereits degenerierten lateinischen Rassen, für die moralische Korruption und die elenden parlamentarischen Kämpfe. Und so sahen sie auch auf England herab, dieses Land eines germanischen Bastardentums, auf dieses Volk von Händlern und nicht von Helden. In Deutschland gab es eine ausgedehnte Literatur über Staatstheorien, im Gegensatz zu deren Spärlichkeit in England und ihrem fast völligen Fehlen in Amerika. Engländer und Amerikaner wußten nichts mit solchen Theorien anzufangen, wie Bryce einmal bemerkt hat, sie waren ganz zufrieden, wenn sie ihre konstitutionellen Ideen auf dem Gesetz und der Geschichte aufbauen konnten. Bismarck liebte diese Professoren durchaus nicht, ja, er verhöhnte sie, wenn er ihnen die ironische Mahnung gab, daß die Politik keine exakte Wissenschaft sei, wie sich das die Herren Professoren einbildeten. Aber Bismarck hatte in keiner Weise dazu beigetragen, eine andere Schicht von politischen Führern zu schaffen oder heranzubilden, wie diese aus parlamentarischen Debatten, Parteikämpfen, Regierungswechseln und einem lebhaften Austausch zwischem dem Volke und seinen Vertretern heranwächst. Max Weber hat einmal mit dem hohen Geiste eines wirklichen Bürgers das deutsche Nationalbewußtsein kritisch untersucht und analysiert und dabei bestätigt, daß Bismarck dazu beigetragen hat, daß Politik nur von oben gemacht wurde, nur auf dem Wege über eine ergebene, emsige Bürokratie, nur als Vollstreckung der Gedanken und des Willens eines bedeutenden oder auch unbedeutenden Kanzlers und eines klugen oder auch törichten Kaisers. Und jene kleine Schar von wirklichen Politikern, die aus den Erfahrungen von 1848 und der letzten preußischen Kammer nach 1860 gelernt hatte, schmolz allmählich zusammen; diese Männer zogen sich von der Politik zurück und starben dahin, ohne Nachfolger zu hinterlassen. So wuchs eine neue Generation von Staatsmännern heran, deren Gestalten wir kürzlich aus Bülows Memoiren kennengelernt haben, der selber ein typischer Vertreter und Förderer dieser Gruppe gewesen ist. Er war Bismarcks dritter Nachfolger auf dem Kanzlerposten und hatte keine Ahnung von den Aufgaben dessen, der die Geschicke eines Volkes zu leiten hat, er wußte nicht, welche Verantwortung ein Staatsführer vor seinen Mitbürgern und vor der Geschichte zu tragen hat. Die einzigen Parteien, die eine gewisse politische Physiognomie bewahrten, waren das katholische Zentrum und die Sozialisten, die aber gerade Bismarck verfolgen und ausrotten wollte. Sie besaßen wenigstens einen eigenen Glauben und eine Idee, sie gehorchten nicht auf einen Wink der Regierenden und sanken nicht herab zu parlamentarischen Vertretern von Landwirtschafts- oder Industrieinteressen oder zu Exponenten dieses oder jenes Industriezweiges.

Bismarcks Verfolgung der deutschen Katholiken kam daher, daß er in diesen Überresten der österreichischen oder antipreußischen Partei in Deutschland eine Gefahr witterte. Sie bereiteten ihm Schwierigkeiten durch den katholischen Klerus in Posen, durch ihre Beziehungen zur Welfenpartei in Hannover und durch ihren Gehorsam gegenüber der außerstaatlichen Macht des Papstes. Noch vor den französischen Legitimisten wollten die deutschen Katholiken das neue Kaiserreich zu einer militärischen Intervention zwingen, um in Rom die weltliche Macht des Papstes wiederherzustellen! Aber kein einziges dieser Motive und auch sie alle zusammen konnten nicht die Form rechtfertigen, die die von

Bismarck eingeleitete Unterdrückung annahm. Man muß dabei schon den Zorn, die schlechte Beratung und die Trunkenheit mit in Rechnung stellen, die stets die »Allmacht« begleiten und immer damit enden, daß jene Grenzen nicht erkannt werden, denen selbst die Allmacht in der Natur der Dinge begegnet. Im Dezember 1871 wollte Bismarck in das Strafgesetz einen Paragraphen über den Mißbrauch der Kanzeln zu politischen Zwecken einführen, er schaffte im preußischen Ministerium die Abteilung für katholische Angelegenheiten ab und legte einen Gesetzentwurf für die Überwachung der katholischen Schulen vor. 1872 hob er die Häuser der Jesuiten und ähnlicher Orden auf und verwies alle nichtdeutschen Jesuiten des Landes. Mit den Gesetzen vom Mai 1873 verordnete Bismarck für die Ausbildung der katholischen Geistlichen den Besuch der Universitäten, und die Ernennung der Geistlichen wurde von einer Vorlage der Namensliste bei den Provinzialpräsidien abhängig gemacht; er schuf ein Sondergericht für alle kirchlichen Angelegenheiten und regelte das Disziplinar- und Zuchtrecht der Kirche. 1874 verordnete er die obligatorische Zivilehe, dehnte das preußische Ehegesetz auf das ganze Reich aus und schuf ein Gesetz, nach dem alle Geistlichen, die von der Regierung abgesetzt waren und dennoch ihr Amt weiter ausübten, eingekerkert oder verbannt werden sollten. 1875 hob er in der preußischen Verfassung die Artikel über die Freiheit der Kirche auf und entzog den Bischöfen und Pfarrern die staatliche Unterstützung, wenn sie sich nicht seinen Gesetzen und Dekreten unterwerfen wollten; er schaffte alle Orden und Kongregationen ab, mit Ausnahme der Krankenpflege. 1876 legte Bismarck schließlich ein Gesetz über die Kirchengüter vor. Bei diesem wolkenbruchartigen Regen von Gesetzen und Maßnahmen gegen die Kirche schlossen sich die Katholiken um ihren Klerus und ihre Bischöfe zusammen, die sich absetzen und verfolgen ließen, ohne selber von ihrem Platze zu weichen. Die katholischen Vereinigungen und die katholische Presse gewannen neue Impulse und immer weitere Verbreitung, während der Papst von Rom aus protestierte, schimpfte und verdammte. Bismarck verlor dabei so sehr den Kopf, daß er von der italienischen Regierung Erklärungen über die Worte und Taten des Papstes verlangte, der doch als freier Mann im Vatikan lebte und von Bismarck nicht mit Gewalt niedergezwungen werden konnte, wie das früher vielleicht möglich gewesen wäre, wo man ein Kriegsschiff oder Landungs-

detachement hätte nach Civitavecchia schicken können. Die italienischen Staatsmänner erteilten Bismarck nicht nur keine Antwort, sondern sie lächelten nur über die Wut und die Unerfahrenheit, mit der er sich in den Kampf gegen die Priester gestürzt hatte, die man eben anders zu behandeln hat. Bismarck selbst mußte allmählich einsehen, daß er in eine Sackgasse geraten war. Während er über diese Impulse seines Hasses und seiner Präpotenz nachdachte, waren nicht nur die Gründe für seinen ersten Alarm gegen die österreichischen Katholiken, die Hannoveraner, Polen und Päpstlichen geringer geworden, sondern er brauchte sogar die Hilfe des katholischen Zentrums, um mit den Konservativen seine Trennung von den Nationalliberalen durchführen zu können, deren er sich bis dahin bedient hatte. Bismarck hatte erklärt, daß er niemals nach Canossa gehen würde, und der gleiche Bismarck ging nach Canossa: im Jahre 1880 leitete er Verhandlungen mit dem päpstlichen Nuntius ein. Und 1882 rief er fast alle abgesetzten Bischöfe zurück, milderte die erlassenen Gesetze, und im Verlaufe eines Jahrzehntes war schließlich jenes ganze kriegerische Gesetzgebungswerk wieder verschwunden. Mit Mühe nur wurden noch ein paar Bruchstücke gerettet, wie zum Beispiel die Zivilehe und die Abschaffung der Artikel über die Katholiken in der preußischen Verfassung von 1850. Damit war die Zwecklosigkeit und Undurchführbarkeit jenes Zieles klar erwiesen, dem diese ganze Verfolgung gedient hatte. Bismarck erklärte damals, daß die Frage prinzipiell ungelöst geblieben und der uralte Kampf zwischen Priestern und Königen in Deutschland nicht zum Abschluß gekommen sei. Er konnte diese Dinge nur in jenen antiquierten Begriffen von königlicher Autorität und kirchlicher Autorität begreifen. Aber von den preußischen Professoren hatte er diese Taten mit dem Namen »Kulturkampf« schmücken lassen, was die Katholiken in den sarkastischen Ausdruck »Kampf gegen die Kultur« übersetzten. Und sie hatten damit nicht unrecht, denn es ist nicht Kultur, die Gewissen mit Gewalt zwingen zu wollen. Und in dem vielkonfessionellen Deutschland, wo die Katholiken nur ein Drittel der Bevölkerung ausmachten, wo eine reiche Kultur in Blüte stand und wo Wissenschaft und Kritik eine hohe Autorität besaßen, war es auch gar nicht notwendig, einen besonderen, erbitterten Krieg für die Kultur zu führen.
Ein echterer »Kulturkampf« wurde damals in den katholischen Ländern durchgeführt. Dieser Kampf war schon vor einem Jahr-

hundert von den absoluten Monarchien eröffnet worden, die Schritt für Schritt den Staat von den theokratischen Fesseln befreit haben. Die liberalen Regierungen hatten dann diesen Kampf weitergeführt, und zwar in dem Bewußtsein des wahren Charakters dieses Kampfes, das in jenen alten Monarchien nicht mehr lebendig sein konnte, daß man Kultur durch Kultur, Gedanken durch Gedanken oder, wie wir auch sagen können, Religion durch Religion ersetzen müsse. Bei diesem Werk, etwas Altes durch etwas Neues zu ersetzen, war die Gewalt ausgeschlossen. Nicht nur, weil sie in geistigen Dingen ein sehr zweifelhaftes und unwirksames Mittel ist, sondern gerade aus dem Prinzip der Freiheit, das um jeden Preis aufrechterhalten werden mußte, wenn man dabei auch vorübergehend gezwungen war, vor dem Gegner zurückzuweichen oder ihm das Feld zu überlassen. Zweifellos genügte nicht immer die freie Diskussion und Propaganda, weil gewisse soziale Gruppen und Verbündete der Kirche, die diese mit der Macht roher Unwissenheit dazu trieb, es oft erforderlich machten, daß man zu einer unmittelbar praktisch-politischen Tat übergehen mußte. Aber das erfordert sehr viel Klugheit und Rücksicht, wenn man nicht mit dem Übel auch das Gute oder Teile und Keime des Guten vernichten will. Das kann man sehr leicht an dem Beispiel des Religionsunterrichts in den Elementarschulen klarmachen, wo man mit der Einführung eines rein weltlichen, aufklärerischen Unterrichts Gefahr läuft, in gewissen Fällen in Gegensatz mit der häuslichen und mütterlichen Erziehung der Kinder zu geraten und die Autorität der Eltern zu untergraben. Diese Dinge werden auch bei der Frage der Ehescheidung klar, wo zu den konfessionellen Widerständen noch die Ehrfurcht vor der Institution der Familie hinzukommt, die edle Absicht, einem ausschweifenden und egoistischen Individualismus Zügel anzulegen, wenn das auch nur auf Kosten individueller Glückseligkeit möglich ist. Und das gleiche gilt ganz allgemein für alle Volkssitten, mögen diese auch abergläubisch und fanatisch sein; man muß sie von Fall zu Fall berichtigen, achten, verbieten oder ihnen freien Lauf lassen. In ganz besonderen Fällen ist dabei ein strenges und radikales Vorgehen nicht unangebracht; damit dieses jedoch seinen Zweck erreichen kann, ist es notwendig, daß die Gegenpartei durch ihr Ungestüm das moralische Gefühl beleidigt, denn erst dadurch werden günstige Bedingungen geschaffen und die Anwendung strenger Maßnahmen gerechtfertigt.

Diesen Prozeß der sogenannten »Verweltlichung« konnte man in jenen Zeiten auch in Italien beobachten, das bei der Bildung des einheitlichen, liberalen Staates dem Papsttum die weltliche Macht entrissen hatte. Selbst die besten Katholiken hatten die irdische Macht nicht mehr verteidigt, und die Methoden der päpstlichen Regierung waren in der ganzen Welt mißbilligt worden. Dieses neue Italien vollendete jene Reformen, die die alten Monarchien begonnen hatten oder vor denen sie Halt gemacht hatten: Abschaffung der kirchlichen Gerichte und anderer Privilegien des Klerus, Aufhebung von Konventen und Klöstern, Einziehung des kirchlichen Eigentums, Aufhebung des Theologieunterrichts an den Universitäten usw. Das Erziehungswesen und überhaupt die ganze Kultur wurden immer mehr modernisiert. In allen diesen Dingen wurde Italiens Politik durch die hochmütig-hoffnungsvolle Haltung der Kirche erleichtert, welche sich selbst und ihre Gläubigen aus dem öffentlichen Leben Italiens ausschaltete und den Katholiken verbot, an politischen Wahlen teilzunehmen oder sich wählen zu lassen. Es wurde ihnen nur gestattet, sich an den Wahlen der Kommunen, Provinzen und an lokalen Verwaltungen zu beteiligen. Dadurch wurde eine ausgesprochen katholische oder klerikale Partei in der italienischen Kammer verhindert, die etwa in den Berechnungen der Politiker durch ihre den Ministern günstigen oder ungünstigen Stimmen sehr hätte ins Gewicht fallen können. Dadurch wurde es Italien überhaupt erst möglich gemacht, in seinen Beziehungen zum Heiligen Stuhl kurzen Prozeß zu machen. Diese Beziehungen und alle anderen Angelegenheiten der Kirche, der Erziehung und des öffentlichen Unterrichts wurden durch das sogenannte »Garantiegesetz« geregelt. Erst nach etwa drei Jahrzehnten, also reichlich spät, hatte der Heilige Stuhl seine Hoffnungen auf eine Auflösung des italienischen Staates oder auf dessen Niederwerfung durch ausländische Armeen aufgegeben. Pius IX. und mehr noch Leo XIII. hatten lange Zeit hindurch solche Hoffnungen genährt. Aber dann wurde die endgültige Niederlage des Papsttums ganz offenbar. Während des Besuches des Präsidenten der französischen Republik, Loubet, in Rom im Jahre 1904 kam es zwischen dem neuen Papst Pius X. und der italienischen Regierung zu offiziösen Abmachungen. So wurde das den Katholiken auferlegte Verbot der politischen Betätigung aufgehoben, und es erschienen einige katholische Abgeordnete in der Kammer, welche damals allerdings noch keine Partei darstellten. Im Verlaufe der letzten vierzig Jahre war eine große Arbeit geleistet worden, die nun als feste Grundlage dienen konnte. Der kritische Geist war gekräftigt und hatte sich weit verbreitet, und die Überlegenheit des weltlichen Denkens und Wissens war so augenscheinlich geworden, daß sogar die Geistlichen die staatlichen Universitäten besuchten, um sich dort richtig auf die wissenschaftlichen Forschungen und auf den Unterricht vorzubereiten. Nachdem der Klerikalismus nachgelassen hatte, fand auch der Antiklerikalismus keinen günstigen Boden mehr und konnte nur noch in den tieferen Sphären mit dem niedrigen Klerikalismus kämpfen. Es schien, daß man vom ruhigen Verlauf der Dinge eine weitere Ausbreitung der weltlichen Kultur erhoffen konnte. In diesem Sinne wirkten die Handlungen und Taten, die man vollzog, die Bücher, die man schrieb und die von allen gelesen wurden; und das waren ganz gewiß keine Bücher von Priestern.

Frankreich hatte größere Sorgen mit diesen Dingen und mußte stärkere Anstrengungen machen, um damit fertig zu werden. Während des zweiten Kaiserreiches und auch in den ersten Jahren der dritten Republik hatten die Klerikalen die Herren gespielt, sie glaubten an eine bald bevorstehende legitimistische Restauration und benahmen sich, als ob die Zeiten eines Karl X. wiedergekehrt wären. Sie feierten wahre Orgien von Prozessionen und Pilgerzügen, sie protestierten zugunsten des Papstes gegen Italien und dessen kirchliche Gesetzgebung und forderten nicht weniger als den Krieg, um dem Papste Rom zurückzugeben. Dies alles wurde unter dem Präsidenten MacMahon geduldet und sogar begünstigt. De Broglie unterdrückte alle Kundgebungen gegen den Klerikalismus und gegen die Tendenzen zur Wiederherstellung der weltlichen Macht des Papsttums, ja, er verbot die rein zivilen Leichenbegängnisse, die er für »ruchlose Szenen« erklärte. Die Klerikalen bereiteten der Festigung der parlamentarischen Republik viele Hindernisse. Sie ermutigten MacMahon, dessen Ratgeber in allen kirchlichen und religiösen Angelegenheiten der Monsignore Dupanloup war, zum Staatsstreich. Der Kampf für die Sicherung der parlamentarischen Republik wurde daher zusammen mit dem Kampfe gegen den Klerikalismus geführt. Im Jahre 1875 gab Gambetta noch einmal jene Parole aus, die man schon vor zehn Jahren erhoben hatte, daß der wahre Feind der Klerikalismus sei. Die Radikalen verlangten die Trennung von Staat und Kirche, und die Kammer stimmte 1877 einer Tagesordnung gegen die ultramontanen Manifestationen zu. 1879 folgten die Dekrete über die Auflösung und Vertreibung der Jesuiten und das Verbot aller nicht autorisierten Kongregationen. Der Elementarunterricht, der durch das Gesetz Falloux immer noch in den Händen der Ordensbrüder und Nonnen geblieben war, wurde verweltlicht und kostenfrei obligatorisch durchgeführt, und gleichzeitig wurde der weltliche Unterricht für Mädchen eingerichtet. 1882 wurden die Schulen für konfessionell »neutral« erklärt. Das war, wie Jules Simon bemerkte, zweifellos ein Mythus, aber ein Mythus der Religion des Denkens und der Kritik, die an die Stelle der Religion der Offenbarung und der Wunder getreten war. 1886 folgte die Verordnung, daß nur Laien als Lehrer tätig sein dürften. Papst Leo XIII. ließ auf den Rat des Kardinals Lavigerie seine alten legitimistischen Verbündeten im Stich und erkannte die Republik an, um diese dadurch an der einmal eingeschlagenen Richtung zu hindern. Aber das nützte alles nichts, denn man tat dem Papste nicht den Willen, wenn er mit dem Gedanken geliebäugelt hatte, »*d'accepter la constitution pour changer la législation*«. Die Katastrophe brach herein, als die französischen Katholiken in der Affäre Dreyfus die Schlacht gegen die Republikaner verloren, wozu die Haltung der römischen Kurie in dieser Angelegenheit sehr viel beigetragen hatte. Bei dieser heuchlerischen Wut schienen die Priester Kaiphas' Ausspruch zu wiederholen: *Expedit ut unus moriatur homo pro populo*, und die ganze Kulturwelt fühlte sich dadurch angewidert. Diese unter einer patriotischen und nationalistischen Maske verborgene Wut der Klerikalen öffnete den Republikanern die Augen. Nach der Niederlage der Dreyfusgegner wurde die Kongregation der Assuntionisten aufgehoben, die mit ihrer Zeitung *La Croix* in dieser Pressekampagne am unverschämtesten aufgetreten waren. Bald darauf wurden durch ein anderes Gesetz alle jene Kongregationen aufgelöst, die durch ihre Erziehungsmethoden einen Unterschied zwischen Franzosen und Franzosen machten, die die von ihnen erzogene Jugend der Jugend aus den Staatsschulen entgegenstellten und mit diesen »*deux jeunesses*«, wie sie Waldeck-Rousseau genannt hat, die moralische Einheit des französischen Volkes schwächten. In der Kammer wurde dieses Gesetz noch verschärft und in aller Strenge durchgeführt. Die Differenzen mit dem Heiligen Stuhl wurden immer

schärfer, und so kam es zur Auflösung der französischen Botschaft beim Vatikan und im Jahre 1905 zur Trennung von Staat und Kirche. Das Konkordat vom Jahre 1801 wurde abgeschafft und der Staat für konfessionslos erklärt, allen Bürgern wurde gleiche Gewissens- und Kulturfreiheit zugestanden, die vom Staat und von den Gemeinden an einen besonderen Klerus gezahlten Unterstützungen wurden zurückgezogen und das kirchliche Eigentum den lokalen Wohltätigkeitsinstitutionen zugewiesen. Den Kulturgemeinschaften, die sich neu konstituieren mußten, wurden lediglich die kirchlichen Gebäude und die Häuser der Bischöfe und Pfarrer belassen. Schließlich fanden sich die französischen Katholiken und auch die römische Kirche in das Unvermeidliche. In den folgenden Jahren setzten sie es durch, daß sie nicht nach dem vom Staat festgesetzten Typus beschaffene Gemeinschaften, sondern sogenannte »gesetzlich-kanonische« Orden gründeten, die in Wahrheit dem liberalen Begriff der Trennung von Staat und Kirche viel besser entsprachen.
In Frankreich und in Italien waren in der öffentlichen Meinung Kräfte lebendig, die diese Reformbewegung und eine solche Gesetzgebung begünstigten. Das war aber in anderen Ländern wie etwa Spanien viel weniger der Fall, wo es erst im Jahre 1910 zu einem ersten Konflikt mit dem Vatikan wegen des Konkordats kam. Ganz anders wieder als in Spanien standen die Dinge in Belgien, wo das öffentliche Leben durchaus volkstümlich und parlamentarisch seinen Weg nahm. Die belgische Bevölkerung war überwiegend katholisch und hielt kampflustig am traditionellen Glauben fest. Die Liberalen konnten an diesen Tatsachen nichts ändern, aber sie konnten auch die liberale Methode nicht etwa zugunsten der jakobinischen Methode aufgeben, denn sie wußten sehr wohl, daß sie damit nichts am inneren Wesen der Dinge hätten ändern können. So unterlagen sie lange Jahre hindurch in diesem ungleichen Kampfe, in dessen Mittelpunkt bezeichnenderweise die Schulfrage stand, die den wesentlichen und zugleich symbolischen Punkt der ganzen Situation darstellte. Von 1878 bis 1884 hatten sich die Liberalen an der Regierung halten können und hatten der Schule einen weltlichen Charakter gegeben, indem sie sie unter die Aufsicht des Staates stellten, den Religionsunterricht aus dem Stundenplan entfernten und den aus den Staatsschulen hervorgegangenen Schülern gegenüber den Zöglingen der

privaten, katholischen Schulen den Vorrang gaben. Damit bewirkten sie, daß die römische Kirche Blitz und Donner auf sie losließ, und sie stießen auf einen äußerst heftigen Widerstand im Lande selbst, wo die Katholiken unaufhörlich gegen die Regierung agitierten. Die Katholiken kamen tatsächlich wieder an die Macht und konnten sich ein Vierteljahrhundert halten. Sie beeilten sich, das ganze Schulreformwerk der Liberalen wieder zunichte zu machen. Die im Jahre 1893 eingeführte sehr weitgehende Erweiterung des Wahlrechtes konnte ihre Stellung nicht erschüttern, denn aus den auf dieser Grundlage ausgeschriebenen Neuwahlen gingen die Katholiken nur noch zahlreicher und kräftiger hervor, während die liberale Partei fast völlig aufgerieben wurde. Im Jahre 1895 wurde eine neue Schulreform durchgeführt, durch die der Religionsunterricht obligatorisch gemacht und ein Druck auf die Familienväter ausgeübt wurde. Im ganzen Lande wurden kirchliche Schulen eingerichtet. Die ganze geistige Atmosphäre in Belgien hatte etwas Schweres. Sie hatte weder erneuert noch leichter gemacht werden können, denn aus jeder Neuwahl ging die erdrükkende katholische Mehrheit ungeschmälert wieder hervor, und der Versuch der Liberalen, sich mit den Sozialisten zu verbünden, hatte zur Folge, daß auf dem flachen Lande die Stimmen der Katholiken nur noch mehr zunahmen. Durch die Einführung des Proportionalsystems im Jahre 1899 wurde die Lage der Liberalen ein wenig gebessert. Aber erst von 1911 an entfalteten sie im Bunde mit den Sozialisten eine heftige Agitation für den obligatorischen Schulunterricht, wodurch schließlich 1914 mit dem neuen Schulgesetz eine Änderung der Lage herbeigeführt wurde.
Diesen Widerstand der konfessionellen Sitten und des kirchlichen Gedankens innerhalb des liberalen Staates konnte man auch bei anderen Völkern beobachten, wenn es dort auch nicht zu so ausgesprochenen Siegen wie in Belgien kam. Würde es eines Tages möglich sein, mit der neuen, weltlichen Religion alle sozialen Sphären zu durchdringen, auch die traditionell »heidnischen« oder reaktionären und rückschrittlichen breiten Massen der Landbevölkerung? Oder sollte man lieber als einziges das nächstliegende Ziel ins Auge fassen, nur die herrschende Klasse mit der neuen, weltlichen Religion zu durchdringen, um sie sicherer und beweglicher, konsequenter und fester zu machen? Und sollte man resignieren und die Plebs oder den vulgus, der oft keine Plebs ist, in ihrem provisorischen

oder endgültigen Heidentum belassen? Der Verlauf der erhofften religiösen Auflösung, Reinigung und Wiederherstellung erwies sich als viel mühseliger und langwieriger, als sich das die Aufklärer und Jakobiner gedacht hatten. Und man konnte diese Entwicklung auch nicht beschleunigen oder gewaltsam vorwärtstreiben, denn mit jakobinischen Methoden würde man entweder gar nichts oder nur Schlimmeres erreicht haben. Die moderne Kultur und Zivilisation hatte freie Bahn bekommen und stand vor der Aufgabe, in legaler Konkurrenz zum alten Glauben die eigenen Kräfte zu steigern. Es bestand keinerlei Gefahr einer katholischen Reaktion im Stile der Gegenreformation, denn zu einem solch phantastischen Plan fehlten alle realen Voraussetzungen. Und schließlich gab es auch kein Spanien mehr, das einer solchen Bewegung wie im 17. Jahrhundert seine Politik und seine Waffen hätte zur Verfügung stellen können (wenn auch der letzte spanische König Alfons XIII. bei seinem Besuch in Rom in Erinnerung an vergangene Zeiten dem Papst sein Schwert zur Verteidigung der heiligen Sache zur Verfügung stellen wollte, was wir hier spaßeshalber erwähnen wollen). Manche glaubten an die internationale Macht des Papstes. Aber das war eine übertriebene Vorstellung, denn die Katholiken der verschiedenen Länder waren durch gar zu viele Fesseln an jene Staaten und Parteien gebunden, in deren Bereich sie lebten und wirkten. Es war daher ganz klar, daß die deutschen Katholiken gegen Bismarck ihre eigene Sache verteidigten und nicht die viel zu fernliegenden Angelegenheiten des Papstes. Die italienischen Katholiken befolgten eine Zeitlang die anbefohlene Enthaltung gegenüber den politischen Wahlurnen, aber sie konnten schließlich diese Trägheit und Indifferenz nicht mehr ertragen und gaben später ganz allgemein jenen Abgeordneten ihre Stimme, die am besten ihre Interessen vertraten, mit denen sie befreundet waren und die sie bewunderten. Als Leo XIII. gegenüber der französischen Republik das »*ralliement*« beschlossen hatte, trennten sich die französischen Katholiken vom Papst und gehorchten seinen Befehlen nicht mehr. Die Irländer liehen den Mahnungen des Papstes kein Ohr, als dieser gegenüber den terroristischen Taten zur Mäßigkeit riet, mit denen sie ihren nationalen Protest begleiteten. Als der katholische Klerus in Österreich das tschechische Element gegen die Deutschen unterstützte, gaben die deutschösterreichischen Katholiken im Jahre 1897 die Parole aus: »Los von Rom!« Und sie traten zu Tausenden aus der katholischen Kirche aus. Die große Kraft dieser Kirche bestand in der unveränderlichen Festigkeit und Bestimmtheit ihrer Dogmen und ihrer Disziplin. Dadurch hatte sie den Nachteil und zugleich den Vorteil dessen, der fest steht, während die anderen sich bewegen, die dank ihrer Bewegung zwar fortschreiten, aber dabei immer wieder zu Fall kommen und sich immer von neuem erheben. Es kam zu Reformversuchen unter den Katholiken selbst. Den bedeutendsten Versuch dieser Art unternahmen in Deutschland die sogenannten »Altkatholiken«, die das neue Dogma von der Unfehlbarkeit des Papstes nicht anerkannten und zur Kirche des 8. Jahrhunderts zurückkehren und z. B. das Zölibat wieder aufheben wollten. Aber alle diese Bestrebungen zergingen sehr bald wieder und fanden wie alle Halbheiten ein rasches Ende. Gegen Ende des 19. und zu Beginn des 20. Jahrhunderts entstand unter dem Einfluß der weltlichen Philosophie und Geschichtsschreibung gerade unter den gebildeten Katholiken die stürmische Bewegung des sogenannten »Modernismus«. Das war der widerspruchsvolle Gedanke, den Katholizismus der historischen Kritik freizugeben und zugleich die Einheit und Tradition der Kirche, die ganze Dogmatik und die Autorität des Papstes beizubehalten und den verabscheuten Protestantismus zu vermeiden. Die Kirche nahm gegenüber dieser Bewegung eine sichere Verteidigungsstellung in ihrem wohlausgebauten, alten Schützengrabensystem ein, und schließlich verdammte sie den Modernismus mit der Enzyklika Pascendi aus dem Jahre 1907, rottete ihn aus und warf ihn auf den Scheiterhaufen. Diese kühne Verteidigung und der Sieg kostete der Kirche allerdings den Verlust einer großen Anzahl ihrer gelehrtesten und elegantesten Geister, über die sie verfügte. Diese Einbuße war aber weniger schwerwiegend gegenüber dem etwaigen Verlust ihrer eigenen Daseinsberechtigung, zu dem es unter allen Umständen gekommen wäre, wenn die Kirche auch nur einen Schritt zurückgewichen wäre oder paktiert hätte.

Genau wie im Kampfe gegen die Katholiken scheiterte Bismarck auch in seinem Kampfe gegen die Sozialisten, den er mit noch größerer Heftigkeit eröffnet hatte. Auch in diesem Falle bestätigte sich die Unwirksamkeit der autoritären Systeme und Methoden. Bismarcks eigene Politik verlief stets unglücklich, sobald er sein eigentliches Gebiet, das der auswärtigen Politik, verließ. Die sozialistische Propaganda fand unter den deutschen Arbeitern immer weitere Verbreitung, und ihr stand eine immer größere Zahl von Zeitungen zur Verfügung. Es wurden immer mehr sozialistische Abgeordnete gewählt, und im Jahre 1877 stieg die Zahl der sozialistischen Stimmen etwa auf eine halbe Million. Bismarck wurde dadurch alarmiert und in seiner natürlichen Neigung bestärkt, zu Polizei- und Kriegsmaßnahmen seine Zuflucht zu nehmen. Nachdem er vergeblich versucht hatte, im Parlament eine Verschärfung einiger Paragraphen des Strafgesetzes durchzusetzen, machte er sich die 1878 gegen den Kaiser inszenierten Attentate zunutze, übertrieb deren Bedeutung, verdrehte ihren politischen Sinn und brachte nach der Auflösung des Parlaments und nach den Neuwahlen vom Oktober 1878 das Ausnahmegesetz gegen die Sozialisten zur Annahme, das zuvor im Parlament stets zurückgewiesen worden war. Durch das Sozialistengesetz wurden Verbände, Versammlungen und die gesamte sozialistische und kommunistische Presse verboten. Die Behörden wurden ermächtigt, allen als Agitatoren verdächtigen Personen den Aufenthalt in gewissen Distrikten zu untersagen, Gasthäuser, Buchhandlungen und alle Lokale zu schließen, in denen Sozialisten zusammenkamen, und überall dort den kleinen Belagerungszustand zu verhängen, wo die öffentliche Ruhe und Ordnung bedroht schien. Trotz aller Bestürzung, die diese Verbote und deren strenge Durchführung zunächst hervorriefen, und trotz aller Angst, Abtrünnigkeit und feigen Denunziationen, die dann folgten, konnten die Sozialisten in der Praxis ihre Reihen zusammenhalten. Die sozialistischen Zeitungen übersiedelten in die Schweiz, und die Führer begaben sich ins Ausland. Obgleich die Stimmen für die sozialistischen Kandidaten bei den Wahlen von 1881 auf etwas mehr als dreihunderttausend abnahmen, hatten sie 1884 bereits die halbe Million wieder weit überschritten und 1887 waren es etwa achthunderttausend geworden. Das Ausnahmegesetz, das eineinhalb Jahre in Kraft war, wurde um etwa zwölf Jahre verlängert. Bismarck dachte nicht daran, seine Regierungsmethode selbst wieder umzustoßen, und da er über kein anderes Mittel verfügte, blieb ihm nichts weiter übrig, als das Ausnahmegesetz immer mehr zu verschärfen oder direkt zum Staatsstreich zu greifen und den Sozialisten das Wahlrecht zu rauben. Dieser Verzweiflungsakt, zu dem er seine Zuflucht nehmen mußte, wurde dann der Anlaß zu seinem Sturz, so daß man geradezu behaupten kann, daß er durch den Druck der Sozialisten von der politischen Bühne verschwinden mußte. Bismarck hat den Sozialisten nicht den Weg versperrt, er ist vielmehr ihr Bahnbrecher gewesen. Von da an wuchs die politische Vertretung der Sozialisten im deutschen Parlament immer mehr, und im Jahre 1912 wurden sie zur stärksten Partei mit einhundertzehn Abgeordneten. Sogar dem halbfeudalen preußischen Herrenhaus brachen einige Sozialisten die Spitze ab, die besonders von der Berliner Bevölkerung gewählt worden waren. Nach Bismarck machte man nicht mehr den Versuch, die Sozialisten zu unterdrücken oder zu vernichten, obgleich Kaiser Wilhelm II. in den Jahren zwischen 1893 und 1895 mit dem Gedanken spielte, selber jenen Staatsstreich durchzuführen, den er Bismarck verweigert hatte. Über diesen Plan unterhielt er sich mit seinen Getreuen und ließ 1894 durch den Kanzler Hohenlohe eine »Umsturzvorlage« einbringen, also einen Gesetzentwurf gegen alle revolutionären Umtriebe, die allerdings vom Parlament zurückgewiesen wurde. Im Jahre 1899 ließ er ein anderes Gesetz gegen die Streiks und gegen die Bedrohung der Streikbrecher durch streikende Arbeiter vorbereiten. Gegenüber der sozialistischen Bewegung verstand sich Bismarck auf die Anwendung der negativen Methoden der Unterdrückung, er hatte jedoch weder Erfahrung noch Vertrauen zu der positiven Methode der Freiheit. Als einzige positive Methode wandte er die sozialen Gesetze an, die dazu bestimmt waren, dem Sozialismus seine Grundlage und seine Triebkraft dadurch zu nehmen, daß die berechtigten Bedürfnisse der Arbeiterklasse befriedigt werden sollten. So verdankte man Bismarck im Jahre 1883 die Gründung der Krankenkassen, 1884 die Invalidenversicherung, und 1889 folgte die Alters- und Arbeitsunfähigkeitsversicherung. Diese dienten in ganz Europa als Anregung zur sozialen Gesetzgebung, aber unter anderem Gesichtspunkt waren sie nichts weiter als eine kühne Fortführung der bereits vor fünfzig Jahren in England eingeführten Institutionen, wenn man nicht auf noch ältere Beispiele in der Geschichte zurückgreifen will, denn ähnliche Gesetze waren sogar unter den alten, absolutistischen Monarchien nicht ganz unbekannt gewesen. Wenn diese sozialen Gesetze auch nützlich sein mochten, so waren sie doch von einem autoritär-konservativen Geist beseelt, durch den die Arbeiterschaft nur mißtrauisch werden mußte. Bismarcks Rezept war sehr einfach: Zugeständnisse zu machen, die gar nicht gefordert werden, um etwas anderes nicht zugestehen zu müssen, was gefordert wird. Es sollten ein paar physische Bedürfnisse befriedigt werden, um die Geister einzuschläfern und den Willen zu brechen. Außerdem hatte man das Gefühl, daß alle diese sozialen Maßnahmen zum größten Teil nichts weiter als eine Auswirkung der sozialistischen Aktion waren, denn der Sozialismus hatte sie erzwungen oder wenigstens durch sein Vorhandensein und durch seine offenen oder verhüllten Drohungen diese Gedanken aufkommen lassen.

Sieht man beim Sozialismus von den mit ihm verbundenen Utopien einer Erlösung oder Vergöttlichung der Menschheit durch eine rein ökonomische und daher materielle oder materialistische Umwälzung ab, betrachtet man den Sozialismus unmittelbar in seiner realen Auswirkung, dann ist er eine Aufstiegsbewegung oder der Impuls zum Aufstieg jener sozialen Schichten, jener Volksmassen, die bis dahin im öffentlichen Leben passiv geblieben waren. Als Aufstiegsbewegung neuer sozialer Schichten ist der Sozialismus sozial und nicht antisozial, historisch und nicht antihistorisch. Aus diesem Grunde kann man nicht die Entfesselung dieser Kräfte durch einen gewaltsamen Gegenangriff unterdrücken oder bändigen. Und man kann den Sozialismus auch nicht durch charitative oder wohltätige Einrichtungen etwa wie eine Krankheit lindern oder heilen. Da dieser Aufstieg die Zahl jener Bürger vermehrt, die am öffentlichen Leben teilnehmen, da er der leitenden Klasse neue Männer, neue Leidenschaften und neue Fähigkeiten zuführt, besitzt der Sozialismus in hohem Maße politischen Charakter. Sind erst jene täuschenden Luftspiegelungen zerstreut und die diesen entsprechenden falschen Theorien aufgegeben, hat man den Sozialismus erst in seiner realen Auswirkung der Heranbildung neuer Bürger und der Erneuerung der leitenden Klasse verstanden, dann erweist sich in der Tat seine Tätigkeit als nicht wesentlich verschieden von jedem anderen menschlichen Fortschreiten, dann entspricht sein Werk jeder anderen ethischen oder politischen Arbeit, dann gehört er genau wie diese zur Welt der Freiheit. Ein Sozialismus ohne Freiheit oder ein unter Ausschaltung der Freiheit durchgeführter Sozialismus ist kein echter Sozialismus. Wir wollen von jenem Scheinsozialismus schweigen, den zuweilen die absoluten Monarchen inszeniert haben, wenn sie der Plebs schmeichelten und sie aufhetzten, um die Bourgeoisie, d. h. die ihnen gefährliche Klasse der Gebildeten kleinhalten zu können. Und auch der sogenannte »katholische« Sozialismus und der »Staatssozialismus« konnten kein echter Sozialismus sein. Aber auch das war kein wahrer Sozialismus, was nach 1870 in Deutschland unter dem Namen einer Gesellschaft für Sozialpolitik von Professoren und Gelehrten ins Leben gerufen wurde; man legte diesem daher den lächerlichen Namen »Kathedersozialismus« bei. Diese letzte Art von Sozialismus war (um einen von Goethe für andere Dinge angewandten Ausdruck zu benutzen) gut, um »zu begleiten«, aber nicht um »zu leiten«, d. h. er eignete sich zum Studium technischer Maßnahmen und entsprechender Institutionen, aber er war außerstande, den politischen Geist der Arbeitermassen zu erwecken oder zu erziehen. Der Staatssozialismus hätte diesem Zwecke nur dann dienen können, wenn er nicht von einem konservativen oder reaktionären Staate ausging, sondern von einem Staate, der der Volksaktion entsprach. Der katholische oder christliche Sozialismus hatte wiederum mit Politik nichts zu tun, und auch die berühmte Enzyklika Leos XIII. Rerum Novarum aus dem Jahre 1891 enthielt keinerlei politischen Gedanken, wenn man sie auch schmeichlerisch als »christliche Charta der Arbeiter« bezeichnet hat. Die katholischen Demokraten, die sich z. B. in Belgien früher als in anderen Ländern als »Jungkatholiken« von den alten katholischen Parteien getrennt hatten, und die in den folgenden Jahren in anderen Ländern den Namen »*Popolari*« (katholische Volkspartei) annahmen, wiederholten gegenüber dem Sozialismus dieselbe Taktik, die die Klerikalen gegen den Liberalismus angewandt hatten: sie machten sich viele Forderungen und auch viele Mittel des Sozialismus zu eigen, um auf diesem Wege die Macht der Kirche zu steigern oder wenigstens zu erhalten. Es gab allerdings auch Katholiken, die ein unmittelbareres und tieferes Interesse für den Sozialismus und seine unausgesprochene Demokratie oder Freiheit gegenüber der Kirche selber hatten. Diese näherten sich den Modernisten und waren auf politischem Gebiete selber Modernisten.

Durch das Auftreten des echten, wirksamen Sozialismus im Reiche der Freiheit ist der Maßstab für seinen Fortschritt mit seinem Wirken für die Freiheit gegeben, wenn sich der Sozialismus selber auch dessen nicht bewußt war oder erst später oder nur in einigen seiner Apostel bewußt wurde. Was macht es, daß Lassalle an die Eroberung der Macht durch die Arbeiter glaubte, wodurch die Lohnsklaverei ihr Ende finden und Gerechtigkeit und Wohlstand für alle geschaffen werden sollte? Und was macht es, wenn er die dazu notwendige politische Aktion als »ehernes Gesetz« betrachtete, die nichts als ein abstrakt-ökonomisches Schema und keine historisch-menschliche Realität war? Was liegt daran, daß Karl Marx (der 1867 den ersten Band seines langweiligen »Kapitals« herausgab) eine fehlerhafte Theorie vom Mehrwert und ein noch fehlerhafteres Gesetz über das tendenziöse Sinken der Profitrate und eine grobschlächtige Deutung der menschlichen Geschichte vorschlug? In der Praxis und in der Wirklichkeit ist es unbestreitbar, daß Lassalle zwischen 1862 und 1864 der Arbeiterbewegung in Deutschland neuen Antrieb und die Richtung gegeben hat, daß er den Allgemeinen deutschen Arbeiterverband gründete und die Forderung nach dem allgemeinen, geheimen Wahlrecht aufstellte, das für den Aufstieg der Arbeiterschaft notwendig war. Die Einrichtung des allgemeinen Wahlrechts war dann Bismarcks Werk, der damit auf den Spuren Louis Bonapartes ging und es seinen eigenen Zielen dienstbar machen wollte. Doch die Arbeiterbewegung machte das Wahlrecht ihren Zielen dienstbar und spielte es gegen Bismarck selbst aus, und es konnte ihr auch nicht wieder genommen werden. Karl Marx bediente sich der 1864 in London gegründeten internationalen Arbeiter-Assoziation, die sich mühselig ein Jahrzehnt hindurch gehalten hatte. Er führte in diesen Verband seine eigenen Lehren ein (die er zunächst allerdings aus Klugheit mäßigte, um mit den von ihm als Vorurteile verachteten Begriffen der Gerechtigkeit und Freiheit Kompromisse schließen zu können) und stellte ein Banner auf, um das sich in Deutschland ein anderer Arbeiterverband sammelte. Diese beiden verschiedenen Arbeiterverbände, die Anhänger Lassalles und die Marxisten, die sich viele Jahre hindurch bekämpft und gegenseitig zu verdrängen versucht hatten, wurden durch den Gang der Ereignisse gezwungen, sich zusammenzuschließen. Das geschah im Jahre 1875 auf dem Kongreß zu Gotha, wo man von den rein doktrinären Thesen absah, die Ideen Lasalles mit den Gedanken von Karl Marx kombinierte und eine geschlossene deutsche Arbeiterpartei ins Leben rief. Diese Partei begann sogleich, ihre Vertreter ins kaiserliche Parlament zu schicken: zwei im Jahre 1871, neun schon 1874 und zwölf im Jahre 1877. Die steigende Anzahl sozialistischer Abgeordneter und der immer größere Stimmenzuwachs für die sozialistischen Wahlkandidaten lösten dann Bismarcks Reaktion aus. Nachdem der

Sozialismus diese Reaktion überwunden und dabei auch die sozialen Gesetze gewonnen hatte, trug er auch noch einen moralischen Sieg davon. Der neue Kaiser, der allerdings sehr bald seinen Stil wieder ändern mußte, fing an, den Arbeitern zu schmeicheln und ihren Forderungen willfährig zu sein. Vor der ganzen Welt wies er feierlich auf die Tragweite und Dringlichkeit der sozialen Frage und auf die Notwendigkeit hin, sich warmen Herzens und mit kühlem Kopf zusammentun, um mutig an die Lösung dieser Frage heranzugehen. Der Kaiser erklärte, daß die Lösung der sozialen Frage die zweite Großtat Deutschlands nach der Reformation sei, und er berief eine internationale Konferenz für Arbeitsfragen nach Berlin ein. Damals wurden Arbeiteraufstände, wie etwa die Pariser Straßenschlacht vom Juni 1848, zu einer Erinnerung an fernliegende Zeiten. Die Pariser Kommune von 1871 hatte nicht, wie sie Karl Marx aus Gründen der Propaganda und zur Einschüchterung der Besitzenden und aller furchtsamen, friedlichen Bürger darzustellen versuchte, eine neue Ära eröffnet, indem sie etwa gezeigt hätte, wie man die Diktatur des Proletariats über die Bourgeoisie herstellt und durchführt. Die Sozialismen der Vergangenheit besaßen nicht mehr die Kraft, durch ihre Beispiele die Geschichte vorwärts zu treiben oder die Verheißungen zu verwirklichen. Sie waren nur noch in der Heiligengeschichte oder der *Legenda Aurea* der Partei lebendig, wo ihre Schöpfer als »Vorläufer« verehrt wurden: von Plato und dem Urchristentum, vom mittelalterlichen Fra Dolcino und dem spätmittelalterlichen Thomas Münzer und Johann von Leiden bis zu Owen, Saint-Simon und Fourier. Diesen drei letzten heftete Karl Marx das Etikett »Utopisten« auf die Brust, das ihnen dann verblieben ist. Die neue Wirklichkeit bestand in Wahlversammlungen und parlamentarischen Vertretungen, und zwar mit allen Konsequenzen, die diese Tatsache mit sich bringen mußte, wenn das auch nur langsam zum Ausdruck kam und nicht sofort erkannt wurde.

Auf dem in der Schweiz abgehaltenen Kongreß von 1880 trennte sich der deutsche Sozialismus endgültig von den Anarchisten, die einige Jahre zuvor unter Bakunins Führung die wichtigste Ursache für den Zerfall der ersten Internationale gewesen waren. So revolutionär sich auch der von Liebknecht und Bebel geführte Sozialismus gebärden mochte, gegenüber dem Anarchismus mußte er als »gemäßigt« erscheinen. Mit der Ausschaltung des Anarchismus schloß der Sozialismus in Wahrheit, ohne sich dessen recht bewußt zu werden, den Kommunismus von sich aus. Was war denn der Anarchismus eines Bakunin anderes gewesen, als der äußerste Gegensatz zum abstrakten Kommunismus? War er nicht dementsprechend abstrakter Individualismus gegenüber der Zwangsverstaatlichung eines Karl Marx und seiner Anhänger? War nicht der Anarchismus und Individualismus die Verneinung und Vernichtung jeglicher Staatsform, und war nicht der Kommunismus eines Karl Marx, allerdings unter der Formel der Vernichtung des Staates, etwas Superstaatliches, ja Diktatorisches? Aber jede dieser beiden Auffassungen war an die andere gebunden, beide lebten voneinander. War die eine erschlafft, dann mußte ideell und substantiell auch die andere erschlaffen und dazu gezwungen sein, das am Individualismus Berechtigte in sich selber aufzunehmen, um die notwendige Befriedigung herzustellen, d. h. sie mußte sich zum Liberalismus orientieren. Ein weiterer Schritt zur notwendigen Umwandlung des Sozialismus im liberalen Sinne war der Erfurter Kongreß von 1891. Das war der erste Kongreß dieser Art nach der Aufhebung der Ausnahmegesetze, und auf ihm wurde ein in zwei Teile gegliedertes Programm ausgearbeitet. Im ersten Teile wurde an den Grundlagen der vorhandenen Zivilisation und Kultur Kritik geübt und dieser als Zukunftsideal die kommunistische Gesellschaft entgegengestellt, was mehr oder weniger rein ornamentalen Charakter hatte. Im zweiten Teil, der später als »Minimalprogramm« bezeichnet wurde, stellte man eine Reihe von praktischen Reformvorschlägen auf, die in der vorhandenen Gesellschaftsordnung durchgeführt werden konnten. Es ist klar, daß allein dieser zweite Teil politisch-aktuellen Charakter hatte, d. h. daß man mit ihm vor den anderen Parteien eigene, besondere Forderungen aufstellen und verteidigen konnte. Diese anderen Parteien konnten dann einige Teile davon annehmen oder abändern, und andere Teile zurückweisen oder vertagen, und im Laufe der Zeit würden sie vielleicht diese Forderungen sich weiter zu eigen gemacht oder sogar allen zugestimmt haben. Auf diese Weise würde dann der Sozialismus einen positiven Beitrag zum stufenweisen, gemeinsamen, sozialen Fortschritt geleistet haben. Obgleich der deutsche Sozialismus nicht nur revolutionär, sondern in Übereinstimmung mit den Schlußfolgerungen des kommunistischen Manifestes und der Idee des von Karl Marx inspirierten und geführten Arbeiterverbandes auch »international« sein wollte, wurde er in Wirklichkeit im Sinne Lassalles immer nationaler. Als Wilhelm II. seine Erwartungen nicht erfüllt sah, wandte er andere Methoden gegen die Sozialisten an. Er rief sein Volk auf zum Kampfe für Religion, Moral und Ordnung, zum Kampfe gegen die Umsturzpartei. Und im Jahre 1895 sprach er die Drohung aus, daß er seine treuen Untertanen gegen jene »vaterlandslosen Gesellen« schießen lassen werde, da diese es nicht verdienten, Deutsche genannt zu werden. In Wirklichkeit verband sich aber der Sozialismus der sogenannten vaterlandslosen Gesellen durch den logischen Zwang der Ereignisse mit dem ganzen Komplex der deutschen Ökonomie und Politik, so daß später zu seiner Bezeichnung das Wort »Sozialpatriotismus« geprägt wurde. Obgleich der Sozialismus auf Grund seiner grob materialistischen, theoretischen Vorurteile die Religion für etwas Verächtliches hielt, erniedrigte er sie im Erfurter Programm, wo er sie nicht mehr für eine Klassenlüge im Dienste der Bourgeoisie bezeichnete, zur »Privatsache«; der Sozialismus konnte sich nicht mehr an die alte Religion halten und mußte sich unbewußt zuinnerst von der neuen Religion nähren, d. h. vom Gedanken, von der Kritik und der Freiheit. Nach 1895 wurde man sich der Bedeutung dieser Dinge ein wenig bewußt, als man in der Partei das Bedürfnis empfand, die philosophischen Voraussetzungen des Marxismus von neuem durchzudenken, zur Diskussion zu stellen, zu berichtigen und unter Umständen durch andere zu ersetzen. Man erinnerte sich damals an eine andere philosophisch-ethische Tradition, nämlich an Kants Philosophie. Auf dem engeren Gebiete der politischen Doktrin kam bei einem altbewährten, orthodoxen Marxisten diese Ketzerei zum Durchbruch – bei Bernstein. Dieser gab die Parole aus: das sogenannte Endziel (die kommunistische Gesellschaft und die Abschaffung des Staates) ist nichts, die Bewegung ist alles! Die Bewegung, also das konkrete, fortschreitende Werk der Freiheit, welche dadurch, daß sie jedes andere Sonderziel will, vor allem sich selber will. Man versuchte demokratische, ja sogar historizistische Interpretationen des vielsinnigen Karl Marx und seiner wechselnden apokalyptischen und historisch-evolutionistischen Ideen, die zwischen dem Kult der Autorität und der Macht und dem Gedanken der Freiheit der menschlichen Gesellschaft hin und her schwankten. Man wies darauf hin, daß Karl Marx niemals die absolute Überlegenheit

des Sozialismus über den Kapitalismus vertreten hatte, daß er vielmehr die Überlegenheit einer ökonomischen Ordnung von den gegebenen Bedingungen abhängig gemacht hatte. Die Gestalt der Sozialisten, deren Reden man in den parlamentarischen Debatten und deren Artikel in Zeitungen und Zeitschriften verfolgen konnte, war vertraut geworden und erregte nicht mehr jenen Schauder, den die unbestimmte und geheimnisvolle Gestalt der »Internationalisten« hervorgerufen hatte, von der vor zwanzig Jahren die Rede gewesen und die man mit den »Nihilisten« verwechselt hatte, mit diesen mit Bomben bewaffneten Aposteln einer allgemeinen Vernichtung. Trotz aller theoretischen Intransigenz, die die Sozialisten in ihren Kongreßbeschlüssen an den Tag legten, waren sie in der Praxis doch zur Zusammenarbeit und zum Reformismus bereit. Und auf er anderen Seite begriff man dies sehr wohl. Der Staatssekretär Delbrück, der durchaus zugab, daß durch das allgemeine Wahlrecht und durch die Zwietracht zwischen den bürgerlichen Parteien im parlamentarischen Leben noch unerfreuliche Dinge passieren könnten, erkannte im Jahre 1913 offen an, daß der Sozialismus außer bei den Extremisten und in den Augen der Hysteriker der entgegengesetzten Parteien nicht mehr revolutionär sei. Er bestätigte diese Liberalisierung oder Demokratisierung des Sozialismus. Nur am Rande dieser Bewegung bildeten sich neue, noch unbedeutende Gruppen mit wirklich revolutionärem Temperament, aus denen später die »Spartakisten« hervorgingen, unter deren Führern sich ein Sohn des alten Liebknecht befand. Als aber der europäische Krieg ausbrach, wurden diese Unversöhnlichen vom Gros der Partei und von der offiziellen Partei einfach überrannt. In Deutschland schlossen die Sozialisten genau wie in Frankreich und Belgien ihren sogenannten »Burgfrieden« mit den anderen Parteien. Am 4. August 1914 erklärten die deutschen Sozialisten, daß sie ihre aus allen Parteien unter die Waffen gerufenen Brüder mit ihren heißen Wünschen begleiten und in der Stunde der Gefahr das Vaterland nicht im Stiche lassen würden.
Der italienische Sozialismus zeigte anfangs die gleiche Entwicklung wie der deutsche Sozialismus. Zwischen 1870 und 1890 gärten in einer ersten Periode die Überreste von Bakunins anarchistischen Aufstandsideen, zu denen noch ein immer mehr verschwindender Arbeiter-Mazzinianismus hinzukam. Schließlich nahm auch der italienische Sozialismus die marxistischen Lehren an. Es kam zur

Gründung einer Partei, die sich im Jahre 1892 ebenfalls von den Anarchisten trennte. Sie schickte Abgeordnete in die Kammer, stellte ihre Maximal- und Minimalprogramme auf und schlug durchaus legale Wege ein, wenn sie sich auch nicht den Arbeitern und Tagelöhnern entgegenstellen konnte, als diese mit der öffentlichen Gewalt in Konflikt gerieten. Und diese Partei konnte auch nicht gegen die aus lokalen Ursachen entstandenen Aufstände und Unruhen in Sizilien oder gegen die »Arbeiterzellen« (Arbeiter-Fasci) von 1892 und 1894 einschreiten. Auch diese neue, italienische Partei wurde eine Zeitlang verfolgt, weil einige ihrer Führer an den Ereignissen in Sizilien beteiligt gewesen waren, ferner auch wegen der Mailänder Unruhen vom Jahre 1898. Diese Verfolgung wurde aber rasch wieder aufgegeben, es wurden Amnestien erlassen, weil die öffentliche Meinung Italiens gegen diese Unterdrückung war und über allen Parteien ganz spontan ihre Sympathien für die Angeklagten und Verurteilten bekundete. Im Jahre 1900 wurde ein Versuch überwunden, das parlamentarische System wieder einzuschränken. So kam es zu einer langen Atempause. In Italien, einem Lande mit alter Kultur und vorurteilsfreier Intelligenz, hatte die wissenschaftliche Kritik sehr bald das philosophische, historische und ökonomische System des Marxismus zerfetzt. Diese Tatsache und die Rückwirkung der Ereignisse in Deutschland führten auch in Italien zur Spaltung der sozialistischen Partei in zwei Richtungen: die revolutionäre und die reformistische. Im Jahre 1904 kam es auf dem Kongreß zu Bologna dann wieder zu einem Kompromiß, und ein ähnlicher Kompromiß wurde 1906 auch in Rom abgeschlossen, bis schließlich 1908 auf dem Kongreß in Bologna die reformistische Richtung endgültig die Oberhand gewann. Der Ratspräsident Giolitti erklärte in der italienischen Kammer, noch bevor Delbrück ähnliche Beobachtungen in Deutschland gemacht hatte, daß die Sozialisten Karl Marx »wieder in die Rumpelkammer« getan hätten und vernünftig geworden seien. Giolitti machte seinerseits auch den Versuch, die Fähigsten unter den Sozialisten zur Regierungsarbeit heranzuziehen. Auch in Italien konnten die Sozialisten nicht international oder »vaterlandslos« bleiben. Die italienischen Sozialisten beteiligten sich nicht nur an der geistigen Vorbereitung des Krieges gegen Österreich, sondern Antonio Labriola, ihr bester Theoretiker und Schriftsteller, machte auch Propaganda für koloniale Unterneh-

mungen und für eine industrielle und kommerzielle Expansion Italiens. Die revolutionären Temperamente, die den versöhnlichen Reformismus verachteten und die Laxheit des orthodoxen Marxismus nicht mehr mitmachen wollten, gingen auch in Italien auf die Suche nach neuen, passenden Formeln. Sorel schlug mit seinem Syndikalismus eine solche neue Formel vor. Er wollte seinen Sozialismus dem Urchristentum anpassen und gab ihm die Aufgabe einer Erneuerung der Gesellschaft von den tiefsten moralischen Wurzeln her. Sorel riet dazu, ähnlich wie die Urchristen das Gefühl der »Trennung« von der bestehenden Gesellschaft zu pflegen, alle Beziehungen zu den Politikern abzubrechen, sich in die Arbeitersyndikate abzuschließen und vom »Mythus« des Generalstreiks zu leben. Das war die Konstruktion eines Dichters, der nach moralischer Strenge und Aufrichtigkeit verlangte, der die gegenwärtige Wirklichkeit mit pessimistischen Augen ansah und mitten in dieser Wirklichkeit kühn nach einer verborgenen Quelle suchte, aus der reines, frisches Blut sprudeln könnte. Bei der allerersten Probe mit der Realität verflüchtigte sich diese Poesie sehr schnell, und das sogar vor seinen eigenen Augen. Die offizielle sozialistische Partei hatte sich im Jahre 1912 auf dem Kongreß von Reggio Emilia vom Reformismus getrennt und war unentschlossen zwischen revolutionären und gemäßigten Tendenzen steckengeblieben. Als der europäische Krieg ausbrach, war sie diesem Ereignis geistig nicht gewachsen. Sie war unfähig und auch nur wenig gewillt, die Beteiligung Italiens am Kriege zu hindern. Die sozialistische Partei blieb unschlüssig und schnitt sich damit selber den Weg zum nationalen Leben und auch zum internationalen Leben ab.
Der französische Sozialismus stieß auf weniger Hindernisse und Schwierigkeiten, um mit dem Liberalismus zusammengehen zu können. Die marxistische Dialektik der Geschichte und der Klassenkämpfe, die Theorie von der Struktur, dem Überbau und einer idealen Welt als Maske rein ökonomischer Interessen, die strenge Ablehnung aller Begriffe und Gefühle anderer Parteien, die als »bourgeois« zu verdammen waren, die Notwendigkeit, die Produktivkräfte der bourgeoisen Kultur auf die Spitze zu treiben, um sie auf diesem Wege der Vernichtung preiszugeben und den Weg zur Umkehr in ihr Gegenteil freizumachen, – alle diese Dinge waren für ein Volk wie die Deutschen geeignet, die sehr theoretisch eingestellt sind und komplizierte Theorien lieben, aber sie konnten bei

den Franzosen keine Wurzel fassen. Die revolutionäre Tradition des französischen Sozialismus bestand in Blanquis Aufstandsidee, der sich von der Besitzergreifung des Regierungssitzes die Reform der Gesellschaft durch eine vernünftige Gesetzgebung versprach. Diese Tradition hatte aber alle ihre Kraft verloren, alle an sie geknüpften Hoffnungen waren zunichte geworden durch die militärischen Exekutionen und Deportationen, die auf die Pariser Kommune folgten, durch den auf viele Jahre verlängerten Belagerungszustand und das Verbot zur Verbreitung der Internationale. Dazu kam noch die Erinnerung an die während des ganzen 19. Jahrhunderts von den aufständischen Arbeitern immer wieder erlittenen Niederlagen. Als die Republik gefestigt war, wurde endlich der Belagerungszustand wieder aufgehoben und den Überlebenden der Kommune eine Amnestie gewährt. Da konnte man endlich wieder an die Arbeiterprobleme herangehen, und die Republikaner der äußersten Linken und auch die Radikalen nahmen in ihre politischen Programme das sogenannte »soziale Programm« mit auf, das etwa dem »Minimalprogramm« in Deutschland entsprach (rechtliche Anerkennung der Syndikate, gesetzliche Beschränkung der Arbeitszeit, Arbeiterversicherung, später auch progressive Einkommensteuern, Rückkauf der Bergwerke und Eisenbahnen, das Volk in Waffen, gewählte Richter usw.). Die Sozialisten fanden daher in den Republikanern und Radikalen Verbündete und Mitarbeiter, vorausgesetzt, daß sie nicht auf der künftigen Gesellschaftsordnung des Kommunismus und ähnlichen Begriffen des Marxismus bestehen würden. Neben einer marxistischen Gruppe um Guesde-Lafargue, die eine Arbeiterpartei gegründet hatte, bildete sich um Allemane und andere Führer im Jahre 1881 eine andere, bedeutendere Arbeiterpartei von Sozialisten, die sich selbst als »Possibilisten« bezeichneten, weil sie in der Gegenwart praktisch mögliche Reformen verlangten. In diesem Programm war implicite auch die Mitarbeit im Parlament und nötigenfalls sogar in der Regierung vorgesehen. Als Jaurès zum Abgeordneten gewählt worden war, entwarf er im Jahre 1895 den Plan einer parlamentarischen, sozialistischen Partei, die mit den Radikalen zusammengehen sollte. Wenn Guesde, der Führer der marxistischen Gruppe, zur Zeit Boulangers im Stile der Schule erklärt hatte, daß der Kampf zwischen den bürgerlichen Parteien dem Proletariat gleichgültig sein könne, so nahmen die neuen Sozialisten zusammen mit den Republikanern lebhaften

Anteil an der Affäre Dreyfus, d. h. sie kämpften gegen die Klerikalen, Militaristen und Reaktionäre für die weltliche, liberale Sache. Nach der Krise von 1899 kam der Sozialist Millerand mit Waldeck-Rousseau in die Regierung und bekam das Industrie- und Handelsministerium. Dieser Fall brachte die Konstruktionen der marxistischen Schule in Verwirrung. Auf dem Kongreß oder vielmehr dem Parteikonzil von Dresden verurteilte man ihn, was, um die Einheit der Partei nicht zu brechen, auch von anderen Versammlungen in Frankreich bestätigt wurde, und zwar gerade von denen, die aus der Notwendigkeit, die bedrohte Republik zu verteidigen, am liebsten ihre Zustimmung gegeben hätten, da das ja auch eine Probe für die Reife der sozialistischen Partei zum Regierungsantritt war. Das führte schließlich zur Trennung der französischen sozialistischen Partei von der sozialistischen Gruppe im Parlament und von den Unabhängigen. Bei den Wahlen von 1902, in denen um die Auflösung der religiösen Orden und die Kirchenpolitik gekämpft wurde, gingen die Sozialisten ein Bündnis mit den linken Parteien ein, was ihnen einen überwältigenden Sieg einbrachte. Im Jahre 1906 trat Briand aus der sozialistischen Partei aus, um am Ministerium Sarrien teilnehmen zu können. Und ein Jahr darauf wurde der Sozialist Viviani Arbeitsminister.

Die Wirkung des Marxismus in England war absolut unerheblich, obwohl Karl Marx gerade dort seine Lehre ausarbeitete und von dort aus die Internationale leitete; die von Hyndman um 1884 gegründete marxistische, sozialdemokratische Föderation fand nur wenig Anklang. Statt dessen fanden Georges Theorien über die Nationalisierung des Bodens leidenschaftliche Zustimmung, was ja in einem Lande ganz natürlich ist, wo ein Drittel des gesamten Grundes und Bodens der Aristokratie gehörte, die diesen zu Weiden, Parks, Jagdgebieten und Spielplätzen benutzte. In England hat man niemals den Versuch gemacht, den Sozialismus zu unterdrücken oder zu verfolgen, und es waren auch keine großen Anstrengungen und Bemühungen notwendig, um ihn im Liberalismus aufgehen zu lassen, denn die mit der Arbeit zusammenhängenden Probleme fügten sich in England von Anfang an ganz spontan in den Rahmen der englischen Gesellschaft und Politik ein. Liberale und Konservative bemühten sich, die sozialen Fragen zu lösen, und ließen wenig Raum für einen besonderen, wirksamen Sozialismus. Von liberalem Geist erfüllt war der Sozialismus der Fabier vom

Jahre 1883, der, wie schon der Name besagt, unvorhergesehene und radikale Umwälzungen ausschloß und statt dessen dazu riet, durch die Tat die natürliche Entwicklung der Dinge zu beschleunigen, da diese von selbst schon sich von der zügellosen Konkurrenzfreiheit entfernte und zu einer sozialen Ordnung der Produktion hinsteuerte. Ebensowenig marxistisch, sondern reformistisch war die unabhängige Arbeiterpartei von 1893. Die Arbeiterverbände erstrebten nur das Notwendige, das auch zu verwirklichen war. Bernstein, der lange Zeit in London gelebt hat, gewann aus allem, was er in England sah, die Anregung, nach diesem Beispiel den Marxismus und die Sozialdemokratie in Deutschland zu reformieren, wo – wie er im Jahre 1899 schrieb – kein verantwortlicher Sozialist mehr von einem nahe bevorstehenden Sieg des Sozialismus durch eine große Katastrophe träumte, wo keiner mehr an eine Eroberung des Parlaments durch das revolutionäre Proletariat glaubte, wo die sozialistische Arbeit vielmehr immer mehr in die Rathäuser und autonomen Verwaltungskörper verlegt wurde, die man nun nicht mehr verachtete, wo überall enge Beziehungen zur korporativen Bewegung entstanden.
Einen ähnlichen Verlauf der Dinge und ein ähnliches Schicksal des Sozialismus konnte man in Belgien, in der Schweiz, in Österreich-Ungarn, in Holland und in den skandinavischen Ländern feststellen. Der Liberalismus hatte ganz allmählich einen ideellen Sieg über den Sozialismus davongetragen. Er hatte ihn in seinen ureigensten Bereich hineingezogen, hatte ihn von der Notwendigkeit einer Zusammenarbeit überzeugt, hatte ihn von den phantastischen Hoffnungen auf das tausendjährige Reich abgebracht und auf die Gegenwart hingelenkt, ja, er hatte seinen materialistisch-simplizistischen Geist historisch und human gemacht. Man konnte in dieser inneren Wandlung des Sozialismus, die eine Niederlage zu sein schien, nur einen Sieg erblicken. Damals wurde der Sozialismus der wichtigste Gegenstand aller Staatsmänner und überhaupt aller Menschen, die für Politik Interesse haben. Der Sozialismus hatte auf seiner Seite die Blüte der jugendfrischen Geister und aller edlen Leidenschaften der Jugend; die ganze Literatur, der Roman, das Drama, die Lyrik waren von ihm erfüllt. Ein englischer Politiker dieser Zeit hat einmal gesagt: »Heute sind wir alle Sozialisten!« Man ging mutig ans Werk, um das Wahlrecht oder das allgemeine Wahlrecht noch mehr zu erweitern, damit die Bedürfnisse der

Arbeiter ihre Vertreter fänden und sich in die anderen Bedürfnisse der Gesellschaft eingliedern könnten, und um die Egoismen der Unternehmer und Arbeitgeber und der Reichen zu geißeln, damit jene soziale Klasse durch Diskussionen, Wahlen und Syndikate ihren politischen Sinn und das Verantwortungsgefühl entwickeln solle. Die Gesetze über den obligatorischen Schulunterricht und gegen das Analphabetentum, über Abend- und Sonntagsschulen und Volkshochschulen widerlegten durch die Tat jene Anklage, daß die »Bourgeoisie« das Volk mit Absicht in »Unwissenheit« halten wolle. Ein paar mehr lächerliche als hassenswerte Reaktionäre mochten vergebens grollen und um die verlorenen guten, alten Zeiten jammern. Man war ganz allgemein bereit und guten Willens, soziale Maßnahmen vorzuschlagen, zu fordern und anzunehmen. Und zwar nicht aus konservativen Hintergedanken heraus (was übrigens immer noch lobenswert wäre, wenn dadurch der soziale Friede und die Rettung des gesamten Erbgutes der gemeinsamen Kultur vor Katastrophen und wiederkehrenden Barbareien erreicht würde), sondern aus einer ernsten Anerkennung des Rechtes. Bismarcks Gesetze über die Alters-, Kranken- und Invalidenversicherungen und über das Gesundheitswesen wurden allmählich auch in allen anderen Staaten eingeführt. Es folgten in wechselndem Tempo in Deutschland und auch in anderen Ländern Gesetze über die Rechte und Pflichten der Arbeitnehmer und Arbeitgeber, über die Nachtarbeit, die für Kinder und Frauen gänzlich verboten oder eingeschränkt und auch für die anderen Arbeiter geregelt wurde, ferner Bestimmungen über die wöchentlichen Arbeitsstunden und Ruhetage und über die Herabsetzung der täglichen Arbeitszeit. Um 1890 kam die Forderung nach dem Achtstundentag auf, und tatsächlich wurde auch die Arbeitszeit eingeschränkt, die in vielen Fabriken bis zu vierzehn Stunden am Tag betragen hatte. In England hatte man zu Disraelis Zeiten die wöchentliche Arbeitszeit auf vierundfünfzig Stunden festgesetzt, und 1904 wurde in Frankreich die tägliche Arbeit auf zehn Stunden eingeschränkt. Man erließ Gesetze über die Heimarbeit, die Arbeiterwohnungen, über die Bevorzugung von Arbeitergenossenschaften bei der Vergebung öffentlicher Arbeiten und ähnliches. Die Trade Unions, Syndikate, Arbeiterföderationen und Berufsverbände wurden rechtlich anerkannt. Bei den Ministerien wurden besondere Arbeitsräte und Abteilungen für Arbeiterfragen eingerichtet, und schließlich wurden sogar Arbeitsministerien gegründet. So geriet auch jene andere Anklage ins Wanken, die man nach Thomas Mores Ausspruch als *coniuratio divitum* bezeichnet hatte, oder die Vico so ausgedrückt hatte, daß das Vaterland *(patria)* die *res patrum* sei. Aber auch die modernsten Theorien über den »Klassenkampf« und die »Bourgeoisie« als herrschende Klasse, die nur ihren eigenen Interessen diente und den Arbeitern versperrt sei, waren nicht mehr aufrechtzuerhalten. Diese angeblich antisozialistische »Bourgeoisie« war in Wirklichkeit eine unparteiische Kultur, die Schöpferin neuer Lebensformen, sie und kein anderer (also weder das Proletariat noch die Bourgeoisie im ökonomischen Sinne dieser Worte), hatte den Sozialismus ins Leben gerufen, und sie fuhr fort, ihn großzuziehen. Schon 1897 war es möglich gewesen, eine besondere »Bibliographie der Sozialpolitik« aufzustellen. Im Jahre 1900 entstand die internationale Gesellschaft für Arbeiterschutzgesetze, die ihren Sitz in Basel hatte. 1904 schlug Frankreich als erstes Land eine internationale Arbeitergesetzgebung vor, wozu Italien als erster Staat seine Zustimmung gab. An diesem Erziehungsprozeß des Volkes waren in gleicher Weise der politische Sozialismus und die unpolitischen oder nur wenig politischen Staats- und Kathedersozialisten und die katholischen, christlichen und kooperativistischen Sozialisten beteiligt, die alle von diesem Strome mitgerissen waren. Im Jahre 1889 wurde auf einem internationalen Kongreß der erste Mai zum Arbeiterfesttag erklärt, um die Forderung des Achtstundentages durchzusetzen. Der 1. Mai erregte zunächst als internationaler Feiertag für die Weltrevolution Befürchtungen und Besorgnisse, er wurde in den ersten Jahren auch verweigert und führte zu Demonstrationen und Konflikten, aber dann verlief er ruhig, wurde von niemandem behindert und fand Eingang in die allgemeinen Sitten. Es entstand ein neuer Arbeitertyp, den man anfänglich als entwickelten und bewußten Arbeiter belächelte. Es war aber der Typ eines Arbeiters, der von rechtlichen Garantien aller Art geschützt war, die von Tag zu Tag weiter ausgebaut wurden. Alle jene Menschen, die immer noch den Sozialismus in eine ferne oder nahe Zukunft verweisen wollten, die dachten, daß er mit einem Schlag und dann ein für allemal verwirklicht werden würde, sahen und verstanden nicht, was um sie herum geschah. Ihnen hätte man antworten können, daß der Sozialismus in der Gegenwart vorhanden ist, daß er »im Werden« begriffen ist und immer im

Werden sein wird, so wie aller Geist und alles Schaffen des Menschen, ja die ganze Welt selbst nichts Seiendes ist, sondern ewiges Werden.
Die sozialistische Bewegung und die als wichtigste Folge daraus hervorgehenden sozialen Maßnahmen trugen ungewollt zu einer Lockerung jener ein halbes Jahrhundert alten, engen Beziehungen bei, die fast schon zu einer Identität geworden waren: zwischen Liberalismus und Liberismus, zwischen Moral und Ökonomie, zwischen ethischen und ökonomischen Einrichtungen. Anfangs hatte es geschienen, daß der Weg zum Heil, den die Freiheit dem moralischen und politischen Leben der Völker eröffnet hatte, durch die freie Konkurrenz auf dem Gebiete der Ökonomie aufgetan werden sollte. Zu dieser Schlußfolgerung hatte der jugendliche Impuls der europäischen, besonders aber der englischen Industrie- und Handelswelt beigetragen. Auf dieser rein zufälligen Erfahrung wollte man eine Lehre vom absoluten Wert mit einem fast religiösen Akzent begründen, doch von Anfang an hatte es Skeptiker und Kritiker gegeben, die diesen Dingen nicht recht trauten. Als es aber mit diesem jugendlichen Zeitalter zu Ende ging und die ökonomischen Bedingungen sich geändert hatten, als die Hoffnungen auf ein spontanes Verschwinden der »sozialen Frage« durch das Wunder der freien Konkurrenz nicht erfüllt wurden, da mußte man es erleben, wie aus dem Kern des Liberismus selbst in Form von Kartellen und Trusts das Monstrum des Monopolismus hervorwuchs. Man stand erneut den sozialen Problemen gegenüber und mußte diesen nunmehr nicht nur mit dem ökonomischen Freihandel, sondern mit ethisch-politischen Kräften begegnen, die auch jene Mittel ihren Zielen dienstbar machen, die sie benutzen, wenn sie nützlich sind, und sie mildern oder beiseite tun, wenn sie nicht nützlich sind, sondern Schaden stiften. Diese Einsicht und Bekehrung konnte man zur Zeit des Verfalls der alten Schule des Manchestertums ganz besonders in England beobachten, wo die alten Gegner mit neuen, modernen Gesichtspunkten wieder auferstanden, die völlig anders waren als zur Zeit des Kampfes um den Getreidezoll. Ihr repräsentativer Vertreter war Disraeli. Es war nicht nur die Notwendigkeit, die Arbeiterklassen zu schützen, was zur früher verachteten Intervention des Staates führte. Dazu trug auch die Notwendigkeit der Staaten bei, sich im Hin und Her der Weltwirtschaft aus Gründen der Sicherheit und der Versorgung und Waffenbeschaffung im

Kriegsfall eine gewisse ökonomische Autonomie zu bewahren. Man mußte den Ruin gewisser sozialer Klassen verhindern, deren Aufgabe im Leben der Völker nicht zu ersetzen war, man mußte allzu häufige und allzu heftige Erschütterungen der sozialen Ordnung vermeiden, um die nationalen Industrien zu erhalten und um mehr oder weniger dringende Finanzfragen regeln zu können. Die Intervention des Staates zum Nutzen der arbeitenden Klassen führte daher mehr oder weniger zum Protektionismus, durch den das Interesse der Arbeiterklasse zuweilen geschädigt und dann wieder auch begünstigt wurde (es wurden dadurch immer Interessen dieser oder jener Klassen geschädigt oder begünstigt). Dieser Protektionismus schien jedoch für das Gesamtwohl und für die Ruhe des Landes nützlich zu sein. Auch in diesen Dingen ging Deutschland unter Bismarcks Führung als eines der ersten Länder mit seinem Beispiel voran: durch den Zolltarif von 1879. Es folgten auf diesem Wege fast alle anderen Staaten außer England, das sich noch ungefähr auf der liberistischen Linie halten konnte. Aber der Protektionismus wurde in diesen Zeiten durch die Handelsverträge gemildert und behinderte daher im allgemeinen weder die Industrie noch den Handel. In den Auseinandersetzungen über die Bevorzugung des Protektionismus oder des Liberalismus wird, wenn man dem einen oder dem anderen Prinzip die absolute Wahrheit zuerkennen will, ganz offenbar ein Grundirrtum begangen, weil auch Liberismus und Protektionismus zwei Gesichtspunkte eines und desselben Verhältnisses sind. Wenn man das eine oder das andere Prinzip empfehlen will, kann man das tatsächlich nur mit Formeln tun, die einen rein empirischen Wert besitzen. Alle diese Fragen müssen in der Praxis von Fall zu Fall gelöst werden, je nach den verschiedenen und wandelbaren historischen Situationen. Nur so kann man das Richtige finden, das stets im ökonomisch Nützlichsten bestehen, aber niemals durch abstrakte ökonomische Betrachtungen bestimmt werden wird.

Der fast schwindelerregende industrielle Aufschwung Europas nach 1890, die technischen Erfindungen und deren Anwendung, die Verschiedenartigkeit der Produktion, die Ausbreitung des Handels und die immer schneller werdenden Transportmittel, – das alles sind Dinge, die jedermann bekannt sind und in dieser Darstellung vorausgesetzt werden können, da diese nur das geistige, moralische und politische Leben im Auge hat. Das geistige Leben schuf die

Voraussetzungen für diese wunderbare Tätigkeit und Produktivität, es fand seinerseits die Mittel und Wege dazu. Als Beispiel mag der Bevölkerungszuwachs in Europa dienen: zu Beginn des 19. Jahrhunderts waren es einhundertachtzig Millionen gewesen, die gegen Ende des Jahrhunderts auf vierhundertfünfzig Millionen angewachsen waren, wobei die nach Amerika und in andere Erdteile gegangenen Auswanderer nicht mitgerechnet sind. Allein die Vereinigten Staaten von Nordamerika, die um 1800 fünf Millionen Einwohner zählten, waren um 1900 auf siebenundsiebzig Millionen angewachsen. Man werfe einen Blick in irgendeine beliebige Statistik, und man wird Zahlen finden, die dieses Schicksal mit Tatsachen beleuchten und ebenfalls als Symbol dienen können. Belgien zum Beispiel hatte in seiner Industrie um 1850 ein Kapital von drei Millionen investiert, das um 1913 auf sieben Milliarden angewachsen war; der Hafen von Antwerpen hatte um 1840 einen Umschlag von zweihundertvierzigtausend Tonnen und 1914 schon vierzehn Millionen Tonnen. Die Weltproduktion von Steinkohle hatte um 1860 einhundertdreißig Millionen Tonnen betragen und war in den letzten Jahren des 19. Jahrhunderts auf sechshundertfünfzig Millionen Tonnen gestiegen. Auch die Kolonialexpansion hatte nach 1880 einen rasenden Aufstieg genommen. Fast alle Staaten wurden vom Verlangen nach Kolonien ergriffen und wollten England nacheifern, das damals sein über ein Viertel der Erde ausgedehntes Kolonialreich ordnete, festigte und immer noch weiter ausbreitete. Frankreich vergrößerte sein Kolonialreich von einer Million auf etwa zwölf Millionen Quadratkilometer mit fünfzig Millionen Einwohnern. Deutschland, das bis 1884 noch keine Kolonien besessen hatte, errang durch die Erwerbungen in Afrika und in Ozeanien und von einem Hafen im Fernen Osten den dritten Platz unter den Kolonialmächten. Italien besetzte Eritrea und später auch Tripolis. Belgien gewann durch die Tätigkeit König Leopolds II. den Kongo. Spanien verlor zwar Kuba und die Philippinen, diese letzten Reste seines alten Kolonialreiches, aber es setzte sich in Marokko fest. Rußland breitete sich immer weiter in Asien aus. Und auch die Vereinigten Staaten von Nordamerika begannen nach 1896 mit ihrem Imperialismus. Das Gefühl, das zu diesen Unternehmungen führte, war aus recht verschiedenartigen Motiven zusammengesetzt; teils waren es reale, teils eingebildete ökonomische Vorteile. Auch politischer Macht- und Prestigegewinn und nationale Eigenliebe führten zu dem Wunsche, die eigene Sprache, Kultur und Sitten auch in anderen Teilen der Welt auszubreiten. (*»La France«*, erklärte 1885 der Kolonialanhänger Ferry, *»ne veut pas être seulement un pays libre mais un grand pays qui répand, partout où il peut les porter, ses moeurs, sa langue, ses armes, son drapeau, son génie.«)* Aber schließlich ging dieser ganze Drang zur Kolonialexpansion aus einer stärkeren Liebe für die Menschheit und für eine universale Kultur hervor. England gab seinem Weltreich einen liberalen Charakter. Es willigte darein, daß die kräftiger entwickelten Teile dieses Reiches wie Kanada, Australien, Neuseeland und Südafrika zu *dominions* erklärt wurden und dadurch liberale, demokratische Institutionen, eigene Gesetze, eine eigene Regierung, autonome Handelsbeziehungen und ein eigenes Heer erhielten. Einige *dominions* verlangten sogar schon eine eigene Flotte. Alle diese Teile des Reiches wurden auf ganz spontane Weise mit dem Mutterlande zusammengehalten: durch gemeinsame Interessen, die gemeinsame Sprache und Tradition und schließlich aus ideeller Übereinstimmung. Die Ökonomie wurde tatsächlich zur Weltwirtschaft. Europa ernährte sich von Getreide, das aus anderen Erdteilen kam, da die eigene Produktion nicht mehr genügte und teils durch andere Kulturen, teils durch andere Bodennutzung ersetzt worden war.

Mit der Steigerung der Produktion und des Reichtums hielt der allgemeine Wohlstand gleichen Schritt. An einigen Stellen und in einigen Bevölkerungsschichten gab es zwar vorübergehend noch Not und Elend, die durch die Nachbarschaft des Wohlstandes nur noch unerträglicher gemacht wurden. Durch die Schnelligkeit der ökonomischen Umwälzung wurde das Elend auch noch verschärft. Überall konnte man eine Veränderung des Verhältnisses der Land- zur Stadtbevölkerung beobachten. Die Konzentration und das Anwachsen der Industrie führte zu einer Verringerung und fast zu einer Ausrottung der Handwerker und Kleinbauern. Statt dessen wuchs eine starke Schicht von Technikern und Industrieangestellten heran. In allen sozialen Klassen nahm die Bildung zu, man las sehr viel und zumeist sogar in verschiedenen Sprachen; dank dem Telegraph und Telephon konnten die Zeitungen täglich, ja fast stündlich über das Leben und Treiben in allen Teilen der Welt berichten. So kam es vor, daß eine in einem einzigen Lande entstandene Auseinandersetzung und Polemik über eine Frage die Geister in allen Ländern in Erregung versetzte, wie dies bei der Affäre Dreyfus der Fall war.

Über dieses arbeitsreiche Zeitalter, das sich eines langen Friedens erfreute, wie ihn Europa noch nicht erlebt hatte, ist dennoch das Urteil gefällt worden, welches nun auch schon Eingang in die Werke der Historiker gefunden hat, es sei ein »prosaisches« und zugleich »skeptisches und unbefriedigtes« Zeitalter gewesen. Dieses Urteil klingt jedoch nur dann merkwürdig und unangebracht, wenn man es nicht mit der geistigen Krise in Verbindung bringt, die nach 1848 eingesetzt und nach 1870 ihren Höhepunkt erreicht hatte, wie wir das oben beschrieben haben. Zu all der praktischen Tätigkeit, die sich in der liberalen Ordnung vollzog und große Wohltaten mit sich brachte, fehlte das hohe Bewußtsein dieser Tätigkeit, die deren Bedeutung verstehen und ihr hätte unschätzbaren Wert verleihen können. Der religiös-ethische Impuls war ermattet, es war die Fähigkeit verlorengegangen, die notwendigen Begriffe zu schaffen, das innere Leben des Gewissens war abgestorben, in dem allein Schmerz, Trauer und Angst sich läutern und tröstliche Kräfte der Erneuerung hervorbringen können. Deutschland war gegen Ende des 18. und in den ersten Jahrzehnten des 19. Jahrhunderts das philosophische Athen der modernen Welt gewesen, es hatte nach zwei Jahrtausenden Geschichte der ganzen Menschheit eine reiche, originale und mannigfache Ernte auf dem Gebiete der Spekulation und des Denkens geschenkt. Man glaubte damals, daß es mit seiner Erhebung zu einer großen, politischen, nationalen Macht neue Früchte der Spekulation hervorbringen würde, – und statt dessen sank es herab, verarmte geistig, es verlor sein hohes Amt, das Denken und Wissen aller Völker zu befruchten. Die deutschen Wissenschaftler arbeiteten ganz gewiß unverdrossen weiter, und ihre Gelehrsamkeit war gewaltig, aber es gab keine Geistesblitze mehr. Deutschland ließ das Gebiet seines geistigen Erbgutes, das ganze Werk des klassischen Zeitalters, brachliegen, vergaß es und verachtete es gar. In dem Vaterlande eines Kant und eines Hegel gab es auf dem schon recht eng gewordenen Gebiete des Geistes Neokritiker, Psychologen, Physiopsychologen und ähnliche würdige Persönlichkeiten, die gewiß alle von gutem Willen geleitet waren, aber keine Kraft und keinen Mut mehr besaßen und nur das Feld abgrasten. In anderen Ländern hatten Männer wie Spencer und Ardigò große Erfolge, und ein leerer Positivismus und Evolutionismus sorgte für die Einschläferung der Geister. Und wenn man die Freiheit theoretisch verteidigte, dann waren alle diese Verteidigungstheorien empirisch und oberflächlich, wie z. B. in Stuart Mills berühmtem Buche. Das Herdfeuer des Geistes war verloschen, und nur in vereinzelten Seelen glimmten noch ein paar Funken fort. Der allgemeine Ton war prosaisch geworden, und es war alles Flickarbeit. Man jammerte darüber, daß es in den neuen Generationen keine Helden der Revolution mehr gab, wie etwa Mazzini und Garibaldi, und auch keine Helden der Politik, wie Cavour und Lincoln. Diese Klagen waren jedoch nichts weiter als enttäuschte Einbildungen, denn man hätte in den Zeiten der Ruhe gern einen Steuermann bewundert, der in einem wilden Sturm das Schiff mit sicherer Hand in den schützenden Hafen geführt hätte. Man war also ungerecht gegenüber dem nützlichen und edlen Wirken der neuen Männer, die den neuen Zeiten entsprachen. Die französischen Literaten ergossen besonders gern ihren Hohn, Spott und ihre Wut über die Politiker und Staatsmänner der dritten Republik, und Henry Becque schleuderte ihnen im Jahre 1896 die Antwort entgegen: daß ohne diese Politiker und Staatsmänner alle diese Literaten Sklaven geworden wären oder im Gefängnis geendet hätten wie etwa unter dem zweiten Kaiserreich; er sagte, daß er selber, wenn er die Wahl zwischen jener politischen oder literarischen Arbeit der letzten zwanzig Jahre gehabt hätte, mit gutem Gewissen der politischen Arbeit den Vorrang gegeben hätte. Man muß bei all dem jedoch anerkennen, daß damals die wirklichen Dichter, Denker, Seher und Propheten nur sehr selten waren, nicht gehört wurden und keinerlei Wirkung hatten, während doch sie allein dem Krieg der Geister und dem Kampfe im Herzen der Menschen Licht und Wärme verleihen, jenem Kriege, der in allen Zeiten und unter allen Bedingungen ohne Pause durchgekämpft wird und stets der Hilfe und Führung solcher Menschen bedarf. Es fehlte damals nicht an tüchtigen Physikern, Naturwissenschaftlern und Soziologen, aber diese konnten nicht die echten Denker und Dichter ersetzen, sie konnten eben nur der Technik dienen und nicht all dem, was über oder hinter der Technik steht.

An der Art, wie die durch den Gang der Ereignisse in der Gesellschaft und in der Politik vollzogenen Wandlungen aufgenommen und kritisiert wurden, kann man die geistige Kurzatmigkeit und Mutlosigkeit erkennen, aus denen dann eine Bereitschaft zum Pessimismus erwuchs. Man hatte nicht den Mut und die geistige Sicherheit, Beschlüsse durchzuführen. Die Utopie des *laisser faire,* der absolute ökonomische Liberismus als Allheilmittel gegen die sozialen Übel war durch die Tatsachen selbst Lügen gestraft worden. Anstatt aber in dieser Doktrin das Wahre vom Utopischen zu trennen und dann diese Wahrheit in Ehren zu halten und, wie man das mit jeder Wahrheit tun muß, in jenen Grenzen anzuwenden, die sie selber garantieren, jammerte man nur darüber, daß der Glaube und die Hoffnung auf den Liberismus vernichtet worden waren. Man machte nicht einmal den Versuch, diese Lehre durch eine andere oder durch die Staatsintervention und den Protektionismus zu ersetzen, denn man hatte auch dessen schwache Seiten und Gefahren kennengelernt. So blieb man aus Angst mitten zwischen zwei entgegengesetzten Thesen stecken, ohne einen Ausgleich zu finden. Da man aus Denkträgheit den Begriff des Liberismus mit dem Liberalismus verbunden hatte, führte das Mißtrauen gegen die liberistische Formel auch zu einem Mißtrauen gegen die Wahrheit der politischen Freiheit, deren Begriff doch einer anderen, höheren Ordnung angehört. Die Tatsache ferner, daß der politische Kampf nicht mehr nach dem alten Schema von nur zwei Parteien geführt wurde, die sich nach dem klassischen Gegensatz von Konservativismus und Fortschritt gegenüberstünden, sich bekämpften und sich gegenseitig die Regierung streitig machten, führte zu dem allgemeinen Urteil, daß das parlamentarische System organisch krank sei und dem nahen Tode entgegenginge. Man hatte es für eine ebenso notwendige Voraussetzung des parlamentarischen Lebens gehalten, daß sich schematisch zwei Parteien gegenüberstehen müßten, die eben in dieser Weise arbeiteten. Man hätte sich lieber darüber Rechenschaft geben sollen, daß eine so klare Unterscheidung und Gegenüberstellung die Zeiten der Entstehung und Festigung der Freiheit und deren erste Schritte widerspiegelte, aber nicht mehr den Dingen gerecht werden konnte, als die zu lösenden Probleme viel verschiedenartiger und spezifizierter geworden waren. Die Zusammensetzung der parlamentarischen Vertretungen selbst war dadurch viel verschiedenartiger geworden, und dementsprechend mußten auch die politischen Kombinationen und Gruppierungen viel bunter werden. Dabei war nicht zu befürchten, daß die Motive des Konservatismus und des Fortschritts, der Vergangenheit und der Zukunft, der Geschichte und des Lebens verschwinden würden; denn das sind zwei ewige Momente, die unter den verschiedensten, besonderen Formen immer wieder zur Wirkung kommen. Die »Notabeln«, jene liberalen Aristokraten, die früher unter dem beschränkten Wahlrecht die Wahlen geleitet und die Kandidaten ernannt hatten, und die jetzt bei dem erweiterten oder allgemeinen Wahlrecht diese Aufgabe nicht mehr erfüllen konnten, waren verschwunden. Dadurch wurden jedoch die Wahlen selber nicht, wie man wähnte, dem Zufall oder Demagogismus preisgegeben, denn praktisch handelte es sich darum, für neue Bedingungen neue Methoden zu finden. Und diese neuen Methoden hoben sich bereits langsam vom Hintergrund ab und bestanden ihre ersten Proben. Man mußte die Geschichte der Vergangenheit sehr idealisiert haben, wenn man sich darüber wunderte, daß bei den Wahlen Intrigen, Betrug, Kuhhandel und Mißbräuche vorkamen, und man mußte blind sein, wenn man nicht sah, was für schlimmere Dinge noch in dieser Hinsicht damals in der großen, amerikanischen Republik geschahen, – das alles wurde jedoch durch die spontanen, moralischen Kräfte der öffentlichen Meinung wieder in Ordnung gebracht und unschädlich gemacht. Es war nur natürlich, daß nach der Erweiterung des Wahlrechts in den Parlamenten ein anderer Menschentyp aufkam, daß die Haltung, die Sitten und die Beredsamkeit andere und nicht immer bessere Formen annahmen. Man hätte darüber aber nicht vergessen sollen, daß auch in diesen oft vulgären Formen und Haltungen die Garantie der Freiheit für alle bestand. Mochten die Dinge auch noch so unvollkommen sein, das konstitutionelle, liberale Leben, wie es etwa in Spanien unter Alfons XII. oder Alfons XIII. bestand, war immer noch besser, als das politische Leben zur Zeit Ferdinands VII. oder unter dem Carlismus. Statt aus all diesen Dingen die Schlußfolgerung zu ziehen, daß die Institution des Parlaments abgeschafft werden müßte, handelte es sich auch hier nur um die Frage, wie man (was in der Praxis ja auch geschah) jene Versammlungen richtig leiten und führen könne. Sie waren ja nicht allzu sehr verschieden von den Volksvertretungen aller Zeiten, die stets unbelehrbar, beeinflußbar, verworren und der Korruption ausgesetzt sind, die einen Meister nötig haben, der mit ihnen umzugehen versteht. Man gefiel sich darin, große Entdeckungen zu machen, etwa die »Lüge« der Wahlen und der Parlamente, während in Wahrheit keine andere Lüge vorhanden war, als jener Unterschied zwischen rechtlicher Form und historischer Wirklichkeit, die mit jener Form nicht übereinstimmt, weil sie ja gerade regulieren soll, was jedoch nur dann möglich ist, wenn man Starrheit mit Biegsamkeit vereinigt. Diese gleiche Starrheit führte zu der blinden Bewunderung für Deutschland. Man sah auf den deutschen Antiparlamentarismus und auf den »starken Staat«, der die Radikalen und Sozialisten bekämpfte. Und man sah auf den »ethischen Staat«, der gerade jene Idee zu verwirklichen schien, die die deutschen Professoren konstruiert hatten, wobei sie den Aufschwung und die Kraft der deutschen Ökonomie dieser politischen Konstitution zugute schrieben, während das gerade der schwache Punkt war. Antiparlamentarismus, Antidemokratismus und Antiliberalismus kamen in Mode und bildeten einen wesentlichen Bestandteil dessen, was man mit einem englischen Ausdruck überall als »Snobismus« bezeichnete. In Worten wenigstens (aber das Übel bestand ja gerade darin, daß man solche Worte gebrauchte) war man allzu leichtsinnig bereit, das Kind mit dem Bade auszuschütten.

Als um 1890 im trägen, farblosen europäischen Denken und in der geistlosen politischen Literatur die sozialistisch-marxistische Lehre von der Geschichte und vom Staate aufkam – sie rühmte sich, ein Kind der klassischen, deutschen Philosophie zu sein, und sie war auch deren Kind, wenn auch ein uneheliches, das von seinen Eltern jedoch wenigstens die Tugenden geerbt hatte, die Fragen richtig zu stellen und die dialektische Methode anzuwenden –, da brachte dies ganz zweifellos die nicht geringe Wohltat, daß die Geister dazu aufgerufen wurden, die Prinzipien der menschlichen Gesellschaft und der Geschichte erneut durchzudenken und sich die dementsprechenden ethisch-logischen Probleme zu stellen. Es war wenigstens überhaupt wieder ein Ideal, ganz gleich, wie dieses auch bewiesen und verfaßt sein mochte, das das Denken beherrschte und in den Seelen wieder ein Interesse für die Werke und das Apostolat erweckte. Auf diese Lehre setzte sofort die Kritik ein, mit der ein ganzes Jahrzehnt ausgefüllt wurde. Diese marxistischen Lehren konnten natürlich ihre Positionen nicht halten und mußten als Theorien der Mehrarbeit und des Mehrwertes auf das rein ökonomische Gebiet zurückweichen. Und auf philosophischem Gebiete ging aus der Metaphysik und Dialektik der Materie keine Erneuerung der menschlichen Spiritualität und der Geschichte als Geschichte der Freiheit hervor. Im Gegenteil, die lange Vertrautheit mit dem Marxismus und historischen Materialismus (die Mazzini wegen ihres Mangels an Humanität und Güte stets verabscheute) hatte zur Folge, daß man geistig immer mehr dazu neigte, die aktiven Kräfte in der Geschichte als »ökonomische Klassen« zu denken: Feudalherren, Bourgeoisie, Kleinbürgertum, Agrarier, Industrielle, Bankiers, Arbeiter, Bauern, qualifiziertes Proletariat, Lumpenproletariat usw. Man gewöhnte sich daran, politische Probleme wie die Berechnung der Interessen und der Kräfte von miteinander kämpfenden Klassen zu behandeln, und man suchte nach einer ökonomischen Klasse, auf die man sich stützen konnte. Damit verschloß man sich jedes wirkliche Verständnis der Geschichte und des menschlichen Lebens, man verlor die Einheit des Geistes, der alles regiert und jenseits aller empirischen Schematisierungen der abstrakten Ökonomie und Berechnungen von Betrügern steht. Es schien etwas Großes zu sein, was gewiß viele Anstrengungen gekostet hätte, als man erkannte, daß über den ökonomischen Klassen stets eine »politische Klasse« steht, die von Idealen getrieben wird, welche notwendigerweise ethische Ideale sein müssen. Diese Beobachtung hätte eigentlich zu einer vollständigen Änderung in der Betrachtung der Wirklichkeit führen müssen, zu einer völlig neuen Philosophie, – aber sie tat das nicht, die neue Philosophie kam nicht zum Ausdruck, und Empirismus und Naturalismus beherrschten auch weiterhin alles.

Wenn daher das Werk und die Leistung dieses Zeitalters prosaisch und eng zu sein schienen, so gelangte man nicht etwa deswegen zu diesem Urteil, weil das auf jenem Gebiete so gewesen wäre, auf dem dieses Zeitalter den Impuls der vorhergehenden Epoche großartig verwirklichte, sondern weil der Geist prosaisch und eng war, dessen Aufgabe es war, die Leistung dieser Zeit zu deuten, weil die Einbildung diese Zeit in ein schlechtes Licht setzte, und weil die Seele, anstatt diese Zeit mit offenen Armen aufzunehmen und ihr Wärme zu verleihen, sie beiseite stehen ließ und sie verachtete. Es handelte sich um einen gefährlichen Mangel an Gedanken und Idealen. Das konnte zwar eine Zeitlang ohne Schaden so hingehen, mußte aber bald zu falschen Idealen verführen, welche in der Literatur des Verfallsromantizismus oder Dekadentismus bereits aufgeblitzt waren und in den letzten Jahrzehnten des 19. und den ersten des 20. Jahrhunderts überall zur Herrschaft kamen und das politische Denken befleckten. Eine gewisse philosophische Wiedererweckung und Verfeinerung, durch die im Ausgang des 19. Jahrhunderts der rohe Naturalismus und der armselige Positivismus unerträglich gemacht worden waren, führte nur zum kleinsten Teile wieder auf den Weg der wirklich großen Philosophie und endete größtenteils im Mystizismus, Pragmatismus und den anderen Formen des Irrationalismus. Man hätte die falschen Ideale im praktischen Leben und den Irrationalismus im geistigen Leben, die geistige Schwächung und die innere Zersplitterung schon durch Kritik und Erziehung überwinden können, oder sie hätten an innerer Erschöpfung ihr Ende gefunden, da sie keinen inneren Wert und keine Kraft besaßen. Sie hätten den entgegengesetzten, echten Idealen das Feld räumen müssen; aber zu der geistig-sentimentalen Gefahr kam noch eine Gefahr auf dem Gebiete des praktischen Lebens hinzu, die aus den internationalen Beziehungen in Europa hervorging. Durch diese wurde jenen Geistesverfassungen immer neue Nahrung zugeführt. Und dieser Geist wurde schließlich dazu gebracht, daß er Tat werden mußte.

X
Internationale Politik, Aktivismus und Weltkrieg
(1871–1914)

Wenn die Ideen von der nationalen Individualität und der politischen Freiheit im äußeren Territorialbesitz und im inneren Aufbau fast aller europäischen Staaten zu einer festen Ordnung geworden waren und in Gesetzen und Sitten ihre Verwirklichung fanden, so kann man das gleiche von einer anderen Folge des Freiheitsprinzips nicht behaupten. Schon vom Beginn dieser Bewegung an hatte dieses Prinzip eine verheißungsvolle Ausdehnung auf die internationalen Beziehungen gefunden. Es entstanden die Allianzen der freien Völker der Erde oder, um auf dem Gebiet des Praktischen zu bleiben, die Bündnisse der europäischen Staaten, der »Vereinigten Staaten Europas«. Kein anderer als Giuseppe Mazzini hatte fast wie ein Seher oder Apostel dieses Ziel ins Auge gefaßt. Es gab auch einige Momente, in denen Europa diesem Ziele zuzustreben schien, da die schwersten Hindernisse beseitigt waren. Einen solchen Augenblick bot die Unabhängigkeit, Einigung und Freiheit Italiens im Jahre 1859/60 und was sich in Deutschland vor Bismarck vorzubereiten schien. Der europäische Liberalismus förderte diese Dinge und gab ihnen seinen Segen. Von der Niederlage Österreichs erwartete man die endgültige Auflösung des habsburgischen Reiches, man hoffte, daß Nationalstaaten an seine Stelle treten, daß Polen wieder selbständig und Rußland erneuert und europäisiert werden würden. Aber man stieß auf unvorhergesehene Hindernisse: diese ganze Entwicklung verlief im Sande. Nach 1870 erlitt diese Idee endgültig Schiffbruch; sie verblaßte zur Utopie, man sprach nicht mehr ernsthaft davon, man lächelte darüber melancholisch wie über einen verrauchten Jugendtraum, man verhöhnte sie als einen kindischen Gedanken. In den folgenden Jahrzehnten wurde das Nationalitätenprinzip im Leben der Staaten weiter ausgebaut. Es kam der russisch-türkische Krieg von 1877/78, und Serbien, Montenegro, Rumänien, Bulgarien und Griechenland gingen daraus teils als freie Staaten hervor, teils lösten sie die letzten Bande, die sie mit der Türkei verbanden, oder sie erweiterten ihre Gebiete. Auch die Norweger hatten ihren Nationalismus und Partikularismus und machten sich im Jahre 1905 von Schweden unabhängig, mit dem sie seit dem Vertrag von 1814 vereinigt gewesen waren. Gladstone beantragte für Irland die Autonomie oder Homerule; es folgten drei Jahrzehnte von Rückschlägen, Gegenvorschlägen, von Agitationen und Aufständen, bis schließlich im Jahre 1914 das Unterhaus in dritter Lesung die Autonomie Irlands anerkannte und zum Gesetze erhob, das allerdings zunächst nicht zur Durchführung gelangte. Das Schicksal Polens schien jedoch rettungslos besiegelt zu sein, und der Gedanke seiner nationalen Wiederherstellung verschwand allmählich aus den liberalen Hoffnungen und der Publizistik. Schließlich verlor auch Finnland seine Selbständigkeit. Und Preußen machte die allergrößten Anstrengungen, um seine polnischen Gebiete zu entnationalisieren. In Österreich bekämpften sich ohne Pause Deutsche, Tschechen, Slowenen, Polen und alle anderen Nationalitäten; Taaffes Versuch eines Nationalitätenausgleiches vom Jahre 1893 scheiterte und machte eine parlamentarische Arbeit fast unmöglich. Die Wahlreform von 1907 brachte nur eine kurze Atempause. Es wurde damit zwar der Obstruktionsgeist im Reichsparlament überwunden, aber nicht in den regionalen Vertretungskörperschaften, und bald darauf brachen die unvereinbarten nationalen Gegensätze heftiger denn je wieder aus. Ungarn strebte danach, in seinen Beziehungen zu Österreich immer größere Autonomie zu erlangen, während das magyarische Element die anderen Nationalitäten bedrückte. Althergebrachte Freiheiten wurden unterdrückt, in den Volksschulen wurde die magyarische Sprache obligatorisch gemacht. Die unterdrückten Slowenen, Rumänen und Serben wurden derart restlos unterjocht, daß sie in Victor Hugo und dem Norweger Björnson ihre Fürsprecher und Rächer gegenüber der europäischen Kulturwelt fanden. Die Kroaten verständigten sich mit den Serben des Königreichs Serbien, und der sogenannte »Trialismus« geriet in eine verzweifelte Lage. Es liebäugelten zwar viele mit diesem Gedanken, aber dazu hätte es eines grundlegenden Umsturzes aller geistigen, sozialen und politischen Verhältnisse innerhalb der österreichisch-ungarischen Monarchie bedurft, die ja ein Überbleibsel vergangener, patriarchalischer Staatsgebilde war. Viel schwererwiegend jedoch als der österreichisch-ungarische Widerstand gegen eine Verwirklichung des nationalen Staatsgedankens in Europa war das Schwinden aller Hoffnungen auf eine liberale europäische Einigung, die infolge des deutsch-französischen Krieges von 1870/71 völlig unmöglich gemacht wurde. Frankreich trug durch den Raub zweier alter Provinzen eine offene Wunde davon und sann auf Revanche, und Deutschland wachte argwöhnisch über seine Beute und witterte überall Bedrohungen, durch die sie ihm wieder entrissen werden könnte. Um diese unüberbrückbare deutsch-französische Feindschaft gruppierten sich die anderen europäischen Staaten; statt einer europäischen Union, in der alle Völker Europas am besten für ihren Fortschritt hätten arbeiten und wirken können, mußte das veraltete System des europäischen Gleichgewichts mit seinen Allianzen und Gegenallianzen und allgemeinem Wettrüsten herhalten, um den Frieden zu sichern.

Der Friede war indessen eine Wohltat für Europa, und er war die notwendige Voraussetzung für den wunderbaren Aufschwung der Produktion, für Zivilisation und Kultur, denn dank diesem Gleichgewicht wurde lange Jahrzehnte hindurch der Ausbruch eines europäischen Krieges, den alle Völker mit Schrecken erwarteten, verhindert. Bismarck führte in erster Linie diese Friedenspolitik. Er wollte alle die Eroberungen, die er für Deutschland gemacht hatte und die seinen persönlichen Ruhm bedeuteten, nicht wieder aufs Spiel setzen. Er war der Ansicht, daß Deutschland im Besitze der eroberten Gebiete und auf dem Höhepunkt seiner Macht – wie er zu sagen pflegte – »saturiert« sei und keinerlei Wünsche mehr habe, daß selbst ein siegreicher neuer Krieg ihm keinen weiteren Gewinn mehr bringen könnte. Im russisch-türkischen Krieg war es das Ziel Rußlands gewesen, die orientalische Frage in einem ausschließlich russischen Sinne zu lösen und die »slawischen Brüder« zu befreien, aber es hatte damit andere Mächte und vor allem England zur Verteidigung ihrer Interessen auf den Plan gerufen. Auf dem Berliner Kongreß von 1878, mit dem dieser Krieg seinen Abschluß fand, konnte sich Bismarck daher rühmen, den »ehrlichen Makler« zur Erhaltung des Friedens gespielt zu haben. Und jene Wiederverteilung der Beute zwischen Kriegführenden und Neutralen war daher das Beste oder wenigstens das am wenigsten Üble, was man in diesem Sinne tun konnte. Bismarck schuf sodann das Bündnis zwischen Deutschland und Österreich und zog Italien in dieses Bündnis mit hinein, das über weitere Gebietserweiterungen Frankreichs im Mittelmeerbecken, über die Gegensätze zu Österreich erregt und auf die Aufrollung der römischen Frage bedacht war. So entstand der Dreibund. Gleichzeitig schuf Bismarck einen

Rückversicherungsvertrag mit Rußland und gewann mit Hilfe Italiens sogar England für den Dreibund. In diesen Dingen war Bismarck Meister. Eine wahre Meisterschaft besteht darin, sich zu bescheiden, und Bismarck verstand es, sich großmütig zu mäßigen. Er wollte Frankreich jeden Durchbruch zum Rhein versperren und gewährte ihm daher andere Ausdehnungsmöglichkeiten. So konnte sich Frankreich ungestört sein großes Kolonialreich schaffen, wobei es sich wohlweislich davor hütete, mit dem Deutschen Reich in Konkurrenz zu geraten. Und Bismarck hütete sich, England Hindernisse in den Weg zu legen, als es sich den Weg nach Indien sicherte und sein Weltreich vergrößerte. Er zeigte sich desinteressiert an den russisch-türkischen Gegensätzen, an dem Dardanellenproblem und überhaupt an der ganzen sogenannten »orientalischen Frage«. Er unterstützte Österreich darin, sich in gewissen Grenzen auf dem Balkan auszudehnen, da er an Österreichs deutsche Kulturmission im Osten glaubte, aber er hielt eine Vereinigung Österreichs mit Deutschland nicht für wünschenswert, weil dort das ihm verdächtige und verhaßte katholische Element vorherrschte.
Auf diese rein empirische und keineswegs radikale oder konstitutionelle Art wurde der europäische Frieden erhalten. Der Preis dafür bestand nicht nur in der unaufhörlichen diplomatischen Wachsamkeit und Scharfsinnigkeit eines diplomatischen Genies, sondern in ungeheuren und immer weiter steigenden militärischen Ausgaben in Deutschland und ganz Europa, wo Millionen von Menschen unter Waffen gehalten werden mußten. Unter dem mit solchen Mitteln mühsam erhaltenen Frieden und unter der Last der immer bereitstehenden Heere lebten die Feindseligkeiten fort, glommen die kaum erstickten Funken zum neuen Kriege weiter. Nach 1870 hatte sich Frankreich auf Rußland eingestellt, in dem es einen künftigen Verbündeten gegen den mächtigen Nachbarn und für die ersehnte Revanche sah. England und Rußland standen nicht nur wegen Konstantinopel in Gegensatz, sondern wegen ihrer gesamten Expansion in Asien, wo sich ihre Interessensphären begegneten. Italien hatte immer noch wegen der sogenannten »Irredenta« seine Abrechnung mit Österreich zu machen. Völker und Staaten gaben sich jedoch allmählich damit zufrieden, die Erfüllung ihrer Hoffnungen auf eine nähere oder fernere Zukunft zu vertagen. Die Einhaltung des Gleichgewichts zwang sie dazu, den Frieden zu wahren. Es war nicht reine Friedensliebe, sondern mehr

noch die Angst vor den Folgen eines Krieges in bezug auf ihren Territorialbesitz, auf ihren politischen, sozialen und ökonomischen Bestand und auf die menschliche Gesellschaft selbst, die durch Internationalismus, Anarchismus und revolutionären Sozialismus bedroht war. Das »Europäische Konzert« entsprach keineswegs der europäischen Kulturmission. Dank den widerstrebenden Interessen aller war Europa ohnmächtig gegenüber der Türkei, als 1876 die Metzeleien in Bulgarien und 1894 und 1896 die Schlächtereien in Armenien überall Empörung erweckten. Es half nichts, daß ein Staatsmann wie Gladstone den türkischen Sultan offen als »großen Mörder« bezeichnete. Man konnte nicht einmal den griechisch-türkischen Krieg von 1897 verhindern, sondern nur beschränken, und noch weniger vermochte man den Dingen auf dem Balkan zu steuern. Nur ein paar deutsche Historiker hatten den Mut, die Expedition der europäischen Mächte vom Jahre 1900 gegen China als gutes Beispiel europäischer Zusammenarbeit zu feiern, als eine »welthistorische« Aktion aller führenden Staaten, wie sie die Geschichte zuvor noch nicht gekannt hatte, und die einen würdigen Abschluß des 19. Jahrhunderts bedeutete. Jenen berühmten Feldzug in China, den Kaiser Wilhelm II. in seiner berüchtigten Hunnenrede feierte, und den die vereinigten europäischen Expeditionskorps raubend und plündernd durchgeführt haben.

Es war ein anderer Gegensatz von viel größerer Tragweite als alle bisherigen, der den ersten Anstoß dazu gab, das europäische Gleichgewicht ins Wanken zu bringen. Es handelte sich dabei nicht mehr um partikuläre Gebiets- oder Machterweiterungen, sondern um nicht mehr und nicht weniger als die Hegemonie in Europa und damit in der ganzen Welt: den Gegensatz zwischen Deutschland und England. Der Gedanke der Hegemonie wurde in Hirnen von Theoretikern und Professoren ausgeheckt, noch bevor er in die Köpfe der Staatsmänner und die Seelen der Völker Eingang fand. Deutschland besaß gleichsam als Ausgleich für seinen zweifellosen Mangel an wirklichen Politikern einen ungeheuren Überfluß an Professoren. Man kann beobachten, wie der Hegemoniegedanke gleich nach 1870 in dem prussophilen Historiker Treitschke erste Form gewann. Der natürliche Stolz Deutschlands auf seine militärischen Siege von 1866 und 1870, das Bewußtsein, zur europäischen Großmacht aufgestiegen zu sein, verband sich in diesen Theoretikern mit der Vision einer Hegemonie, wie sie bereits andere Völker im Laufe der Jahrhunderte ausgeübt hatten: zum Beispiel Griechenland, in dem zum erstenmal Europa sich gegenüber dem Orient behauptet hatte, und Rom, das seine Herrschaft über die gesamte damals bekannte Welt ausdehnen konnte, und schließlich Deutschland selbst, das unter den sächsischen und schwäbischen Kaisern zwischen dem 10. und 13. Jahrhundert eine ähnliche Macht besessen hatte. Voller Neid blickten sie auf die englische Hegemonie über große Teile der Erde und über die Meere, und voller Erbitterung erinnerten sie daran, wie England seine Widersacher auf dem Kontinente, Spanien, Holland und Frankreich, der Reihe nach zermalmt hatte. Aus all diesen Voraussetzungen zogen sie den Schluß, daß nunmehr Deutschland an der Reihe sein müsse, jenes Deutschland der Hohenzollern, das das ruhmreiche Werk der heroischen Kaiser des Mittelalters wieder aufgenommen hatte. Sie phantasierten von einem neuen Griechenland gegenüber einem neuen Persien, von einem neuen Rom gegenüber einem neuen Karthago. Aber sie kamen nicht auf die Idee, daß ein solches Deutschland vielleicht das Schicksal Hollands teilen könne. Deutschland strotzte von jugendlicher Kraft und militärischer Macht, es war reich an Gelehrsamkeit und an Fähigkeiten auf allen Gebieten und an bürgerlicher Tugend. England war bereits im Verblühen, im Absterben, im Untergang begriffen. Es war ein »reaktionärer« Staat, ein altersschwacher Heuchler, seine Staatsmänner waren beschränkte Köpfe ohne Ideen, seine Macht war ein Anachronismus, war ein Raubgut aus Zeiten, in denen Seeschlachten und Söldnertruppen weltbedeutende Kriege entscheiden konnten, wo es ein leichtes gewesen war, Festungen und Seeplätze in fremden Ländern sich anzueignen. Das durfte in einem Zeitalter der Nationalstaaten und der großen Volksheere nicht mehr geduldet werden. Die Gerechtigkeit selbst erforderte es, daß Deutschland eine neue Verteilung der Welt verlangte. Die bestehende Aufteilung war unannehmbar, weil in einer Zeit entstanden, wo Deutschland in Bürgerkriege verstrickt und dadurch außerstande gewesen war, sich als Großmacht zu konstituieren. Recht und Billigkeit erforderten es, daß Deutschland eine Hegemonie zugesprochen würde, die England sich anmaßte und mit der es nicht fertig werden konnte. Deutschland war darauf gerüstet, mit robusteren Armen die Weltherrschaft anzutreten, mit moderneren Ideen und ungeheuren Entwicklungsmöglichkeiten, mit der Perspektive einer neuen Synthese von Orient zu Okzident, mit einer neuen Religion der Menschheit.

In dieser Weise räsonierten und lehrten deutsche Professoren vor überfüllten Hörsälen. Sie beriefen sich dabei auf konventionelle Einteilungen und Klassifikationen, auf historische Gesetze, auf Abfallprodukte einer antiquierten Geschichtsphilosophie, und gar auf biblische Ideen von der Abfolge der vier Weltreiche: diese stellten nichts anderes als jene Hegemonie dar, die von Fall zu Fall einer besonderen Nation zustünde. Andere Staaten und Nationen, die die Hegemonie ausgeübt hatten, seien erschlafft und trieben unmittelbar dem Zerfall entgegen, sie seien nicht mehr historisch aktiv, sie schleppten sich nur noch so dahin, sie müßten anderen Völkern weichen. Jenes Volk, das gegenwärtig an der Reihe und berufen sei, die Hegemonie anzutreten, müsse sie stürzen und die Führung übernehmen. Diese Professoren faselten von der Tugend bestimmter Herrenrassen, wie der germanischen; lauter Abstraktheiten und Mythologien, die sie für Realitäten nahmen, die sie an die Stelle der echten und konkreten Realität setzten, welche viel einfacher und zugleich komplizierter ist, weniger theologisch und weniger naturalistisch, dafür aber humaner, menschlicher.
Solchen Theorien und Urteilen lag eine professorale Pedanterie zugrunde, die sich selbst demaskierte mit ihrer Anklage vor allem gegen England, welches das Britische Weltreich Schritt für Schritt mit Raub und Diebstahl und fast unsichtbar errichtet habe, so daß es auf einmal gleichsam spontan dagewesen wäre, *rebus ipsis dictantibus*. Das Deutsche Weltreich hingegen sollte mit philosophisch-historischen Beweisen und nach einem bestimmten Plane konstruiert werden, nicht durch gelegentliche Handstreiche, kleine Kriege, simple Seeschlachten, sondern in großen Landkriegen und Völkerschlachten à la Königgrätz und Sedan. In dieser Art, die Politik vorzubereiten, findet man denselben Defekt wie in der deutschen Literatur und Kunst. Zuerst die Kritik und die theoretische Formel, und dann erst die Sache selbst, die von der Formel bestimmt werden soll. Doch in der Politik sind die Folgen solch schwerer Irrtümer viel gefährlicher. Erst ganz spät, in der Neige des 19. Jahrhunderts, hat England sein großes Weltreich, das es sich im Verlauf von mehreren Jahrhunderten angeeignet hatte, zum Range des sogenannten *empire* erhoben. In internationalen Beziehungen gibt es allerdings nur zwei Wege, um zu dem zu gelangen, was man haben will: Verhandlungen oder Waffenentscheidung. Es wäre aussichtslos gewesen, daß England sich auf Grund

von Verhandlungen selbst für verfallen, überaltert und schwach erklärt hätte, daß es freiwillig die Herrschaft über die Meere, die Kolonien, die *dominions* und den Kommandostab an Deutschland abgetreten haben würde; ob ein Volk dekadent und altersschwach und ein anderes jung und kräftig ist, kann man nur bei der Probe aufs Exempel erkennen, welche Wunder wirken und desillusionieren kann. Wenn jene deutschen Theoretiker mit dem von ihnen in die Wege geleiteten Prozeß, mit der *actio popularis* auf internationalem Gebiet etwas ausrichten wollten, dann ist es ganz klar, daß sie über kurz oder lang oder im günstigsten Augenblick den Krieg gewollt haben! Auf diese Weise wurden die ersten Samenkörner des Weltkrieges zwischen Deutschland und England ausgestreut.
Bismarck war nicht der Ansicht, daß man mit einem solchen philosophisch-historischen Ballast Politik machen könne. Er war mißtrauisch gegen diese Professoren und hütete sich sehr wohl, derartige Welt- und Kriegsprogramme zu fördern. Und schließlich hatte er auch gar keinen Sinn für Kolonien. Als er im Jahre 1884 dem Druck der Kolonialpropaganda nachgeben und einige südafrikanische Gebiete unter deutsches Protektorat nehmen mußte, blieb er dennoch beharrlich bei seiner Überzeugung, daß das nicht der richtige Weg für Deutschland sei. Und als ein Jahr vor seinem Tode, als er längst nicht mehr in Amt und Würden war, der Großadmiral von Tirpitz ihm sein Flottenprogramm auseinandersetzte, daß er mit einer starken Flotte den deutschen Handel gegenüber der englischen Seeherrschaft schützen wollte, da ließ der alte Bismarck seinem Zorn gegenüber einem solch gefährlichen politischen Theoretisieren von Technikern freien Lauf. Unter einem anderen Gesichtspunkt ist allerdings alles dies auf Bismarck zurückzuführen. Die deutsche Auffassung von internationalen Beziehungen, die Vertrautheit mit dem Gedanken, durch große Kriegstaten das Weltbild zu ändern, ein gewisser Zynismus, der mit dem Ideal der »Schneidigkeit« zusammenhängt, um dessentwillen viele brave Männer des tüchtigen und guten deutschen Volkes ihre Gesichter zu Fratzen verzerrt haben – Bismarck war es, der das Beispiel dazu gegeben und das alles gelehrt hat! Er gefiel sich darin, wenn er seine Handlungen mit Betrug und Schande gegenüber seinen Feinden zum Erfolg geführt hatte, er selbst zeigte schon jenes »lombardische Grinsen«, wie es ein alter italienischer Schriftsteller genannt haben würde. Aber Bismarck wollte ganz gewiß den Frieden, denn

er hielt Deutschland dank seinem eigenen Werke für saturiert. Aber was konnte geschehen, wenn jener mächtige Körper des Deutschen Reiches die erste starke Speise verdaut und dabei neuen Appetit, neuen Hunger bekommen haben würde? Und schon zeigten sich die ersten Anzeichen dafür. Wie hätte dieses Deutschland Bismarcks Beispiel und seine eigenen Lehren leugnen, wie die Sarkasmen seines scharfen Realismus verdienen und seine eigene Tradition in Gefühl und Haltung ablegen und sich davon überzeugen können, einem anderen Ziele zuzustreben, einen anderen, liberalen, kosmopolitischen, kurz einen europäischen Begriff in der Politik zu verfolgen? Und was sollte geschehen, wenn Bismarck das Schiff nicht mehr selbst steuern konnte? Wenn man ihn als überaltert und seiner selbst nicht mehr gleich beiseite stellen würde? Wenn seine Nachfolger nicht mehr seinen Scharfsinn, seine Weisheit und seinen Genius besäßen und trotzdem sich ihn zum Vorbild nehmen würden, um ihn und sein Werk materiell, d. h. schlecht nachzuahmen?

Dieser neue Hunger Deutschlands, seine neue auswärtige Politik und diese neuen Männer kamen tatsächlich; mit Kaiser Wilhelm II. brach ein neues Zeitalter an. Und schon wurde die Idee von der deutschen Vorherrschaft überall gelehrt und eingetrichtert, sie ging in das allgemeine deutsche Bewußtsein über und gab den Beziehungen Deutschlands zu den anderen Staaten eine neue Richtung. Das von Bismarck so fein gesponnene Gewebe wurde zerstört. Im Jahre 1890, kurz nach Bismarcks Rücktritt, wurde der Rückversicherungsvertrag mit Rußland nicht wieder erneuert, da Rußland sich bereits mit Frankreich verständigt hatte und immer stärker dazu gedrängt wurde, sich Frankreich anzunähern, was dann schließlich 1894 auch formal zu einer Allianz führte. Einige Jahre schwebte über Deutschland die Gefahr eines drohenden Krieges mit Rußland, bis dieses sich dem Fernen Osten zuwandte. Im Jahre 1896 schickte Wilhelm II. sein berüchtigtes Telegramm an den Präsidenten Krüger; das war ein offener Feindschaftsakt gegen England und dessen südafrikanische Politik, es bedeutete eine Anspornung der Buren zum Kampfe, den sie dann auch auf sich nahmen, ohne dabei eine Unterstützung von Deutschland zu finden. Im Jahre 1898 gab dieselbe waghalsige Persönlichkeit den Wahlspruch zum besten: »Unsere Zukunft liegt auf dem Wasser!« Und ein Jahr darauf wiederholte er: »Wir brauchen eine starke Flotte!« Diese Flotte wurde dann unter der Leitung von Tirpitz auch genau so gebaut, wie es Bismarck mißbilligt hatte. Der Kaiser machte Reisen im Orient, proklamierte sich in Damaskus zum »Freund von dreihundert Millionen Mohammedanern« und nahm die Türkei unter sein Protektorat. Die Abneigung gegen England war in Deutschland bereits volkstümlich geworden und wurde natürlich mit einer entsprechenden Abneigung Englands gegen Deutschland quittiert, wenn auch die Engländer weniger theoretische Argumente ins Feld führten. England war über die deutschen Worte und Taten nachdenklich geworden; man sprach dort bereits von einer *delenda Carthago*. Man traf die notwendigen Vorbereitungen dazu, verzichtete auf die *splendid isolation* und schloß im Jahre 1904 ein Bündnis mit Frankreich, während Delcassé an der sogenannten Einkreisung Deutschlands arbeitete. 1905 erschien Wilhelm überraschend in Tanger, weswegen 1906 die Marokkokonferenz von Algeciras einberufen wurde, mit deren Ergebnissen Deutschland unzufrieden war, weil es bei einer der Dreibundmächte, nämlich Italien, nicht die nötige Unterstützung gefunden hatte. Italien war zwar aus dem Dreibund nicht ausgetreten, aber es hatte seine alten, freundschaftlichen Beziehungen zu England aufrechterhalten und mit Frankreich gute Beziehungen hergestellt. 1908 fing Deutschland wiederum wegen Marokko neuen Streit mit Frankreich an, und während die Ausgleichsverhandlungen noch nicht zum Abschluß gekommen waren, teilte der Kaiser mit dem Daily-Telegraph-Interview bereits eine neue Ohrfeige aus. 1911 schickte Deutschland ein Kriegsschiff nach Agadir, und es wäre beinahe zum Ausbruch des Krieges gekommen, zu dem England schon bereit war, wenn nicht die Beziehungen zwischen Deutschland und Frankreich zu einem neuen Ausgleich geführt hätten, durch den dieses einen großen Teil des Kongo erhielt. England bereitete sich diplomatisch und militärisch immer mehr auf den Krieg vor; es verständigte sich 1907 mit Rußland über Persien, Afghanistan und Tibet und ebenfalls mit Japan. Deutschland vernachlässigte seine Beziehungen zu Italien und ging immer engere Bindungen mit Österreich ein, also mit jener Macht, die am allerwenigsten Vertrauen auf ihre eigene Zukunft hatte und wegen ihrer nationalen Gegensätze im Innern, ihrer Verwicklungen auf dem Balkan und ganz besonders mit Serbien und ihrer Rivalität zu Rußland, dem Schirmherrn aller Slawen, immer häufiger und drohender den europäischen Frieden aufs Spiel setzte. Diese Gefahr kann man an den Wirkungen der Annexion von Bosnien und der Herzegowina im Jahre 1908 ermessen, durch die der Berliner Vertrag geändert wurde; man kann sie während des italienisch-türkischen Krieges von 1911/12 und während der Balkankriege von 1912/13 beobachten und schließlich auch an ihren Angriffsplänen gegen Serbien vom Jahre 1913, die jedoch am Widerstand Italiens scheiterten. In Deutschland, Frankreich, England und in allen anderen europäischen Staaten wuchs der militärische Apparat immer stärker an. Wenn man heute alle jene Bücher, Flugschriften und Zeitungen noch einmal liest, die zwischen 1912 und 1914 in Deutschland gedruckt worden sind, dann glaubt man, sich bereits in einer Kriegsatmosphäre zu befinden. Der General von Bernhardi gab im Jahre 1913 sein berühmtes Buch über Deutschland und den kommenden Krieg heraus, und andere Militärschriftsteller und große Verbände und Vereinigungen stimmten in dieses Konzert mit ein. Das alles diente dem Zwecke, die Land- und Seerüstungen zu verstärken und die Erziehung und Aufhetzung zum Kriege zu fördern. Man formulierte in Deutschland beinahe schon ein Ultimatum an England: auf die Weltherrschaft zu verzichten, auf dem Kontinent Deutschland freie Hand zu lassen, um sich zum Zentrum eines geeinten Europa zu machen, um Frankreich zu schlagen und ihm die Kolonien zu rauben und Belgien und Holland zu annektieren, sich mit Italien in die nordafrikanischen Besitzungen Frankreichs zu teilen und ungehindert Vorderasien ökonomisch zu durchdringen. Als Argument mußte immer wieder der deutsche Bevölkerungsüberschuß herhalten, jene zwei Millionen Deutsche, die nach Amerika auswanderten und somit der Heimat verlorengingen. Man behauptete, der deutsche Geist sei dem englischen überlegen, England und Frankreich seien dekadent und im Absterben begriffen, Deutschland dürfe nicht die Rolle einer Versorgungs- und Versicherungsanstalt übernehmen. Man schmiedete Pläne, um die Türkei, Bulgarien und Rumänien an den Dreibund anzugliedern. Immer wieder wurden Moltkes bekannte Worte aus seinem Brief an Bluntschli und die Aussprüche des Generals von der Goltz über die moralische Erhebung durch den Krieg und durch Blutvergießen nachgebetet, der Gedanke der Auslese der Stärksten und Besten, die Erneuerung der verweichlichten Menschheit durch Blutbäder, die Förderung der Kultur durch den Krieg und dessen belebende Wirkung auf die erschlaffte Menschheit, die Überwindung der

»Domestikation«, wie man mit einem neuen Schlagwort zu sagen pflegte. Während des ganzen Jahres 1913 und in den ersten Monaten von 1914 hörte man immer wieder Alarmrufe, daß für Deutschland der günstige Augenblick gekommen sei, den man sich nicht entgehen lassen dürfe. Im Juli 1914 erschien aus der Feder eines bekannten Militärs eine Flugschrift über die Schicksalsstunde des Deutschen Reiches, deren Verbreitung der Kronprinz lobend empfahl. In dieser Zeit – im Februar und März 1913 – hielt der Historiker Cramb in London eine Reihe von Vorträgen über Deutschland und England, um den Engländern Ursprung, Art und Gründe dieses entschlossenen, leidenschaftlichen Kriegswillens in Deutschland verständlich zu machen; er nahm diese Dinge nicht leicht, im Gegenteil, er sah darin eine ernste Gefahr und die tragische Notwendigkeit einer Verteidigung Englands gegen einen mächtigen und würdigen Gegner.
Gegen derartige politische Pläne und einen solchen Willen zum Kriege, den auch edelgesinnte und geistig hochstehende Menschen wie Stresemann mitmachten, die nach dem Kriege dazu berufen waren, im entgegengesetzten Sinne zu wirken, den über alle hereingebrochenen Wahnsinn zu erkennen und den Geist Deutschlands und ganz Europas zum Frieden zu erziehen – damals freilich aber forderte auch Stresemann für Deutschland einen »Platz an der Sonne« und die Eroberung von Kolonien, und auch er förderte die Land- und Seerüstung –, gab es doch ganz gewiß auch damals in Deutschland Männer, die verständige Parolen ausgaben und ihnen Gehör verschafften. Zu diesen gehörte Delbrück, der Meister der Militärgeschichte und ehemalige Erzieher des Kronprinzen Friedrich. Er sah die wahre Gefahr für die Zukunft Deutschlands nicht in der sozialistischen Partei, sondern im »Pangermanismus«, er erkannte in dem Kriege, den zu entfesseln man im Begriff war, ein unsagbares Unglück für Deutschland und für die ganze Kulturwelt, er sah seine völlige Sinnlosigkeit und ahnte unter den gegebenen Bedingungen Europas die Zweifelhaftigkeit eines deutschen Sieges. Der Engländer Norman Angell veröffentlichte 1910 ein Buch, das dann in den folgenden Jahren mit verschiedenen Auseinandersetzungen neugedruckt, in alle Sprachen übersetzt und in allen Ländern viel gelesen wurde: »Die große Illusion«; er vertrat darin den Gedanken, daß der Krieg in früheren Zeiten zwar geeignet gewesen sei, den Völkern durch Eroberungen große Gebiete und

Kolonien zu verschaffen, daß er in unseren Tagen aber ein völlig untaugliches Mittel zu diesem Zwecke sei, da der vermeintliche Sieger außerstande sein würde, sich die Reichtümer eines anderen Volkes anzueignen, da diese bei der ökonomischen Verkettung der ganzen Welt sofort in Rauch aufgehen und sogar die eigenen Reichtümer des Siegers mit ins Verderben reißen würden. Ebensowenig sei es möglich, die eigene Sprache und die eigenen Sitten fremden Völkern aufzuzwingen, da dies ja nicht einmal bei kleinen Minderheiten innerhalb der bestehenden Staatsgrenzen gelungen sei. Es sei unsinnig, höhere Ideale zum Triumphe bringen zu wollen, denn in keinem Lande sei ein Ideal vorhanden, das in einem anderen Lande nicht auch zu finden wäre, und in allen Ländern bestünden dieselben ideellen Gegensätze. Man könnte nicht neue Sitten und neue Tugenden schaffen, die dem modernen Kulturmenschen entsprächen. Diese utilitaristische Berechnung war zutreffend, sofern der Krieg unter gewissen Gesichtspunkten eine utilitaristische Tatsache ist, und die Folgen des Krieges haben das ja auch bewiesen. Aber die Menschen sind nicht immer bereit, die Ergebnisse scharfer Überlegungen anzunehmen, wenn sie nicht zuvor selbst eine und sei es auch noch so harte und bittere Erfahrung am eigenen Leibe gemacht haben.

Unter einem anderen Gesichtspunkt war aber die ganze Kriegspsychologie nicht nur eine rein utilitaristische Tatsache. Sie war vielmehr auf eine moralische Einstellung zurückzuführen, die in sich selbst erforscht und verstanden werden muß. Und es war noch weit schwieriger, diese durch eine einfache kritische Analyse zu ändern, ehe die bittere Erfahrung gemacht und die vorhergesehene Katastrophe eingetreten war. Wir haben bereits festgestellt, daß nach 1870 in Europa das aktive Denken aus Moral und Politik fast verschwunden war, es gab keinen Glauben mehr, der ein solches Denken hätte hervorbringen oder erneuern können, es war keine Wärme und keine Begeisterung mehr vorhanden, die zum Glauben gehören. Wir haben gesehen, wie diese geistige Erschlaffung und Leere Gefahren in sich trug, wie diese Gefahr nicht geringer, sondern immer größer wurde, als man, aufgerüttelt durch den Materialismus, Naturalismus und Positivismus, wieder ernsthafter zu philosophieren begann und nur gar zu gern die verfänglichen Wege des Mystizismus und Irrationalismus einschlug. Die Gefahr bestand in der Herausbildung eines falschen Ideales. Die Voraussetzungen dazu waren bereits gegeben und in den Kräften der modernen Welt selbst vorhanden, in ihrer rein industriellen und kommerziellen Gesinnung, die nur auf technische Erfindungen, auf die Konstruktion immer imposanterer Maschinen, auf geographische Entdeckungen, ökonomische Kolonisierungen und Nutznießungen ausging. Es herrschte die Tendenz vor, den rein wissenschaftlich-praktischen Studien den Vorrang vor aller Spekulation und humanistischem Denken zu geben. Man interessierte sich nur noch für soziale Dinge und Spielereien wie Sport, die nach allen Kräften gefördert wurden. Radfahren und Automobilsport, Kanufahren, Jachten und Luftschiffe, Boxen, Fußball und Skilauf interessierten mehr als alles andere, körperliche Geschicklichkeiten triumphierten über Intelligenz und Gefühl. Im Verein mit den Defensiv- und Offensivrüstungen der Staaten wirkte der marxistische Sozialismus in der gleichen Richtung wie die Sportbewegung. Seine Ideologie war in die von ihm selbst bekämpften Klassen eingedrungen: Klassenkampf, Generalstreik, Machtergreifung, gewaltsamer Umsturz der sozialen Ordnung, Diktatur des Proletariats dominierten über alles andere. Individualisten und Volksverächter, die sich den Sozialisten entgegenstellten, griffen ihrerseits gedanklich auf ganz analoge Dinge zurück. Auch sie buhlten demagogisch mit ähnlichen Mitteln um die Gunst der »Massen«. Sie interessierten sich nicht für das Volk, sondern für den blinden, triebhaften großen Haufen, für die Beifall rasende oder pfeifende Bestie, die jeder, der den Mut dazu hat, in seinem Sinne mißbrauchen kann. Zur Verherrlichung der Gewalt trugen ebenfalls die Theorien der Ethnologen und Pseudohistoriker über die Rassenkämpfe bei. Daraus entstanden künstliche politische Begriffe von germanischen oder lateinischen, slawischen oder skandinavischen, iberischen oder hellenischen Rassen. Man sah darin nicht nur reale Tatsachen, sondern natürliche Werte, die gegeneinander ausgespielt wurden, die einander unterwerfen oder ausrotten mußten. Krieg, Blutbäder, Gemetzel, Gemeinheiten und Grausamkeiten waren nicht mehr etwas Verächtliches, Widerwärtiges und Schändliches, sondern etwas Notwendiges, zum Ziele Führendes, kurz etwas Wünschenswertes. Der Krieg gewann eine gewisse poetische Anziehungskraft, einen Schauer von religiösem Mysterium, man sprach von der Schönheit des Krieges und der Blutbäder, von einer heroischen Trunkenheit, die der Mensch nur im Kriege auskosten und genießen könne. Diesem Ideal kann man den Namen »Aktivismus« geben, wie das hier und dort auch bereits geschehen ist. Aktivismus ist ein sehr weitgefaßter Begriff, der aber alle die besonderen Formen dieser Dinge umfaßt und daher der einzig richtige Name zu sein scheint. Wenn man das alles als »Imperialismus« bezeichnen wollte, müßte man dazu bemerken, daß dieser Name in den neunziger Jahren in England entstanden ist und an sich nichts anderes als eine starke und folgerichtige Förderung der englischen Kolonialpolitik bezeichnete, welcher nur der Aktivismus später einen anderen Stempel aufgedrückt hat. Und wenn man es, wie es gewöhnlich geschieht, »Nationalismus« nennen wollte, dann muß man daran erinnern, daß dieser Name zur Zeit des »Antidreyfusianismus« in Frankreich entstanden ist und Antisemitismus, Reaktion und den Gedanken der absoluten Monarchie in sich einschloß. Die nationale Idee an sich, wie sie in ihrer klassischen Form von Mazzini vertreten wurde, war aber stets humanistisch und kosmopolitisch und somit gerade das Gegenteil von jenem Nationalismus, der zum Aktivismus geworden ist und jene Parabel vollzogen hat, die Grillparzer mit den Worten vorausgesehen hat: von der Humanität über die Nationalität zur Bestialität.

Worin bestand nun dieses Ideal des »Aktivismus«, das sich in der europäischen Seele herausbildete, seiner eigentlichen Natur nach? Der Aktivismus verabscheute und bekämpfte vor allem den Liberalismus, dieses einzige Element, mit dem er niemals eine Verbindung eingegangen ist, obwohl er an sich stets bereit war, jedes fremde Element in sich aufzunehmen und jedes Bündnis einzugehen, sogar mit dem Katholizismus und der Kirche. Trotz alledem und vielleicht gerade deswegen ist aber der ursprüngliche Impuls zum Aktivismus im Prinzip der Freiheit zu suchen, das mit der modernen Welt so eins geworden war, daß man an ihm nicht vorübergehen konnte. Wenn man nämlich der Freiheit ihre moralische Seite nimmt, wenn man sie von ihrer Vergangenheit und ihrer verehrungswürdigen Tradition loslöst, wenn man bei der ständigen Schöpfung neuer Formen, die die Freiheit erforderlich macht, ihr den objektiven Wert solcher Schöpfungen raubt, wenn man all die Kämpfe, Kriege, Opfer und heroischen Taten, die für die Freiheit geleistet werden, der Reinheit des Zieles entkleidet, wenn man die innere Disziplin, die sich aus freien Stücken der Freiheit unterwirft, durch äußere Führung und Kommandierung ersetzt: dann

bleibt nichts weiter übrig, als die Tat um der Tat willen, das Zerstören aus Lust am Zerstören, das Erneuern um zu erneuern, der Kampf für den Kampf; dann werden Krieg, Blutvergießen, Töten und Sich-töten-Lassen zum Selbstzweck, und das Gehorchen wird dann zum Kadavergehorsam, wie er im Kriege üblich ist. Dann kommt der Aktivismus zum Vorschein.
Der Aktivismus übersetzt ein ethisches Ideal in materialistische Begriffe, er macht aus ihm eine traurige Parodie, er ist seinem Wesen nach einer Perversion der Freiheitsliebe, er ist ein Kultus, in dem der Teufel selbst den Rang Gottes eingenommen hat, wenn auch immerhin ein Kultus; er ist die Zelebrierung einer schwarzen Messe, die allerdings immer auch eine Messe ist. Wenn der Aktivismus den Liberalismus haßt, so geschieht dies, weil der Teufel *simia Dei* ist, und wenn er eine gewisse Anziehungskraft behält, so ist es die des gefallenen Engels, oder weniger bildhaft ausgedrückt, jene Anziehungskraft, die Tacitus der *malignitas* zuschreibt, welcher eine *falsa species libertatis* innewohnt. Er ist nicht eigentlich reaktionär, wie man das wegen seiner phantastischen Schnörkel und gelegentlichen Schmuckformen aus dem ancien régime, aus der Monarchie Ludwigs XIV. und der Gegenreformation angenommen hat, es fehlt ihm vielmehr an jeglichem Rückhalt in der alten Geschichte, er trägt unverhüllt in seiner Physiognomie den Stempel des modernen Industrialismus und der mit diesem verbundenen Psychologie. Man hat den Aktivismus daher auch »Amerikanismus« genannt. Es liegt in der Logik dieses Vorganges beschlossen, daß diese Perversion eines ursprünglichen Freiheitsdranges sodann ins Gegenteil der Freiheit, in alle Arten von Reaktion umschlägt. Der Aktivismus führt zur Herrschaft eines einzelnen über die einzelnen, zum Servilismus der anderen und schließlich zur eigenen Knechtsgesinnung, zur Unterdrückung der Persönlichkeit, die er in einem ersten Moment zu heben wähnte, während er sie in Wirklichkeit des moralischen Gewissens entkleidete, ihr ihr innerstes Wesenselement raubte und der Vernichtung preisgab. Das ist die moralische und religiöse Natur des Aktivismus, man könnte auch sagen, seine unmoralische und irreligiöse Natur, denn das läuft auf dasselbe hinaus. Durch alle diese Dinge wurde der Aktivismus gegen Ende des 19. Jahrhunderts und zu Beginn des 20. Jahrhunderts in Europa ins Leben gerufen, durch sie gewann er Gestalt und Form. Seine tiefste Quelle bleibt aber jene krankhafte Romantik,

die niemals ganz überwunden wurde, wenn sie auch eine Zeitlang im europäischen Leben nur schlummerte. Es ist scheinbar unmöglich, sie gänzlich zu vernichten und auszurotten, da auch sie eine immer wieder aufbrechende Krise in der europäischen Seele darstellt. Nach den Sechzigerjahren war die Romantik in einer Form wieder aufgetreten, die allem Praktischen und Politischen abgewandt war, als sogenannter »Dekadentismus«, der nunmehr, aller seiner ideellen und edlen Elemente der Frühzeit beraubt, sich auf das Gebiet des Praktischen und Politischen warf. Und das war das Schlimmste aller Übel. So entstanden die allzuvielen »Dilettanten«, die man überall sehen und hören konnte und denen die alten und erfahrenen Männer der Politik mit Mißtrauen begegneten.

Die Literatur weidete sich bereits an erotischen und pathologischen Bildern und war sehr bald ganz erfüllt von dieser neuromantischen Tendenz des Pseudoerotischen, Brutalen, Bluttriefenden; alle diese Dinge bekräftigte sie und impfte sie den Seelen ein. Und es entstand von neuem jene Bewunderung für Napoleon, aber nicht mehr wie bei den alten *grognards*, den Veteranen der Großen Armee, nicht mehr wie bei jener Generation, der die Väter noch von jener großen Epopöe erzählen konnten, sondern in einer von Stendhal geprägten Form, die dessen Zeitgenossen weder verstanden noch gehört hatten, für die aber nunmehr die Zeit gekommen war. Stendhal selbst hatte dies vorausgesehen, da er das Datum seines einstigen Erfolges ungefähr auf das Jahr 1880 festgesetzt hatte. Man erträumte eine Art imitatio Napoleonis, dieses kühnentschlossenen, klarblickenden Mannes der Tat, der keine Hemmungen und Skrupel kannte, der im Sturm sein Glück genommen und die Welt erobert hatte. Und man bewunderte auch andere Persönlichkeiten, die ihm ähnlich waren oder wenigstens in der gleichen Weise gedeutet wurden. Ein Philosoph, der aber eigentlich mehr ein Dichter war und in seinem Herzen die Sehnsucht nach Reinheit und Größe trug, Friedrich Nietzsche, wurde ebenfalls materiell ausgelegt und zum Propheten des Aktivismus erhoben. Männer wie D'Annunzio in Italien und Barrès in Frankreich und noch viele andere wandten sich, von der gleichen schmutzigen Begierde getragen, diesem neuen Romantizismus zu, sei es aus sinnlicher Freude daran, sei es aus einem launenhaften Hang zu neuen Reizen. Diese neue Romantik gab sich aber mit der Inspirierung des aktivistischen Ideals nicht zufrieden, und nachdem sie verschiedene Versuche mit einem abgeschlossenen Stile gemacht hatte, überwand sie auch diese letzte Scham und wurde in ihrer Kunstform selbst aktivistisch oder »dynamisch«. Sie nahm sodann den Namen »Futurismus« an.

Die Jugend ließ sich natürlich von solchen scheinbar grandiosen Bildern einfangen. Sie erlag all den Aufforderungen, die Vergangenheit und mit ihr alle Vorsicht und Klugheit beiseite zu werfen: in großen Scharen wurde sie zu »Nationalisten«, »Imperialisten«, »Dynamikern«, »Sportisten«, »Futuristen« und wie diese Dinge alle hießen. Und das geschah in allen Teilen Europas und außerhalb Europas. Diese Wandlung vollzog sich nicht nur in Deutschland, das in dieser Hinsicht keineswegs krankhafter war als irgendein anderes Land. In Deutschland wurden keinerlei Gedanken gehegt, denen man nicht auch anderwärts begegnen konnte, obgleich Deutschland auf Grund gewisser Traditionen das ethnische oder rassenmäßige Prinzip besonders verhätschelte und somit den Aktivismus mit dem Pangermanismus verband. Daher nahm man in Deutschland mit ganz besonderem Interesse gewisse literarische Produkte auf, in denen mit solchen Tendenzen und Einbildungen eine Geschichtsphilosophie und Metaphysik konstruiert wurde. Dieser »aktivistische« Seelenzustand war es, der in erster Linie den europäischen Krieg heraufbeschworen hat, der dann sofort zum Weltkrieg wurde. Dieser Seelenzustand verhinderte es, daß die in der internationalen Lage vorhandenen Kriegsgefahren abgewendet wurden, so wie man viele Jahre hindurch ihrer Herr geworden war, als der Geist des Aktivismus noch nicht das Feld beherrschte, sondern in der Prosa noch der gesunde Menschenverstand waltete. Abstrakt betrachtet hatte man diese Kriegsgefahr auch noch bei verschiedenen anderen Gelegenheiten eindämmen können, zum Beispiel bei den 1908/09 und 1911/12 angestellten Bemühungen um ein Flottenabkommen mit England, denen sich Tirpitz jedoch widersetzte, ohne dabei auf Gegner zu stoßen, die sich ihm widersetzt hätten. Gelegenheiten bieten sich demjenigen, der sie zu ergreifen versteht. Einzelne Menschen vermögen alles oder gar nichts, je nachdem die öffentliche Meinung ihnen Kraft verleiht oder versagt, sie bei guten Handlungen unterstützt und sie bei Irrtümern zurückhält oder berichtigt. Wenig vermögen aber die Völker oder die Staaten, die immer gerade der Situation gehorchen, in die sie die vorhergehende Geschichte oder die Verkettung der

Ereignisse gestellt haben. Das beweist jedoch nur, ein wie verzweifeltes Unternehmen die Erforschung der sogenannten »Kriegsschuldfrage« ist, wenn man einzelnen Menschen oder Völkern die Schuld geben will. Sie alle können mit Vernunftschlüssen die Schuld auf die anderen abwälzen und diese wieder auf die anderen, und so kann man schließlich bis auf den Schöpfer der Welt zurückgehen, der in diesem Falle zweifellos der wirklich Verantwortliche ist, weil er und kein anderer es zugelassen hat, daß das europäische Leben nach so vielen anderen bitteren Erfahrungen auch noch diese große Prüfung eines aktivistischen Romantizismus und eines blinden und törichten Nationalismus über sich ergehen lassen mußte.

In Deutschland gab es Männer, die sich gegen die Pangermanisten und Kriegshetzer erhoben und eine ernsthafte Politik empfahlen, und genauso gab es Männer, die den Aktivismus unter seinen verschiedenen Namen und Erscheinungsformen bekämpften, kritisierten, lächerlich machten und verhöhnten. Man könnte hier vielerlei Dinge anführen, die gegen die Entfesselung der Instinkte und des Tieres im Menschen geschrieben wurden, gegen die Leidenschaft an sich, gegen die »Entseelung« durch die Maschine, gegen den Sport als Feind jeder feineren Kultur, gegen den leeren Imperialismus und Nationalismus und den damit verbundenen Hochmut, der dadurch nicht geringer wurde, daß er in energetischen Worten und Bildern sich Luft machte. Aber der Wind wehte nun einmal aus der anderen Richtung, und allzuviele sahen nicht einmal die Richtung, die sie einschlagen sollten. So mußten eben die Ereignisse mit ihrer über dem einzelnen stehenden Gewalt ihren Lauf nehmen.

So kam es zum Kriege, der im europäischen Geiste schon seit langem entbrannt war und nunmehr mit den Waffen ausgetragen werden sollte. Das geschah in einem Augenblick, wo verworrene nationale Freiheitsgelüste und nationalistische Tendenzen sich breit machten, wo der österreichische und russische Imperialismus um die Vorherrschaft stritten. Und als der Krieg einmal entflammt war, wurde er sofort zum allgemeinen Weltbrand. Wohl oder übel wurden alle mit hineingezogen, keiner vermochte den einmal entfesselten Kräften zu widerstehen. Alle mußten die Konsequenzen ziehen und wurden gezwungen, am Kriege teilzunehmen, da es unmöglich war, beiseitezubleiben. Denn das hätte schlimmere Schäden für die Zukunft bedeutet. Bald stellte sich heraus, daß der Krieg einen

Kampf zwischen Deutschland und England um die Weltherrschaft bedeutete. So bewahrheitete sich eine alte Prophezeiung des Engländers Otway aus dem Jahre 1870: ganz Europa – und später auch noch die Vereinigten Staaten von Nordamerika – würden sich zu einem Bündnis gegen Deutschland zusammenschließen, das mit Österreich-Ungarn alleinstehen und nur die Türkei und Bulgarien auf seine Seite ziehen würde.
Die Entente hat es während des Krieges sehr gut verstanden, den Krieg moralisch zu idealisieren und populär zu machen als eine Art Verteidigung der Freiheit aller Völker gegenüber einem neuen, drohenden Imperium nach Art Karls V., als Verteidigung des liberalen Systems gegen die Autokratie von Preußen und Österreich-Ungarn, der Hohenzollern und der Habsburger. Man proklamierte den endgültigen Befreiungskampf aller unterdrückten und geknechteten Völker, ja, sogar eine Erlösung der Deutschen selbst von ihrem veralteten politischen Regime, das im Gegensatz zu dem im westlichen Europa herrschenden liberalen Parlamentarismus in Deutschland immer noch bestand. Man wollte das System der Hegemonie und des Gleichgewichts überwinden, um zur Einigung aller Völker zu kommen. Die Deutschen waren weniger geschickt, als sie ihre Kriegsziele kundgaben, denn sie wußten nichts anderes anzuführen als das »heilige Recht der Selbstverteidigung« ihres Volkes. Dieser Gedanke war aber allzu generell. Er besaß keinen historischen Inhalt, ihn vertraten ja alle kriegführenden Parteien, indem sie Krieg führten, mit ihm konnte man kein politisches Ideal aufstellen, das dem Ideal der Entente ebenbürtig gewesen wäre. Die deutschen Professoren fühlten sich berufen, diese Lücke auszufüllen und schrieben daher kindische Dinge über die deutsche Methode zur Einigung Europas, die sie mit der Einigung Deutschlands durch Preußen verglichen, sie sprachen von einer pax germanica und priesen die Sittlichkeit und Glückseligkeit einer von den Hohenzollern und ihrer Bürokratie regierten Welt. Aber vor solchen Dingen mußte jeder freie Geist erschaudern oder lächeln. Und dann wunderten sich die Deutschen, daß – wie sie es ausdrückten – die »Kriegspropaganda« der Entente so viel wirksamer oder »besser organisiert« gewesen war. In jenen Kriegstagen stand der Geist Cavours wieder auf gegen den Geist Bismarcks. Und es ist eigentlich nicht zu verwundern, daß der eine die Menschheit mit seiner Wahrheit und Wärme enthusiastisch begeistern konnte und der andere nicht.

Trotzdem hatten die Deutschen nicht ganz unrecht, wenn sie die von der Entente vertretene Ideologie der Heuchelei bezichtigten. Nicht, daß alles nur Heuchelei und Berechnung gewesen wäre: das würde der Schreiber dieser Zeilen niemals zugeben. Dazu sind alle die Gefühle und Gedanken noch in zu guter Erinnerung, die ein Italiener oder ein alter Liberaler beim Kriegsausbruch und während der italienischen Neutralität empfand, Gedanken, die auch im Volke Wurzel gefaßt hatten. Dazu sind aber auch noch andere Dinge in allzu guter Erinnerung: all die Taten und Handlungen, Briefe und Schriften vieler junger Italiener, die auf dem Karst oder in den Alpen den Tod fanden, all jene zarten Menschenleben, die von den Vätern und Lehrern und Dichtern im Geiste des italienischen Risorgimento erzogen waren, und nicht zuletzt durch den großen Giosue Carducci mit seiner Liebe zu Freiheit, Gerechtigkeit und Menschlichkeit. Und ganz ähnliche Gefühle hatte man auch in den anderen Ländern. In England glaubten die Liberalen tatsächlich, daß dieser unvermeidliche Krieg der letzte aller Kriege sein werde, daß nach dem Kriege die internationalen Beziehungen auf eine neue Grundlage gestellt werden müßten, daß man an Stelle des Systems des Gleichgewichts, der Allianzen und Gegenallianzen und Geheimverträge mit öffentlichen Verträgen den Frieden garantieren werde. Der Präsident der Vereinigten Staaten von Nordamerika nahm seine berühmten vierzehn Punkte, die er den kämpfenden Völkern vorschlug, nicht weniger ernst. Die von den Deutschen vorgebrachte Anklage war aber insofern berechtigt, als diese liberale Ideologie weder bei den Ententevölkern noch in Deutschland Widerhall fand und keine Wirkung auf jene von uns beschriebene Psychologie ausgeübt hat, die in Europa vorherrschte. Da jene liberale Ideologie nur dazu herhalten mußte, auf andere oder auf die großen Massen zu wirken, bedienten sich ihrer die Imperialisten, Nationalisten, Politiker und Publizisten; schmutzig-heuchlerisch mißbrauchten sie sie zu ihren politischen Zwecken. Sie behandelten die liberalen Ideen nicht anders wie den Katholizismus. Nach dem Beispiel der »atheistischen Katholiken« gab es auch Liberale und Humanitaristen, die die Freiheit und die Humanität schändeten. In jedem Fall waren sie schlauere Betrüger als jene deutschen Statisten, die Bismarck schlecht nachahmten, die Verträge zu »Papierfetzen« erklärten, die offen heraus sagten, daß Gewalt vor Recht ginge. Sie waren schlimmer als jene Nationalisten und Rassentheoretiker, die das romantisch-christliche Europa, die Reformation und die Französische Revolution verachteten und dafür Armin, die Nibelungen und die ganze germanische Mythologie auf den Thron erhoben; denen es Spaß machte, die deutschen Schützengräben mit den Namen Wotans und der Walküren, Siegfrieds und Hagens zu schmücken. In der Grausamkeit des langen Krieges verschwand jeglicher Respekt vor der Wahrheit aus den Seelen der Menschen. Der Ton aller Kriegführenden wurde immer unmenschlicher, egoistischer und raubgieriger. Die Staatsmänner, die den Krieg begonnen hatten, wurden durch andere ersetzt, und damit vollzog sich auch eine geistige Wandlung. Die neuen Männer verfielen völlig dem Geiste der entfesselten Haß- und Raubgefühle. Nach den Teilerfolgen der deutschen Heere legten die deutschen Politiker den Besiegten jene widerwärtigen Friedensverträge von Brest-Litowsk und Bukarest auf, und die Politiker der Entente erhoben sich nach Kriegsabschluß keineswegs in höhere Sphären: mit dem Vertrag von Versailles zahlten sie alles wieder heim. In Versailles wurde das menschliche Gewissen selbst durch ein schmerzliches Schauspiel beleidigt, daß die Sieger den heroischen Gegner, der noch aus den Wunden von aberhundert Schlachten blutete, vor ihr Tribunal schleppten und sich über ihn zu moralischen Urteilen und zu Vollstreckern der Gerechtigkeit erhoben, daß sie ihn zwangen, eine Schuld anzuerkennen, wo sie ihrerseits mitschuldig waren, wenn man hier überhaupt von Schuld sprechen will und nicht lieber von einem gemeinsamen Irrtum, der gemeinsame Sühne erfordert hätte. Der Krieg war den Völkern als eine allgemeine Reinigung angekündigt worden, aber in seinem Verlaufe und bei seinem Abschluß wurde nichts von diesem Versprechen erfüllt.

XI
Ausblick

Man vergleiche die politische Geographie Europas aus der Zeit vor dem Kriege und nach dem Kriege: an Stelle des Kaiserreichs der Hohenzollern die deutsche Republik, an Stelle der habsburgischen Monarchie neue oder vergrößerte Nationalstaaten, das verkleinerte Österreich und das in schmale Grenzen eingepreßte magyarische Ungarn, Frankreich wieder im Besitze der 1870 verlorenen Provinzen, Italien erweitert um die Irredenta und im Besitze der Brennergrenze, Polen wiederhergestellt und Rußland nicht mehr zaristisch, sondern sowjetisch, die Vereinigten Staaten von Nordamerika als einer der wichtigsten Faktoren in die europäische Politik einbezogen, und alle die anderen großen Veränderungen im Territorialbesitz und in den Beziehungen zwischen den Mächten! Und dann denke man wieder zurück an jenes geordnete, reiche, alte Europa mit seinem blühenden Verkehr, mit all seinem Überfluß und seinen Bequemlichkeiten, mit all seinem kühnen Geist und seiner Sicherheit. Wie schmerzlich ist es dann, das Nachkriegseuropa zu sehen, wie arm es ist, wie zerrissen, wie traurig! Durch unüberwindliche Zollschranken zerteilt, aus seinen Hauptstädten all jenes lebendige internationale Leben verschwunden, jedes Volk von seinen eigenen Sorgen zermürbt und in beständiger Furcht vor Schlimmerem, abgewandt von allen geistigen Dingen! Wo ist jene große Welt gemeinsamen Geistes, der Kunst und der Kultur? Alles das ist erloschen oder fast erloschen. Und wer über das alles nachdenkt, muß zwischen diesen beiden Bildern Europas einen tiefen Trennungsstrich ziehen, einen wahren Abgrund erkennen: den Krieg von 1914 bis 1918. Wer aber tiefer darüber nachdenkt, wer sich nicht mit äußeren Erscheinungen zufrieden gibt, sondern zum inneren Wesen Europas vordringt, wer die Leidenschaften und Handlungsweisen der europäischen Seele selbst erforscht, der wird sehr bald dazu gelangen, die geistige Kontinuität und Homogenität dieser beiden Zustände Europas wiederherzustellen; all die Verschiedenheiten sind nichts als trügerischer Schein! Der aufmerksame Beobachter, der sich durch oberflächliche Eindrücke nicht vom rechten Wege abbringen läßt, wird in den beiden Aspekten dieselben Züge wiedererkennen, wenn auch nach dem Kriege alles

erbitterter geworden ist. Dieselben Geisteshaltungen und Gegensätze unter veränderten politischen Bedingungen, wenn auch durch den Krieg mit seiner Schwere und seinem Stumpfsinn alles bedrückender geworden ist. Millionen Menschenleben waren vernichtet, die Menschheit war an Gewalttaten gewöhnt worden und jeglicher kühnen, kritischen und konstruktiven Geistesarbeit entfremdet, alle Sorgfalt im Denken und jede Feinheit in den Sitten war in Vergessenheit geraten; das alles war eine notwendige Folge des Krieges, zu dem alle die anderen schlimmen Folgen dieser großen Tragödie noch hinzukamen.
Ungestümer denn je nimmt der Aktivismus seinen Lauf, noch heftiger denn zuvor. Nationalistische und imperialistische Impulse erschüttern die sogenannten Siegervölker, gerade weil sie Sieger sind, und ebenso durchzucken sie die besiegten Völker, gerade weil sie besiegt worden sind. Dazu kommen die aus dem Nichts neu entstandenen Staaten mit ihren neuen Nationalismen und Imperialismen. Der Unwille über die freien Ordnungen hat offenen oder getarnten Diktaturen Raum gegeben oder zumindest dem Verlangen nach Diktaturen. Vor dem Kriege war der Gedanke der Freiheit ein fester Glaube oder zumindest eine Praktik mit schwachem Glauben. Jetzt ist die Idee der Freiheit auch dort aus den Gemütern verschwunden, wo sie noch in Institutionen erhalten geblieben ist. An ihre Stelle ist ein aktivistischer Libertarismus getreten, der mehr denn je auf Kriege, Umwälzungen und Zerstörungen bedacht ist. Er entlädt sich in wirren Bewegungen und trachtet nach ansehnlichen, aber unfruchtbaren Werken. Der Aktivismus verachtet alles, was aus Geist und Liebe geschaffen wird, aus heiliger Ehrfurcht vor dem Vergangenen oder mit jener Kühnheit, die der Zukunft den Weg bahnt. Der Aktivismus kümmert sich nicht um Handlungen, die aus dem Herzen kommen und zum Herzen sprechen, um Spekulationen, die die Wahrheit künden, um die Geschichte, die das Bewußtsein alles dessen vermittelt, was je die Menschheit in Kampf und Arbeit mühevoll an großer Dichtung geschaffen hat, deren Schönheit in ihrem Wesen als Dichtung besteht. Der Kommunismus war einstmals unter dem Namen des Sozialismus in das politische Leben, in das Staatsleben und in den Lauf der Geschichte eingegangen und ist nach dem Schisma in all seiner Schroffheit wiedererstanden, als heftiger Feind des Liberalismus, den er als naiv-moralisch verhöhnt. Ganz ähnlich dem

Aktivismus, mit dem er häufig verschmilzt, ist dieser Kommunismus unfruchtbar. Er erstickt das Denken, die Religion, die Kunst und all die anderen Dinge, die er sich dienstbar machen möchte und doch nur zu zerstören vermag. Und in Urteilen und Theorien sind all die Verdrehungen und altersschwachen Sophismen des historischen Materialismus gleichsam als neugeborene, jugendlich frische Wahrheiten wiedererstanden, von denen doch jeder kritisch-historisch begabte Mensch weiß, was er davon zu halten hat. Trotz alledem haben sie sich mit dem Schimmer des Neuen und Modernen umgeben, nur weil sie, von Europa nach Rußland verpflanzt, von dort simplizistischer und vergröberter als zuvor zu uns zurückgekommen sind und in Zeiten der Vergröberung, des Simplizismus und der Leichtgläubigkeit natürlich Erfolg haben. Auf der anderen Seite steht der Katholizismus, der, durch Irrationalismus und Mystizismus bereits gestärkt, schwache Menschen oder geschwächte Seelen für sich eingefangen hat und in immer größerer Anzahl einfängt, dem wirre und unzuverlässige Abenteurer des Geistes zufliegen. Und schließlich hört man heute wieder Stimmen des Pessimismus und Propheten des Unterganges, die sich schon in der Vorkriegsliteratur bemerkbar gemacht haben. Theorien vom Untergang des Abendlandes oder gar vom bevorstehenden Ende des ganzen Menschengeschlechtes, welches nach einem Versuche, vom Tier zum Menschen aufzusteigen (wie es die verschiedensten Philosophen und Propheten lehren) dazu verurteilt sei, wieder in Urbarbarei zurückzufallen.

Das alles ist ein Faktum. Und es wäre sinnlos, es leugnen zu wollen oder es auf einzelne Personen, auf dieses oder jenes Land oder Volk zu beschränken. Es ist bereits die Fortentwicklung eines anderen Faktums und gehört als solches zu Europa und zur ganzen Welt. Und gerade in dieser seiner Eigenschaft als Faktum muß es eine Aufgabe haben in der geistigen Entwicklung, im sozialen Fortschritt, in der Menschheit. Und wenn keine neuen Werte daraus hervorgehen, dann wird es zumindest Stoff und eine Art Reizmittel zur Wiedererstarkung sein, zur Vertiefung und Erweiterung alter Werte. Das Amt und die historische Aufgabe dieser Tatsache kann jedoch nur von einem künftigen Historiker erkannt und geschildert werden, der am Ende dieser Entwicklungsperiode auf die ganze Bewegung zurückblicken kann, in die wir Heutigen noch einbezogen sind. Nur er wird erkennen können, wohin diese Bewegung führt. Wir können sie heute weder erkennen noch beschreiben, weil wir mitten darinnen stehen. Aber gerade aus unserer besonderen Lage heraus vermögen wir sehr wohl vielerlei Dinge zu beobachten und zu begreifen, doch eins bleibt uns versagt: wir können noch nicht die Geschichte dieser Bewegung denken, weil sie noch nicht vollzogen ist.

Aber was bedeutet es praktisch für einen jeden von uns, daß wir diese Geschichte noch nicht denken können? Nichts anderes als dieses: wir müssen teilnehmen an ihr, jedoch nicht im Denken des noch nicht Denkbaren, sondern als Handelnde, jeder nach seinem Teil, so wie es ihm sein Gewissen und die Pflicht befiehlt. Wer die alte Solonische Mahnung verachtet und ein Leben begreifen und beurteilen wollte, das noch nicht zu Ende gelebt ist, wer sich in Vermutungen und Vorhersagen verliert, der möge bedenken, ob nicht vielleicht solch eine Flucht in das Unerkennbare die Einflüsterung eines bösen Dämons ist, der ihn in Untätigkeit einschläfern und von der Tat abhalten will.

Tat und Handlung bedürfen nicht einer »Geschichte der Zukunft«, um eine alte Definition der Traktatschreiber anzuwenden, sondern der Geschichte der Vergangenheit, die in der Gegenwart nachwirkt, denn wahrlich, sie bedürfen der erleuchtenden Wahrheit. Und als eine solche Voraussetzung zur Tat ist unsere Geschichte des 19. Jahrhunderts entstanden, und zu einer historischen Betrachtung in diesem Sinne wollen wir auffordern. In Beziehung zur Gegenwart und zum Aktuellen ist eine Prüfung, jedenfalls aber eine Nachprüfung aller Ideale notwendig, die heute bejaht oder verfochten werden. Es soll festgestellt werden, ob diese Ideale die Kraft besitzen, unser eigenes Ideal zu vernichten, zu korrigieren oder zu überwinden. Und bei dieser Prüfung soll auch unser Ideal gewandelt werden, falls die Kritik es verlangt. Dieser Prüfung wollen wir selbst es unterziehen, um es sicherer zu besitzen denn zuvor.

Bekanntlich hat das Ideal einer übersinnlichen Ordnung der Wahrheit, der moralischen und praktischen Gesetze und der damit verbundenen Regierung von oben, sozusagen einer Regierung vom Himmel her, die auf Erden von einem Hirten ausgeübt und durch eine Kirche repräsentiert wird, auch heute noch nicht jene innere, geistige Rechtfertigung gefunden, deren Fehlen im Laufe der letzten Jahrhunderte in Erscheinung getreten war. Darauf bestehen zu müssen, ist beinahe peinlich. Aber das ist bei allen Polemiken so, die sich um etwas Selbstverständliches drehen und somit Gefahr laufen, kleinlich zu scheinen. Aber gerade dieser Punkt ist wesentlich. Jener klerikale Übermut der Nachkriegsjahre hat, wenn er schon Zorn erregt, an sich keinerlei Bedeutung, er ist etwas Allbekanntes und Vorübergehendes, eine Auswirkung all jener Schwierigkeiten und Konzessionen, zu denen die Regierungen gezwungen waren. Es mag hier angeführt werden, was kürzlich ein deutscher Katholik geschrieben hat: daß der Katholizismus in den letzten Zeiten nur scheinbar und nur in den äußeren Bezirken seines wahren Wesens Erfolge erzielt hat, daß aber die große Idee, der er seine Einheit verdankt, tot ist, daß er nie zuvor so sehr gefährdet, so unsicher und derartig in materielle und zufällige Dinge verstrickt gewesen ist. Wahrlich, unter diesem Gesichtspunkt muß man daran zweifeln, ob jene Sorte von Menschen, die an den Busen der Kirche zurückgekehrt sind, ihr noch Kraft verleihen können. Das geistige Motiv, das die meisten dazu getrieben hat, beim Katholizismus Zuflucht zu suchen oder reumütig zur Kirche zurückzukehren (oder bei anderen, weniger verehrungswürdigen und weniger beständigen Autoritäten ihr Heil zu suchen), besteht ausschließlich in einem Bedürfnis der Menschen, in dem allgemeinen Durcheinander von Ideen und einander widersprechenden und veränderlichen Gefühlen eine feste Wahrheit und eine von oben dekretierte Lebensregel zu haben. Es ist ein Mangel an Vertrauen, ein Verzicht, eine Schwäche, eine kindische Angst vor dem Begriff des Absoluten und zugleich Relativen in jeder Wahrheit, ein Ausweichen vor der Notwendigkeit dauernder Kritik und Selbstkritik, aus der allein in jedem Augenblick die Wahrheit bereichert und erneuert wieder hervorgeht, so wie das Leben selber dauernd reicher wächst und sich erneuert. Solch ein moralisches Ideal kann allerdings niemals den Bedürfnissen der Schwachen, der Vertrauenslosen und der Feiglinge gerecht werden.

Und ebensowenig kann es denen dienlich sein, die sich an der Tat als Tat berauschen. Wird die Tat in diesem Sinne getan, dann hinterläßt sie nichts als Ekel und Gleichgültigkeit gegen alles, was den Menschen aus wahrer Leidenschaft zu bewegen vermag, es verbleibt nichts als Untauglichkeit zu jeder objektiven Arbeit. Die Menschheit hat nunmehr die große Prüfung der Nationalismen und Imperialismen und ähnlicher Kräfte und Eroberungen über sich ergehen lassen, und schon hörte man sie sagen: *Inveni amariorem felle.* Mehr denn je feiert der Aktivismus seine Orgien. Aber wo findet man in ihm Heiterkeit der Seele, Zuversicht und Lebensfreude? Den Männern des Aktivismus, und auch den würdigsten unter ihnen, steht der Trübsinn auf die Stirn eingebrannt, und wo dieses Zeichen fehlt, Schlimmeres: Roheit und Stupidität. Aber vielleicht bedeuten gerade diese Exzesse, zu denen der Aktivismus sich verleiten läßt, und all die Leidenschaften und Erschütterungen das erste Zeichen einer baldigen Gesundung von jenem Fieber, an dem Europa und die ganze Welt daniederliegen; wahrlich, es ist ein Fieber und nicht ein Ideal, es sei denn, man wollte das Fieber selber zum Ideal erheben!

Man pflegt zu sagen, daß der Kommunismus zur Tatsache geworden und in Rußland verwirklicht sei. Gewiß, er ist Tatsache geworden, aber nicht als Kommunismus, sondern so, wie es seine Kritiker vorausgesagt haben und wie es seinem inneren Widerspruch entspricht: als eine Form von Autokratismus, der dem russischen Volke auch noch jenen Hauch von Geist und Freiheit geraubt hat, den es unter dem vorhergehenden zaristischen Autokratismus noch besessen hat. Die Abschaffung des Staates, der Übergang aus dem Reich der Notwendigkeit in das Reich der Freiheit, wie es bei Marx theoretisch hieß, ist nicht nur nicht eingetreten, der Kommunismus hat nicht nur nicht den Staat abgeschafft (und er konnte das auch nicht und wird es niemals können), sondern er hat – welche Ironie des Schicksals – den drückendsten aller Staaten herausgebildet, der überhaupt denkbar ist. Damit soll der Tatsache keinerlei Abbruch getan werden, daß die russischen Revolutionäre vor der Notwendigkeit standen, diesen und keinen anderen Weg einzuschlagen. Und es soll damit nicht die Grandiosität all jener Arbeit geleugnet werden, die sie unter solchen Voraussetzungen auf sich genommen und durchgeführt haben: die Erschließung der reichen Produktivkräfte der russischen Erde und die verschiedenartigsten Lehren, die man aus ihrem mannigfachen Wirken ziehen kann. Im Gegenteil, es ist ein mystischer Enthusiasmus, und sei es auch ein materialistischer Mystizismus, der die Russen beseelt und sie in die Lage versetzt, mit jener ungeheuren Last fertig zu werden, die sie auf sich genommen haben, der ihnen den Mut verleiht, Religion, Spekulation, Poesie und alles das zu zertreten, was wir als heilig verehren und lieben. Wir wollen damit lediglich bekräftigen, daß die Russen heute zwar mit Worten und mit Gewaltakten und Unterdrückungsmethoden das fundamentale Problem menschlichen Zusammenlebens, das Problem der Freiheit, verneint aber nicht gelöst haben und auf diesem Wege auch niemals lösen können. Nur in Freiheit kann menschliche Gemeinschaft gedeihen und Früchte tragen. Die Freiheit ist das einzige Lebensgesetz des Menschen auf Erden, und ohne sie würde das Leben nicht lebenswert sein. Das Problem der Freiheit existiert, es ist unvermeidlich, es geht aus dem innersten Wesen der Dinge hervor. Und die Kommunisten selbst müssen fühlen, wie in dem Menschenmaterial, das sie bearbeiten und das sie nach ihren Begriffen formen wollen, das Problem der Freiheit gärt. Und wenn sie selbst oder andere an ihrer Statt ihm einstmals begegnen werden, dann wird es das materialistische Fundament ihrer Konstruktion zerstören, und ihr Gebäude wird in ganz anderer Weise gestützt und weitgehend verändert werden müssen. Und wie heute der reine Kommunismus nicht verwirklicht ist, ebensowenig wird er auch dann verwirklicht werden. Außerhalb Rußlands lastet dieser Pseudokommunismus auf den Gemütern gleichsam mit einer Wucht, die in dem alten Sprichwort *maior e longinquo reverentia* zum Ausdruck kommt, mit all dem Zauber des zeitlich und räumlich Fernen, das dadurch phantastische Dimensionen und eine magische Anziehungskraft bekommt, aber er hat nirgends Eingang gefunden und ist überall sofort im Keime erstickt worden. In West- und Mitteleuropa fehlen tatsächlich zwei Voraussetzungen zum Kommunismus, die in Rußland gegeben waren: die zaristische Tradition und der Mystizismus. Miljukow scheint daher nicht Unrecht gehabt zu haben, als er vor Jahren sagte, daß Lenin »in Rußland auf der festen Grundlage der guten alten autokratischen Tradition arbeitete, daß er aber in bezug auf die anderen Länder Luftschlösser baute«. Und wenn Experimente dieser Art auch in anderen Ländern Europas gemacht werden sollten, dann wird dort der Pseudokommunismus unter ähnlichen Namen und mit ähnlichen äußeren Merkmalen etwas ganz anderes werden, da diese Länder in Religion, Zivilisation, Kultur, Sitte, Tradition, kurz in ihrer ganzen Geschichte von Rußland verschieden sind, – oder aber es wird nach kürzeren oder längeren Zeiten dunkler Qualen aus seinem eigenen Herzen heraus früher oder später die Freiheit, will sagen, die Humanität selbst, wieder hervorkeimen.

Denn die Freiheit ist das einzige Ideal, das jene Stetigkeit besitzt, die einstmals der Katholizismus hatte, und zugleich jene Geschmeidigkeit, die der Katholizismus nicht haben konnte. Sie ist das einzige Ideal, das immer der Zukunft gegenübertritt und nicht den Anspruch erhebt, diese in eine besondere, zufällige Form einzukapseln. Nur das Ideal der Freiheit hält der Kritik stand und stellt für die menschliche Gesellschaft jenen festen Punkt dar, um den in allen Gleichgewichtsverschiebungen und immer wiederkehrenden Schwankungen das Gleichgewicht immer wiederhergestellt wird. Wenn einem daher die Frage gestellt wird, ob der Freiheit sozusagen die Zukunft gehöre, dann muß man erwidern: etwas viel Besseres – die Ewigkeit! Heute begegnet man der Freiheit mit Kälte, mit Verachtung und Hohn, und dennoch ist sie in unseren Institutionen, Sitten und Geisteshaltungen vorhanden und wohltuend wirksam. Aber noch bedeutsamer ist es, daß der Gedanke der Freiheit in allen edlen Köpfen der ganzen Welt lebendig ist. Überall zerstreut und alleinstehend bilden diese eine kleine, aber aristokratische *respublica literaria:* sie alle halten der Freiheit die Treue, verehren sie immer mehr und lieben sie nur noch leidenschaftlicher als in Zeiten, wo sie keine Widersacher und keine Verächter hatte, wo ihre absolute Herrschaft unumstritten war, wo sogar der *vulgus* sich um sie scharte und ihren Namen pries und gerade damit befleckte. Heute ist der Name der Freiheit von dieser Schande befreit.

Aber die Freiheit ist nicht nur in solchen Männern lebendig, sie hat nicht nur in der Ordnung vieler großen Staaten Bestand, sie wirkt nicht nur in ihren Institutionen und Sitten, nein, ihre Kraft zeigt sich in den Dingen selbst, unter größten Schwierigkeiten schafft sie sich bald schneller, bald langsamer ihre Bahn. Man sieht das vor allem an den Gefühlen und Gedanken, die heute die Menschheit bewegen. Die Idee einer Rüstungspause und Rüstungsbeschränkung, der Gedanke eines europäischen Staatenbundes, der Völkerverständigung, auf den man die Hoffnung setzt, die ökonomische und politische Vorherrschaft Europas oder wenigstens die jahrhundertealte schöpferisch-kulturelle Vorherrschaft Europas zum Wohle der Welt zu retten, damit die Völker Europas weiterarbeiten können an dieser ihrer Aufgabe: das ist der einzige politische Gedanke, der unter all den vielen nach dem Kriege entstanstandenen nicht verlorengegangen ist, sondern von Jahr zu Jahr mehr an Boden gewinnt, der seine Gegner und alle, die an ihm zweifelten oder nicht an ihn zu glauben wagten, zu sich bekehrt. Man kann nur hoffen, daß er nicht zuschanden wird, daß er allen Widerständen zum Trotz sein Ziel erreicht, daß hier sich die Kunst der Staatsmänner und der Wille der Völker Geltung verschafft. Vielleicht werden künftige Historiker einmal vom Weltkrieg aussagen, daß er alle Nationalismen *ad absurdum* geführt habe. Der Krieg und der schändlich-törichte Friedensvertrag, in dem er seinen Abschluß fand, haben zwar gewisse Beziehungen zwischen den Staaten verschärft, aber sie haben im innersten Bewußtsein der Völker das immer wacher werdende Gefühl erweckt, daß sie alle gleich sind in ihren Tugenden und Irrungen, in Kräften und Schwächen, daß sie ein und demselben Schicksal unterworfen, von derselben Liebe getragen, von gleichen Schmerzen gequält sind; sie alle sind stolz auf das gleiche ideale Erbgut. Und schon sieht man, wie in allen Teilen Europas ein neues Bewußtsein einer neuen Nationalität aufkeimt, denn Nationen sind – wie wir sagten – keine natürlichen Gegebenheiten, sondern Bewußtseinszustände und historische Gebilde. So wie vor nunmehr siebzig Jahren Neapolitaner oder Piemontesen zu Italienern wurden und dennoch ihr früheres Wesen nicht verleugneten, sondern es zu etwas Neuem erhoben und darin aufgehen ließen, genauso werden sich eines Tages Franzosen, Deutsche, Italiener und alle europäischen Völker zu Europäern erheben und ihre Gedanken auf Europa richten, für das ihre Herzen ebenso schlagen werden wie zuvor für die kleineren Vaterländer, die sie jedoch nicht vergessen, sondern nur noch inniger lieben werden.

Dieser Werdegang der europäischen Einigung steht in schroffem Widerspruch zu allen nationalistischen Ansprüchen, schon heute tritt er ihnen entgegen und wird eines Tages Europa von ihnen befreien. Und gleichzeitig wird er Europa von jener ganzen Psychologie befreien, die mit den Nationalismen verbunden ist und deren Haltungen und Handlungen fördert und bewirkt. Und am gleichen Tage, wo dieses Ereignis eintreten wird, da wird das liberale Ideal wieder in allen lebendig werden und erneut seine Herrschaft antreten. Die Wiederherstellung dieses Ideals darf man sich jedoch nicht als eine Rückkehr zu Zuständen vergangener Epochen denken, nicht, wie es die Romantik zuweilen als süßliches Idyll erträumt hat. Und wenn dieses Ereignis eintritt, dann wird es nicht vergebens geschehen. Hier werden manche Institutionen des alten Liberalismus mehr oder weniger gewandelt werden müssen, dort werden andere, bessere an ihre Stelle treten, und neue, politisch-führende Schichten werden erstehen, die mit den früheren nichts mehr gemein haben. Die Erfahrungen der Vergangenheit werden andere Begriffe hervorbringen und dem Willen der Völker andere Richtung verleihen. Mit einer solchen geistigen und moralischen Bereitschaft werden die sogenannten sozialen Probleme wieder aufgenommen werden müssen, die wahrlich nicht erst heute entstanden sind, an denen Denker und Politiker schon seit Jahrhunderten gearbeitet und die sie je nach der Lage der Zeiten von Fall zu Fall gelöst haben. Im Laufe des 19. Jahrhunderts war die soziale Frage Gegenstand leidenschaftlicher Beobachtung und inbrünstiger Sorge, und auch in diesem Jahrhundert löste man sie von Fall zu Fall und so gut es ging. Man besserte die Lage der Arbeiter, man hob ihren Lebensstandard und brachte den Arbeiter rechtlich und moralisch zu neuem Ansehen. Die sogenannte »rationalisierte« Ökonomie, die heute an erster Stelle zur Diskussion steht, ist nicht etwas ganz Neues. Und die Diskussion hierüber kann sich auch nicht um die Unterstellung drehen, ob man mit ihrer Hilfe eine individuelle Ökonomie der freien Initiative herstellen soll oder nicht, denn diese ist aus dem menschlichen Leben und dem ökonomischen Fortschritt nicht fortzudenken, sondern lediglich darum, ob man den einen oder den anderen Gesichtspunkt mehr in den Vordergrund stellen soll, je nach Lage der Dinge, der Zeiten und aller anderen Umstände. Doch das ist eine Frage für Techniker und Politiker, deren Aufgabe es ist, zum Nutzen der Produktion und der gerechten Verteilung der Güter diese Dinge von Fall zu Fall zu lösen. Aber Techniker und Politiker können ihrer Aufgabe nur dann gerecht werden und auf eine tatsächliche Verwirklichung ihrer Vorschläge hoffen, wenn die Freiheit das intellektuelle und moralische Milieu vorbereitet. Das ist die Grundvoraussetzung zu einem solchen Werk. Die Freiheit allein garantiert die rechtlichen Ordnungen, in deren Rahmen die Verwirklichung sich vollziehen kann.

Diese flüchtigen Andeutungen sollen keine Voraussagen sein, die nichtig wären und daher uns wie jedem anderen versagt sind. Es sind jedoch Wegweisungen, die sich aus dem sittlichen Gewissen und aus der Beobachtung der Gegenwart für jeden ergeben, der in den leitenden Gesichtspunkten und in der Deutung der Ereignisse des 19. Jahrhunderts mit unserer Darstellung übereinstimmt. Mögen andere aus einem anderen Geiste heraus, mit anderen Begriffen, anderem Kulturgut und verschiedenem Temperament andere Wege wählen, – wenn sie es mit reinem Herzen tun und ihrer inneren Stimme gehorchen, dann werden auch sie gute Wegbereiter der Zukunft sein. Eine Geschichtsdarstellung, die auf dem liberalen Gedanken beruht, kann nicht – und dies gilt für ihren moralisch-praktischen Anhang – damit enden, daß sie andere Gefühls- und Denkrichtungen zurückweisen und verurteilen müßte. Nur an Gleichgesinnte wendet sie sich mit der Mahnung: »Arbeitet nach der Linie, die euch hier vorgezeichnet ist, arbeitet daran unter Einsatz eurer ganzen Persönlichkeit und auch in der kleinsten eurer Handlungen, laßt keinen Tag und keine Stunde vergehen! Und vertraut auf eine göttliche Fügung, die mehr davon versteht als wir Menschen, die mit uns, in uns und über uns waltet.« Das sind Worte, wie wir sie in unserer Jugend gehört und in unserem christlichen Leben ausgesprochen haben; mit vielen ähnlichen Aussprüchen gehören sie der »Religion der Freiheit« an.

Schlußwort 1947

Das »Ausblick« genannte, letzte Kapitel wurde gegen Ende des Jahres 1931 geschrieben. Es enthielt Andeutungen über die Möglichkeit von gewissen Ereignissen, die eine persönliche Hoffnung des Verfassers darstellten. Der Verfasser hielt es jedoch für seine Pflicht, die Trennung dieser Seiten von der Gesamtheit des Werkes hervorzuheben, das nichts anderes als reine Geschichte darstellt. Für den Verfasser wie für andere Männer seiner Generation ist es ganz gewiß schmerzhaft, daß der Lauf der Geschichte nach 1931 andere Wege eingeschlagen und daß keine Wiedererweckung des Freiheitsideals stattgefunden hat. Einigen Trost kann man jedoch stets aus den Worten Hegels gewinnen: daß die Idee keine Eile hat.

Neapel, den 23. August 1947. *Benedetto Croce*

Namensregister

Inhalt